PARIS
VRAIMENT PAS CHER
2016

© Éditions First, un département d'Édi8, 2015

Le Code de la propriété intellectuelle interdit les copies ou reproductions destinées à une utilisation collective. Toute représentation, ou reproduction intégrale ou partielle, faite par quelque procédé que ce soit, sans le consentement de l'auteur ou de ses ayants cause, est illicite et constitue une contrefaçon sanctionnée par les articles L335-2 et suivants du Code de la propriété intellectuelle.

ISBN : 978-2-7540-7619-7
Dépôt légal : août 2015

Imprimé en Italie

Édition : Christine Cameau
Préparation de copie : Florence Le Grand
Conception couverture : François Warzala
Maquette : Istria

Éditions First, un département d'Édi8
12, avenue d'Italie
75013 Paris - France

Tél. : 01 44 16 09 00
Fax : 01 44 16 09 01
e-mail : firstinfo@efirst.com
Site internet : www.editionsfirst.fr

Anne & Claire Riou

PARIS VRAIMENT PAS CHER 2016

FIRST Editions

Rédaction en chef
Anne et Claire Riou

Enquêtes
Nos remerciements affectueux vont à
Catherine Gardin
Chantal Bosc
Gilles Costaz
John Paris
Pascale Bilger
Camille Montagne
Margot Abascal
Jean-Sébastien Chassin du Guerny
Danielle Soverini
Colette Chignac
Eva Lantoine

pour toutes leurs enquêtes, recherches à pied et à vélo dans Paris ; nos soirées studieuses jusqu'à pas d'heure, nos crises de fou rire, nos goûters de ouf, et notre joie du travail accompli.

Nous remercions également :

Christine Cameau pour son appui indéfectible, son professionnalisme, ses suggestions toujours pointues, son écoute et son sourire qui ont été une aide constante pendant toute la rédaction de cet ouvrage.

Aurélie Starckmann, **Marguerite Mignon-Quibel** et **Iris Odier** pour leur assistance chaleureuse.

Le service de presse, et tout particulièrement **Caroline Destais** et **Pierre-Olivier Prenassi**, qui portent *Paris Pas Cher* avec un enthousiasme sans faille.

Un grand merci aussi à **Marie-Denise Bénébon** qui nous a aidées à élargir nos liens avec nos lecteurs.

Enfin, un très vif merci à **vous tous, lectrices et lecteurs** qui nous ont écrit, téléphoné ou courriellé de si gentils petits mots. Merci pour vos encouragements et vos bonnes adresses.

SOMMAIRE

Alimentation	9
Arts de la table	25
Bars – cafés concerts – boîtes	29
Beauté	43
Bijoux	57
Bricolage	61
Brocantes et meubles	71
Cadeaux	81
Chaussures	85
Déménagement	91
Électroménager	95
Enfants	101
Gratuit	123
High-tech et bureautique	155
Hôtels – logements	173
Linge de maison	195
Loisirs créatifs	199
Restaurants	209
Sacs – bagages – accessoires	261
Santé	267
Sports gratuits – bien-être	273
Théâtre : spectacles gratuits et autres	279
Tissus – merceries	289
Vêtements : neufs ou belles occases	295
Index	325

COMMENT LIRE CE LIVRE ?

Certaines adresses sont précédées d'un picto. Voici leur signification !

♥	Excellent endroit	🛏	Lit à 1 place
♥	Adresse exceptionnelle	🛏²	Lit double
Ⓖ	Restaurant gastronomique	🛏³	Chambre pour 3
🍸	Un lieu où fêter un événement	🛏⁴	Chambre pour 4
⚡	Endroit branché	🚰	Lavabo
👫	Lieu romantique	🛁	Baignoire
🕶	Terrasse	🚿	Douche
📷	Idéal quand on vient visiter la capitale	📺	Télévision
👨‍👩‍👧	Pour toute la famille	📶	Wi-Fi
€	Pas cher le soir	🍽	Petit déjeuner
👜	À emporter	👩	Femme
12H	Midi seulement	👨	Homme
		👫	Enfant

LE SITE INTERNET DU GUIDE

Le guide *Paris Pas Cher* continue sur Internet ! Vous y trouverez des articles différents de l'édition papier, ainsi que des mises à jour sur notre blog : **www.guideparispascher.com**

LA CARTE PARIS PAS CHER

Vous trouverez en avant-dernière page de votre guide, une petite carte « Paris Pas Cher 2016 » à découper.
Si, au cours de vos balades shopping ou de vos sorties dans des restaurants, vous ne souhaitez pas emporter votre exemplaire du guide avec vous, prenez la carte, elle vous permettra d'obtenir des réductions et des cadeaux chez un grand nombre de commerçants et de restaurateurs.

PRÉFACE

Toute nouvelle, toute belle, voici l'édition 2016 du *Paris Pas Cher* avec les chapitres **Bricolage**, **Gratuit**, **Alimentation**, **Restaurants et petites croques en dessous de 10 €**, **Sorties** et **Santé** très enrichis.

Pour le plaisir des oreilles et la modicité de l'addition, nous vous avons sélectionné cette année **encore plus de caf' conc'** parisiens. Leur formule ? **Concerts gratuits de belle qualité**, consommations à prix modiques, à partir de 2,80 € !

Et encore plus de bons plans pour **aller gratuitement au cinéma, au théâtre, aux spectacles !**

Votre **mode** est la nôtre ! Piochez dans nos bonnes adresses pour vous faire faire une manucure ou une épilation, trouver une nouvelle coiffure, profiter d'un maquillage ou d'un massage **gratuit** ou bien moins cher, vous habiller pour deux sous sans que cela se voit.

Des meubles gratuits, ça vous tente ? Vous trouverez quelques adresses où vous en procurer. Ainsi que de bons conseils pour en acheter **d'occase**, ou même vendre ceux dont vous n'avez plus ni envie, ni besoin.

Notre santé, quant à elle, nous coûte de plus en plus cher… Vous trouverez dans ces pages des adresses pour **vous faire soigner gratuitement ou à moindre, très moindre coût**.

On ne jette plus. On fait des économies citoyennes en **réparant soi-même son électroménager et son électronique**. Votre *Paris Pas Cher 2016* ne manque pas d'adresses de pièces détachées, et de sites de bricoleurs avertis prêts à vous aider, ou encore de cours pas chers.

Et sports, et soutiens scolaires gratuits pour nos enfants !

Les chapitres, thématiques, sont classés par ordre alphabétique pour vous simplifier la lecture.

Paris Pas Cher 2016 ne coûte que 9,95 €, ce qui fait **moins de 2 centimes l'adresse !** Alors, chères lectrices et chers lecteurs, belle année 2016, bonne lecture, bonnes emplettes… et grandes économies !

Paris Pas Cher **est toujours totalement indépendant.** Nous testons nous-mêmes les adresses que nous vous proposons. Les commerçants ne paient pas pour être dans le guide ; nous les sélectionnons en privilégiant le meilleur rapport qualité-prix. Et nous payons toujours nos additions lorsque nous essayons des restaurants pour vous.

Paris Pas Cher **est aussi sur le Net : venez gagner un guide en nous envoyant une bonne adresse que nous n'avons pas déjà, sur notre e-mail : parispascher@yahoo.fr**

Nous avons également un site : **www.guideparispascher.com** et une **page Facebook** avec des articles qui complètent le guide.

Vous pouvez télécharger *Paris Pas Cher 2016* sur vos mobiles, avec, en bonus, la géolocalisation !

Un grand, grand merci pour les petits mots gentils que vous nous avez courriellés et tous les bons plans que vous nous avez communiqués au cours de ces derniers mois. Vous n'imaginez pas l'encouragement et l'aide que vous nous avez ainsi apportés !

Très heureuse année 2016 avec votre *Paris Pas Cher* tout neuf !

P.S. : Les prix indiqués ont été relevés et vérifiés jusqu'à l'été 2015. Mais il ne s'agit que d'exemples donnés à titre indicatif. Ils peuvent être modifiés à tout instant par les commerçants et nous ne pouvons en être responsables. Même chose pour les horaires d'ouverture, qui changent parfois en fonction des saisons. Pour éviter toute déconvenue, nous vous conseillons de téléphoner avant de vous déplacer. Ne nous en veuillez pas non plus si certains établissements cités ont disparu… Prévenez-nous !

ALIMENTATION

DANS LES BOUTIQUES 11
LES DÉSTOCKEURS 16
ÇA VIENT DU JARDIN 17
LES VINS 21

ÉCONOTRUCS
- **10** ... Les marchés les moins chers de Paris
- **10** ... Les supermarchés les moins chers de Paris et banlieues
- **13** ... 6 € par jour et par personne pour 3 repas quotidiens
- **16** ... Faites vous-même yaourts, fromages, pains et eau gazeuse
- **16** ... Recyclez les décos du marché
- **17** ... Les cueillettes

- **10** ... Vos achats en supermarchés classiques
- **11** ... Cafés « grands crus » en vrac
- **14** ... Manger bio au prix des nourritures classiques
- **15** ... Eaux minérales gratuites
- **17** ... Des recettes pas chères à faire au micro-ondes
- **20** ... Fruits et légumes de la région à portée de train
- **20** ... Un circuit raccourci sur le Net
- **21** ... Des fruits et légumes produits en Île-de-France
- **21** ... Où acheter du vin ?
- **23** ... Vins offerts
- **23** ... Un traiteur sachant traiter

ALIMENTATION

> ### ÉCONOTRUC — LES MARCHÉS LES MOINS CHERS DE PARIS
>
> - Belleville, 20ᵉ (M° Belleville).
> - Dejean, 18ᵉ (M° Château Rouge, à la Goutte d'Or).
> - Aligre, 12ᵉ (M° Ledru Rollin).
> - Place des Fêtes, 19ᵉ (M° Place des Fêtes).
> - Montreuil, chez Samira (proche banlieue sud-est de Paris, M° Robespierre), voir p. 15.

> ### ÉCONOTRUC — LES SUPERMARCHÉS LES MOINS CHERS DE PARIS ET BANLIEUES
>
> **ALDI : www.aldi.fr**
>
> - En moyenne, 30 à 40 % moins cher qu'un supermarché classique. À acheter tout particulièrement : fromages français délicieux ; vins ; sodas ; chocolats, œufs, jus de fruits et de légumes bio ; petits gâteaux ; cafés.
> - 97, rue du Ménil, 92600 Asnières-sur-Seine.
> - 115, boulevard Victor-Hugo, 92110 Clichy.
> - ZA Les Joncherolles. 112-116, avenue Lénine, 93380 Pierrefitte-sur-Seine.
> - 17, rue Étienne-Fajon (en face de la mairie), 93430 Villetaneuse.
> - Les Berges de Charenton. 62-66, quai des Carrières, 94220 Charenton-le-Pont (rouvrira le 23 septembre 2015).
>
> **LIDL : www.lidl.fr**
>
> - Il existe 9 magasins Lidl dans les 10ᵉ, 11ᵉ, 12ᵉ, 13ᵉ, 14ᵉ, 18ᵉ, 19ᵉ, et quelques-uns à Levallois-Perret, Asnières, Clichy et Saint-Ouen (voir sur le site).

> ### VOS ACHATS EN SUPERMARCHÉS CLASSIQUES
>
> Privilégiez l'achat des « marques de distributeurs », quasiment aussi bonnes que les grandes marques et environ 12 % moins chères.

> **MÉMO**
>
> À l'heure où nous mettons sous presse, les adresses, les horaires d'ouverture et les prix cités sont à jour. Mais les commerçants peuvent, bien sûr, les modifier en fonction de considérations personnelles dont nous ne pouvons être tenus pour responsables.

DANS LES BOUTIQUES

2e ARRONDISSEMENT

G. DETOU

Grossiste en produits pour pâtissiers

58, rue Tiquetonne
M° Étienne Marcel
☎ 01 42 36 54 67
Lundi-samedi : 8h30-18h30

À nous, les fruits secs, les pâtes d'amande (exquise pâte à la rose pour confectionner des macarons !), les chocolats très variés (dont les pépites à cookies qui ne fondent pas pendant la cuisson), les colorants et les dragées d'argent moins chers…

CAFÉS « GRANDS CRUS » EN VRAC

VAN HOOS & SONS

19, rue Richer
M° Cadet
☎ 01 75 43 40 40
www.cafes-van-hoos.com
Mardi-samedi : 9h30-19h

C'est l'occasion d'acheter des cafés de grands crus moins chers, chez un torréfacteur de cafés fins. Ce sont des terroirs non mélangés. **Compter 3,45 €/125 g environ.**

6e ARRONDISSEMENT

CHOCOLATERIE GEORGES LARNICOL

Pour les dingues de chocolats et de macarons (à l'unité)

132, boulevard
Saint-Germain
M° Odéon
☎ 01 43 26 39 38
www.chocolaterie
larnicol.fr
Lundi-samedi : 9h-22h30
(vendredi jusqu'à 23h,
samedi jusqu'à minuit)
Dimanche : 9h-21h30

Les macarons garantis sans graisse animale sont fabriqués à partir de pâte d'amandes pilées et de fruits frais confits. Les kouign-amann au beurre salé breton sont excellents. Georges, bonne pâte, autorise l'achat à l'unité. Une aubaine pour les fines gueules qui veulent rester minces ! **Macaron : 0,60 à 0,70 € l'unité ; kouignettes : 6 € les 4 ; coffret de 350 g de chocolats : 16 €.**

AUTRES ADRESSES
- 14, rue de Rivoli (4e), M° Saint Paul, ☎ 01 42 71 20 51, lundi-jeudi : 10h-22h ; vendredi jusqu'à 23h ; samedi jusqu'à 21h ; dimanche jusqu'à 22h.
- 7, rue de Steinkerque (18e), M° Abbesses, ☎ 01 42 58 50 96, lundi-jeudi : 10h30-20h30 ; vendredi jusqu'à 22h ; samedi jusqu'à 21h.
- 19, rue de la Harpe (5e), M° Saint Michel, ☎ 01 46 33 62 20, lundi-jeudi : 10h-22h ; vendredi jusqu'à 23h ; samedi jusqu'à 21h ; dimanche jusqu'à 22h.

ALIMENTATION — DANS LES BOUTIQUES

10e ARRONDISSEMENT

BOUCHERIE ROBERT ET RENÉ — *Viandes au prix du demi-gros*

13, rue du Faubourg-du-Temple
M° République
☎ 01 42 08 22 84
www.robertetrene.fr
Mardi-samedi : 8h30-13h, 15h15-18h50

Robert et René n'ont pas augmenté leurs prix depuis deux ans. La qualité des viandes qu'ils vendent reste également identique : de bons morceaux au prix du demi-gros.

Rosbif : 14,80 €/kg ; bœuf à braiser (paleron, gîte à la noix, basse côte, excellents morceaux de pot-au-feu) : 7,90 €/kg ; poulet fermier Label Rouge : 5,80 €/kg ; cuisses : 3,40 €/kg ; côte de porc : 7,60 € ; jambon supérieur au torchon : 11,20 €.

GOA — *Épicerie asiatique, créole, indienne et des îles*

151-155, boulevard de la Villette
M° Stalingrad
☎ 01 40 38 42 38
Lundi-samedi : 9h-19h

Façade peu attrayante, service aux abonnés absents… Poussez tout de même la porte de cette épicerie créolo-africano-asiatique et des îles. Sur les étagères : tamarins et citronnelle fraîche, macabo, riz pas cher du tout en sacs de 22,5 kg, manioc, djansan, maniguette, garam masala, pânch phoran, poissons, volailles, etc. Leurs prix vous séduiront.

Épices barbecue : 1,30 €/100 g ; 12 grosses gambas : 9,50 € ; pruneaux : 4,50 €/kg ; amandes : 7,50 €/500 g ; thé vert Sencha : 3,80 €/200 g ; épices à tagine : 1,20 €/100 g.

13e ARRONDISSEMENT

CHOCOLATIER DE PARIS — *Grossiste et vente au particulier*

203, boulevard Vincent-Auriol
M° Place-d'Italie
☎ 01 44 24 04 04
www.chocolatierdeparis.com
Mardi-samedi : 10h-14h, 14h30-19h

Des chocolats fins de qualité au même prix depuis cinq ans. Berlingots, coquelicots, violettes… bonbons à l'ancienne au parfum d'enfance…

– 10 % à nos lecteurs, sur présentation du guide ou de la carte 2016.

MÉMO

Des cadeaux et des réductions sont offerts dans certains établissements à nos lecteurs sur présentation du guide ou de la carte *Paris Pas Cher 2016*.

LES ABEILLES
Du miel en direct

21, rue de la
Butte-aux-Cailles
M° Place-d'Italie
☎ 01 45 81 43 48
www.lesabeilles.biz
Mardi-samedi : 11h-19h

Ici vous aurez un miel à nul autre pareil en provenance de ruches franciliennes. Venez avec un pot vide, placez-le sous la tireuse et vous aurez l'agréable surprise de recevoir en direct la précieuse production des abeilles.

Miel à la tireuse (acacia, châtaignier ou de forêt) : 7 €/500 g avec votre pot de 250 g : 3,50 €.
– 5 % à nos lecteurs, sur présentation du guide ou de la carte 2016.

TANG FRÈRES
Supermarché asiatique

48, avenue d'Ivry
M° Porte-d'Ivry
☎ 01 45 70 80 00
Mardi-dimanche : 9h-19h30

Le royaume des frères Tang est aussi peuplé qu'un coin de Chine, mais on y trouve tout ce que peut produire le Céleste Empire.

Riz pour sushi : 3,28 €/kg ; soupe : 0,50 € ; sucre de palme : 1,85 €/200 g ; thé vert de Chine : 2,24 €/125 g.

AUTRES ADRESSES
- 44, avenue d'Ivry (13e), M° Porte d'Ivry, ☎ 01 45 85 19 85, mêmes horaires.
- 168, avenue de Choisy (13e), M° Place d'Italie, ☎ 01 44 24 06 72, mêmes horaires.
- 41, rue Labrouste (15e), M° Plaisance, ☎ 01 56 08 00 21, mêmes horaires.

ÉCONOTRUC — 6 € PAR JOUR ET PAR PERSONNE, POUR 3 REPAS QUOTIDIENS

www.mangerbouger.fr

Rubrique « la Fabrique à menus ». Créé par le programme national nutrition-santé (INPES, Institut national de prévention et d'éducation pour la santé), ce site propose à tous nos concitoyens des menus pour 3 repas quotidiens et 6 € par jour et par personne, accompagnés des recettes et de la liste des courses à faire.

20e ARRONDISSEMENT

P. AIRIAU

8, rue du Surmelin
M° Pelleport
☎ 01 43 61 50 03
Lundi-vendredi : 10h30-13h30, 16h-20h

Chez le champion du fromage de tête et le médaillé d'or de jambon de Paris

Ici, on aime le fait maison : c'est le cas du fromage de tête plus que savoureux, du pâté de foie de porc divinement assaisonné, du jambon de Paris pas gras, goûteux, à la chair qui se tient bien, et du boudin divin. Il y a aussi des plats préparés pour ceux qui n'ont pas le temps de cuisiner et qui aiment manger chez eux mieux que chez eux. 4 belles tranches de jambon de Paris : 3,20 € environ ; 145 g de fromage de tête : 2 € environ ; 3 grosses parts de boudin (630 g) : 7,40 € environ. **Cadeau ou réduction accordée à nos lecteurs, sur présentation du guide ou de la carte 2016.**

MANGER BIO AU PRIX DES NOURRITURES CLASSIQUES

Les Nouveaux Robinson et Bio Génération

www.nouveauxrobinson.fr/biogeneration

Dans les supermarchés de ces deux chaînes sœurs, 80 produits de base d'une absolue qualité sont marqués d'une étiquette rouge portant l'inscription « Panier Robinson », et vendus à marge réduite. Il y a toujours du riz, des pâtes, de l'huile, du tofu, du lait de vache et de soja, des produits laitiers, de la confiture, du miel, du thé, etc. Les moins chers sont ceux vendus en vrac, au poids (ce qui permet de ne prendre que la quantité désirée) : céréales et légumineuses, fruits secs, riz divers, flocons d'avoine seuls ou additionnés de fruits secs, etc. Privilégiez les produits complets, plus riches en fibres et en nutriments qui rassasient plus vite et sont donc plus économiques. Les produits frais : fruits, légumes et viandes sont chers. Cependant, si l'on s'en tient au « Panier Robinson », la facture n'est guère plus importante que celle de produits identiques achetés en grandes surfaces.

- Maison mère à Montreuil : 49, rue Raspail ; 56 bis, rue Robespierre, 93100 Montreuil, M° Robespierre, ☎ 01 49 88 25 10, www.nouveauxrobinson.fr, lundi-samedi : 9h-20h ; dimanche : 9h-12h45.
- Dans Paris, dans les 6e, 10e, 12e, 17e, 18e, 19e et 20e arrondissements.
- Dans le 92, à Boulogne, Neuilly-sur-Seine et Montrouge, dans le 94 à Ivry.

93 SEINE-SAINT-DENIS

SAMIRA

Marché du Bas-Montreuil
93100 Montreuil
M° Robespierre
Mercredi et samedi matin jusqu'à 13h

Fruits et légumes pas chers du tout

Le stand de Samira est juste devant l'entrée de la rue de la République, dont le restaurant L'Amourette fait le coin.

Samira vend deux à trois fois moins cher ses fruits et légumes. L'été, ses cerises, pêches, abricots et brugnons, mûrs à point, sont bien meilleurs. À l'automne, ses prunes, mirabelles et raisin muscat aussi. J'ai calculé qu'en allant chez Samira chaque semaine, au lieu de me ravitailler au supermarché du coin, j'aurai économisé 600 € en une année !!! Son sourire et sa gentillesse, eux, sont sans prix.

Fruits et légumes : autour de 1,50-2 € le kg ; promotions : souvent 1 € en fin de marché, vers 13h.

EAUX MINÉRALES GRATUITES

Eaux fraîches de sources et de qualité sortant de puits artésiens dans Paris. C'est une blague ou un rêve ? C'est juste la réalité. De plus, elles sont gratuites ! On vient remplir ses bidons **square Lamartine** (16e), **place Verlaine** sur la Butte-aux-Cailles (13e), et **place de la Madone** (18e).

Elle coule aussi – gazeuse ou plate – à la fontaine « La Pétillante » installée dans une sorte de kiosque en bois dans le **jardin de Reuilly** (entrée avenue Daumesnil, en face de la mairie du 12e, tous les jours aux heures d'ouverture du parc).

AUTRES SOURCES D'EAUX GAZEUSES
- 7e – Fontaine des berges de Seine. 4, quai Anatole-France, RER Musée d'Orsay.
- 13e – Fontaine « La Pétillante ». 19, rue Neuve-Tolbiac, M° Bibliothèque Mitterrand, 24h/24.
- 15e – Fontaine entrée du parc André Citroën. Quai André-Citroën, RER C Pont du Garigliano, tous les jours aux heures d'ouverture du parc.
- 17e – Fontaine du parc Martin Luther King. ZAC des Batignolles, M° Porte de Clichy, tous les jours aux heures d'ouverture du parc.
- 18e – Fontaine du Jardin d'Éole. 28, rue d'Aubervilliers, M° Stalingrad, tous les jours aux heures d'ouverture du parc.

> **ÉCONOTRUC** **FAITES VOUS-MÊME YAOURTS, FROMAGES, PAINS ET EAU GAZEUSE**
>
> Prix d'une **yaourtière** : de 18 à 60 €. Votre yaourtière sera largement remboursée en un an. Autre avantage : vous pouvez aromatiser vos yaourts à votre gré (vanille, coco…). Et lorsqu'ils sortent de la yaourtière, encore tièdes, ils sont délicieux !
>
> Prix d'une **fromagère** : de 36 à 60 €. La fromagère vous fera des faisselles, des brousses, des fromages blancs, et des fromages secs avec des laits divers, auxquels vous pourrez ajouter des herbes, des épices, des fruits secs ou frais. Elle sera largement remboursée en moins d'un an.
>
> Prix d'une **yaourtière-fromagère** : nous en avons vu sur e-bay à partir de 50 €.
>
> Prix d'une **machine à pain** : de 39,90 à 199 € (pour des quasi-pros). Dans une famille de quatre personnes, une machine à pain est amortie en trois ou quatre mois. Autre avantage, vous pouvez faire des pains sans gluten, aux fruits secs, au chocolat, etc.
>
> Prix d'une **machine à faire de l'eau gazeuse** Sodastream : 59,99 à 74,95 € ; recharge : environ 30 €. En moins d'un an, la machine est remboursée.

> **ÉCONOTRUC** **RECYCLEZ LES DÉCOS DU MARCHÉ**
>
> Certains primeurs et maraîchers aiment décorer leurs stands de légumes et de fruits découpés en deux ou en forme de fleurs. Si vous venez en fin de marché et que vous proposez de reprendre cette déco, on vous fera une remise considérable (quand on ne vous offrira pas carrément ces fruits et légumes). Seule contrainte : ces végétaux doivent être consommés (ou cuisinés, par exemple en confitures et marmelades…) immédiatement.

LES DÉSTOCKEURS

Ce sont des supermarchés à l'allure de plus en plus standard. On y trouve des produits frais (viandes, charcuteries, poissons, œufs, plats cuisinés) dont la date limite de consommation est très proche. Ils sont souvent appelés « produits de dégagement ». Ceux-ci, il faut les manger sitôt achetés. Y voisinent aussi des produits secs (riz, pâtes, conserves, etc.) dont la date limite d'utilisation optimale est dépassée. Ceux-là, une fois achetés, peuvent attendre avant que vous ne les croquiez. On trouve aussi parfois chez ces déstockeurs des produits aux dates limites de consommation lointaines. On les ignorera car ils sont au même prix que dans les grandes surfaces classiques.

Il existe 37 déstockeurs en région parisienne. Vous trouverez leurs adresses sur : **www.destockeurs-alimentaires.fr** ou encore (quoique moins complet) **www.destockage-alimentaire.net**.

Voici quelques exemples de prix : 6 litres de lait demi-écrémé Candia : 6,90 € ; 8 canettes de Coca Zéro : 4,99 € ; 10 kg de carottes : 6,95 €.

DES RECETTES PAS CHÈRES À FAIRE AU MICRO-ONDES

La mairie de Paris offre un carnet de recettes à cuisiner. On le trouve sur **paris.fr**. Son titre ? « Cuisiner malin ».

▶ *Cours de cuisine amateur gratuits sur les marchés. Voir p. 203.*

ÇA VIENT DU JARDIN

ÉCONOTRUC **LES CUEILLETTES**

Sympathique système de vente directe à la ferme. C'est l'occasion d'aller en famille, arracher les carottes et cueillir les haricots en plein champs. Parfois, on peut même acheter du jus de pomme et des fleurs au fermier. Économie : selon les fermes et les saisons, 20 à 30 % moins cher que dans le commerce.

77 SEINE-ET-MARNE

CUEILLETTE DE COMPANS

23, rue de l'Église (en été et en automne)
Et rue de Mitry (au printemps)
77290 Compans
Accès : à 25 km de la porte de la Chapelle
☎ 01 60 26 88 39 (répondeur) ou 01 60 26 16 94
www.cueillettedecompans.fr
Avril-mai : 10h-12h, 14h-18h
Juin-novembre : 9h-19h
Fermé le lundi matin
Ouvert tous les dimanches et jours fériés

Des légumes de saison, des fleurs, des fruits à cueillir en famille.
Une bouteille de jus de pomme du verger offerte à nos lecteurs sur présentation du guide ou de la carte 2016.

CUEILLETTE DE LA GRANGE

N19, allée des Tilleuls
77170 Coubert (30 km de la porte de Bercy)
☎ 01 64 06 71 14

Deux activités séparées :
La Cueillette de la Grange
☎ 01 64 06 71 14, www.cueillettedelagrange.fr. Ouvert tous les jours de 9h-19h30 de mai à novembre et durant la saison hivernale les mercredis de 10h-12h et 14h30-18h30 et vendredi de 10h-12h et de 14h30-18h30 ainsi que le samedi de 10h-11h

pour les retraits de vos commandes. Vente de produits du terroir, charcuteries, laitages, volailles et produits frais.

Le Panier de la Ferme
☎ 01 64 06 60 99, www.panierdelaferme.fr. Produits cueillis frais pour le panier du jour. Fruits et légumes vendus 10 à 20 % moins cher que sur les marchés de la ville. Un drive fermier est ouvert.

CUEILLETTE DE SERVIGNY

Ferme de Servigny
77127 Lieusaint
Accès : à 30 km de la porte Dorée
☎ 01 64 41 81 09
www.cueillettedeservigny.fr
Avril-mai, tous les jours : 10h-12h30, 14h30-18h30
Juin-octobre, tous les jours : 9h30-12h30, 14h30-20h
Novembre : fermé les lundis, mardis et jeudis, ouvert jusqu'à 18h30
Décembre : fermé aussi les dimanches

Plus d'une cinquantaine de fruits, légumes et fleurs à cueillir au fil des saisons !
Par exemple : des pommes (1,70 €/kg), des salades (0,80 € à l'unité ou par 3, 0,70 €), des haricots, etc.

Un cadeau de saison à nos lecteurs (10 tulipes, 500 g de fraises ou 1 kg de pommes).

CUEILLETTE DE PLESSIS CHANTELOUP

Avenue de la Ferme-Briarde
77600 Chanteloup-en-Brie
Près de Marne-la-Vallée à 5 min du centre commercial Val d'Europe
☎ 01 60 03 27 24
www.cueilletteduplessis.com
Mardi-samedi (toute l'année) : 9h30-12h30, 14h-19h
Dimanche (toute l'année) : 9h30-12h

Cueillette de fruits, légumes, produits du terroir, fleurs de saison. On accueille également les écoliers et leurs professeurs. À la boutique, on pourra acheter du beurre, des fromages, des charcuteries, des fruits, des condiments, des légumes, des plats cuisinés en bocaux, des petits feuilletés, etc.
Le label « Découverte à la ferme » garantit un vrai professionnalisme.

CUEILLETTE DU PLESSIS DE NESLES

77540 Lumigny
Accès : à 50 km de la porte de Bercy
☎ 01 64 07 71 41 ou 01 64 42 94 05
www.cueilletteduplessis.com
Mardi-samedi : 9h30-12h30, 14h-18h30
Dimanche : 9h30-13h
Le potager du Plessis est fermé l'hiver

CUEILLETTE DE RUTEL
Ferme de Rutel
77124 Villenoy
Accès : à 30 km de la porte de Pantin
☎ 01 64 33 44 09 et 01 64 33 00 79 (répondeur)
www.cueillettederutel.fr
Avril-novembre, mardi-samedi : 9h30-12h30, 14h30-19h
Dimanche : 9h30-12h30 (sans interruption les samedis et jours fériés)

Tomates, fraises, framboises, pommes, fleurs : lys, glaïeuls… Infos et prix des produits de la cueillette du jour sur le répondeur.
Prix dégressifs suivant les produits et les quantités.

78 YVELINES

CUEILLETTE DE GALLY – FERME DE VAULUCEAU
Route de Saint-Cyr-l'École
78870 Bailly
Accès : à 12 km de la porte d'Auteuil
☎ 01 39 63 30 90
www.gally.com
Avril-novembre, tous les jours : 9h-19h
Avril, mai et octobre, novembre : 10h-18h

En bordure du parc du château de Versailles, 50 hectares de fruits, légumes et beaucoup de fleurs de saison. Des ateliers pour grands et petits.
– 10 % à nos lecteurs avec le guide ou la carte 2016.

CUEILLETTE DE VILTAIN
78350 Jouy-en-Josas
Accès : à 15 km de la porte de Saint-Cloud
☎ 01 39 56 38 14
www.cueillettedeviltain.fr
Avril-novembre, lundi-samedi : 9h-19h (17h à partir d'octobre)
Dimanche : 10h-19h
Ouvert toute l'année sauf Noël et jour de l'An

Traite des vaches de 15h à 16h30. Visite guidée tous les mercredis à 14h.
Salades, haricots verts, tomates, pommes (environ 1,50 €/kg), framboises, fleurs…
Un jus de pomme offert à nos lecteurs.

91 ESSONNE

CUEILLETTE DE TORFOU
43, Grande-Rue
91730 Torfou (N20)
☎ 01 60 82 91 11
www.cueillettedetorfou.fr
Mai-novembre, lundi, mercredi-vendredi : 9h30-12h30, 14h-17h30
Samedi-dimanche : 9h-17h30
Fermée le mardi matin

Le répondeur indique les produits de saison (dont tous les légumes et les fleurs disponibles).

VAL-D'OISE

CUEILLETTE DE CERGY
Chemin de Courcelles
95650 Puiseux-Pontoise
Accès : à 30 km de la porte de la Chapelle
☎ 01 34 46 11 21 et 01 34 46 10 52
www.chapeaudepaille.fr
Février-décembre, mardi-dimanche : 9h30-19h
Lundi : 14h30-19h

Tout à côté du parc du Vexin. Légumes, fruits et fleurs de saison à récolter. Ce magasin vend des produits du terroir, des produits frais, de la charcuterie, du pain artisanal, du lait cru et des produits venant de la France entière.

FRUITS ET LÉGUMES DE LA RÉGION À PORTÉE DE TRAIN

www.transilien.com/static/panier-fraicheur

Chaque semaine, sur les quais de plus de 50 gares de RER et de trains de banlieue (Tournan, Cesson, Saint-Quentin-en-Yvelines, Asnières…) des agriculteurs d'Île-de-France vendent directement leurs produits du jour sous forme de « Panier fraîcheur », de 16h30 à 19h. On peut, avec ou sans abonnement, réserver son panier (parfois accompagné de recettes) et le prendre au passage en rentrant le soir chez soi.

Prix variable selon les saisons : 10 € (environ 4,5 kg)-15 € (environ 6 kg). Liste des gares sur le site.

UN CIRCUIT RACCOURCI SUR LE NET

Nous avons testé pour vous plusieurs filières courtes et voici notre préférée. À vous de nous communiquer vos expériences…

www.laruchequiditoui.fr

Fonctionne comme une très souple Amap (Association pour le maintien d'une agriculture paysanne). On peut, sans contrat, commander en ligne ce que La Ruche propose chaque semaine (les produits viennent des fermes avoisinantes). On vient ensuite récupérer son panier au point de distribution le plus proche de chez soi. Parfois moins cher que les produits d'une Amap.

MÉMO

Le guide *Paris Pas Cher* continue sur Internet ! Vous y trouverez des articles différents de l'édition papier, ainsi que des mises à jour sur notre blog : **www.guideparispascher.com**.

DES FRUITS ET LÉGUMES PRODUITS EN ÎLE-DE-FRANCE

Au bout du champ

C'est un libre-service rempli de casiers, lesquels sont eux-mêmes remplis de fruits et légumes du jour, provenant des fermes environnantes. Ils ont du goût, et sont un peu moins chers que dans les supermarchés puisque des intermédiaires ont été supprimés.

On peut aussi les commander sur le site et venir chercher son panier.

4, rue Camille-Pelletan, 92300 Levallois-Perret, www.auboutduchamp.com, lundi-dimanche : 8h-22h.

AUTRE ADRESSE
- 20, rue des Dames (17e), M° Place de Clichy, mêmes horaires.

LES VINS

OÙ ACHETER DU VIN ?

Dans un bistrot à vins : c'est la meilleure formule ! Vous goûtez des vins à table et vous les emportez s'ils vous ont vraiment plu.

Chez les cavistes : ce sont des spécialistes, ils stockent des vins originaux et savent vous conseiller en tenant compte de vos goûts. Leurs prix sont plus élevés que dans les supermarchés mais leurs vins sont souvent de qualité supérieure.

En grandes surfaces : vous y trouverez le plus souvent les vins les moins chers assortis d'une absence totale de conseils. Attention aux médailles et aux « sélectionnés par ». Ce sont les opinions d'un jury précis à un moment spécifique. Et un vin qui a passé trois ans sur un rayon depuis cette qualification ne s'est pas toujours bonifié.

1er ARRONDISSEMENT

WINE BY ONE

9, rue des Capucines
M° Opéra
☎ 01 42 60 85 76
www.winebyone.com
Mardi-vendredi : 12h-22h
Samedi : 15h-20h

Concept charmeur pour bar à vins

Pour choisir son vin, on regarde les bouteilles rangées derrière des vitrines selon leur caractère : blanc vif fruité et rond, ou rouge velouté, puissant. Puis, on s'aide du « wine pad » (descriptif des bouteilles). On glisse sa carte à puce, on aligne le verre, on appuie sur un bouton, le vin coule ! **Trois tailles de dégustation : Impression (3 cl) : à partir d'1 € ; Tentation (6 cl) ou Sensation (12 cl, l'équivalent d'un verre).**

AUTRE ADRESSE
- 27, rue de Marignan (8e), M° Franklin Roosevelt, ☎ 01 45 63 18 98.

ALIMENTATION — LES VINS

10ᵉ ARRONDISSEMENT

EN VRAC — *Vins sans soufre*

69, rue de Maubeuge
M° Gare du Nord
☎ 01 44 63 08 01
www.vinenvrac.fr
Mardi-samedi : 11h-13h, 17h-21h

Adieu maux de crâne. On remplit ici ses bouteilles à la pompe, de vins naturels, c'est-à-dire sans soufre, obtenus par de petits producteurs bien honnêtes. On vous comptera 1 € de consigne si vous avez oublié votre bouteille. L'Annexe, un bar à vins, dans le 18ᵉ, a été élu « meilleur bar à vins » en 2014. C'est dire que la direction sait ce qu'elle vend. **Compter 3 €/75 cl environ.**

11ᵉ ARRONDISSEMENT

LES DOMAINES QUI MONTENT — *Tchin ! Tchin !*

136, boulevard Voltaire
M° Voltaire
☎ 01 43 56 89 15
www.lesdomainesquimontent.com
Lundi-vendredi : 10h-20h
Samedi : 10h30-20h

300 bouteilles choisies et une table d'hôtes aussi chaleureuse que bien garnie. Bon programme qui permet de déguster avant d'acheter.
Vin rouge, corbières bio : 11 € ; vin blanc, côtes-de-gascogne domaine d'Arton : 6,30 € ; champagne de producteur : à partir de 22 €.
Formule à la table d'hôtes, du lundi au samedi uniquement de 12h à 13h45 : 15,50 €, avec le plat du jour + entrée ou fromage ou dessert. Bouteille de vin sans droit de bouchon. Il est prudent de réserver.
– 5 % à nos lecteurs sur tout le magasin à partir de 30 € d'achat, sauf promotions en cours.

AUTRES ADRESSES
- 22, rue Cardinet (17ᵉ), M° Courcelles ou Wagram, ☎ 01 42 27 63 96, lundi-samedi : 10h-20h.
- 2, place Lili-Boulanger (9ᵉ), M° Place de Clichy, ☎ 01 42 81 97 47, lundi-samedi : 10h-20h.

13ᵉ ARRONDISSEMENT

LA CAVE DE TOLBIAC — *Vins et nostalgie*

45, rue de Tolbiac
M° Olympiades
☎ 01 45 83 48 83
www.lacavedetolbiac.com
Mardi-samedi : 10h-20h30
Dimanche : 10h-13h

Dans cette jolie boutique boisée, dont la décoration rappelle le passé de remplissage des fûts et mise en bouteilles sur place, les cavistes sont des passionnés. Ils proposent un très vaste choix de vins classés ou bonnes petits bouteilles de vignerons pas connus mais bien honnêtes.
Bouteilles à partir de 2 €.

VINS OFFERTS

Dégustations gratuites : on n'oubliera pas d'acheter quelques bons petits crus à ces aimables partageurs. Ces dégustations se font la plupart du temps en présence des vignerons et l'ambiance est aussi studieuse que chaleureuse.

- **Au Bon Plaisir.** 104, rue des Pyrénées (20e), M° Maraîchers, www.caves-aubonplaisir.fr, presque tous les samedis de septembre à juin.
- **Les Petits Bouchons.** 105, rue Cambronne (15e), M° Vaugirard, www.les-petits-bouchons.com, jours et horaires à consulter sur le site. Le programme est affiché sur la vitrine.
- **Le Vin en Tête**. 48, rue Notre-Dame-de-Lorette (9e), M° Saint Georges, ☎ 01 53 21 90 17, www.levinentete.net.

AUTRES ADRESSES
- 30, rue des Batignolles (17e), M° Rome, ☎ 01 44 69 04 57.
- 53, rue Saint-Placide (6e), M° Saint Placide, ☎ 01 42 22 01 05.

UN TRAITEUR SACHANT TRAITER

www.idbuffet.com

Ce traiteur en ligne officie de Versailles. Il y prépare ses délicieux cannelés aux cèpes, ses mini-éclairs de saumon aux fines herbes, son magret aux groseilles et aux airelles, son entremets mangue-passion, etc. Il livre en caissons isothermes et exécute un service parfait. Dans sa « gamme petits prix », chaque pièce coûte en moyenne 1 € et quelques centimes.

MÉMO

La rédaction du guide *Paris Pas Cher* est totalement indépendante. Nous visitons anonymement les magasins, refusons tous les cadeaux et payons nos additions dans les restaurants. La parution dans notre guide est gratuite et relève d'un travail journalistique indépendant renouvelé chaque année. Nous retirons tous les établissements dont l'exigence de qualité a baissé. Attention ! Des démarcheurs se font parfois passer pour nous. Ils réclament de l'argent contre une parution dans le guide. Ce sont des escrocs, ne tombez pas dans le piège !

ARTS DE LA TABLE

MISEZ SUR UNE JOLIE TABLE POUR METTRE EN APPÉTIT VOS CONVIVES.

▶ *Et toujours la rubrique « cadeaux » dans laquelle beaucoup de boutiques proposent de la jolie vaisselle.*

▶ *N'oubliez pas non plus d'aller faire un tour dans les Ressourceries (p. 73), les magasins Emmaüs (p. 75), sur les sites eBay et leboncoin.*

ARTS DE LA TABLE

1er ARRONDISSEMENT

HEMA — *Très bon rapport qualité-prix*

120, rue Rambuteau
M° ou RER Châtelet Les Halles
☎ 01 45 08 09 27
www.hema.fr
Lundi-samedi : 10h-20h
Dimanche : 14h-19h

Pour les petits espaces, voici de la vaisselle intelligente qui s'empile. Certaines assiettes et coupelles peuvent servir de couvercles pour les saladiers et mugs. Davantage de choix aux magasins d'Ivry et de Montreuil.

Assiette en faïence couleur jade : 2 € ; 6 verres empilables : 4,50 € ; ustensiles (spatule, fouet à pâtisserie…) : environ 1,50 €.

AUTRES ADRESSES
- Centre commercial gare Saint-Lazare. 1, cour de Rome (8e), M° Saint Lazare, ☎ 01 42 93 88 08, lundi-vendredi : 7h-20h ; samedi : 9h-20h.
- 86, rue du Faubourg-Saint-Antoine (12e), M° Ledru Rollin, ☎ 01 44 68 02 70, lundi-samedi : 10h-20h.
- Gare du Nord, 112, rue de Maubeuge (10e), niveau –1, mezzanine Grandes lignes/Banlieues, M° Gare du Nord, ☎ 01 53 16 10 12, lundi-vendredi : 7h-20h ; samedi : 9h-17h.
- Également des adresses à Claye-Souilly (77), Marne-La-Vallée (77), Plaisir (78), Évry 2 (91), Levallois-Perret (92), au centre commercial Le Millénaire, Aubervilliers (93), Montreuil (93), Rosny 2 (93), Rosny-sous-Bois (93), Arcueil (94), aux Quais d'Ivry, Ivry-sur-Seine (94), à Créteil-Soleil, Créteil (94), Thiais (94).
- Voir adresses complètes sur le site.

4e ARRONDISSEMENT

CONFO DÉCO — *Pour les foodistas fauchées*

1, rue de Rivoli
M° Saint Paul
☎ 01 72 04 09 67
www.confodeco.fr/boutiquerivoli.html
Lundi-samedi : 10h-19h30

Les fous de cuisine trouvent ici leurs ustensiles favoris : siphon, plaque de cuisson « spécial macaron », multiples couteaux, poches à douilles… Le rayon vaisselle et verres est assez joliment garni. Toutefois, le made in China prédomine.

Ménagère 6 couverts : 16,99 € ; lunchbox double compartiment : 5,20 €.

AUTRES ADRESSES
- Centre commercial Évry 2. 2, boulevard de l'Europe, 91000 Évry, ☎ 01 60 77 43 90, lundi-samedi : 10h-20h ; jeudi : nocturne jusqu'à 21h.
- Le Millénaire. 23, rue Madeleine-Vionnet, 93324 Aubervilliers, ☎ 01 77 41 19 41, lundi-samedi : 10h-20h.

Arts de la table 27

8e ARRONDISSEMENT

LA VAISSELLERIE
80, boulevard Haussmann
M° Saint Lazare,
Havre Caumartin, RER
Haussmann Saint Lazare
☎ 01 45 22 32 47
www.lavaissellerie.fr
Lundi-samedi : 10h-19h

Vaisselles blanches, anglaises, au look vintage

Ces boutiques chaleureuses recèlent des services classiques blancs en porcelaine de Limoges, de la jolie porcelaine anglaise fleurie, de la vaisselle colorée, des boîtes à biscuits à motifs des années 1950-1960, des corbeilles, et tout ce qui peut aider des gourmands dans une cuisine et à table.
Assiettes à partir de 2 € ; mugs et boîtes à partir de 5 €.
– 10 % sur présentation du guide ou de la carte 2016.

AUTRES ADRESSES
- 92, rue Saint-Antoine (4e), M° Saint Paul, ☎ 01 42 72 76 66, mêmes horaires.
- 85, rue de Rennes (6e), M° Saint Sulpice, ☎ 01 42 22 61 49, mêmes horaires.
- 79, rue Saint-Lazare (9e), M° Trinité, ☎ 01 42 85 07 27, mêmes horaires.
- 74, boulevard Bellechasse, 94100 Saint-Maur, RER A Saint Maur, ☎ 01 49 76 92 62, lundi-samedi : 9h30-12h30, 14h30-19h.

9e ARRONDISSEMENT

CASA
92, rue Saint-Lazare
M° Trinité
☎ 01 49 70 01 90
www.casashops.com/fr
Lundi-samedi : 10h-19h30

Blanc classique

Jolies vaisselles classiques blanches japonisantes, noire et blanche ou grise et blanche, très modernes. S'y ajoutent des ménagères classieuses à des prix très raisonnables.
Mug japonais en porcelaine blanche : 2,99 € ; 4 couverts assortis : 8 €.

AUTRES ADRESSES
- 76-78, rue Traversière (12e), M° Ledru Rollin, ☎ 01 44 74 75 90, mêmes horaires.
- 11, rue Olivier-de-Serres (15e), M° Convention, ☎ 01 56 23 90 31, lundi : 14h-19h ; mardi-samedi : 10h-19h ; dimanche : 10h-14h.
- 50, rue de Passy (16e), M° Passy, ☎ 01 45 24 49 75, lundi-samedi : 10h-20h.
- Une vingtaine de magasins en banlieue, voir sur le site.

13e ARRONDISSEMENT

PARIS STORE
44, avenue d'Ivry
M° Porte d'Ivry
☎ 01 44 06 88 18
www.paris-store.com
Mardi-samedi : 8h45-19h
Dimanche : 8h30-12h30

L'Extrême-Orient pas cher

Rice cooker et autres chinoiseries…

ARTS DE LA TABLE

AUTRES ADRESSES
- 5, boulevard de la Villette (10e), M° Belleville, ☎ 01 42 08 62 54, lundi-samedi : 9h-19h45.
- 8-10, rue de l'Évangile (18e), M° Max Dormoy, ☎ 01 44 72 88 88, mardi-vendredi : 9h-19h45 ; samedi : 8h30-19h45 ; dimanche : 8h30-13h.

14e ARRONDISSEMENT

PORCELAINES M. P. SAMIE

45, avenue du
Général-Leclerc
M° Mouton Duvernet
☎ 01 40 47 59 21
www.porcelaines
mpsamie.fr
Lundi-samedi : 10h-19h

Un très grand choix à des prix choc !

Les Samie sont des porcelainiers de Limoges qui offrent aux Parisiens un immense choix de porcelaines de tous styles (très beaux vases design). Au sous-sol, des promotions constantes permettent de s'équiper très joliment sans dépenser plus que dans un grand magasin scandinave à prix modestes.

18e ARRONDISSEMENT

TATI

4, boulevard de
Rochechouart
M° Barbès Rochechouart
☎ 01 55 29 52 20
www.tati.fr
Lundi-vendredi : 10h-19h
Samedi : 9h30-19h

Pour une première installation

Rien d'extravagant chez Tati, mais une vaisselle à bas prix et correcte d'allure.
Service de table 18 pièces blanc à filet d'argent : 34,99 € ; boîte à fromages et beurrier : 9,99 € ; cuillère à spaghettis : 4,99 €.

95 VAL-D'OISE

ARC INTERNATIONAL

Usine Center Villepinte
134, avenue de la
Plaine-de-France
ZI Paris Nord II
95500 Gonesse
☎ 01 48 63 03 08
www.latabledarc.com
Lundi-vendredi : 11h-19h
Samedi-dimanche :
10h-20h

Stylés, pas chers

Arc signe des ensembles de table, des vases, des objets décoratifs originaux, stylés, parfois avant-gardistes à des prix au ras des pâquerettes. Plusieurs gammes : de Luminarc (les moins chers) à Cristal d'Arques (la plus jolie qualité). Bon accueil.
Assiette colorée à partir de 3,90 € ; verre Luminarc à partir de 1 € l'unité ; lot de 3 verres à soda : 5,20 €.

BARS – CAFÉS CONCERTS – BOÎTES

BARS ET CAF' CONC' **30**
BOÎTES **39**

ÉCONOTRUC
38...La Palme d'or du pas cher et de l'accueil : Le Piston Pélican

---

31...Festival des Danses sur Seine
32...Boire, papoter… un point, c'est tout !
35...Le Motel
36...Vive les guinguettes de Paris !
40...Cours de rock à la Cité U
41...19e : l'arrondissement qui se trémousse, qui frétille, qui gigote…
41...Tous les mardis, déjeuners dansants au Dôme de La Défense

BARS ET CAF' CONC'

Les caf' conc' de Paris rassemblent l'amoureux de la musique, celui qui veut séduire sa belle, le curieux de rythmes et de nouvelles voix, et tous ceux que les concerts gratuits séduisent… En général, les prix des boissons y rasent les parquets.

1er ARRONDISSEMENT

DERNIER BAR AVANT LA FIN DU MONDE
Pas trop tôt, svp…

19, avenue Victoria
M° Châtelet
☎ 01 53 00 98 95
www.dernierbar.com
Tous les jours : 10h-1h

Un espace pépère, façon salon anglais XIXe ; un autre, genre Star Trek… Des concerts et des signatures d'auteurs pour réconcilier tous les fans de BD, d'Agatha Christie et de science-fiction.
Demi à partir de 3,50 €.

2e ARRONDISSEMENT

TRUSKEL CLUB
Le rock est roi

12, rue Feydeau
M° Bourse ou Grands-Boulevards
☎ 01 40 26 59 97
www.truskel.com
Mardi-vendredi : 20h-5h
Samedi : 18h50-5h

Un petit pub chaleureux et souvent plein, des concerts agités, et tous types de musiques, chaque soir de 20h à 22h. Ensuite, place aux DJs. On y croise parfois quelques pointures internationales dont Pete Doherty, Bloc Party, Peter Von Poehl et Metronomy. Staff charmant.
Entrée libre (participation demandée quand vient jouer une star). Consommations entre 3 et 8 €.

LA GROSSE CAISSE
Sur un air de rock

160, rue Montmartre
M° Grands Boulevards ou Bourse
☎ 09 75 53 57 34
Mardi-samedi : 11h-2h
Happy hours : 17h-20h

Ce bar à la déco rock est fait pour partager des assiettes de charcuterie en écoutant de vieux tubes. Les soirs d'animation, l'ambiance et la musique montent d'un cran. Des DJ sets, des blind tests et des concerts rock et blues tous les samedis soir. Possibilité de déjeuner à midi (burgers, plats simples).
Soda ou verre de vin à partir de 3,80 €. Majoration de 1 € possible les soirs de concerts.

MÉMO

Les « économtrucs » constituent une encyclopédie du pas cher. Vous y trouverez des conseils et des astuces pour dépenser moins et vivre mieux, ainsi qu'une sélection de boutiques et de services d'un rapport qualité-prix exceptionnel.

Bars – cafés concerts – boîtes

3e ARRONDISSEMENT

CARTEL OCHO
223, rue Saint-Martin
M° Réaumur ou Arts et Métiers
☎ 09 53 12 13 18
www.cartelocho.com
Mardi-samedi : 18h-2h

Un cactus mexicain à l'apéro ? Si, señor !
Beaucoup de soirées à thème : blind test musical, courts-métrages, concerts, foot, expos… voir sur Facebook. Pour mieux les apprécier, on goûtera aux excellents mezcals (alcool de cactus), à la tequila, aux nachos et aux tacos à la vitesse de Zorro.
Mezcal issu d'une coopérative de l'État d'Oaxaca : 3 € environ ; bière mexicaine : 5 € environ ; cocktails : 6,50 € environ.

L'ATTIRAIL CAFÉ
8, boulevard Saint-Martin
M° République
☎ 01 42 72 44 42
06 81 09 15 93
www.lattirail.fr
Tous les jours : 10h-2h
Happy hours : 20h30-2h

Concerts, frites et pintes
De très nombreux concerts de musique du monde qui font taper des mains et des pieds, et qui mettent la joie au cœur. Une terrasse pour les jours de soleil et un accueil chaud pour tous les jours de l'année.
Conso à partir de 2,80 €.

5e ARRONDISSEMENT

CAFÉ UNIVERSEL
267, rue Saint-Jacques
RER B Port Royal ou Luxembourg (sortie rue de l'Abbé-de-l'Épée)
☎ 01 43 25 74 20
www.cafeuniversel.com
Mardi-samedi : 21h-minuit

Jazzy pour tous
Un concert de jazz vous y attend presque tous les soirs à 21h (programme sur le site). Lors des soirées « Jam Vocale » du mardi, tout le monde peut venir pousser la chansonnette. Et que ça swingue ! Station Vélib' en face.
Entrée gratuite. Conso payante.

FESTIVAL DES DANSES SUR SEINE

De mi-juillet à fin août, sur le quai Saint-Bernard (M° Jussieu), le quai du Louvre (M° Pont Neuf ou Louvre Rivoli) et le canal de l'Ourcq (M° Stalingrad ou Jaurès), www.danseenseine.org, lundi-vendredi : 19h-23h30 ; samedi-dimanche : 15h-23h30. Tango, rock, danses de salon dans les nuits chaudes de l'été parisien. Ouvert à tous.

9e ARRONDISSEMENT

LE LIMONAIRE
Bistrot à vins et à chansons

18, cité Bergère
M° Grands Boulevards
☎ 01 45 23 33 33
http://limonaire.free.fr
Mardi-samedi : spectacles à 22h en semaine, 19h le dimanche

Ah ! Voici, ressuscité, le Paris d'antan dans ce joli vieux bistrot, niché dans un passage romantique. Les artistes chantent et jouent sur une petite scène proche des tables. On les écoute en buvant un ballon de vin ou en dînant avant 22h en semaine (19h le dimanche). Les artistes sont payés au chapeau (on laisse l'équivalent d'une place de cinéma). Programme sur le site.
Plats autour de 10,50 €. Verre de vin à partir de 2 € environ.

EL CAFÉ BAR
Un bar à potes

45, rue Rodier
M° Anvers
☎ 01 49 91 96 35
Tous les jours : 18h-2h

Saucissons basques en guise de stalactites dans une déco kitsch à souhait. Accueil chaleureux avec guitare en libre-service. C'est dire que les amateurs chantent, à la grande joie de leurs copains et voisins.
Bière, pastis et martinis : 2,50 € ; vin 3 €.

BOIRE, PAPOTER… UN POINT C'EST TOUT !

5e – **Bar pour étudiants** : **Le Pantalon**. 7, rue Royer-Collard, RER Luxembourg ou M° Cluny La Sorbonne, ☎ 01 40 51 85 85, lundi-dimanche : 18h-1h45 ; happy hours : 18h-19h30. À fréquenter pour son décor et sa terrasse. Pinte à partir de 3,80 € ; sodas à partir de 3 € ; cocktails à partir de 6 €.

10e – **Pour son baby-foot et son flipper** : **Le Mauri7**. 46, rue du Faubourg-Saint-Denis, M° Château d'Eau, ☎ 01 44 79 06 42, www.lemauri7.com, lundi-samedi : 8h-2h. Jus de fruits ou sodas : 3,50 € environ ; pinte de bière à partir de 5 € ; cocktails entre 6 et 8 € ; pastis, vin rouge à partir de 3 €. Café : 1,20 € (bar), 1,80 € (salle).

12e – **Une agréable cave à vins/table d'hôtes** : **Le Siffleur de ballons**. 34, rue de Cîteaux, M° Faidherbe Chaligny ou Reuilly Diderot, ☎ 01 58 51 14 04, www.lesiffleurdeballons.com, mardi-vendredi : 10h30-15h, 17h30-22h ; jeudi-vendredi-samedi : jusqu'à 23h. Petite planche de charcuterie : 7 € ; sublime gâteau de riz de grand-mère : 7 € ; verre de vin à partir de 3,50 € ; verre de jus de pomme : 3 €.

15e – **Folle ambiance les soirs de match de rugby** : **Au dernier métro**. 70, boulevard de Grenelle, M° Duplex, ☎ 01 45 75 01 23, www.audernier-metro.com, tous les jours : 12h-2h ; happy hours : 17h30-19h30. Demi à partir de 3 € ; verre de vin : 3 € environ. Planches maigrichonnes entre 7 et 15 € ; omelette jambon-gruyère : 7,90 € environ.

17ᵉ – Notre bar à vins favori, parigot comme il faut : Les Caves Populaires. 22, rue des Dames, M° Place de Clichy, ☎ 01 53 04 08 32, lundi-samedi : 8h-2h ; dimanche : 11h-2h. Prière d'arriver avant 20h dans ce bistrot si chaleureux qu'il est vite rempli. Bons vins au verre à partir de 2 €. À accompagner de planches charcuteries-fromages.

18ᵉ – Brocante et bohème : Le Prohibido. 34 rue Durantin, M° Abbesses ou Blanche, ☎ 01 42 23 97 05, c'est un des brunchs (copieux) les moins chers de Paris le dimanche (buffet à volonté : plats salés ou viennoiseries et gâteaux, jus d'orange, thé ou café). Verre de vin à partir de 4 € ; pintes à partir de 6 € ; assiette fromage/charcuterie : 12 € environ. Brunch : 16,50 € environ.

18ᵉ – Dans la chambre de mère-grand : Marlusse et Lapin. 14, rue Germain-Pilon, M° Abbesses ou Pigalle, ☎ 01 42 59 17 97, lundi-dimanche : 16h-1h30 ; happy hours : 17h-20h. Dans la salle du fond trône un grand lit transformé en canapé, avec coiffeuse et photos noir et blanc des aïeux. Pinte à partir de 5 € ; cocktail à partir de 6 € ; shots à 3 €.

19ᵉ – Au bord de l'eau : Le MK2 Café. 10, quai de la Seine, M° Stalingrad, ☎ 01 40 37 02 81, lundi-dimanche : 9h30-1h. Un café au soleil, au bord de l'eau, loin du bruit de la ville. Quand le soleil tourne, on prend la navette qui vous emmène en face continuer la bronzette… au MK2 Café bis, quai de la Loire. Accessoirement, vous pouvez, sur place, aller au cinéma. Café : 2,80 € environ.

20ᵉ – De bonnes bières belges : Le Bouillon Belge. 6 rue Planchat, M° Buzenval, ☎ 01 43 70 41 03, www.lebouillonbelge.fr, lundi-samedi : 17h-20h ; dimanche jusqu'à minuit. Décor très modeste, mais tireuses à bière en libre-service au sous-sol et belles frites belges à croquer dans une ambiance chaleureuse. Demi à partir de 2,50 € ; frites : 3,50 €.

10ᵉ ARRONDISSEMENT

CHEZ ADEL
Musiques du monde

10, rue de la Grange-aux-Belles
M° République
☎ 01 42 08 24 61
www.facebook.com/CHEZADEL
Lundi-vendredi : 17h-1h
Week-end : 14h-1h

Près du canal, le bistrot-brocante d'Adel, avec son incroyable fresque, est resté dans son jus depuis vingt-cinq ans ; ses prix ont à peine bougé pour sa clientèle, restée modeste et familiale, qui apprécie le concert quasi quotidien aux alentours de 18h : jazz manouche, chansons françaises et du monde. Délicieux rhum arrangé au gingembre à prendre sur la terrasse les nuits d'été.

Demi : 2,50 € environ.

LE BAROC'

Concerts chaleureux

36, rue Sambre-et-Meuse
M° Belleville
☎ 01 42 40 93 38
facebook.com/pages/
Baroc/130101857054843
Mardi-dimanche : 18h-2h

Les magies du jazz, des musiques du monde, de la chanson française s'y déploient chaque soir dans un décor rouge et or. Scène ouverte certains soirs ; accueil chaleureux quotidien.
Entrée gratuite. Demi : 3 €.

LE DELLYSS

Havre de quartier

5, rue des Deux-Gares
M° Gare-de-l'Est
☎ 01 40 34 90 74
Lundi-vendredi : 8h-2h
Samedi : 18h-2h

L'accueil est méditerranéen, le couscous aussi pour les grandes faims. Côté oreilles, on écoute, tout heureux, de la chanson française, kabyle, ou encore du rock.
Bière : 2,50 € environ.

LE KIBÉLÉ

Concerts pots-pourris de toutes les musiques

12, rue de l'Échiquier
M° Bonne-Nouvelle
☎ 01 48 24 57 74
www.kibele.fr
Lundi-samedi : 12h-15h,
19h-minuit
Dimanche : 10h-minuit

Au rez-de-chaussée : un resto. Au sous-sol, on joue du jazz, du rock, des musiques du monde ; on y écoute de la chanson française, de la musique latine, des pièces de théâtre et de la poésie. Kibélé, c'est une tour de Babel chaleureusement ouverte aux horizons du monde.
Godet à partir de 3 € ; plat de 8 à 13 € environ.

11e ARRONDISSEMENT

LE CAFÉ BABEL

Caf'conc' aux styles de musique variés

109, boulevard de
Ménilmontant
M° Ménilmontant ou
Père-Lachaise
☎ 01 43 55 89 81
www.cafebabel.fr/
Mercredi-dimanche :
19h-2h
Mardi : 18h-2h

Chaleureux bistrot, aux ambitions artistiques dans la décoration et dans les choix musicaux. On y entend, se succédant fraternellement, de la chanson française, du jazz manouche, du raï, du zouk…
Vin : 2,50 € environ ; bière : 3 € environ.

L'INTERNATIONAL

Entre jeunes

5/7, rue Moret
M° Ménilmontant, Saint
Maur ou Parmentier
☎ 01 49 29 76 45
www.linternational.fr
Tous les jours : 17h-2h

Deux concerts différents – et gratuits – ont lieu chaque soir dans la cave, puis un DJ prend la relève. Électro, pop-rock, world music et chanson française. Foule compacte le week-end. Le son est parfois très fort.
Entrée gratuite. Happy hours jusqu'à 21h : soda/demi/vin : 2 € ; pinte : 4 €, ensuite, c'est à peine plus cher (3,5-7,50 € environ).

Bars – cafés concerts – boîtes **35**

LE MOTEL

8, passage Josset
M° Ledru Rollin ou Bastille
☎ 01 58 30 84 68
www.lemotel.fr
Mardi-dimanche : 18h-1h45
Happy hours : jusqu'à 21h

C'est encore et toujours notre bar préféré, toujours aussi agréable et branché, avec sa déco sobre mais chaleureuse tout comme l'accueil (ah, le sourire de la belle Keiko !), et la musique de qualité. C'est le QG des amateurs d'indie-pop avec des DJs aux playlists pointues, des mini-concerts, des karaokés indies et des quiz… Goûtez le « Tiffin », un cocktail à base de gin, citron vert et cardamome, aussi exotique que délicieux. **Demi : 3 €. Happy hours : pinte à 3,50 € ; cocktail à 4,50 €.**

POP IN
Pop-rock indé

105, rue Amelot
M° Saint Sébastien Froissart
☎ 01 48 05 56 11
www.popin.fr
Tous les jours : 19h-1h30
Happy hours : 19h-21h

Bien qu'il y ait trois niveaux (ambiance « canapés usés » au premier, bar-comptoir au rez-de-chaussée et piste de danse à la cave), c'est si petit qu'on se marche un peu sur les pieds le week-end. Mais on y retourne car le Pop In édite notamment les Hush Puppies, Étienne Daho, Zombie Zombie et Kim, c'est dire qu'ils s'y connaissent en musique pop-rock. Concerts du lundi au jeudi (Lloyd Cole y a chanté) et soirées « Open Mic » ouvertes à tous les aspirants chanteurs certains dimanches. **Entrée libre. Happy hours : demi à partir de 1,50 €, et sinon 2,80 € environ.**

LES DISQUAIRES
Café-club

6, rue des Taillandiers
M° Bastille ou Ledru Rollin
☎ 01 40 21 94 60
www.lesdisquaires.com
Mardi-samedi : 18h-2h

Nouvelle déco chez Les Disquaires qui proposent un concert tous les soirs ou presque (20h-22h) : jazz, funk, soul, hip-hop… ils ont l'esprit large. Après chaque concert, des DJs se succèdent aux platines. Voir programmation sur le site. **Entrée libre pour toutes les soirées. Conso de 3 € à 7,50 € environ.**

MÉMO

À l'heure où nous mettons sous presse, les adresses, les horaires d'ouverture et les prix cités sont à jour. Mais les commerçants peuvent, bien sûr, les modifier en fonction de considérations personnelles dont nous ne pouvons être tenus pour responsables.

13e ARRONDISSEMENT

VIVE LES GUINGUETTES DE PARIS !

Sous les tours de la Grande Bibliothèque, les quais de la Seine s'animent et se couvrent de bateaux et de transats. Ces guinguettes modernes voguent au son de la chanson française, de la musique pop-rock et des vibrations électroniques. Parmi ces lieux où il fait bon jeter l'ancre, voici nos vaisseaux favoris.

BATEAU EL ALAMEIN — *Chansons sur un bateau*

Face au 11, quai François-Mauriac
M° Quai de la Gare ou Bibliothèque
http://elalamein.free.fr

Salle ouverte à partir de 20h30, concert à 21h. Terrasse romantique ouverte dès 17h30 en semaine et 15h30 le week-end aux beaux jours. Geneviève est la capitaine de la plus jolie péniche de la chanson française. Elle accueille la crème des musiciens dans un décor qui tient à la fois du vieux Paris pour le charme et de l'Asie pour l'exotisme. C'est ici que Les Fatals Picards, Camille, Imbert Imbert, Oldelaf, Les Petites Bourrettes et Monsieur Roux ont fait leurs premières armes. Possibilité de grignoter sur place. La terrasse-jardin est sublime. Pas de réservation possible. **Place entre 8 et 12 € environ.**

ET AUSSI :

- **Le Batofar**. Sa terrasse et sa plage… Face au quai François-Mauriac, M° Quai de la Gare ou Bibliothèque, ☎ 09 71 25 50 61, www.batofar.org. Plage ouverte de mai à septembre. Happy hours : 17h-20h. Y aller parce qu'en été, l'entrée de la terrasse du Batofar est gratuite ainsi que la musique envoyée par des DJs. Sur le quai, très agréable restaurant de plage avec transats et parasols (apéro, dîner…). Resto de la plage : œuf dur : 1 € ; saucisse sèche : 5 € ; vin ou sangria : 5 € ; formule grillade + salade : 15 €.

14e ARRONDISSEMENT

LE MOULIN À CAFÉ — *Café associatif et musical*

8, rue Sainte-Léonie
M° Pernety
☎ 01 40 44 87 55
www.moulin-cafe.net
Mardi-samedi : 12h-22h30

Plus de 50 concerts et ateliers par mois, le plus souvent gratuits, sur des thèmes variés : danse, improvisation théâtrale, jeux, couture, tricot, etc. On peut aussi croquer un petit truc sur le pouce. Des artistes se produisent régulièrement, que le public rétribue (à hauteur de ses possibilités) au chapeau.

Consommations très peu chères.

18e ARRONDISSEMENT

LE PETIT NEY
10, avenue de la
Porte-Montmartre
M° Porte de Clignancourt
☎ 01 42 62 00 00
http://lepetitney.fr
Mardi-vendredi :
11h30-18h30
Samedi : 11h-23h
(programmation culturelle)

Créé et géré par les habitants du quartier

Café chantant, contes, scènes ouvertes et slam, théâtre, spectacles pour enfants, rencontres écriture et musiques, ateliers cuisine, couture, yoga, etc. Quelle richesse dans ce café littéraire associatif, créé et géré par des habitants du quartier et ouvert à tous. L'attention aux autres y est aussi constante que la joie de créer. Restauration légère et pas chère lors des programmations culturelles.
Entrée gratuite. Café : 1,20 € environ.
Café ou thé offert à nos lecteurs sur présentation du guide ou de la carte 2016.

19e ARRONDISSEMENT

ABRACADABAR
123, avenue Jean-Jaurès
M° Laumière
www.abracadabar.fr
Lundi-jeudi : 18h-2h
Vendredi : 18h-5h
Samedi : 15h-5h
Dimanche : 15h-22h

Musiques de tous les horizons

Avec ses DJs et ses jeunes musiciens venant se tester, ses expos de photos et de peintures, l'Abracadabar vit vite et bien. La musique, les recherches y sont présentes tous les jours et les prix ne crèvent pas le plafond.
Demi : 2,50 € environ.

L'ESPACE B
16, rue Barbanègre
M° Corentin Cariou
☎ 01 40 37 30 29
http://espaceb.net
Lundi-vendredi : 9h-1h30
Samedi : 15h-1h30

Espace berbère

L'Espace B signifie « Espace Berbère ». La spécialité du lieu est pourtant un concert nouveau environ trois fois par semaine de toutes musiques : rock/pop indé/folk, etc. Le bar n'est pas grand, mais la salle derrière est vaste et belle.
Concerts : entre 5 et 12 € environ, le plus souvent 5 €.

20e ARRONDISSEMENT

LE CLIN'S 20
49, rue de Pixérécourt
M° ☎égraphe
☎ 01 46 36 96 38
http://leclins.com
Mardi-samedi : 11h-2h
Happy hours : 16h-19h

Soirées animées

Dans ses deux caves, le Clin's organise plein de soirées à thème : karaoké live avec deux musiciens accompagnateurs, concerts, blind test musical, cours de danse, one-man-show, expos, etc.
Happy hours : pinte à partir de 4 € ; cocktail : 5 €. Réduction jusqu'à 22h sur les demis au comptoir : 2,50 €. Burger : 11 €.

ÉCONOTRUC — LA PALME D'OR DU PAS CHER ET DE L'ACCUEIL

LE PISTON PÉLICAN

15, rue de Bagnolet
M° Alexandre Dumas
☎ 01 43 71 15 76
http://pistonpelican.com
Lundi-samedi : 17h-2h
Concerts les jeudis,
vendredis et samedis
Happy hours : 17h-20h

Dans ce café au grand bar en étain règne une ambiance fraternelle (on peut même amener son pique-nique sans être jeté dehors, c'est vous dire !).

Concerts gratuits presque tous les jours à partir de 21h : concerts acoustiques variés et sets de DJ improvisés (du folk au reggae en passant par la chanson française et l'électro). 1 litre de mojito : 20 € (soit 3,30 € le verre) ! Cocktails sans alcool à partir de 4 € ; cocktails alcoolisés à partir de 5 € ; demi : 3 € ; shot rhum arrangé : 3 € ; vin chaud : 4 €.

LES TROIS ARTS

Bar-resto breton

21, rue des Rigoles
M° Jourdain
☎ 01 43 49 36 27
www.les3arts.com
Mardi-dimanche : 17h-2h

Dans la cave voûtée de ce bar breton, à partir de 21h, la scène s'ouvre à des concerts de musiques klezmer, tzigane, bretonne, traditionnelle, jazz, à des contes, ou des matchs d'impro. Le chouchen, l'hypocras, les cidres et les bières gauloises, le kig ha farz sont à goûter. On peut y dîner d'une cuisine de famille du Léon (Finistère).

Entrée souvent gratuite ou bien aux alentours de 5 €. Bières (25 cl) et chouchen à partir de 2,50 € ; hypocras ou Breizh Cola : 3 € environ ; rhum arrangé : 4 € environ. Bol de soupe du jour : 5 € ; plat du jour : 8 €.

LES PÈRES POPULAIRES

Convivial et bon marché

46, rue de Buzenval
M° Buzenval
☎ 01 43 48 49 22
Lundi-vendredi : 8h-2h
Samedi-dimanche : 10h-2h

Chaises d'écoles, tables multicolores, canapés moelleux, grandes tablées propices à la convivialité, ce sont les Pères Pop… un bar-cantine proche de Nation. Accueil et service cool. Premier et troisième dimanches du mois : concerts de jazz (entrée gratuite).

Café : 1 € ; coca : 2,50 € ; bière : 2,50 € ; cocktails : 5,50 €. Planches de charcuterie-fromage : 11 € ; charcuterie : 9 € ; fromage : 7 €.

LOU PASCALOU

Caf'conc' bon enfant

14, rue des Panoyaux
M° Ménilmontant ou Père Lachaise
☎ 01 46 36 78 10
www.cafe-loupascalou.com
Mardi-samedi : 11h-1h
Dimanche : 11h-23h

Ce charmant bistrot-bar évoque irrésistiblement une image du vieux Paris. Toute la semaine, des concerts, jeux variés, courts-métrages, théâtre avec la Ligue d'improvisation de Paris. L'été, ne manquez pas l'agréable terrasse !
Entrée gratuite. Conso payante.

Et encore :

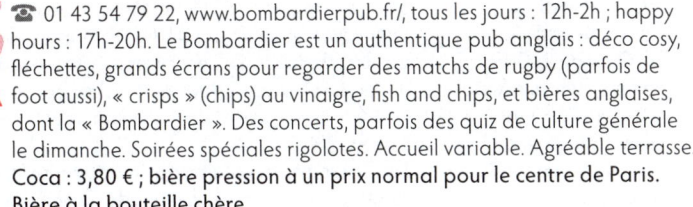

- 5e – **Le Bombardier**. 2, place du Panthéon, RER B Luxembourg, ☎ 01 43 54 79 22, www.bombardierpub.fr/, tous les jours : 12h-2h ; happy hours : 17h-20h. Le Bombardier est un authentique pub anglais : déco cosy, fléchettes, grands écrans pour regarder des matchs de rugby (parfois de foot aussi), « crisps » (chips) au vinaigre, fish and chips, et bières anglaises, dont la « Bombardier ». Des concerts, parfois des quiz de culture générale le dimanche. Soirées spéciales rigolotes. Accueil variable. Agréable terrasse. **Coca : 3,80 € ; bière pression à un prix normal pour le centre de Paris. Bière à la bouteille chère.**
- 5e – **La Taverne de Cluny**. 51, rue de la Harpe, M° Saint Michel, ☎ 01 43 54 28 88, www.latavernedecluny.com, tous les jours : 9h-2h. Une estrade au milieu accueille les musiciens de jazz qui y swinguent plusieurs fois par semaine. C'est un bon lieu de rendez-vous pour suivre entre potes les grands matchs de rugby et de foot. **Entrée gratuite. S'en tenir au grand choix de bières, et bières en bouteille en promotion : environ 5 €.**

BOÎTES

3e ARRONDISSEMENT

REX CLUB

Le roi de la techno

5, boulevard Poissonnière
M° Bonne Nouvelle
☎ 01 42 36 10 96
www.rexclub.com
Tous les jours de minuit à l'aube

Soir après soir, le Rex propose une généreuse programmation à tendance techno. La déco de loft navigue entre néons rouges, bleus et matières brutes.
Prix d'entrée très variables : entre 5 et 15 €. Réduction en prévente.

11e ARRONDISSEMENT

LA JAVA
La jeunesse y fait la java

105, rue du Faubourg-du-Temple
M° Goncourt ou Belleville
☎ 01 42 02 20 52
www.la-java.fr

Toutes musiques et tous publics. On s'éclate lors de concerts rock ou de DJ sets house, funk ou électro. Les soirées « Java des Balkans » (musique d'Europe centrale) sont très prisées.

Entrée gratuite certains soirs ; places de 5 € avant 1h, 10 € après ; consommations bon marché. Vestiaire : 1 €. Pour les sacs : 2 €.

13e ARRONDISSEMENT

DJOON CLUB
House, groove, funk, soul…

22, boulevard Vincent-Auriol
M° Quai de la Gare
Parking : Vincent Auriol
☎ 01 45 70 83 49
www.djoon.com
www.myspace.com/djoonclub
Vendredi-samedi : 23h à l'aube
Dimanche : 18h-minuit

Sur le site Myspace du Djoon Club, on peut écouter un avant-goût du travail des DJs maison, avant de filer à la soirée. Le décor, très théâtral, évoque un loft new-yorkais égayé de touches baroques. Terrasse en été. Resto bon mais plutôt cher (salade Caesar : 14 €).

Entrée : souvent gratuite, parfois payante (environ 10 €, voir sur le site). Limonade ou demi-pression à partir de 5 € ; verre de bordeaux : environ 5 € ; cocktail dès 6 € en happy hours.

14e ARRONDISSEMENT

COURS DE ROCK À LA CITÉ U

Plus exactement à l'ENSAM, Maison des arts et métiers, Cité U. 1, avenue Pierre-Massé (14e), M° Cité Universitaire (ou RER B), http://rock.ueensam.org, lundi et mardi soir : 19h30-22h30. Dans la cité universitaire, prenez à droite du bâtiment principal, dirigez-vous vers le grand luminaire publicitaire bleu Sagem, traversez le périph' par la passerelle et engouffrez-vous dans le grand bâtiment qui se présentera à vous… Cours de rock à six temps, quatre temps, lillois et salsa sont prodigués par les élèves des Arts et Métiers (pour commencer à s'entraîner, aller sur le site www.pas2danse.org sur lequel les pas et passes sont décrits). Ambiance très chaleureuse et bon enfant.

MÉMO

Pour nous joindre : parispascher@yahoo.fr.
Ou encore, laissez-nous un petit mot sur le site du guide : www.parispascher.com ou www.guideparispascher.com.

19e ARRONDISSEMENT

19e : L'ARRONDISSEMENT QUI SE TRÉMOUSSE, QUI FRÉTILLE, QUI GIGOTE…

Bal popu au 104. 5, rue Curial (19e), M° Riquet, ☎ 01 53 35 50 00, www.104.fr, samedi : 20h-23h30. Dates et programme sur le site.

Salsa sur la Péniche Cinéma. Canal de l'Ourcq, parc de La Villette, 59, boulevard MacDonald (19e), M° Porte de La Villette, ☎ 09 54 73 00 95, www.penichecinema.net.

Assistez à des spectacles de danse. Au cours du festival Scènes d'été à La Villette. 211, avenue Jean-Jaurès (19e), M° Porte de Pantin, ☎ 01 40 03 75 75, www.lavillette.com. Musique et danse sur les pelouses de début juillet à fin août.

20e ARRONDISSEMENT

LE STUDIO DE L'ERMITAGE

8, rue de l'Ermitage
M° Jourdain ou Ménilmontant
☎ 01 44 62 02 86
www.studio-ermitage.com

Une ancienne biscuiterie

Une belle salle de 200 m^2, style loft américain (c'était l'ancienne biscuiterie Brun) qui accueille ceux qui aiment se trémousser joyeusement pendant le week-end. Au-dessus d'eux, un balcon filant où on peut dîner ou boire un verre en observant la foule s'enflammer. Plus calme en semaine. Des fanfares, de la salsa, des sambas, du jazz… Salle accessible aux handicapés.

Entrée : 12 € en moyenne, selon la programmation. Tarif réduit (étudiants, chômeurs et intermittents). Assiette de charcuterie : 12 € environ ; soupe maison : 6 € environ ; quiche : 7 € environ. Formule : soupe + quiche + salade + fromage : 15 €.

TOUS LES MARDIS, DÉJEUNERS DANSANTS AU DÔME DE LA DÉFENSE

M° La Défense et RER/tramway La Défense Grande Arche, puis sortie Grande Arche, accès par l'escalier extérieur qui mène au cinéma UGC de La Défense et aux divers restaurants du Dôme, et tout de suite en entrant à côté du restaurant japonais K, http://danse.chatswing.info, mardi : 12h30-14h. Exercez-vous à danser le rock'n'roll, le be-bop, le lindy hop, le balboa et autres pratiques délicieusement swingantes. Les animateurs de l'asso Rock'n Swing vous assistent. L'été, on danse dehors près du manège.

BEAUTÉ

MAQUILLAGE	44
MANUCURE	50
ÉPILATION – SOINS DU VISAGE	52
COIFFURE	54

ÉCONOTRUCS
- **45** . . . Je fabrique mes produits de maquillage
- **46** . . . Les parapharmacies les moins chères de Paris
- **48** . . . Belle pour pas un rond !
- **49** . . . École internationale d'esthétique, Régine Ferrère
- **56** . . . Un brushing à moins de 20 € !

- **44** . . . PB Cosmetics
- **49** . . . Maquillage gratuit
- **50** . . . Par ici la manucure gratuite !
- **54** . . . On se fait coiffer gratis !
- **54** . . . Les écoles de coiffure

Sephora offre (à l'heure où nous écrivons ces lignes) 20 % de réduction sur l'achat d'un parfum à celles et ceux qui leur rapportent un flacon vide.

MAQUILLAGE

JE ME MAQUILLE

PB COSMETICS

www.maquillage-cosmetique-discount.fr. Le moins cher du moins cher… Ce site est réservé aux fans de maquillage pour qui la quantité est la première qualité.

Rouge à lèvres et brillants à partir de 1 € ; mascara, ombres à paupières : 4,90 € ; poudre de soleil ou fond de teint fluide : 3,90 €.

1er ARRONDISSEMENT

BOUTIQUE BOURJOIS
Forum des Halles
101, rue Berger Zone – 3
Porte Berger
M° Les Halles et Châtelet, RER Châtelet les Halles
☎ 01 40 39 96 20
Lundi-samedi : 10h-20h

L'intégralité des produits Bourjois
Dans la boutique Bourjois pleine de couleurs, les fans de la marque y trouveront tout, tout, tout ! (En particulier, tous les blushs et fards à paupières.) Autre plaisir, on peut s'y faire maquiller ou y recevoir des leçons de maquillage.

Pose de faux cils, frange non comprise : 3 € ; décoration d'un ongle (motif simple) : 2 € ; maquillage de jour : 9 € ; de nuit (20 minutes) : 19 €.

AUTRES ADRESSES
- **Galerie du Passage du Havre**. 12, rue du Havre (9e), M° Saint Lazare, ☎ 01 44 63 23 54, mêmes horaires.
- **Centre Commercial Parly 2**. 2, avenue Charles-de-Gaulle (niveau 0, accès porte Notre-Dame), 78150 Le Chesnay, mêmes horaires.

MÉMO

La rédaction du guide *Paris Pas Cher* est totalement indépendante. Nous visitons anonymement les magasins, refusons tous les cadeaux et payons nos additions dans les restaurants. La parution dans notre guide est gratuite et relève d'un travail journalistique indépendant renouvelé chaque année. Nous retirons tous les établissements dont l'exigence de qualité a baissé. Attention ! Des démarcheurs se font parfois passer pour nous. Ils réclament de l'argent contre une parution dans le guide. Ce sont des escrocs, ne tombez pas dans le piège !

Beauté 45

ÉCONOTRUC — JE FABRIQUE MES PRODUITS DE MAQUILLAGE

Aroma Zone

Ateliers et boutique : 25, rue de l'École de Médecine (5e), M° Odéon, mardi-jeudi : 10h-20h ; vendredi-samedi : 10h-21h. Réservation d'un atelier au 04 73 34 06 08 ou par mail : boutique.paris@aroma-zone.com.

Boutique : 1, rue de l'Arbalète (5e), M° Censier Daubenton, ☎ 01 43 37 69 17, www.aroma-zone.com, mardi-samedi : 10h-19h.

Ce sont des cours complets qu'on prend dans cette boutique-atelier. On repart avec son ou ses flacon(s) remplis et la recette à appliquer chez soi.

Formules : 19 €/1h ; 35 €/2h ; 49 €/3h (produits et matériel fournis).

Celles et ceux qui savent déjà faire leurs préparations peuvent acheter sur place les matières premières bio françaises pour faire leurs produits à la maison. (Il vous faudra, en plus des produits, une petite balance, des pipettes, des récipients où touiller vos mixtures, et des pots vides.)

Recettes aussi sur les sites suivants : http://calybeauty.com et http://macosmetoperso.typepad.com.

HEMA — *Maquillage, produits de soins*

120, rue Rambuteau
M° ou RER Châtelet Les Halles
☎ 01 45 08 09 27
www.hema.fr
Lundi-samedi : 10h-20h
Dimanche : 14h-19h

Packaging minimaliste, qualité irrégulière : un très bon mascara, un fond de teint inexistant, un excellent vernis, un crayon à yeux trop sec…

Mascara waterproof : 4 € ; rouge à lèvres : 3 € ; vernis à ongles : 4 €.

AUTRES ADRESSES
- Centre commercial gare Saint-Lazare. 1, cour de Rome (8e), M° Saint Lazare.
- 86, rue du Faubourg-Saint-Antoine (12e), M° Ledru Rollin.
- Gare du Nord, 112, rue de Maubeuge, niveau – 1, mezzanine Grandes lignes/Banlieues (10e), M° Gare du Nord, ☎ 01 53 16·10 12, lundi-vendredi : 7h-20h ; samedi : 9h-17h.
- Également des adresses à Claye-Souilly (77), Marne-la-Vallée (77), Plaisir (78), Évry 2 (91), Levallois-Perret (92), au centre commercial Le Millénaire à Aubervilliers (93), Rosny 2 à Rosny-sous-Bois (93), Arcueil (94), aux Quais d'Ivry, Ivry-sur-Seine (94), à Créteil-Soleil, Créteil (94), Thiais (94). Voir sur le site.

KIKO

Forum des Halles
101, porte Rambuteau
Niveau – 3
M° RER Les Halles
☎ 01 40 13 03 56
www.kikocosmetics.fr
Lundi-samedi : 10h-20h

Maquillages italiens, jolis et pas chers

Kiko, marque italienne généreuse (plus de 600 références), propose des fards qui tiennent correctement. Promotions et petits prix constants.
50 nouveaux vernis à partir de 2,90 €. Ombres à paupières : 3,90 € ; rouge à lèvres à partir de 2,50 €.

AUTRES ADRESSES
- Avenue du Général-de-Gaulle, 93110 Rosny-sous-Bois, ☎ 01 48 94 88 40.
- Avenue du Luxembourg, 94320 Thiais, ☎ 01 56 30 02 87.

ÉCONOTRUC — **LES PARAPHARMACIES LES MOINS CHÈRES DE PARIS**

CITYPHARMA

26, rue du Four (6ᵉ)
M° Mabillon ou Saint Germain des Prés
☎ 01 46 33 20 81
www.pharmacie-paris-citypharma.fr
Lundi-vendredi : 8h30-20h
Samedi : 9h-20h

Sur deux étages, se trouvent tous les produits de parapharmacie dont on puisse rêver et aux plus bas prix de la capitale. (La marque maison « Suprapharma » est encore moins chère.) Avec famille et amis, on aura intérêt à faire une liste commune de produits de parapharmacie et de médicaments (délivrés sur ordonnance) pour faire moins longtemps la queue aux 14 caisses. **Échantillons offerts.**

PHARMACIE MONGE

74, rue Monge (5ᵉ)
M° Place Monge
☎ 01 43 31 39 44
www.pharmaciemonge.fr
Lundi-samedi : 8h-22h
Dimanche : 8h-20h

Pratiquant les mêmes prix que sa concurrente, la Pharmacie Monge est connue jusqu'en Corée. Mais rien n'empêche les Parisiens d'y faire un tour, munis d'une liste longue comme un bras. Le voyage vaut le détour.

9ᵉ ARRONDISSEMENT

MAKILLAGE

9, rue Mansart
M° Blanche
☎ 01 42 81 33 76
www.makillage.fr
Lundi-vendredi : 11h-18h

Produits de maquillage professionnels pas chers

Tous les artistes de cabaret, les chefs maquilleuses et les comédiens de Paris et banlieues, viennent ici se refaire une beauté. Et l'économie est considérable.
Fond de teint (cake) : environ 12 € ; fard à paupières : 7,50 € ; fard à l'eau (40 couleurs) : 5 €/15 ml ; rouge à lèvres en stick : environ 8 €.

Beauté

10ᵉ ARRONDISSEMENT

DELORME
Grossiste en produits et matériel de coiffure et de manucure

17-19, passage de l'Industrie
M° Strasbourg Saint Denis
☎ 01 44 83 65 00
www.delorme.fr
Lundi-vendredi : 8h30-18h30
Samedi : 9h-13h, 14h-18h
(fermé en août)

On trouvera des masques, des shampoings et après-shampoings L'Oréal et Schwarzkopf professionnels, ainsi que, vendus très peu cher, les produits maison MGC et des vernis à ongles de qualité pro. L'accueil est adorable.

Shampoing Delorme aux protéines de soie : 9,99 €/500 ml ; sèche-cheveux (puissant, 1 800 W) : 49 €.

COOKIE'S
Make up pas cher du tout

44, rue du Faubourg-Saint-Denis
M° Château d'Eau
☎ 01 45 23 49 90
www.cookiesmakeup.com
Lundi-samedi : 10h30-19h30

L'avantage d'une boutique, c'est qu'on peut voir les teintes véritables des produits, et même les essayer. Ceci est très important, parce que le pH de la peau de chacune fait varier les couleurs et le rouge à lèvres corail sur les lèvres de Kate Moss peut virer marron sur les vôtres ! Ici, outre les avantages précités, les produits ne coûtent presque rien.

Vernis à ongles à partir de 1,90 € ; rouge à lèvres à partir de 2,50 € ; ombres à paupières à partir de 2,90 €.

12ᵉ ARRONDISSEMENT

PRESTY WOMEN
Fins de séries

Dans le sous-sol de la gare de Lyon
Couloir de la ligne 1
M° Gare de Lyon
Lundi-vendredi : 8h-18h
Samedi : 10h-18h
Dimanche : 10h-20h

Ne tenez pas compte de l'absence de décor de ces boutiques situées dans les sous-sols de gares et de certaines stations de métro. Elles valent d'être fréquentées pour les fins de séries récentes des marques L'Oréal, Garnier, Gemey et Bourjois.

Comptez environ 2 à 4 € par produit.

AUTRES ADRESSES
- **Presty women-Châtelet**, sous le 1, rue Pierre-Lescot (1ᵉʳ), M° Châtelet Les Halles, ☎ 01 44 76 09 36.
- **Presty women-Auber**, sous le 5, rue des Mathurins (9ᵉ), M° Havre Caumartin, ☎ 01 40 07 54 68.
- **Presty women-Défense**, dans le centre commercial Les Quatre Temps.
- **Presty women-Montparnasse**, sous le 22, place Raoul-Dautry (15ᵉ), M° Montparnasse Bienvenüe, ☎ 01 42 84 19 91.

77 SEINE-ET-MARNE

PHARMACIE DE LA GARE — *La plus grande pharmacie et parapharmacie discount de la région parisienne*

Parking nord du RER
5, place de la Révolution
77680 Roissy-en-Brie
☎ 01 60 64 22 88
Lundi-samedi : 24h/24
Dimanche : 20h-8h

900 m² de pharmacie et parapharmacie. Dans le domaine des médicaments non remboursés, on y trouve des antalgiques et anti-inflammatoires deux fois moins chers qu'ailleurs. Côté parapharmacie-beauté des produits à prix réduit allant souvent jusqu'à 50 % de réduction.

ÉCONOTRUC — BELLE POUR PAS UN ROND !

Soyez Testeuse de produits :
On le devient en donnant ses coordonnées sur plusieurs sites : www.beaute-test.com ; www.trnd.fr ; www.testdeproduits.fr.

Demandez des échantillons :
Sur les sites suivants : www.missechantillons.fr ; www.ccbparis.fr ; www.yves-rocher.com ; www.ricaud.com. Et directement dans les parfumeries Sephora, Marionnaud et parfumeries de quartier.

Maquillage et crèmes de soin sur le Net

WWW.AVRIL-BEAUTE.FR — *Produits bio pas chers fabriqués en France*
On ne s'intéressera qu'à la gamme bio, un tout petit peu plus chère, mais protectrice et FABRIQUÉE EN FRANCE.
Gamme basique : 1,30 € à 2,30 € ; gamme bio : 3 € à 8 €.

WWW.EYESLIPSFACE.FR — *Des produits de maquillage à partir d'1 €*
Conçus aux USA et fabriqués en Chine, les flacons contiennent peu de produit. Parmi eux, figurent des produits minéraux, sans parabène, ni conservateurs ni colorants chimiques (assure-t-on sur le site), vendus un peu plus cher.
Palette 32 ombres à paupières : 6 € ; vernis à ongles : 2 € ; fond de teint : 7 € ; rouge à lèvres : 5 €.

WWW.MAXIVANITY.COM
Les produits vendus sur ce site sont italiens, espagnols et chinois.
Ensemble de 20 produits de maquillage pour le jour et la nuit : 20 € ; poudre, vernis, rouge à lèvres, gloss, fard à paupières à partir de 1 €.

WWW.NYXCOSMETICS.FR — *Une marque américaine pas chère*
Un immense choix de produits, près de 150 teintes de vernis à ongles, des palettes pratiques pour le sac incluant fond de teint, blush, fards à paupières assortis pour une carnation dédiée.
Des prix raisonnables : palette complète : 28,90 € ; rouge à lèvres : moins de 5 €.

JE ME FAIS MAQUILLER

MAQUILLAGE GRATUIT

À l'Atelier international du maquillage
13, rue de la Pierre-Levée (11e)
M° République
☎ 01 40 21 03 15
Lundi-vendredi : se présenter de 13h30 à 14h, sans rendez-vous
Les élèves de cette école savent tout faire (maquillage de beauté et autres), mais essaieront plutôt sur vous des effets spéciaux en 3h.

AES-Formation
École de maquillage Peggy Sage
8, rue Brey (17e)
M° Ternes
☎ 01 56 68 94 00
www.aes-formation.com
Email : contact@aes-formation.com
Lundi-vendredi : 10h-18h (téléphonez pour prendre rendez-vous)
Toute l'année, le centre a besoin de modèles pour ses stagiaires en maquillage. Soyez-en. Votre heure de rendez-vous vous sera donnée lors de votre prise de contact par téléphone.

ÉCONOTRUC

ÉCOLE INTERNATIONALE D'ESTHÉTIQUE, PARFUMERIE ET SPA RÉGINE FERRÈRE

Une des meilleures écoles

6, rue Paul-Baudry (8e)
M° Saint Philippe du Roule
☎ 01 42 65 99 77
www.regineferrere.com
Lundi-vendredi : 9h30-12h30, 14h-17h (de janvier à juin)

Les soins du visage et du corps, la manucure et l'épilation sont assurés par des élèves douées de cette très bonne école, qui ensuite travaillent dans les spas des palaces.
Épilation jambes entières + maillot + aisselles : 25 € ; épilation jambes entières : 15 €/30 min. Soin du visage : 25 €/75 min ; soin anti-âge : 35 €/90 min ; soin des mains + pose d'un vernis transparent : 15 €/1h ; soin des pieds : 25 €/1h15. Sur rendez-vous.

BEAUTÉ

18e ARRONDISSEMENT

CENTRE MARCEL LAMY
15-17, rue des Fillettes
M° Porte de la Chapelle
☎ 01 44 79 02 27
www.lyceelamy.fr
Mardi-mercredi : 9h-12h
Jeudi : 14h-17h
Vendredi : 9h-12h, 14h-17h

Prenez rendez-vous par téléphone. L'institut de beauté de l'école a été rénové : lits blancs, oreillers roses, élèves et professeurs littéralement aux petits soins.

SALON SOCIAL JOSÉPHINE
28, rue de la Charbonnière
M° Barbès
☎ 01 42 59 43 36
www.josephinebeauté.fr
Pour prendre rendez-vous :
salonparis@josephine.fr

Un salon pour les femmes en difficulté

C'est un salon ouvert par une femme de grand cœur où des femmes en difficulté peuvent venir se faire soigner et maquiller à prix d'ami, emprunter des vêtements pour un entretien d'embauche, et recevoir des conseils de relooking.

Le soin (coiffure ou coloration ou maquillage ou soins esthétiques) : 3 € environ. Uniquement sur rendez-vous. Il faut apporter des justificatifs de revenus.

MANUCURE

Parmi la multitude de bars à ongles parisiens, voici les moins chers où vous serez les mieux traitées.

PAR ICI LA MANUCURE GRATUITE !

AMERICAN NAILS
19, rue d'Enghien
M° Bonne Nouvelle
☎ 01 47 70 33 21
www.1manucure.com
Prendre rendez-vous par téléphone.

École de manucures

Dans cette école d'onglerie, sur rendez-vous, les étudiantes vous posent des faux ongles. Cette aimable opération est réservée aux plus de 18 ans qui ne sont pas allergiques au gel UV.

MÉMO

Des cadeaux et des réductions sont offerts dans certains établissements à nos lecteurs sur présentation du guide ou de la carte *Paris Pas Cher 2016*.

Beauté

1er ARRONDISSEMENT

CENTRE DE FORMATION OPI
2, rue du Roule
M° Louvre Rivoli
www.formation.opi-france.com
Lundi-vendredi : 9h-12h30, 13h30-17h

On prend directement rendez-vous sur le site Internet, rubrique « Contacts », puis « Modèles ».

LES JARDINS DE NANA
3, rue Française
M° Les Halles
☎ 01 45 08 18 02
www.jardinsdenana.com
Lundi-samedi : 10h30-22h

Un verre de thé vert offert et, sur ongles nus, pose de vernis des marques Essie ou OPI + limage : 5 €.

15e ARRONDISSEMENT

COLORFOREVER
ColorForever Commerce
82, rue du commerce
M° Commerce
☎ 01 80 06 21 77
www.colorforever.com
Lundi-samedi : 10h-13h, 14h-19h

Des vernis de la marque OPI en plus de 300 couleurs. De quoi donner une dépression à un arc-en-ciel.
Sur ongles nus et limés, base + 2 couches de vernis au choix + top coat + gouttes séchantes : 8 € ; pose de vernis french : 12 € ; démaquillage des ongles : 2 €.

AUTRES ADRESSES
- 16 adresses dans Paris. À voir sur le site Internet.

17e ARRONDISSEMENT

SHOWROOM PEGGY SAGE
8, rue Brey
M° Charles de Gaulle Étoile
☎ 01 56 68 94 00
www.peggysage.fr
Lundi-vendredi : 10h-19h

Manucure, soins des pieds et du visage
Sur rendez-vous, les étudiantes de ce centre de formation se font la main sur celles des clientes en les soignant ou en leur posant des faux ongles.
Pose de faux ongles, ou de gel ou de résine, ou beauté des mains ou beauté des pieds : 10 € ; soin des mains ou des pieds : 10 € ; épilation ou soin du corps ou soin du visage : 15 €.

92 HAUTS-DE-SEINE

SO NAILS ACADEMY
20, rue d'Issy
92100 Boulogne
M° Marcel Sembat ou Billancourt
☎ 01 48 74 47 82
www.sonails.fr
Ouverture pendant la période scolaire

Soyez modèle

On peut être modèle pour pose de faux ongles (comptez 3h30), pour des extensions de cils, pour des extensions de cheveux de 40 cm de longueur. Il faut en faire poser entre 90 et 140.
Pose de faux ongles : 2 € ; supplément paillettes : 1 € ; extensions de cils : 10 € ; extensions de cheveux : 1,50 €.

▶ *Et n'oubliez pas de fréquenter les écoles d'application d'esthétique, adresses p. 49 à 54.*

ÉPILATION – SOINS DU VISAGE

Sur abonnement : moyennant un abonnement mensuel, on peut venir – sans rendez-vous et quand on veut – se faire faire des soins pour un coût très réduit. Ce système n'est intéressant que si vous allez en institut au moins deux fois par mois. Insistez pour que l'esthéticienne se lave les mains avant de vous soigner et pour qu'elle désinfecte votre peau. Vérifiez que le service effectué est aussi performant que pour une cliente payant plein pot. Par exemple : une épilation demi-jambes en tarif plein est effectuée avec 8 à 10 bandelettes.

- **Chez Body'Minute** : abonnement environ 10,90 € par mois (9 € pour les étudiantes) + 8 € pour les frais de dossier. Épilation : environ 4,50 € ; massage : environ 10,90 €/15 min (17 € sans abonnement) ; soin du visage : environ 26 € (35 € sans abonnement) ; massage du visage (shiatsu) : environ 6 €/5 min (10 € pour les non-abonnées). Adresses sur le site www.bodyminute.com.

- **Chez Espace Épilation** : abonnement environ 9,90 € par mois ; épilation à la cire : 3,80 € pour les abonnées (19 € pour les non-abonnées). Adhésion : 15,25 €. Tarifs jeunes et étudiants moins chers. Manucure avec les vernis OPI : 7 €. Adresses sur www.espace-epilation.com. Adhésion offerte à nos lectrices.

- **Chez Esthétic Center** : abonnement environ 10,90 € par mois ; épilation demi-jambe : 4,30 € (14,80 € pour les non-abonnées) ; soin oxygénant du visage (avec camomille, papaye, edelweiss) : 9,90 €/5 à 10 min (12,40 € pour les non-abonnées). Tarif moins cher pour les abonnées (jusqu'à 70 % de réduction) pendant les happy hours. Adresses sur www.esthetic-center.com.

Beauté 53

9e ARRONDISSEMENT

CENTRE DE FORMATION BODY'MINUTE

Épilations et soins pas chers

4, rue Sèze
Escalier B, 1er étage
M° Madeleine ou
RER Auber
☎ 01 53 30 71 23
Sur rendez-vous.

Les soins sont exécutés par des élèves sous la conduite d'un professeur. Pudiques, s'abstenir. **Mardi, épilation au choix : 8 €. Mercredi et jeudi, soins du visage + manucure ou beauté des pieds : 16 € les deux soins. Vendredi, soins du corps : 16 € les deux soins.** On paie en espèces et il faut avoir l'appoint.

12e ARRONDISSEMENT

CENTRE DE BEAUTÉ INDIENNE

Épilation des sourcils au fil et autres soins exotiques

14, rue du
Docteur-Jean-Goujon
M° Daumesnil
☎ 01 46 07 44 67 ou
01 42 09 36 39
www.beauteindienne.com
Mardi-samedi : 10h30-20h

Les poils sont attrapés comme au lasso et extirpés à la racine, ce qui laisse une ligne de sourcils impeccable, allège et éclaire le regard. Nettoyage de peau et soin complet du visage aussi professionnels. **Épilation des sourcils au fil : 7 € ; épilation demi-jambes : 15 €. Nettoyage de peau : 19 €/35 min ; soin complet du visage : 29 €/1h. Pédicure complète avec pose de vernis simple : 25 € ; pose de vernis : 5 €.**

AUTRES ADRESSES
- Voir sur le site.

16e ARRONDISSEMENT

SALON D'APPLICATION DU CFA AMBROISE-CROISAT

74-76, rue Lauriston
M° Boissière
☎ 01 45 05 92 98
www.cfacroisat.fr
Lundi-vendredi : 9h-12h,
14h-16h

Cet établissement est le plus grand lycée de France pour la coiffure et l'esthétique. On peut y être modèle du lundi au vendredi. Son salon d'application est moderne, bien tenu.

AUTRE ADRESSE
- 27 boulevard Ney (18e), M° Porte de la Chapelle, ☎ 01 40 36 00 88.

MÉMO

À l'heure où nous mettons sous presse, les adresses, les horaires d'ouverture et les prix cités sont à jour. Mais les commerçants peuvent, bien sûr, les modifier en fonction de considérations personnelles dont nous ne pouvons être tenus pour responsables.

COIFFURE

ON SE FAIT COIFFER GRATIS !

Toni & Guy. 1, place André-Malraux (1er), M° Palais Royal ou Louvre Rivoli, ☎ 01 40 20 15 93, www.toniandguy-academy.fr, lundi-mardi : 9h-13h, 14h-17h. Dans cette école de coiffure sont acceptées les jeunes têtes de 16 à 30 ans. Coupe de 10 à 15 cm obligatoire. Toni & Guy est un coiffeur branché. Faites-vous à l'idée que les coupes le sont aussi. Coupe et couleur sont gratuites.

LES ÉCOLES DE COIFFURE

Nous ne vous encourageons qu'à moitié à les fréquenter. On ne peut pas toujours y choisir sa coupe, les temps d'attente sont longs, les séances durent un minimum de 3h, et les résultats pas toujours à la hauteur des espérances des cobayes. Les écoles ne coiffent pas les enfants. De plus, les tarifs risquent d'augmenter au cours de l'année.

Centre de formation Camille Albane. 50, rue de la Chaussée-d'Antin (9e), M° Chaussée d'Antin, ☎ 01 43 59 31 32, www.camillealbane.com, horaires variables (téléphoner pour prendre rendez-vous). Coupe, – de 25 ans : 5 € ; de 25 à 50 ans : 10 €. Couleur ou balayage sur sélection, uniquement après la coupe : 10 € ; de 25 à 50 ans : 20 €.

Académie L'Oréal Professionnel. 14, rue Royale (8e), M° Concorde, ☎ 01 40 20 97 30, téléphoner pour prendre rendez-vous. Conditions : être une femme âgée d'un minimum de 16 ans, avoir les cheveux raides ou souples, accepter une coupe d'un minimum de 5 cm. Coupe : 11 €.

Centre technique professionnel Revlon. 29, rue du Colisée (8e), M° Franklin D. Roosevelt, ☎ 01 56 43 41 25 (service modèles), lundi-vendredi : 9h-13h, 14h-18h. Il faut être âgé de 18 à 50 ans. Femmes : 15 € ; hommes : 6 €.

Daniel Montesantos Académie. 133, avenue Ledru-Rollin (11e), M° Ledru Rollin, ☎ 01 46 59 39 69. Shampoing + coupe + séchage ou brushing : 5-15 € ; couleur : 20 à 35 € ; permanente : 20 à 30 €.

Mod's Hair. 192, rue Legendre (17e), M° Guy Môquet, ☎ 01 45 26 53 00, www.modshair.com, lundi-vendredi : 9h30-17h30 (sur rendez-vous). Shampoing + coupe + séchage : 15 € ; shampoing + couleur ou balayage + séchage : 20-40 €. La totale : 32-50 €.

Académie rive droite. 14, avenue de la République (11e), M° République ou Oberkampf, ☎ 01 47 00 73 73, lundi-vendredi : 10h30-12h (sur rendez-vous). Shampoing + coupe + brushing : 10 €. Couleur : 15 €.

Académie internationale Franck Provost. 36, rue Laugier (17e), M° Pereire, ☎ 01 56 21 10 50, lundi-vendredi : 9h-17h (sur rendez-vous). Un très bel endroit. Coupe : 11 € ; technique : 18 €.

Centre Marcel Lamy. 15-17 rue des Fillettes, M° Porte de la Chapelle (18e), ☎ 01 45 23 13 16 (sur rendez-vous), lundi-vendredi : 8h30-12h30, 13h30-17h30.

9e ARRONDISSEMENT

L'ISEC

28, rue de Trévise
M° Cadet
☎ 01 47 70 83 49
www.ecole-isec.com/modeles_coiffure.html
Mardi-vendredi sans rendez-vous : 9h30 ou 13h30

Mieux que bien des salons de coiffure professionnels

Cette école de coiffure sort de l'ordinaire, autant par son décor (celui d'un vrai salon de coiffure chic) que par les prestations offertes, élèves bien formées et très attentives, professeur constamment présent et intervenant : on peut choisir sa propre coiffure ; en cas de doute, un professeur vient vous conseiller. Il contrôlera toutes les étapes de votre transformation. Quand l'élève hésite, il appelle son professeur qui coupe ou prodigue le soin lui-même. Massage du cuir chevelu en sus. On sort nettement embelli. (Application de couleurs possible.)

Apporter sa serviette, sinon prêt de serviette : 1 €. Shampoing + coupe + coiffage, femme : 12 € ; homme : 6 €.

Une serviette est mise à disposition gratuitement sur présentation du guide ou de la carte 2016.

14e ARRONDISSEMENT

BEAUTY BUBBLE

Gare Montparnasse
95, boulevard Pasteur
Accès : niveau 1, entrée porte Océane
M° Montparnasse
www.beautybubble.fr
Lundi-vendredi : 9h30-14h30, 15h30-19h
Samedi : 12h-19h

Coupe ou brushing en 10 minutes pour 10 €

C'est ce que propose cette enseigne dont les coiffeurs officient uniquement sur cheveux déjà secs et propres. Et si votre tignasse est particulièrement rebelle, ils emploieront au besoin un fer à lisser. Bémol : on fait parfois la queue.

AUTRES ADRESSES
- Gare de Lyon (12e), M° Gare de Lyon, accès : couloir de correspondance entre la ligne 1 du métro et le RER A.
- Gare du Nord, 18, rue de Dunkerque (10e), M° Gare du Nord, niveau – 1, accès : entre Yves Rocher et Relay.

- Gare de l'Est, place du 11-novembre-1918 (10e), M° Gare de l'Est, accès : prendre l'entrée principale, puis au fond à droite, à côté de Sephora.
- Métro Madeleine, rue Tronchet-sortie 4.

ÉCONOTRUC — UN BRUSHING À MOINS DE 20 € !

Chez **Tchip Coiffure**. On vient sans rendez-vous. Le shampoing-coupe-brushing vous coûtera 20-30 € avec une couleur. Travail tout à fait correct. Adresses sur le site : www.tchip.fr.

Chez **Coiff and Co**. Environ 20 € pour femme, environ 15 € pour homme ; environ 10 € pour enfant, adresses sur le site www.coiffandco.com.

Chez **Self' Coiff**. 70, boulevard de Sébastopol (3e), M° Étienne Marcel, ☎ 01 42 71 44 45, www.selfcoiff.fr, lundi-vendredi : 10h-20h ; samedi : 10h-19h. Coupe pour enfant : 12 € si papa ou maman lave les cheveux et les sèche. Pour femme : shampoing + coupe : 19 € ; shampoing + couleur : 21 € ; shampoing + balayage : 23 €. Pour homme : shampoing + coupe : 16 €. À charge ensuite pour le client de se sécher les cheveux lui-même.

www.minutefacile.com. Et si vous vous sentez assez habile pour vous couper les cheveux vous-même, consultez les tutoriels de ce site !

MÉMO

Pour nous joindre : parispascher@yahoo.fr.
Ou encore, laissez-nous un petit mot sur le site du guide : www.parispascher.com ou www.guideparispascher.com.

MÉMO

Pour obtenir gratuitement le prochain *Paris Pas Cher*, envoyez-nous les adresses que vous estimez dignes de figurer dans le guide à l'adresse parispascher@yahoo.fr. Nous les visiterons. Si une adresse est retenue et que vous êtes le premier à nous l'avoir donnée, vous gagnerez un guide *Paris Pas Cher 2016* (n'oubliez pas de nous laisser vos coordonnées complètes).

BIJOUX

RICHELIEU-DROUOT

Rue Drouot, le spectacle commence dans les salles d'exposition, où les objets sont présentés sous vitrines la veille de leur vente de 11h à 18h, et le jour même de 11h à 12h. On peut rester des heures à rêver et s'instruire devant tel ou tel bijou. À la fin des enchères, le prix de départ est en général multiplié par trois. Taxes à payer en sus de l'adjudication : 10 à 20 %.

9, rue Drouot (9e), M° Richelieu Drouot, ☎ 01 48 00 20 20, programme des ventes : 01 48 00 20 20, www.drouot.fr, lundi-samedi : 11h-18h.

Le Crédit municipal de Paris

Le Crédit, dit « Ma Tante », dit « le Mont-de-piété » met en vente aux enchères les bijoux que leurs propriétaires n'ont pas pu venir dégager. À vous de voir… À la fin des enchères, le prix de départ est aussi en général multiplié par trois. Taxes à payer en sus de l'adjudication : 10 à 20 %.

55, rue des Franc-Bourgeois (4e), M° Rambuteau, ☎ 01 44 61 64 00, www.creditmunicipal.fr lundi-vendredi : 9h-18h ; jeudi : 9h-19h ; samedi : 9h-17h.

BIJOUX

1er ARRONDISSEMENT

CLAIRE'S

61, rue de Rivoli
M° Châtelet
☎ 01 44 41 04 05
www.claires.fr
Lundi-samedi : 10h-19h30

Pour les petites filles et leurs grandes sœurs

Claire's propose un choix hallucinant de bijoux tout simples qui n'ont pas vocation à durer. On achète sur un coup de tête ces mignons témoins de l'humeur du moment.

Boucles d'oreille à partir de 4,99 € ; grand collier plastron à partir de 9,99 € ; bracelets à partir de 4,99 €.

AUTRES ADRESSES
- Dans les 5e, 9e, 10e, 13e et 14e arrondissements.

DARY'S

362, rue Saint-Honoré
M° Concorde
☎ 01 42 60 95 23
www.darys-bijouterie-paris.fr
Lundi-vendredi : 10h-18h
Samedi : 11h30-18h

Bijoux du XVIIIe au XIXe vendus par une gemmologue diplômée, experte auprès de la cour de Paris… Les joyaux sont vendus avec certificat d'authenticité pour les plus belles pierres. Accueil charmant.

Réduction entre 5 % et 10 % sur présentation du guide ou de la carte 2016.

4e ARRONDISSEMENT

BOUTIQUE ATELIER JULIE SION

14, rue du Plâtre
M° Hôtel de Ville
☎ 09 81 02 81 15
www.juliesion.com
Lundi-samedi : 11h30-19h30

Assemblés finement par la talentueuse Julie, perles, pierres, strass, laiton deviennent sous ses doigts des bijoux originaux, dont la simplicité fait l'élégance.

Bague : 24 € ; collier ou bracelet rigide à partir de 58 €.

CULOTTE

7, rue Malher
M° Saint-Paul
☎ 09 81 31 58 89
www.facebook.com/shopculotte
Lundi : 13h-17h30
Mardi-samedi : 12h30-19h
Dimanche : 14h-19h

Bijoux fantaisie vintage

Aucun sous-vêtement chez Culotte, mais des rééditions de bijoux des années 1970 à 1980, et d'autres bijoux fantaisie tendance. Beaucoup de choix entre 25 et 40 € pour de jolis bijoux fantaisie.

Boucles d'oreille autour de 25 € ; bracelet manchette : 30 € ; broches à partir de 15 € ; pochettes à partir de 35 €.

SOBRAL

79, rue Saint-Louis-en-l'Île
M° Saint-Paul
☎ 01 43 25 80 10
http://www.eshopsobral.fr/
Tous les jours : 11h-19h30

Ces bijoux en résines très colorés, aux formes géométriques, au style couture, sont créés par un styliste brésilien. Joyeux à porter, été comme hiver.

SUCRE BLEU

Chic et pas cher

64, rue Saint-Louis-en-l'Île
M° Pont Marie
☎ 01 46 33 55 81
www.bijouterie-sucre-bleu.com
Tous les jours : 11h-20h

Ce chic magasin à la devanture noire comme un écrin propose des bijoux aériens, classieux à des prix imbattables dans ce quartier.

Manchette façon dentelle : 18 € ; collier agrémenté de cristaux colorés : 45 € ; pochette dorée et argentée : 48 €.

9e ARRONDISSEMENT

ACCESSORIZE

Bijoux fantaisie pour jeunes filles

Centre commercial du Passage du Havre
109, rue Saint-Lazare
M° Saint-Lazare
☎ 01 48 78 64 42
Lundi-samedi : 10h-18h

Voici des petits bijoux faciles à porter comme un nouveau T-shirt qu'on change le lendemain.

Boucles d'oreille et bracelets à partir de 7,90 € ; bagues à partir de 4,90 € ; anneau de mariage en argent massif : 19,90 €.

AUTRES ADRESSES
- Centre commercial Passy Plaza. 53, rue de Passy (16e), M° Passy.
- Centre commercial Italie 2. 30, avenue d'Italie (13e), M° Place d'Italie.
- Également à La Défense (92), au Chesnay (78), à Chambourcy (78), à Marne-la-Vallée (77), à Tremblay-en-France (93).

11e ARRONDISSEMENT

TOTALE ÉCLIPSE

Pour toutes

40, rue de la Roquette
M° Bastille
☎ 01 48 07 88 04
www.totaleclipse.fr
Lundi-vendredi : 11h-19h30
Samedi : 10h30-20h

Originaux et design, les bijoux de Totale Éclipse sont pour la majorité en étain et laiton, montés avec des pierres synthétiques. Montres de marque ou fantaisie. Accueil convivial.

Bracelets à partir de 18 € ; belles boucles d'oreille modernes à carrés colorés : 14 € environ ; bagues en métal martelé puis argenté avec pierre : 18 € environ ; montres à partir de 39 €.

17e ARRONDISSEMENT

L'ATELIER HAUT PERCHÉ

Une touche d'heroic fantasy

21, rue des Dames
M° Place de Clichy
☎ 01 44 70 03 76
www.atelierhautperche.com
Mardi-samedi : 12h-20h

Dans l'atelier enchanté d'Aliénor Frolet se côtoient l'absurde, le fantastique et l'humour : c'est un univers de sorcière marrante sur un balai, d'éléphant sur une chaîne de collier, de boutons de manchette en forme de moustache, etc. Elle réalise également des bijoux sur mesure. Accueil charmant.

Pin's femme enceinte rigolote : 18 € ; collier cigogne délivrant un bébé : 32 €.

10 % de réduction à nos lecteurs sur présentation du guide ou de la carte 2016.

18e ARRONDISSEMENT

ANOKI
Des bijoux fous pour trois fois rien

3, rue Tardieu
M° Anvers ou Abbesses
☎ 01 42 23 49 16
www.anoki-paris.com
www.facebook.com/AnokiParis
Tous les jours : 10h15-20h

Les pochettes et sacs en tissu ou en cuir classiques sont plus onéreux, mais de bon goût. Grand choix de foulards. Une partie des objets en vente a été créée par les propriétaires à partir de matériaux qu'ils recyclent.

Boucles d'oreille courtes ou longues à partir de 4 € ; bagues à partir de 4 € ; bracelets à partir de 6 € ; broches à partir de 12 € ; sacs ou pochettes en cuir : 35-60 € environ.

AUTRES ADRESSES
- 106, rue Mouffetard (5e), M° Censier Daubenton, mêmes horaires.
- 21, rue de la Huchette (5e), M° Saint-Michel, mêmes horaires.

YVRESSE
Pour jouer les belles d'un soir sans se ruiner

125, rue Ordener
M° Jules Joffrin
☎ 01 55 79 70 10
Mardi-samedi : 11h-19h30

Une mode pour se sentir sexy et séduire.
Bracelet en faux diamants ou bracelet à 6 rangs : 12,90 € ; robe noire sérigraphiée : 50 € ; robe avec haut en dentelle : 29,90 €.

15 % de réduction hors soldes sur présentation du guide ou de la carte 2016.

MONTGOLFIÈRE
Bijoux sertis de pierres semi-précieuses

98, rue Ordener
M° Jules Joffrin
☎ 01 42 57 18 00
Mardi-samedi : 10h30-13h30, 15h-19h30

Labradorite (une pierre dans les teintes bleu-vert, trouvée au Labrador), tourmaline, turquoise, grenat, jade, agate, nacre, serties dans des montures d'argent de style rétro ou ethnique, ou encore baroque. Bijoux en ambre de la Baltique, touaregs ou art déco, le choix est vaste et chic.

Bijoux en argent, parfois sertis d'une pierre semi-précieuse à partir de 40 €.

– 10 % à nos lecteurs sur présentation du guide ou de la carte 2016.

AUTRE ADRESSE
- 97, rue de Belleville (19e), M° Pyrénées, ☎ 01 42 41 09 17, mardi-vendredi : 10h30-13h30, 15h-19h30 ; samedi : 10h30-19h30.

Et encore :
- 5e – **Passion Paris**. Passage de la cour du Commerce, 59, rue Saint-André-des-Arts, M° Odéon, mardi-samedi : 12h-19h.
- 8e – **Tati Or**. 96, rue Saint-Lazare, M° Saint-Lazare, ☎ 01 48 74 09 48, www.tati.fr, lundi-samedi : 10h-19h. En or ou en argent, poinçonnés par l'État, les bijoux Tati sont des plaisirs très abordables. Autres adresses dans le 18e et à Ivry (94200).

BRICOLAGE

J'APPRENDS À BRICOLER **62**
JE LOUE DES OUTILS, UN ÉTABLI... .... **65**
J'ACHÈTE DES OUTILS ET DES MATÉRIAUX **67**

64...Des sites pour trouver et exécuter mille idées de déco

▶ *Où trouver des pièces détachées ? voir p. 96 dans « Électroménager »*

ÉCONOTRUC — **POUR DÉTOURNER ET PERSONNALISER SES MEUBLES IKEA**

www.ikeahackers.net
Le site est en anglais. Rigolo. Plein d'idées.

J'APPRENDS À BRICOLER

Les ateliers dont les noms suivent enseignent les bases de la plomberie, de l'électricité, de la pose de carrelage, du parquet flottant, de la pose de peinture sur murs, plafond, et contours de fenêtres, des enduits décoratifs, de la pose d'étagères, de la fabrication d'un dressing, etc.

ON M'AIDE GRATUITEMENT

Les Fablabs ou l'impression en 3D : La poignée cassée de votre frigo ne se fabrique plus ? Ne rachetez pas de frigo, contentez-vous de refaire la pièce endommagée. Une nouvelle technologie permet de scanner puis de former de petits objets en plastique de 12 cm maximum. On appelle cela l'impression 3D. Toutes les adresses sur **lefabshop.fr**.

- **Le FacLab de l'université de Cergy-Pontoise.** Avenue Marcel-Paul, ZAC des Barbanniers, 92230 Gennevilliers, RER C Gennevilliers, www.faclab.org, mardi : 13h-19h45 ; mercredi-vendredi : 13h-18h ; certains samedis : 10h-18h. On y trouve des outils simples (scies, perceuses…), des établis, mais aussi des machines à coudre, des imprimantes 3D, des ordinateurs, des fers à souder et des multimètres, une découpeuse laser, des kits Arduino, des composants électroniques… Les étudiants de la fac ont la gentillesse d'ouvrir leur labo à tous et de former les débutants.
- **Le Petit Fablab de Paris.** 156, rue Oberkampf (11e), M° Ménilmontant, ☎ 09 77 73 56 66, http://lepetitfablabdeparis.fr. Ce labo-atelier tenu par des bénévoles est ouvert le week-end.
- **La Maison du Canal.** 13-17, rue Louis-Blanc (10e), M° Louis Blanc, ☎ 01 42 01 46 83, lundi-vendredi : 8h-19h. Cette maison de quartier du 10e propose aux habitants de l'arrondissement des ateliers réparations. Ils y apportent les objets cassés qu'ils possèdent et tous les participants, sous la conduite d'un animateur, tentent de les remettre en état. Convivial et sympa. Participation dérisoire : 2 €.
- **Castorama.** 9, cours de Vincennes (12e), M° Nation, ☎ 01 55 25 14 14, www.castorama.fr, samedi : 9h30. On s'inscrit au « castostages » sur place, cours de bricolage gratuits de 2h tous les samedis (1h de théorie, 1h de pratique). Sur le site, sous l'onglet « Conseils et forums » une flopée de plus de 200 tutoriels en vidéo, modes d'emploi, conseils, idées, astuces pour tout réaliser dans sa maison et son jardin. Possibilité d'échanger quelques heures de services entre particuliers (les « troc'heures »). Exemple : j'aide Fred à repeindre son plafond, il m'aide à poser du papier peint. Autres adresses. Centre commercial Les Arcades, place de Clichy (18e), M° Clichy, ☎ 01 53 42 42 42. 119, avenue de Flandre (19e), M° Crimée, ☎ 01 40 05 24 24.
- **Les Repair Cafés : dates et adresses sur http://repaircafe.org/fr/.** Ce sont des lieux où des menuisiers, électriciens, plombiers, couturières et hardis débrouillards, en général à la retraite, aident les pauvres manches que nous sommes à réparer la cafetière qui perd ses entrailles, à repriser un pull sauvagement attaqué par des mites, à rééquiper de neuf une vieille lampe trouvée sur un vide-greniers…

Bricolage

- **Les Ressourceries ou recycleries**. On y trouve parfois un atelier de bricolage en accès libre où trouver outils et conseils. Adresses sur **www.larecyclerie.com** et **www.ressourcerie.fr**.
- **Pour les cyclistes : www.heureux-cyclage.org**. On y trouve des adresses d'ateliers vélos solidaires.
- **Les trocs de coups de main aux SEL de Paris.**
- **Les forums**. On rencontre des communautés de bricoleurs qui adorent partager leurs savoirs sur : **www.commentreparer.com**, **www.cyberbricoleur.com**, **www.bricoleurdudimanche.com/forums**.
- **Les sites-tutoriels proposent** des vidéos sur www.pratiks.com fort bien faites ou **des fiches gratuites de conseils** sur les sites suivants : **www.bricorama.fr**, **www.systemed.fr**, **www.commentreparer.com**, **www.brico-video.com**, **www.bricoleurdudimanche.com**, **www.maisonbrico.com**, **www.netprof.fr**, **www.apprendrefacile.com**, **www.video-tuto.com**.
- **Pour le high-tech**. Afin de réparer smartphones, tablettes, consoles, appareils photo, etc., on ira fouiller dans le site **www.sosav.fr**. Les anglophones piocheront dans **www.ifixit.com**.

C'EST PAYANT MAIS PAS BIEN CHER

4e ARRONDISSEMENT

BHV

52, rue de Rivoli
M° Hôtel de Ville
☎ 09 77 40 14 00
www.bhv.fr
Mercredi : 18h30-20h30
Samedi : 14h-16h

Atelier

On s'inscrit sur place à l'espace « Service » au 5e étage en choisissant thème et heure de l'atelier. Coût : 25 €/2h, soit 16,66 €/1h.

11e ARRONDISSEMENT

LILI BRICOLE

2, rue Jean-Macé
M° Charonne
☎ 01 71 20 69 29
www.lilibricole.com
Cours toute la semaine et les week-ends (voir agenda)

Atelier pour dames

Installées autour d'une table, sous la conduite d'un professeur à la patience d'ange, on apprend, outils en main, à fixer une étagère, les bases de l'électricité et de la plomberie, ou encore du coaching déco, l'emploi des couleurs, etc. D'excellents conseils sont prodigués quant à l'achat des outils et du matériel. Et surtout, on apprend les bons gestes pour bricoler en toute sécurité. À la fin du cours, on peut acheter un petit livre qui le résume ou de retour chez soi faire un tour sur le site de l'enseigne à la pêche de vidéos explicatives.

Cours d'1h30 (avec le plus souvent une demi-heure à 1h supplémentaire) : environ 29,90 €. 4 cours : 99 € environ.

BRICOLAGE

J'APPRENDS À BRICOLER

18e ARRONDISSEMENT

DRAFT

Atelier et outils à louer sur place

12, esplanade Nathalie-Sarraute
Face au 31, rue Pajol
M° Marx Dormoy ou La Chapelle
☎ 09 81 01 02 17
www.ateliers-draft.com
Lundi-vendredi : 10h-20h
Samedi : 14h-20h

Un vaste espace de bricolage divisé en ateliers dont imprimantes 3D et découpe laser, des outils pour travailler le bois ou pour coudre.
Adhésion annuelle obligatoire : 30 € ; location découpe laser : 30 €/h ; accès aux ateliers : 12 €/h. Forfait divers.

94 VAL-DE-MARNE

LEROY MERLIN

Atelier

2-12, rue François-Mitterrand
ZAC du port d'Ivry
94200 Ivry-sur-Seine
☎ 01 56 20 86 00
www.leroymerlin.com
Cours le samedi : 9h30-12h30

Vous trouverez des vidéos de bricolage sur le site.
Cours : 15 € environ, peut aller jusqu'à 35 € pour un « projet cuisine ».

AUTRES ADRESSES
- Ateliers de la maison. 52, boulevard de Stalingrad, 94408 Vitry-sur-Seine, ☎ 01 49 87 09 09, lundi-samedi : 9h-20h ; dimanche : 9h-19h.
- ZAC de Nanteuil. 7, rue de Lisbonne, 93561 Rosny-sous-Bois, ☎ 01 48 94 76 76, lundi-samedi : 9h-20h ; dimanche : 9h-19h.

▶ *Si vous avez besoin de pièces détachées d'électroménager, voir p. 96.*

DES SITES POUR TROUVER ET EXÉCUTER MILLE IDÉES DE DÉCO

www.ducotedechezvous.com

Le site de la très célèbre émission sur lequel on retrouve les relookings de maisons qui ont fait sa gloire. Sous les onglets « visites », « déco », « aménager », « ranger », « cuisine »… on trouve mille vidéos d'exécution et d'idées.

www.objectif-habitat.com

Apprendre le bricolage en vidéos… Ce site, riche en vidéos et dessins d'aménagements extérieurs, s'adresse surtout aux bricoleurs expérimentés à qui le gros œuvre ne fait pas peur.

JE LOUE DES OUTILS, UN ÉTABLI...

DANS UNE BRICOTHÈQUE

Des régies de quartier prêtent gratuitement (ou presque) des outils à leurs habitants. Du tournevis à la scie circulaire en passant par la perceuse visseuse, la carrelette manuelle, le perforateur à béton, la table à encoller ou le matériel de peinture, vous pouvez tout emprunter. (Les outils sont révisés entre deux prêts). On vous en explique le maniement sur place. Parfois des ateliers sont organisés en complément. Adresses sur cnlrq.org.
Conditions d'emprunt : apporter une pièce d'identité et un justificatif de domicile + une adhésion annuelle à l'association (en général 5 à 10 €), ou un petit abonnement.

- **Bricothèque de la régie de quartier Fontaine-au-Roi**. À l'angle de la rue de l'Orillon et de la rue Robert-Houdin (11e), M° Belleville, ☎ 01 58 30 67 12. Prêt d'outil gratuit pour une semaine. Au-delà : 5 € par jour.
- **Bricothèque de la régie de quartier du 17e arrondissement**. Passerelle 17, 190, avenue de Clichy (17e), M° Porte de Clichy, ☎ 01 42 28 13 78, http://passerelles17.over-blog.com. Adhésion annuelle : 5 €/an. On peut garder les outils jusqu'à 4 jours d'affilée. Grand choix d'outils et quelques kits (papier peint, notamment).
- **Bricothèque de la régie de quartier du 19e arrondissement**. 234, rue de Crimée (19e), M° Crimée, ☎ 01 42 09 96 02, http://regie19.over-blog.com. Inscription : environ 5 €/mois. On peut garder les outils 3 jours, au-delà on paie 5 € par jour de retard. La bricothèque du 19e édite également sur Internet de petites vidéos d'explications gratuites : comment utiliser une scie sauteuse, un pistolet à colle...
- **Bricothèque de la régie de quartier d'Asnières**. 8, place Le Vau, 92 600 Asnières, ☎ 01 47 94 23 79.

DE PARTICULIER À PARTICULIER

Sur ces sites figurent la description de l'objet, l'adresse de son propriétaire et parfois une évaluation des utilisateurs. Voici en général des tarifs de location minimum : **scie sauteuse Bosch, à partir de 6,25 €/jour ; perceuse Bosch + 15 forets : 6,25 €/jour ; perceuse visseuse dévisseuse sans fil Ryobi : environ 8,75 €/jour ; scie sauteuse : 6 €/jour ; ponceuse neuve : 9 €/jour.**

www.zilok.com
www.location.consoglobe.com
www.sharevoisin.fr
www.e-loue.com
www.deposerlouer.com
www.jelouetout.com
www.goops.com

BRICOLAGE — JE LOUE DES OUTILS, UN ÉTABLI...

DANS UN ATELIER ET AUTRE

2e ARRONDISSEMENT

MON ATELIER EN VILLE — *Atelier et outils à louer sur place*

30, rue de Cléry
M° Sentier
☎ 09 82 55 08 34
www.monatelierenvile.com
Tous les jours : 8h-22h

On vient ici louer, pour s'en servir sur place, établis et outillages de toutes sortes (y compris des machines à coudre) qu'on ne peut pas avoir chez soi. Les conseils sont offerts.
Location à l'heure : 10-15 €.

11e ARRONDISSEMENT

LA TROCKETTE — *Café-atelier*

125, rue du Chemin-Vert
M° Père Lachaise
☎ 09 50 34 33 79
www.lapetiterockette.org/cafe-atelier/
Mardi-vendredi : 12h-21h30
Samedi : 12h-19h30

Votre aspirateur tousse méchamment, votre séchoir à cheveux vous expédie un vent polaire… Ne jetez pas ces vieux camarades. Apportez-les à La Trockette où des passionnés de bricolage vous aideront à diagnostiquer la panne et à les réparer si c'est possible, au cours d'ateliers à thèmes : réparation textile, informatique, meubles, électroménager, etc. Sur place, un bistrot chaleureux et pas cher.
Adhésion annuelle : 6 € ; ateliers : vous donnez ce que vous voulez.

RS LOCATION D'OUTILLAGE — *Louez des outils à prix d'ami*

95, rue de Charonne
M° Charonne
☎ 01 43 71 45 35
www.rslocation.fr
Lundi-vendredi : 7h30-12h, 14h-18h

Il existe des forfaits « week-ends » particulièrement doux. Bon accueil.
Location d'une ponceuse à parquet : 17,50 €-HT/jour, 26,50 €-HT/week-end ; visseuse perceuse sur batterie : 9 €-HT/jour ; pistolet à peinture sur batterie : 39 €-HT/jour.

AUTRES ADRESSES
- 56, avenue de Saint-Ouen (18e), M° Guy Môquet, ☎ 01 46 27 91 31, mêmes horaires.
- 19, avenue Simon-Bolivar (19e), M° Pyrénées, ☎ 01 42 06 89 22, mêmes horaires.
- 98, rue des Orteaux (20e), M° Porte de Montreuil, ☎ 01 44 93 59 96, lundi-vendredi : 7h30-12h, 14h-18h.
- 5, rue Moïse, 94200 Ivry-sur-Seine, M° Mairie d'Ivry + bus 125, ☎ 01 49 60 67 00, lundi-vendredi : 7h30-12h, 14h-18h.

Bricolage 67

12e ARRONDISSEMENT

L'ÉTABLISIENNE
88, boulevard de Picpus
M° Nation
☎ 01 43 46 35 32
www.letablisienne.com
Tous les jours : 10h-19h

Location d'un établi et d'outils

L'utilisation des outils à main et électroportatifs est incluse dans les tarifs. La location du tour à bois et de la dégauchisseuse sera facturée 1 € supplémentaire par heure. Les outils numériques : imprimante 3D et découpe laser ne sont pas en libre-service. Carte d'adhésion annuelle 15 € puis facturation à la consommation.

À l'unité : 7 €/1h (9h-19h). À la journée (10h-18h) : 39 € ; ou ½ journée (4h consécutives, 10h-19h) : 24 €.

J'ACHÈTE DES OUTILS ET DES MATÉRIAUX

11e ARRONDISSEMENT

COULEURS DAVAL
7, cité de la Roquette
M° Bastille
☎ 01 43 55 20 09
Lundi-vendredi : 7h-18h
Samedi : 8h-18h

Chez un grossiste

Un catalogue de plus de 1 500 références vous est présenté : des tissus, des peintures, des stucs, des parquets stratifiés, des joncs de mer à poser, des papiers peints… Les commandes arrivent en 2-3 jours. Tout est vendu à prix de gros.

DÉCORASOL
115, 118 et 163, avenue Ledru-Rollin
M° Ledru Rollin
☎ 01 43 57 44 68
www.decorasol.fr
Lundi-samedi : 9h-13h, 14h-19h

Un choix très important

Certaines fins de séries sont proposées à des tarifs imbattables. Large choix de moquettes et de parquets à tous les prix. Promotions quasi permanentes. Accueil adorable.

– 5% sur présentation du guide ou de la carte 2016.

AUTRES ADRESSES
- Cinq showrooms dans Paris (Opéra 2e, Ledru-Rollin 11e, Bastille 12e, Lecourbe 15e, Ternes 17e).
- Cinq en banlieue (Rueil-Malmaison, Vincennes, Villemomble, Levallois-Perret, Saint-Maur, Noisy-le-Sec et Romainville), voir les coordonnées complètes sur le site.

OUTILLAGE MARCOUTY

107, avenue de la République
M° Père Lachaise
☎ 01 43 57 94 09
www.marcouty.fr
Mardi-jeudi : 9h30-12h30, 13h30-17h30
Vendredi : 9h-12h30

Gros matériel

Depuis 1962, la maison Marcouty vend du gros matériel pour gros bricolage : machines à bois (dépositaire Delta), matériel électroportatif (Makita), escabeaux, échelles, échafaudages, le tout en grande qualité.
– 5 % à nos lecteurs sur l'achat de trois machines électriques.

PROMO' CARREAU

86, boulevard Richard-Lenoir
M° Saint-Antoine
☎ 01 43 38 76 15
www.promo-carreau.com
Lundi-vendredi : 10h-19h
Samedi : 9h30-18h

L'as du carreau se pique de vendre à prix très compétitifs

Disponible sur place, voici un vaste choix de revêtements de moyen et haut de gamme : grès, émail et faïence venus de France, d'Espagne, du Portugal et d'Italie.
– 15 à – 20 % à nos lecteurs (en fonction des produits).

12ᵉ ARRONDISSEMENT

ARTIREC

4, boulevard de la Bastille
M° Quai de la Rapée
☎ 01 43 40 72 72
www.artirec.fr
Lundi-samedi : 9h-19h

Du chêne au bambou, au vinyle tressé

Épatante la très réussie sélection de lames autocollantes en PVC pour cuisine et salle de bains qui imitent bien le bois, à moindre coût, et permettent de remplacer en un clin d'œil une partie du sol victime d'un accident. Les superbes parquets sont bien mis en valeur. À l'arrière, de grands rouleaux de sols plastiques et de moquette se partagent les allées.

AUTRE ADRESSE
- ZI de Sainte-Appoline. RN 12, 78370 Plaisir, ☎ 01 30 55 55 15, mardi-samedi : 9h-12h, 14h30-18h30.

ETS LESCOUEZEC

6, rue Abel
M° Gare de Lyon
☎ 01 46 28 50 15
www.lescouezec.fr
Mardi-vendredi : 9h30-13h, 14h-18h
Samedi : 9h30-12h30, 14h-18h

Tout pour la salle de bains et le chauffage

Sanitaires, chaudière, robinetteries à prix de gros.
– 15 à – 25 % sur le prix public conseillé pour nos lecteurs.

AUTRES ADRESSES
- 4, rue Nicéphore-Niepce, 77100 Meaux, 50 km de la porte de La Chapelle (A1 + A104 + N3), ☎ 01 60 23 28 42, lundi-jeudi : 7h30-12h, 13h30-17h ; vendredi : jusqu'à 16h30.
- 31, avenue du Général-Leclerc, 77330 Ozoir-la-Ferrière, ☎ 01 64 43 57 57, lundi-jeudi : 7h30-12h, 13h30-17h ; vendredi : jusqu'à 16h30.
- 82, avenue Roger-Salengro, 94500 Champigny, 10 km de la porte de Bercy (A4), RER A Champigny, ☎ 01 43 97 02 39, mardi-vendredi : 9h30-12h30, 14h-18h30 ; samedi : jusqu'à 18h.

14e ARRONDISSEMENT

MULIN

173, rue du Château
M° Mouton Duvernet
☎ 01 43 22 16 17
Lundi-vendredi : 7h-17h
Samedi : 7h-12h

Les meilleures peintures à prix de gros
Très couvrantes, les belles peintures Sikkens et Tollens sont en vente chez Mulin. Cette maison sérieuse (depuis 1945 !) propose également des enduits à la chaux, des peintures extérieures, et même des teintes sur mesure. Grand stock de papiers peints (500). Accueil charmant. **Réductions de 20 à 25 %.**

78 YVELINES

IKÉA CUISINE

3, rue du Petit-Clamart
78140 Vélizy-Villacoublay
☎ 08 25 10 30 00 (0,15 €/min)
www.ikea.com/fr/fr/store/velizy
Samedi-mercredi : 10h-20h
Jeudi-vendredi : 10h-22h

Ikéa mitonne !
Une quarantaine de cuisines installées donnent une foule d'idées design. Puis on passe à la salle d'ordinateurs pour élaborer sa cuisine à l'aide de logiciels astucieux (on retrouve le simulateur sur le site). Les lieux sont parfois pris d'assaut par la foule. Service de prise de mesures chez vous et de pose possible.

93 SEINE-SAINT-DENIS

4 MURS

102, avenue de la République
93300 Aubervilliers
M° Aubervilliers
Pantin 4 Chemins
☎ 01 48 33 40 31
www.4murs.com
Lundi-vendredi : 9h-12h30, 14h-19h
Samedi : 9h30-19h

Une très bonne enseigne pas chère
En supplément des peintures, papiers peints, rideaux, etc., on trouve tout : les fresques géantes (paysages urbains ou scènes de nature, jusqu'à 3 x 2,50 m) qui se posent comme du papier peint, les grands stickers, les stores et les rideaux variés. Prêt d'une décolleuse ou d'une table à tapisser possible. Reprise des rouleaux superflus.

AUTRES ADRESSES
- Une vingtaine de magasins en banlieue (dans les 77, 78, 91, 93, 94, 95), voir sur le site.

BRICOLAGE

J'ACHÈTE DES OUTILS ET DES MATÉRIAUX

BRICOMAN
Petite sœur discount de Leroy Merlin

54, avenue de Savigny
Carrefour Jean-Monnet
93600 Aulnay-sous-Bois
Accès : en voiture depuis le nord, N2 puis N17
☎ 01 43 10 13 10
www.bricoman.fr
Lundi-vendredi : 7h-12h30, 14h-19h30 Samedi : 7h-19h30

Outils, plomberie, électricité, matériaux pas chers… Bricoman est en quelque sorte la version discount de Leroy Merlin (les deux enseignes appartiennent au même groupe).

AUTRES ADRESSES
- ZAC de L'Ambrésis, avenue Jean-Monnet, 77270 Villeparisis, à proximité d'Alinéa, ☎ 01 60 21 26 10, lundi-samedi : 7h-19h30.
- Rue du Clos-aux-Pois, 91090 Lisses, à proximité d'Ikea, ☎ 01 69 90 89 00, lundi-samedi : 7h-19h30.
- Route des Templiers, N20, 91310 Montlhéry, ☎ 01 69 63 38 40, lundi-samedi : 7h-19h30.

94 VAL-DE-MARNE

BATKOR
Fille discount de Bricorama

12, quai Marcel-Boyer
94200 Ivry-sur-Seine
☎ 01 45 21 00 93
www.batkor.com
Lundi-samedi : 8h-18h
Dimanche : 10h-12h

C'est du gros, voire du très gros outillage et matériaux de construction que Batkor vend. On y viendra cependant pour acheter du bois à la coupe et de la peinture en grande quantité.

Et encore :

Acial. ZI Les Luats, 140, rue Alexandre-Fourny, 94500 Champigny-sur-Marne, ☎ 01 47 06 68 89, www.acialinternational.fr, lundi-jeudi : 7h-18h ; vendredi : 7h-17h. Ici, on vend tous les petits accessoires qui sécurisent une maison : nez de marche antidérapant, barres de seuil, etc.

95 VAL-D'OISE

BRICO-DÉPÔT
Frère discount de Castorama

Avenue de Stalingrad
95140 Garges-lès-Gonesse
☎ 01 30 11 12 60
www.bricodepot.com
Lundi-samedi : 7h-19h30

La plupart des produits sont proposés environ 20 % en dessous des tarifs des grandes surfaces spécialisées. Arrivages fréquents. Catalogue en ligne.

AUTRE ADRESSE
- ZA des Ciroliers, rue Clément-Ader, 91700 Fleury-Mérogis, ☎ 01 69 72 37 50, lundi-samedi : 7h-19h30.

BROCANTES ET MEUBLES

DES MEUBLES POUR PAS UN ROND 72
DES MEUBLES D'OCCASE 73
DES MEUBLES NEUFS 78
DE LA LITERIE 78

ÉCONOTRUCS
73 ... Comment trouver une brocante ?
78 ... Pièces détachées et accessoires pour lits de toutes sortes
79 ... Comment vendre ses meubles ?

DES MEUBLES POUR PAS UN ROND

FOUINEZ SUR LES SITES DE DONS

Sur www.recupe.net, www.donnons.org, www.toutdonner.com, www.site-de-dons.fr, www.jedonnetout.com, on trouve plein de mobilier offert. Pour en savoir davantage sur les modalités de récupération de dons et de déposes, allez lire l'article « Je donne ma mezzanine » sur notre site www.guideparispascher.com.

SUIVEZ LES ENCOMBRANTS

Vous pouvez récupérer de vieux meubles sur les trottoirs les jours de collecte des déchets encombrants dans les communes de proche banlieue. Pour connaître les jours de passage des encombrants, il suffit de consulter le site Web des mairies ou de leur téléphoner. Petite astuce : les habitants déposent souvent les meubles qu'ils désirent jeter la veille au soir sur les trottoirs, et très souvent, dans les banlieues les plus chics (à l'ouest et le sud-est parisien), ces objets sont en bon état.

AU MARCHÉ

À la fin du marché, demandez à récupérer les cagettes en bois vides. Peintes et assemblées, elles peuvent se transformer en casiers, étagères ou tête de lit.
Dans les chantiers près de chez vous
Lors de chantiers de rénovation, l'entrepreneur préfère parfois donner le vieux mobilier, les portes et les fenêtres à ceux qui les leur demandent plutôt que d'avoir à les transporter dans une déchetterie. De vieux volets feront des range-CD originaux.

CHEZ LES CAVISTES

S'il est sympa, votre caviste n'hésitera pas à vous offrir une de ses belles caisses en bois, de celles qui font de si jolies étagères !

MÉMO

La rédaction du guide *Paris Pas Cher* est totalement indépendante. Nous visitons anonymement les magasins, refusons tous les cadeaux et payons nos additions dans les restaurants. La parution dans notre guide est gratuite et relève d'un travail journalistique indépendant renouvelé chaque année. Nous retirons tous les établissements dont l'exigence de qualité a baissé. Attention ! Des démarcheurs se font parfois passer pour nous. Ils réclament de l'argent contre une parution dans le guide. Ce sont des escrocs, ne tombez pas dans le piège !

DES MEUBLES D'OCCASE

Évitez les puces, chères et sans intérêt, sauf peut-être encore les puces de Saint-Ouen. Les dépôts-ventes sont en règle générale moins chers que les brocantes. Les meilleures affaires se font souvent chez Emmaüs, les Orphelins d'Auteuil, l'Armée du Salut (01 53 61 82 47), les brocantes des paroisses catholiques et les Ressourceries que nous citons.

BROCANTES ET VIDE-GRENIERS : LES SITES

ÉCONOTRUC — COMMENT TROUVER UNE BROCANTE ?

Voici, donnée par Inès, une lectrice aussi généreuse qu'avisée, l'adresse de l'agenda des journées d'amitié, brocantes des paroisses catholiques : **www.paris.catholique.fr/brocante**.

Mieux vaut arriver le premier jour pour de super-affaires : beaux vêtements d'occasion, bijoux, chaussures, livres, vaisselle, meubles, etc.

www.agorastore.fr est le site de vente aux enchères des collectivités locales.

www.brocabrac.com est très complet, très facile d'emploi. Il annonce les ventes de vide-greniers, de cours d'immeubles, de particuliers, d'associations, de municipalités…

Le magazine Antiquités-Brocante donne un calendrier exhaustif des brocantes et vide-greniers en Île-de-France, des petites annonces ciblées et des astuces pour mieux négocier. Il offre aussi aux lecteurs la possibilité de faire expertiser gratuitement leurs biens. Un trésor ce magazine !

www.vide-greniers.org. Un classique du genre.
www.viafrance.com. Son concurrent.
www.brocorama.com. Bien complet.

ENCHÈRES, RESSOURCERIES, BROCANTES

4ᵉ ARRONDISSEMENT

LE CRÉDIT MUNICIPAL DE PARIS

55, rue des Francs-Bourgeois
Mº Hôtel de Ville
☎ 01 44 61 65 00
www.creditmunicipal.fr

Les objets que leurs propriétaires n'ont pas pu récupérer sont vendus ici aux enchères par « Ma Tante », son autre nom. Une centaine de ventes par an. Un conseil : visitez l'exposition qui précède la vente. Le calendrier des ventes figure sur le site.

BROCANTES ET MEUBLES / DES MEUBLES D'OCCASE

9e ARRONDISSEMENT

RICHELIEU-DROUOT — *Vente aux enchères*

9, rue Drouot
M° Richelieu Drouot
☎ 01 48 00 20 20
www.drouot.fr
Lundi-samedi : 11h-18h

Rue Drouot, le spectacle commence dans les salles d'exposition où les objets sont présentés la veille de leur vente de 11h à 18h et le jour même, de 11h à 12h. On peut rester des heures à rêver et s'instruire devant tels bijoux, tels meubles ou tels tableaux. Le prix de départ de l'enchère est en général multiplié par trois.

Taxes à payer en sus de l'adjudication : 10 à 20 %.

AUTRES ADRESSES
- Drouot Nord. 64, rue Doudeauville (18e), M° Marcadet Poissonniers ou Château Rouge, ☎ 01 48 00 20 99, lundi-samedi : 8h45-12h30. C'est la version toute modeste de Drouot.
- Drouot Nogent. 17, rue du Port, 94130 Nogent-sur-Marne, ☎ 01 48 72 07 33, lundi-vendredi : 9h-12h, 14h-18h.

13e ARRONDISSEMENT

MA RESSOURCERIE

3, rue Henri-Michaux ou 126, avenue d'Italie
M° Tolbiac
☎ 01 80 06 40 88
http://maressourcerie.fr
Mardi-samedi : 11h-19h

On se dirigera vers « la boutique du réemploi », sorte de sympathique vide-greniers pas cher. On y trouve des petits meubles, du petit électroménager, des articles pour la maison (vaisselle, bibelots, lampes, tableaux, etc.), des livres, CD et DVD, ainsi que des vêtements, chaussures, accessoires.

18e ARRONDISSEMENT

INTERLOQUE LA RESSOURCERIE — *Trop malin !*

7-7 ter, rue de Trétaigne
M° Jules Joffrin
☎ 01 46 06 08 86
www.interloque.com
Lundi-samedi : 10h-13h, 14h-19h

Venez y donner des objets inutilisés ou carrément abîmés. Ils y seront ressourcés puis vendus par une équipe de personnes en réinsertion qui possèdent imagination, savoir-faire, patience et doigts de fée. Par exemple : nous avons vu un épatant miroir fait à partir d'une glace dépareillée, montée sur un cadre en morceaux de palette de bois et de pneu ! Vous pouvez aussi y déposer des éléments d'informatique (éléments de disques durs, etc.). Sur appel, ils viennent à domicile chercher les objets abîmés.

19e ARRONDISSEMENT

EMMAÜS 104
5, rue Curial ou 104,
rue d'Aubervilliers
M° Riquet
☎ 01 53 35 50 00
www.104.fr
Mercredi-vendredi :
15h-18h
Samedi : 12h-18h

« L'Appartement d'Emmaüs »
Au 104, « l'appartement Emmaüs » est bourré de meubles, de bibelots et de fripes souvent jolies. Il est aussi chic et soigné qu'un appartement de magazine de décoration. Et tout est à vendre à des prix cassés !

AUTRES ADRESSES
- **Emmaüs Clignancourt**. 93 et 105, rue de Clignancourt (18e), M° Marcadet Poissonnier, ☎ 01 53 14 34 18, http://emmaus-france.org, mardi : 14h-18h30 ; mercredi-vendredi : 11h-18h30 ; samedi : 10h-18h30.
- **Emmaüs Serpollet**. 4, rue Serpollet (20e), M° Porte de Bagnolet, http://emmaus-france.org, mardi : 14h-18h30 ; mercredi-vendredi : 11h-18h30 ; samedi 10h-18h30.
- **Emmaüs Défi**. Marché Riquet, 36-42, rue Riquet, M° Riquet, http://emmaus-defi.org, samedi : 10h-18h. Un bric-à-brac de 3 600 m² d'allure innovante. Des boutiques s'ouvrent autour d'un jardin intérieur. Toutes spécialisées « De Fil en Aiguille » (mercerie), « Nos Jules » et « La Petite Parisienne Chic » (vêtements), « Électro », etc. et « Bonnes Affaires » (pour le moins cher du moins cher). On y vend des objets donnés, neufs ou d'occasion nettoyés, recyclés, et remis en valeur par des personnes en réinsertion sociale. La conscience professionnelle, la fantaisie, l'humour et la gentillesse règnent dans ces lieux.
- Réception des dons et retrait des objets laissés en dépôt : mardi-samedi : 10h-18h au 6, rue Archereau (19e), M° Riquet. Attention le mercredi fermeture entre 12h et 15h30.

LES EMMAÜS DE BANLIEUES
- 78380 Bougival. 7, île de la Loge, Le Port-Marly, RER A Saint-Germain-en-Laye + bus 258, ☎ 01 39 69 12 41, www.emmaus-bougival.com, lundi-mardi, jeudi-vendredi : 14h-17h30 ; mercredi : 10h-12h, 14h-17h30 ; samedi : 10h-17h30. Cet Emmaüs est un joli magasin. Objets en très bon état : lampes qui s'allument, très belle vaisselle et ménagères anciennes, canapés, fauteuils et vêtements vintage, accessoires et bijoux pour modeuses. Des vélos pour aller au boulot… livraison possible. Calendrier des ventes à thème et exceptionnelles sur le site.
- 91160 Longjumeau. 15 bis, rue de Chilly, accès : 15 km de la porte d'Orléans (A6), ☎ 01 60 49 13 60, mardi-vendredi : 14h-17h ; samedi : 9h-12h, 14h-17h.
- 93360 Neuilly-Plaisance. 38, avenue Paul-Doumer, RER A Neuilly-Plaisance, ☎ 01 43 00 14 10, mardi-vendredi : 14h-17h ; samedi : 9h-12h, 14h-17h ; fermé les jours fériés. Énormément de vaisselle, de mobilier (encore pas mal de choses des années cinquante), des luminaires en bon état.
- 93330 Neuilly-sur-Marne. 15, boulevard Louis-Armand, RER A

Neuilly-Plaisance + bus 127 (Louis-Armand), ☎ 01 43 00 05 52, mardi, jeudi, vendredi : 14h30-17h30 ; mercredi, samedi : 9h30-12h30, 14h30-17h30.
- 94220 Charenton-le-Pont. 2 bis, avenue de la Liberté, M° Liberté, ☎ 01 48 93 25 33, mardi-samedi : 10h-12h, 14h30-17h30. Électroménager, vaisselle, bibelots, livres, disques.
- 94200 Ivry-sur-Seine. 23, rue Denis-Papin, RER C Ivry, ☎ 01 49 60 83 83, mardi-vendredi : 13h30-17h30 ; samedi : 9h30-17h30. Meubles : canapés, bibliothèques, fauteuils, armoires, mezzanines (parfois) et tables (souvent à rallonges).
- 94420 Le Plessis-Trévise. 41, avenue Lefèvre, accès : 15 km de la porte de Bercy (A4), ☎ 01 45 76 10 79, mardi-jeudi : 13h30-17h30 ; samedi : 9h-12h, 13h30-17h30.
- 95340 Bernes-sur-Oise. 9, chemin Pavé, accès : 37 km de la porte de la Chapelle (A1 + N1), ☎ 01 30 28 67 20, mercredi-dimanche : 14h15-18h. Peut-être le plus grand Emmaüs de la région parisienne. Énorme choix de meubles, rangements et meubles de bureau.

LA SALLE DES VENTES DU PARTICULIER — *De vraies affaires à faire*

63, quai de Seine
M° Riquet
☎ 01 40 35 47 25 ou 01 40 35 40 29
www.lasalledesventes.fr
Tous les jours : 10h-19h

Paradoxalement, les antiquités qu'on trouve dans ces deux dépôts-ventes de 1 600 m² sont beaucoup plus belles et moins chères que les fausses anglaiseries et meubles contemporains qu'on trouve dans certains magasins. Pour dénicher de bonnes affaires, il faut passer régulièrement.

Table à jeux anglaise XIXᵉ en acajou : 264 € ; commode écritoire XIXᵉ en noyer : 520 € ; bibliothèque en tek deux corps style colonial : 110 €.
Un cadeau ou une réduction sur présentation du guide ou de la carte 2016.

AUTRE ADRESSE
- 117, rue d'Alésia (14ᵉ), M° Alésia, ☎ 01 45 42 42 42, estimations@lasalledes-ventes.fr, tous les jours : 10h-19h.

SEINE-ET-MARNE

TROC DE L'ÎLE — *Brocantes*

Rue Marconi
77500 Chelles
☎ 01 64 72 83 40
www.troc.com
Lundi : 14h-17h
Mardi-dimanche : 9h30-17h

Il existe des boutiques Troc de l'île dans toute la France. Ce sont des dépôts-ventes de meubles et bibelots, petit électroménager, etc.

AUTRES ADRESSES
- Voir sur le site.

94 VAL-DE-MARNE

LES DOMAINES
L'État brade

3, avenue du
Chemin-de-Presles
94410 Saint-Maurice
RER A Joinville-le-Pont
☎ 01 45 11 62 62
www.ventes-domaniales.fr

Les Domaines, service du ministère des Finances, organisent environ une fois par mois à Saint-Maurice des ventes des biens de l'État au cours d'enchères publiques ouvertes à tous. Si vous êtes intéressé par l'achat d'une voiture, d'une moto, d'ameublement, de mobilier de bureau, de matériel militaire ou professionnel, de hi-fi, d'informatique, de terrains, de maisons, d'appartements, consultez le site. Vous serez étonné de la multitude d'offres.

95 VAL-D'OISE

ORPHELINS APPRENTIS D'AUTEUIL
Vente de meubles

19, rue des Carrières
95110 Sannois
☎ 01 39 82 20 03
www.apprentisdauteuil.org
Lundi-mardi : 10h-12h, 14h-18h

Les meubles, retapés et nettoyés, sont vendus ici à des prix très modestes.

ACHETER DES MEUBLES D'OCCASE SUR LE NET

Attention : en règle générale, les meubles en kit ne sont pas forcément conçus pour être démontés et remontés plusieurs fois de suite (particulièrement s'ils ont des parties collées).

- Sur **www.priceminister.fr**, les annonces ne sont pas gratuites, mais pas bien chères non plus. Autre avantage, le vendeur n'est payé que lorsque vous avez reçu votre colis et exprimé votre satisfaction : c'est une garantie.
- Sur **www.leboncoin.fr**, le dépôt de petites annonces est gratuit.
- **www.troc.com**. Renseignements : 04 90 15 14 13, lundi-vendredi : 9h-12h, 14h-18h. Le site Troc.com qui regroupe plusieurs dépôts-ventes en région parisienne (voir adresses sur le site) n'est pas très pratique, et c'est dommage car en tant qu'acheteur, on peut y trouver une grande variété de meubles d'occasion encore en bon état à petits prix. En tant que vendeur, vous apportez vos objets au magasin, ou vous demandez la récupération de vos meubles à domicile. Expertise gratuite et service transport payant. Règlement entre 15 et 30 jours après la vente. (Vous pouvez suivre l'état des ventes de vos biens 24 h/24 sur le site.) Lors de notre passage au magasin de Marne-la-Vallée : petite table basse, années soixante-dix : 8 € ; commode 4 tiroirs : 36 €.

DES MEUBLES NEUFS

- **Les ventes privées AM-PM**. www.ampm.fr. AM-PM, filiale de La Redoute, déstocke chaque saison ses meubles et objets déco invendus sous forme de ventes privées.
- **La Maison de la mezzanine**. 8, rue Marceau, 93100 Montreuil, M° Robespierre, ☎ 01 55 86 95 87, www.lamaisondelamezzanine.com. Ce fabricant vous propose en direct ses mezzanines et lits-podiums gain de place. Tarifs raisonnables.
- **La Maison du convertible (stock)**. 7, rue Berthelot, 95500 Gonesse, ☎ 01 78 94 63 86, lundi-dimanche : 10h-19h. Déstockage de beaux produits, fins de séries, ou retours d'expositions. Réductions de 30 à 60 %.

DE LA LITERIE

- **Ma Literie**. 36, rue des Bourdonnais (1er), M°/RER Les Halles, ☎ 01 42 36 71 17, www.maliterie.com, lundi-samedi : 10h-19h. Une literie française en direct d'usine. Voici le showroom simple d'une usine de literie installée près du Mans. Ce fabricant de literie électrique réglable est certifié par le label « Belle Literie ». On peut tester le matelas choisi pendant 30 jours. Livraison offerte dès 300 € d'achat. Autre adresse : 49, rue Falguière (15e), M° Pasteur, ☎ 01 43 35 32 20, mêmes horaires.
- **Entrepôt régional de literie**. 1 bis, rue d'Orgeval, hameau de Béthemont, 78300 Poissy, ☎ 01 39 75 47 85, www.erl.fr, lundi-vendredi : 10h-12h30, 14h-19h ; samedi : 10h-13h, 14h-19h ; dimanche : 15h-19h ; fermé le mardi. Un bon dodo (à prix de gros). Matelas, sommiers de grandes marques : Dunlopillo, Tréca, Simmons, Épéda, Bultex, Pirelli (400 articles en stock) qui donnent envie de prendre son oreiller bien douillet et d'attendre le marchand de sable. Jusqu'à 40 % sur le prix public conseillé. Toutes dimensions disponibles.

ÉCONOTRUC — **PIÈCES DÉTACHÉES ET ACCESSOIRES POUR LITS DE TOUTES SORTES. FABRICATION FRANÇAISE.**

www.espaceetconfort.com

Une latte de votre canapé-lit est cassée ; l'articulation de dos de votre BZ a lâché ; le moteur de votre sommier électrique est mort… Vous trouverez sur ce site des pièces pour réparer des banquettes clic-clac et BZ, des lits électriques et des canapés-lits classiques. Si l'on veut un canapé-lit complet, on trouvera également beaucoup de modèles de grande qualité, y compris « gain de place ». La livraison est plutôt rapide. On est tenu au courant à chaque étape.

ÉCONOTRUC — COMMENT VENDRE SES MEUBLES ?

Vous faites estimer votre bien

Sur le Net : allez faire un tour sur des sites de vente (eBay, leboncoin, priceminister) pour y chercher l'équivalent de la commode dont vous voulez vous séparer, et tenter d'établir la valeur de votre bien (dans eBay, consultez la rubrique « Ventes terminées »).

Par un commissaire-priseur : vous doutez des résultats de vos recherches ? Un expert, un commissaire-priseur l'estimera. Où en rencontrer ? Allez sur les sites **www.drouotestimations.com** ou téléphonez à Drouot Estimations : 01 48 01 91 00. Ou encore sur **www.interencheres.com**. S'il s'agit réellement d'une œuvre d'art, faites-la vendre aux enchères par le commissaire-priseur qui l'aura estimée ou par un antiquaire. Le principe : le commissaire-priseur estimera le bien à la baisse afin que les enchères montent le plus haut possible. Il y a intérêt puisque ses honoraires seront de 14 % du prix de l'adjudication (auxquels il faudra ajouter les honoraires de l'expert et les frais du catalogue. Renseignements sur l'organisation des ventes, à Drouot ou sur son site). Pour vous, vendeur, les frais seront d'environ 20 %.

Par un marchand d'art. Voici trois sites d'estimation (sur photos) : **www.expertissim.com** ; **www.expertisez.com** et **www.authenticite.fr**.
Le marchand d'art fera plutôt l'inverse du commissaire-priseur puisque son intérêt est d'acheter l'objet au prix le plus bas pour le revendre le plus cher possible afin de faire un bénéfice.

Vous le vendez

Dans un vide-greniers : d'après la loi, chacun peut participer à deux vide-greniers par an et dans sa commune uniquement (dates des vide-greniers dans Paris dans le magazine *Antiquités-Brocante* : **www.antiquites-brocante.fr** ou sur **www.vide-greniers.org**, **www.brocabrac.fr**, **www.brocorama.com**, **www.pointsdechine.com** et **www.grenier-vide.fr**). À l'inscription, vous verserez une petite somme pour la location de votre emplacement (à partir de 10 €). Pensez à apporter de la petite monnaie, un thermos de thé ou de café, une chaise pour vous asseoir, et des sacs en papier ou en plastique pour que vos acheteurs puissent emporter leur nouveau bien.

- **Quelle taille de stand choisir ?** 2 à 4 m suffisent pour de la petite brocante. Installer les objets à vendre sur une planche recouverte d'un drap blanc, posée sur des tréteaux.
Ne pas faire se chevaucher les objets sur la table. Placer les plus jolis devant.
- **Comment établir les prix ?** Il ne faut pas vendre cher et afficher une étiquette au prix un peu supérieur à celui espéré pour pouvoir négocier. Faire ses comptes après le départ des clients.

- **Qu'est-ce qui se vend le mieux** : les CD, DVD, mobiles, jeux vidéo, petit électroménager en très bon état, les vêtements vintage ou griffés, les articles de mercerie, les ustensiles de cuisine rétro, le mobilier des années cinquante à soixante-dix.

Dans un dépôt-vente : voir nos adresses pages précédentes (ainsi que **www.trocante.fr** et **www.lacaverne.com**). Tous fonctionnent sur le même principe. Le propriétaire des lieux fixe le prix de vente de l'objet et perçoit une commission qui va de 20 à 50 % sur la vente.

Sur Internet :

Sur **www.leboncoin.fr**.

Sur **www.ebay.fr**. Pour le mode de paiement, optez pour PayPal, seul moyen d'être sûr d'obtenir son gain. Il faut donc ouvrir un compte PayPal pour vendre sur eBay. N'oubliez pas de donner le montant des frais d'expédition qui, en principe, seront payés par l'acheteur (précisez s'il peut venir chercher l'objet chez vous sans frais). N'expédiez pas l'objet avant d'avoir reçu le paiement. Des évaluations sont attribuées au vendeur et à l'acheteur.

Peut-on retirer son objet de la vente ? Oui, uniquement sur les sites de vente à prix fixes (donc pas sur eBay). Voir les modalités sur les sites mêmes. Autres sites : **www.priceminister.com**, **www.mondebarras.fr**, **www.brocantelab.com** pour les objets de déco.

MÉMO

Pour obtenir gratuitement le prochain *Paris Pas Cher*, envoyez-nous les adresses que vous estimez dignes de figurer dans le guide à l'adresse parispascher@yahoo.fr. Nous les visiterons. Si une adresse est retenue et que vous êtes le premier à nous l'avoir donnée, vous gagnerez un guide *Paris Pas Cher 2016* (n'oubliez pas de nous laisser vos coordonnées complètes).

MÉMO

À l'heure où nous mettons sous presse, les adresses, les horaires d'ouverture et les prix cités sont à jour. Mais les commerçants peuvent, bien sûr, les modifier en fonction de considérations personnelles dont nous ne pouvons être tenus pour responsables.

CADEAUX

L'ARTISAN DU LIBAN

30, rue de Varenne (7e)
M° Sèvres Babylone ou Rue du Bac
☎ 01 45 44 88 57
www.alyad.com
Mardi-samedi : 11h-19h

Des artisans libanais choisis par une très officielle ONG créent ces cadeaux raffinés.
Trousse à bijoux en tissu coloré : 18 € ; bouton de tiroir en cuivre travaillé avec des perles de verre : 12,50 €, photophore en métal dentelé sur plexi, etc. De 6 à 30 € environ.

OBJETS DÉCORATIFS ET BIJOUX FANTAISIE

http://mycrazystuff.com

Galet lumineux à couleurs changeantes : 2,55 € ; extracteur de jus d'agrumes : 1,99 € ; chauffe tasse USB + 2 ports : 4,99 € ; porte-clés-batterie de secours : 8,95 €.

1er ARRONDISSEMENT

LA CHAISE LONGUE
Toujours surprenant

30, rue Croix-des-Petits-Champs
M° Louvre Rivoli
☎ 01 42 96 32 14
www.lachaiselongue.fr
Mardi-vendredi : 11h-14h30, 15h-19h
Samedi : 11h-19h

Plein de jolies choses, originales, souvent surprenantes, pour tous les budgets et même les petites bourses (promotions tournantes). Une mise en scène variée et agréable.

Écharpe câlin massante et réchauffante : 19,90 € ; éponge macaron géant : 6,90 € ; carnet fraise : 2,76 €.

AUTRES ADRESSES

- 20, rue des Francs-Bourgeois (3e), M° Saint-Paul, ☎ 01 48 04 36 37, lundi-samedi : 10h-19h ; dimanche : 14h-19h.
- 8, rue Princesse (6e), M° Mabillon, ☎ 01 43 29 62 39, mardi-vendredi : 11h-14h30, 15h-19h ; samedi : 11h-19h.
- 2, rue de Sèze (9e), M° Madeleine, ☎ 01 44 94 01 61, lundi-samedi : 10h30-19h.
- 5, avenue Mozart (16e), M° La Muette, ☎ 09 77 98 34 29, lundi-samedi : 10h-19h.
- 43, avenue des Ternes (17e), M° Ternes, ☎ 01 56 68 04 75, lundi-samedi : 10h-19h.
- 91, rue des Martyrs (18e), M° Abbesses, ☎ 01 42 62 34 28, lundi-dimanche : 11h-19h30.

8e ARRONDISSEMENT

PYLÔNES
Le quotidien relooké

Gare-Saint-Lazare
Espace commercial Saint-Lazare (niveau métro)
1, cour du Havre
M° Saint-Lazare
☎ 01 42 93 83 24
www.pylones.com
Lundi-vendredi : 7h30-20h
Samedi : 9h-20h

Cadeaux joyeux, colorés, fantaisistes.

Cordon à lunettes en forme de bras de pieuvre : 4 € ; étui à lentilles en forme de cerises : 6 € ; vaporisateur de sac : 12,50 € ; ciseaux tour Eiffel : 8 €.

AUTRES ADRESSES

- Dans les 1er, 2e, 4e, 7e, 18e.

Cadeaux

10ᵉ ARRONDISSEMENT

POP MARKET

50, rue Bichat
M° Colonel Fabien
☎ 09 52 79 96 86
www.popmarket.fr
Lundi-vendredi : 11h-15h, 16h-19h30
Samedi : 11h-19h30

Petits cadeaux pour tout jeunes gens

On trouve dans ce magasin une foule de petits objets fantaisie pour le bureau, la cuisine, les enfants. C'est mignon et sympathique.

Collier mini-harmonica : 6 € ; stickers pour ongles avec des dessins de chats : 4 € ; ardoise murale en forme de théière : 6 €.

11ᵉ ARRONDISSEMENT

LOULOU ADDICT

25, rue Keller
M° Bastille
☎ 01 49 29 00 61
www.loulouaddict.com
Mardi-vendredi : 11h-14h, 15h-19h
Samedi : 11h-19h

Style design, souvent danois

Une jolie sélection d'objets souvent danois, allurés et pas chers.

Grande suspension en papier de riz : 10,50 € ; cache-pot de forme pure : 6,50 € ; 3 bougies rondes et cannelées : 11,40 € ; bloc de serviettes en papier à fleurs : 4,50 € ; nécessaire à couture de voyage dans une jolie trousse : 11 €.

14ᵉ ARRONDISSEMENT

LE MARCHÉ DE LA CRÉATION-HANNAH A. LAOUST

Boulevard Edgar-Quinet
M° Edgar Quinet
www.marchecreation.com/artiste-detail.php?id=3
Tous les dimanches : 10h-19h, d'avril à fin sept.
☎ avant de vous déplacer : 06 23 69 17 86

S'offrir une œuvre d'art à prix d'atelier

En sortant du métro Edgar-Quinet, on tombe sur le stand d'Hannah Laoust sculpteur du monde de la danse (qui vend aussi à la boutique de l'Opéra Garnier, et dans des musées aux États-Unis et en Suède). Cette artiste internationale – ex-danseuse – s'est spécialisée dans les « études de mouvement ». Ses danseuses en sculpture s'élancent pleines d'énergie, d'équilibre et de grâce pour occuper l'espace et le temps. Elle les vend à prix d'atelier (mini-sculptures sur socle, colliers ras-du-cou et broches faciles à porter, à partir de 60 €, ce qui est vraiment un cadeau).

15ᵉ ARRONDISSEMENT

ARTISANS DU MONDE

31, rue Blomet
M° Volontaires
☎ 01 45 66 62 97
www.artisansdumonde.org
Mardi-samedi : 10h-19h

Commerce équitable

Pas mal de petits cadeaux pas chers et bien exécutés. Sur le site, cliquez sur l'onglet « Promo ».

Boîte à pilules : environ 2,90 € ; boîte ronde en raphia, des Philippines : 6,90 € ; marque-pages à partir de 7,90 € ; colliers à partir de 6 €.

AUTRES ADRESSES
- 20, rue Rochechouart (9e), M° Cadet, ☎ 01 48 78 55 54, lundi-samedi : 11h-19h.
- 8, rue Boyer (20e), M° Gambetta, ☎ 01 72 38 51 71, mardi-vendredi : 14h-20h ; samedi : 12h-20h.
- Une douzaine d'autres adresses en banlieue (voir sur le site).

18e ARRONDISSEMENT

COCO BOHÊME
Plein d'imagination

22, rue Jessaint
M° La Chapelle ou Barbès
☎ 01 42 62 40 60
www.cocoboheme.com
Mardi-samedi : 14h-19h

Fondé par un couple de créateurs, Coco est souvent synonyme de nature : portemanteaux à tête de souris, marque-pages à têtes de loup ou de chouette, sacs brodés de fleurs…
À partir de 10 €.

FRAGONARD
Toutes les senteurs de la Provence

1 bis, rue Tardieu
M° Anvers
☎ 01 42 23 03 03
www.fragonard.com
Lundi-jeudi : 10h30-19h
Vendredi-dimanche : 10h30-19h30

Fragonard fait partie des grands parfumeurs de Grasse et produit également des gels douche, savons, bougies parfumées et linge de maison délicats. Si on a le temps, on peut aussi visiter près de l'Opéra, le musée du Parfum Fragonard (gratuit).
Porte-savon fleuri : 6 € ; savon parfumé à partir de 4 €.

AUTRES ADRESSES
- **Musée du Parfum** (entrée libre) et boutique 9, rue Scribe (9e), M° Opéra, ☎ 01 47 42 04 56, lundi-samedi : 9h-18h ; dimanche : 9h-17h.
- **Fragonard Louvre**. Carrousel du Louvre, 99, rue Rivoli (1e), M° Palais Royal, ☎ 01 42 96 96 96, tous les jours : 10h-20h.
- Autres adresses dans le Marais et dans le Quartier latin (voir sur le site).

MÉMO

Les « éconotrucs » constituent une encyclopédie du pas cher. Vous y trouverez des conseils et des astuces pour dépenser moins et vivre mieux, ainsi qu'une sélection de boutiques et de services d'un rapport qualité-prix exceptionnel.

MÉMO

Le guide *Paris Pas Cher* continue sur Internet ! Vous y trouverez des articles différents de l'édition papier, ainsi que des mises à jour sur notre blog : **www.guideparispascher.com**.

CHAUSSURES

▶ *Vous trouverez encore plus de chaussures pour enfants dans le chapitre « Enfants », p. 101.*

ÉCONOTRUC | **DES SEMELLES POUR (ENFIN) BIEN MARCHER**

Les chaussures bon marché sont pour la plupart fabriquées hors de France. Elles n'apportent plus le soutien ni le confort à la marche des chaussures d'antan. Nous avons découvert dans un magasin de chaussures Mephisto les semelles amovibles Soft Air. Elles amortissent les chocs à la marche, sont « respirantes » et nous épargnent les maux de pieds et de dos que nous éprouvions en fin de journée.

À partir de 15 € la paire.

3e ARRONDISSEMENT

JONAK STOCK
Un style jeune

44, boulevard de Sébastopol
M° Étienne Marcel
☎ 01 40 27 07 09
www.jonak.fr
Lundi : 12h-14h, 14h30-19h
Mardi-vendredi : 10h45-14h, 14h30-19h
Samedi : 10h45-19h

On trouvera plein de petites tailles au sous-sol : 36 et 37.

Escarpins en cuir : 49 € environ ; bottines pour homme et femme : 79 €. En promotion à partir de 39 €.

5e ARRONDISSEMENT

STOCK ANDRÉ
André solde André

59, boulevard Saint-Michel
M° Saint-Michel
☎ 01 55 42 98 38
www.andre.fr
Lundi-samedi : 10h-19h

Les prix valsent en dégringolant, de 30 à 50 % plus bas.

Chaussures de 20 à 50 €. En été, bottes d'hiver de 15 à 40 €.

AUTRES ADRESSES
- 24, boulevard Saint-Denis (10e), M° Strasbourg Saint-Denis, ☎ 01 50 34 19 66. Mi-stock, mi-boutique, mêmes horaires.
- 31, avenue des Gobelins (13e), M° Gobelins, ☎ 01 55 43 05 74, mêmes horaires.
- Centre commercial Les Flanades. 6, route de Toulouse, 95200 Sarcelles, RER Garges Sarcelles, ☎ 01 34 04 03 32, lundi-samedi : 10h-19h30.

9e ARRONDISSEMENT

LA HALLE AUX CHAUSSURES
Chaussures quotidiennes pour toute la famille

4, boulevard Poissonnière
M° Bonne Nouvelle
☎ 01 53 34 11 73
www.lahalleauxchaussures.com
Lundi-samedi : 9h30-19h30

La Halle aux chaussures distribue des milliers de paires de chaussures des marques André, Naf Naf, Kookaï, Creeks, Mosquitos, Adidas, Converse, Nike, Reebok… Chaussettes, semelles et produits d'entretien pour les croquenots les accompagnent à prix discount.

Femme : ballerines Naf Naf : 29 € ; baskets Kookaï : 43 € ; escarpins Mosquitos : 39 €.
Homme : tennis basses Creeks : 45 € ; mocassins à partir de 43 €.

AUTRES ADRESSES
- 13 magasins dans les 2e, 3e, 10e, 11e, 12e, 13e, 14e, 19e, 20e (voir détails sur le site).

10e ARRONDISSEMENT

LA CENTRALE DE CHAUSSURES — *Des petits prix pour toute la famille*

162, boulevard de Magenta
M° Barbès Rochechouart
☎ 01 42 468740
www.lacentraledes
chaussures.com
Tous les jours : 10h-19h

Ce sont des fins de séries qui arrivent dans ce vaste magasin de 350 m². On notera tout particulièrement un choix de bonnes marques pour les enfants. L'accueil est très aimable.

Comptez 30 à 50 € en moyenne.
10 % de réduction sur le panier sur présentation du guide ou de la carte 2016.

MAGASIN PEGASHOES — *Des baskets griffées à moitié prix*

9, boulevard de Bonne-Nouvelle
M° Bonne Nouvelle
☎ 01 45 08 07 48
Lundi-samedi : 10h30-18h30

Des baskets du sol au plafond. Les « sneakers » (Puma, Nike, Vans, Adidas, Reebok) tiennent le haut du pavé. Beaucoup de grandes tailles. Quelques joggings également.

Baskets griffées : de 29 à 60 €.

AUTRE ADRESSE
- 112, boulevard de Rochechouart (18e), M° Pigalle, ☎ 01 42 55 06 83, mêmes horaires.

MAGENTA CHAUSSURES — *Accueillant et pas cher*

158, boulevard de Magenta
M° Barbès Rochechouart
☎ 01 42 85 32 27
www.magenta
chaussures.com
Mardi-samedi : 10h-19h

Côté adultes, les marques varient selon la chance. Il faut donc passer souvent. Berthe et ses amies aux grands pieds sont vernies, les pointures allant jusqu'aux 44 pour les femmes et 48 pour les hommes.

PRÊT À MARCHER – 20 EUROS — *Des chaussures à 20 €*

6, boulevard de Bonne-Nouvelle
M° Strasbourg Saint-Denis
☎ 06 09 17 26 96
Lundi-samedi : 10h30-19h30

L'accueil est très aimable, le concept fort démocratique, le décor orange dynamisant. Beaucoup de choix y compris dans des modèles griffés, échantillons de collections ou stocks d'usines et même parmi des chaussures de sport.

CHAUSSURES

ROYAL SHOES
Toutes saisons confondues

137, boulevard Magenta
M° Gare du Nord ou
Barbès Rochechouart
☎ 01 42 80 12 01
Mardi-samedi :
10h30-19h

Une adresse et des prix sympas pour petits et grands. Modèles femmes du 34 au 41, hommes du 39 au 47 et enfants du 17 au 40. Quant aux globe-trotters, ils trouvent ici – fait rare – des modèles été et hiver toute l'année.

Fins de séries à partir de 30 €.

SAGONE STOCK
Pointures extrêmes pour nos extrémités

63, boulevard Magenta
M° Gare de l'Est
☎ 01 46 07 66 80
www.sagone-chaussures.com
Lundi-samedi : 10h-19h

Du 32 au 45 pour les femmes, du 39 au 50 pour les hommes dans la marque Sagone. Côté look, le choix est vaste – 5 000 chaussures, des plus classiques aux plus sport – la qualité présente. Soldes régulières sur de grandes marques dont Camper et Mephisto.

Pour femmes : modèles à partir de 65 € ; pour hommes : à partir de 75 €.

STEEVE CHAUSSURES
Pour la famille

162, boulevard Magenta
M° Barbès Rochechouart
☎ 01 48 78 59 48
Lundi-samedi : 10h-19h
Dimanche : 11h-17h

Toute l'année, sont présentes ici des fins de séries et déstockages de modèles Converse, Kickers, Mod'8, New Balance, Chipie à prix réduits de 35 à 60 %. Comptez 30 € pendant les soldes.

Pour enfants (chaussures du 20 au 26) : 39 € ; bottes Kickers pour fillette : 39-45 €. Pour adultes : 49 €.

12e ARRONDISSEMENT

CHAUSS' MARQUES-FRANCE MARQUES
Petites et grandes pointures, et chaussures pour hôtesses

83, rue de Reuilly
M° Reuilly Diderot
☎ 09 80 39 50 31
www.chauss-marques.com
Lundi-samedi :
10h30-19h30

Chauss' Marques propose des petites pointures pour femme (à partir du 32), pour homme (à partir du 39) ; et des grandes pointures (pour femme, 42 et plus), pour homme (46 et plus). Et des « escarpins d'hôtesse », c'est dire s'ils sont confortables. Regardez attentivement les promotions proposées régulièrement.

Jolis escarpins : 20-60 € ; escarpins d'hôtesse : 69,90 € ; mocassins pour homme : 49,90 €.

Pour nos lecteurs, des points doublés sur leur carte de fidélité.

AUTRES ADRESSES
- 82, rue de Provence (9e), M° Havre Caumartin, ☎ 01 53 21 08 34, lundi-samedi : 11h30-19h30.

- 242, rue de Charenton (12e), M° Dugommier, ☎ 01 44 73 04 34, lundi-samedi : 10h30-19h30.
- 159, rue Château-des-Rentiers (13e), M° Nationale, ☎ 01 45 86 55 01, lundi-samedi : 10h30-13h30, 15h-19h30. Chaussures enfants uniquement.
- 80, rue Jeanne-d'Arc (13e), M° Nationale, ☎ 01 45 86 76 58, lundi-samedi : 10h30-19h30.

17e ARRONDISSEMENT

LEVIS SHOES
Grandes signatures

26, rue Lebouteux
M° Villiers
☎ 01 47 66 47 80
Lundi-samedi : 10h-19h30
Dimanche : 10h30-13h30

Au cours de nos passages, nous avons vu des chaussures Minelli, Nine West, Janet et Janet, Balmain, Jean-Louis Scherrer, Georges Rech, et d'autres… pour 49 €. Accueil très aimable.
Ballerines : 17 € ; ballerines tout cuir : 32 € ; chaussures de grandes marques à partir de 49 €.

18e ARRONDISSEMENT

SACAPUCE
Grandes tailles pour femme

13, rue de Clignancourt
M° Barbès
☎ 01 46 06 49 06
www.sacapuce.fr
Lundi : 11h-18h45
Mardi-vendredi : 10h-18h45
Samedi : 10h-19h

Chaussures pour femmes, du 42 au 48. Rayon « déstockage » jusqu'à – 30 % sur le site.

20e ARRONDISSEMENT

GROLLE
Solderie

393, rue des Pyrénées
M° Pyrénées
☎ 01 43 66 14 87
www.grolle.fr
Mardi-vendredi : 11h-13h, 15h30-19h30
Samedi : 10h-19h30

Chic, tendance, des importations italiennes et espagnoles cohabitent avec des marques comme Cat, Dr Martens, Redskins. Les plus jeunes entraînent leur maman à acheter des modèles Geox, Primigi ou Bellamy. Pas mal de pantoufles et de mules.
À partir de 29 €.
– 5 % sur présentation du guide ou de la carte 2016.

AUTRE ADRESSE
- 110 bis, rue Ordener (18e), M° Jules Joffrin, ☎ 01 42 64 68 46, mêmes horaires.

DÉMÉNAGEMENT

DES CARTONS, EMBALLAGES ET ACCESSOIRES DE DÉMÉNAGEMENT MOINS CHERS 93

DES DÉMÉNAGEURS MOINS CHERS 93

UN ENTREPÔT À LOUER 94

ÉCONOTRUCS
- **92** ... Déménager seul
- **94** ... Profitez des retours à vide et groupages des transporteurs professionnels

---

QUAND DÉMÉNAGER ?

Pendant la semaine et les mois d'hiver (novembre, janvier, février) si possible ; les locations de camions sont moins chères.

Demandez à votre mairie une autorisation de garer le camion de déménagement le temps de l'opération.

ÉCONOTRUC — **UN SEUL OBJET À ENVOYER ?**

Adressez-vous au site **www.colis-voiturage.fr** qui transmettra votre requête à un automobiliste intéressé, dont le coffre est vide. Vous serez mis en rapport l'un avec l'autre. Et ensuite à vous deux de vous arranger.

ÉCONOTRUC — DÉMÉNAGER SEUL

Vous vous faites aider

Par des copains ou en faisant un échange de services via un SEL (www.seldeparis.com ; Mirers et www.voisinssolidaires.fr, voir p. 120).

Vous avez besoin d'évaluer le volume de votre déménagement et, en conséquence, la taille du camion à louer et le coût approximatif de l'opération ? Allez sur www.officiel-demenagement.com (onglets « estimation en ligne » puis « calculateur de volume »). Sur www.misterdemenagement.com, un visuel vous permet de quantifier les meubles de toutes vos pièces et leur cubage.

Il ne vous reste plus qu'à acheter des cartons neufs ou d'occasion (voir nos adresses plus bas), à emballer, à charger, à transporter… si vous avez voitures et camion.

Vous voulez louer un camion

Allez sur www.demenagerseul.com. Vous trouverez sur place des cartons à acheter (à partir d'environ 1 €), une aide à la manutention des objets lourds (comme un piano) et au nettoyage de l'appartement quitté. Le prix des locations varie selon le jour et l'heure. Ce sont des tarifs de base que nous vous donnons.

Location d'une camionnette de 6 m^3, du lundi au jeudi pour 2h minimum, assurance et assistance incluses : environ 9,50 €/h ; location d'un camion de 12 m^3 équipé de barres d'arrimage et de capitons : environ 79 €/journée, environ 99 €/journée pour un 20 m^3 avec hayon élévateur (économie de 20 à 30 % sur un déménagement classique).

133, boulevard de Grenelle (15e), M° Cambronne, ☎ 01 53 86 94 85, lundi : 9h-13h, 14h-18h30 ; mardi, jeudi-vendredi : 9h30-13h, 14h-18h30 ; mercredi : 9h30-12h, 14h-18h30 ; samedi : 9h-13h, 14h-18h. Autres adresses dans les 11e, 13e, 14e, 17e.

Question transport, **Hertz** (www.hertz.fr) propose des camions de 20 m^3, sans hayon, 100 km pris en charge, et assurance comprise, en semaine : environ 88 €/jour ; en week-end : environ 190 €.

Faites aussi un tour sur les sites d'**Avis** (www.avis.fr), et **Rent a Car** (www.rentacar.fr), qui ne sont pas forcément plus chers. Eux aussi possèdent des logiciels de calcul de cubage de meubles et objets. Comparez, recoupez…

Autre adresse : **Rent'n'drop** (☎ 0 826 109 179, www.rentanddrop.com) s'est spécialisé dans la location de véhicules pour un trajet (aller) simple. Il propose des camions de 12 m^3 (pour un appartement de moins de 40 m^2) à 20 m^3.

Déménagement **93**

ACCESSOIRES DE DÉMÉNAGEMENT MOINS CHERS

- **Cartonland**. 27-29, boulevard Jules-Ferry (11e), M° République, ☎ 01 49 29 48 00, www.cartonland.fr et www.hfpplastiques.fr, lundi-vendredi : 8h-18h. Déménager devient un jeu d'enfants avec ces cartons de toutes dimensions. **Cartons à partir de 0,80 € pièce ; films à bulles d'air à partir de 10 € ; penderie : 6,10 € environ ; carton à verre : 12 € environ.**

- **La boutique du déménagement**. 10, rue d'Alésia (14e), M° Alésia, ☎ 01 43 64 17 17, www.abde.fr, lundi-vendredi : 9h30-13h, 14h-18h30 ; samedi : 9h-13h. Cartons, Scotch, bullpack, housses de protection et sangles pour protéger, emballer et stabiliser mobilier et cartons dans le camion… Vous trouverez tout ici pour faire votre déménagement. **Carton standard de déménagement à partir de 1,80 € ; cartons spéciaux pour livres à partir de 1,40 €.**

- **Rouffignac**. 94-96, avenue Gambetta, 93170 Bagnolet, M° Gallieni, ☎ 01 49 93 08 68, www.rouffignac.com, lundi-vendredi : 9h-12h, 13h-17h. Réduction de 30 à 50 % : fins de séries, emballages d'occasion, surstocks… Ce qui chute, c'est leur prix. **Cartons de réemploi : carton pour linge (59 x 39 x 41 cm) : 0,85 € ; carton à vaisselle ou à livres (40 x 30 x 26 cm) : 0,60 € ; carton renforcé 58 x 38 x 35 (pour 20 kg) : 0,90 € ; cartons à verres et de penderie, housses matelas.**

DES DÉMÉNAGEURS MOINS CHERS

- **Ozanam Services**. 153, rue de la Croix-Nivert (15e), M° Félix Faure, ☎ 01 55 76 98 99, www.ozanamservices.fr, lundi-vendredi : 9h-12h30, 13h30-17h (vendredi jusqu'à 16h). Grosses économies et BA. Créée par la Conférence Saint-Honoré d'Eylau et le Conseil de Paris, Ozanam est une association qui procure du travail à des demandeurs d'emploi (musclés) en phase de réinsertion. À vous de remplir vos cartons puis de louer un camion de déménagement, Ozanam se chargera du reste, tandis que vous dirigerez ce petit monde. Dans vos nouveaux murs, Ozanam pourra exécuter des travaux de finition du genre peinture, pose de carrelage, petit bricolage, ménage, nettoyage et même gros nettoyage. **Coût : environ 19 €/heure par déménageur. Chauffeurs-manutentionnaires avec permis camion pour les déménagements Paris intra-muros : environ 20,80 €/h. Par jour : environ 4,50 € supplémentaires. Pas de TVA. Le matériel n'est pas assuré.**

- **Des Bras en plus**. 60, rue Ramey (18e), M° Jules Joffrin, ☎ 01 84 16 18 00, www.desbrasenplus.com, mardi-vendredi : 10h-13h, 15h-19h ; samedi : 10h-12h, 13h-18h. Vous pouvez organiser votre déménagement et, selon vos moyens financiers, décider de prendre une camionnette ou un camion, un certain nombre de cartons, un ou plusieurs déménageurs pour vous aider. À vous de compléter avec famille et amis. **Un camion + un déménageur : environ 360 €.**

UN ENTREPÔT À LOUER

- **Une pièce en plus.** 57, rue des Pyrénées (20e), M° Maraîchers, ☎ 01 58 39 30 00, www.unepieceenplus.com ou www.cartons-demenagement.com, lundi-vendredi : 7h-20h ; samedi-dimanche : 9h-17h. Accessible tous les jours, c'est une annexe, en somme, à louer pour y entreposer des objets à votre guise. Les pièces, de 1 à 100 m², sont délimitées par des cloisons métalliques sécurisées, chauffées, surveillées par télésurveillance. Dans le prix de la location à la journée, à la semaine, au mois (30 jours minimum de date à date), ou à l'année, une assurance est comprise. Avant de partir, prévoyez de donner votre préavis. Sur place, cartons, caisses, ficelles sont à vendre. Devis gratuit. Autres adresses : 21 centres à Paris et en Île-de-France (voir sur le site).

- **Palm Box.** Le moins cher des boxes de stockage. 51, rue du Commandant-Mouchotte, 94160 Saint-Mandé, M° Porte Dorée ou Saint-Mandé Tourelle, ☎ 01 43 45 55 66, www.palmbox-stock.fr ; lundi-vendredi : 7h30-20h ; samedi sur demande (gardiens habitant sur place). À deux pas du périphérique et du tram, voici des boxes de stockage – entièrement sécurisés – de 5 à 20 m³ à louer au mois, pour une durée variable ou à l'année. L'accès en est facile avec aire de déchargement pour voitures et camionnettes (hauteur maxi. : 3 mètres) et matériel de manutention : chariots adaptés au monte-charge. Sur place, fournitures d'emballage, de déménagement et d'aménagement de votre box. Accès et normes handicapés. Télésurveillance 24 heures sur 24. Espaces sous alarmes. Code d'accès sécurisé.

ÉCONOTRUC : PROFITEZ DES RETOURS À VIDE ET GROUPAGES DES TRANSPORTEURS PROFESSIONNELS

https://fretbay.com

L'expéditeur poste gratuitement son annonce sur Fretbay. Fretbay diffuse l'annonce en ligne et met en concurrence les transporteurs.

Les transporteurs proposent leur(s) meilleure(s) offre(s) via le système d'enchère inversée du site.

L'expéditeur choisit l'offre qui lui convient le mieux et paie Fretbay via un système sécurisé.

Fretbay perçoit un acompte, informe le transporteur et met en relation les deux parties.

Le transporteur effectue la livraison.

Une fois que l'expéditeur a été livré, il accuse réception en notant le transporteur sur le site.

Il est toujours préférable de payer sur un site *via* PayPal. En cas de pépin, PayPal vous rembourse.

ÉLECTROMÉNAGER

JE RÉPARE MOI-MÊME 96
JE FAIS RÉPARER 97
JE M'ÉQUIPE 98

ÉCONOTRUCS
97 ... Des pièces détachées sur le Net
97 ... En transit à Paris, louez votre électroménager
99 ... Faites une lessive chez votre voisin

ÉQUIPEZ-VOUS EN UN ÉCLAIR !

Lorsque nous indiquons des réductions réservées aux lecteurs du guide, elles s'entendent sur le prix public conseillé fixé par le fabricant (prix de l'appareil à sa sortie).

JE RÉPARE MOI-MÊME

10e ARRONDISSEMENT

ADEPEM *12 000 pièces détachées*

104, rue de Maubeuge
M° Gare du Nord
☎ 01 42 85 31 84
www.adepem.com
Lundi-vendredi : 8h30-18h
Samedi : 9h-13h

Voici un magasin dédié aux bricophages. Depuis plus de 30 ans, on y trouve de quoi réparer les organes esquintés de leurs petites et grosses machines. Accueil aimable et compétent.

12e ARRONDISSEMENT

SIRVAM *Faites réparer !*

14, rue Michel-Chasles
M° Gare de Lyon
☎ 01 46 28 90 57
www.pieces-detachees-eshop.fr
Lundi-vendredi : 9h30-18h30
Samedi : 10h-18h

Sur le site : des pièces pour petit et gros électroménager. En atelier, cette maison sérieuse répare sèche-cheveux, machines à laver, sèche-linge ou matériel audiovisuel, etc. On y trouve également des pièces détachées de grandes marques (Bosch, Magimix, Arthur Martin, Hoover, Dyson, Nilfisk, Astoria, Electrolux, Tornado et Miele, etc.) et des aspirateurs neufs garantis 5 ans. Dépannage en 48 heures et 5 jours pour toutes marques.
Tarif horaire : 30 €. Frais de déplacement : 30 € pour Paris.

93 SEINE-SAINT-DENIS

LA BOUTIQUE DES PIÈCES MÉNAGER *3 millions de pièces détachées*

2, avenue de Stalingrad
93200 Saint-Denis
M° Saint-Denis Université
Parking gratuit « Cité de Stalingrad »
☎ 01 42 35 35 45
www.idpieces.com
Lundi-samedi : 9h30-12h30, 14h-18h30

Sur 400 m², 3 millions de pièces détachées toutes marques s'offrent à votre regard ébahi. Et la maison peut vous en commander jusqu'à 8 millions ! Pour les as de la bricole, entre autres, figurent au catalogue des courroies de machine à laver, de sèche-linge, et aussi, pour nous tous, des accessoires tels des sacs pour aspirateur et filtres de hotte.
– 10 % à nos lecteurs sur présentation du guide ou de la carte 2016.

AUTRE ADRESSE

- **Silvera Nouvelle.** 117, rue de Rome (17e), M° Rome, ☎ 01 46 22 01 02, www.idpieces.com, mardi-vendredi : 10h30-12h30, 14h-19h ; samedi : 9h30-12h30, 14h-18h.

Électroménager

> **ÉCONOTRUC** — **DES PIÈCES DÉTACHÉES SUR LE NET**
>
> **www.piece-electromenager.fr**. Le stock de ce site est ahurissant : 7 millions de pièces d'appareils électroménagers et d'audiovisuel !
>
> **www.jeremplace.com**. Chaque objet a été photographié soigneusement. Le cliché s'accompagne de la référence de la pièce et surtout de la liste des appareils de différentes marques sur lesquels on peut la remplacer. Autre avantage du site, quand la pièce est disponible, on vous le signale par un logo. Et si vous êtes noyé, un numéro de téléphone à appeler : 0892 430 456 où vous trouverez une aide pour mieux choisir.
>
> **www.tout-electromenager.fr**. Un site où glaner de nombreux conseils pour réparer son électroménager soi-même.

JE FAIS RÉPARER

10ᵉ ARRONDISSEMENT

SOVDAM
192, rue Lafayette
M° Louis Blanc
☎ 01 42 05 55 66
Lundi-vendredi : 9h30h-12h30, 14h30-18h

Ne jetez plus, faites réparer
Les entrailles de nos fer à repasser, cafetière, etc., fascinent ce chirurgien de l'électroménager.

▶ *Voir aussi Sirvam, p. 96.*

> **ÉCONOTRUC** — **EN TRANSIT À PARIS, LOUEZ VOTRE ÉLECTROMÉNAGER**
>
> **www.lokeo.fr**
>
> Lokeo livre et installe à domicile toutes sortes d'appareils ménagers et électroniques, du four micro-onde au réfrigérateur, en passant par l'ordinateur, le lave-vaisselle, la cuisinière, la télé ou la console de jeux vidéo. Le tarif est dégressif en fonction de la durée (18 mois minimum à 5 ans).
>
> Location d'un lave-linge-séchant : entre 18 € et 25 €/mois environ selon les formules. Location d'un lave-vaisselle : entre 13 et 20 €/mois environ. Location d'un ordinateur PC : à partir de 31 €/mois environ pour 18 mois de location minimum.

JE M'ÉQUIPE

14ᵉ ARRONDISSEMENT

À LA CENTRALE DES AFFAIRES — *L'électro mène la danse*

157, rue de Vercingétorix
Mᵒ Plaisance
☎ 01 45 45 00 77
www.electro-discount.fr
Lundi-samedi : 10h-19h

Électroménager et appareils hi-fi de grandes marques à prix serré. Également quelques meubles et de la literie. Comptez 30 € la livraison à Paris (35 € en proche banlieue). Garantie de 2 ans le plus souvent.
– 5 % à nos lecteurs sur présentation du guide ou de la carte 2016.

AUTRES ADRESSES
- Dans les 11ᵉ, 17ᵉ, 19ᵉ, 20ᵉ arrondissements.

WWW.CHRONOSTOCK.FR

Des fins de séries et des invendus sont proposés aux acheteurs dans des magasins éphémères installés pour 2 à 6 mois dans différents quartiers de Paris. Adresses sur le site.

78 YVELINES

ELECTRO-DÉPÔT — *Stock Boulanger*

5, boulevard des Arpents
78310 Coignières
☎ 01 30 05 16 00
www.electrodepot.fr
Lundi-vendredi : 10h-12h30, 14h-19h30
Samedi : 9h30-19h30
Dimanche : 10h-12h, 14h-19h

Au menu : de l'électroménager et des équipements high-tech. On y trouve peu de grandes marques et un choix restreint d'appareils tous garantis un an. Les prix sont très bas à condition de venir chercher son produit en grande banlieue (pas de livraison).
Réfrigérateur à partir de 99 €.

AUTRES ADRESSES
- À Villeparisis et Brie-Comte-Robert (77), Fleury/Sainte-Geneviève (91), Montgeron (91), Thiais (94), Sarcelles (95). Voir sur le site.

MÉMO

Pour obtenir gratuitement le prochain *Paris Pas Cher*, envoyez-nous les adresses que vous estimez dignes de figurer dans le guide à l'adresse parispascher@yahoo.fr. Nous les visiterons. Si une adresse est retenue et que vous êtes le premier à nous l'avoir donnée, vous gagnerez un guide *Paris Pas Cher 2016* (n'oubliez pas de nous laisser vos coordonnées complètes).

95 VAL-D'OISE

FAGOR-BRANDT
Urban Valley
16, chemin du
Bas-des-Indes
95240
Cormeilles-en-Parisis
☎ 01 34 10 81 76
Mardi-samedi : 10h-19h

Usine center et entrepôt

Brandt, Sauter, De Dietrich, Fagor, Vedette s'offrent à vous 20 à 25 % moins cher (50 % en période de soldes), ce qui vous fait oublier les petites griffures et minces accrocs sur l'émail des appareils proposés. Garantie 2 ans.
– 5 % à nos lecteurs (hors offres promotionnelles) sur présentation du guide ou de la carte 2016.

ELECTROLUX
ZI de Moimont
2, rue Eugène-Pottier
95670 Marly-la-Ville
☎ 01 30 29 41 54
Lundi-vendredi : 10h-17h

Stock Electrolux et AEG

Parce qu'ils ont une petite griffure sur leur carrosserie, ils sont dégriffés. Mais ces petits cabossages de la vie n'empêchent pas ces gros appareils d'électroménager (frigo, machines à laver la vaisselle, le linge, plaques de cuisson, et même aspirateur) d'être vendus avec des réductions souvent substantielles. Elles sont assorties d'un an de garantie pièces, main-d'œuvre et déplacement. La maison ne livre pas.

Et encore :

▶ *www.vente-privee.com pour le petit électroménager tout neuf et pas cher.*

▶ *Voir également la rubrique « High-tech », p. 155, où beaucoup d'adresses distribuent désormais de l'électroménager en plus de l'informatique.*

ÉCONOTRUC   FAITES UNE LESSIVE CHEZ VOTRE VOISIN

www.lamachineduvoisin.fr

Il n'y a pas de laverie près de chez vous et vous avez peu de linge à laver ? Tournez-vous vers La machine du voisin.fr. Ce site répertorie, par quartier, les adresses des bonnes âmes prêtes à vous ouvrir leur porte pour une lessive. Une participation est demandée (le plus souvent entre 2 et 4 €). Vous pouvez également proposer votre machine à d'autres voisins en vous inscrivant sur le site.

ENFANTS

LAYETTE, VÊTEMENTS, PUÉRICULTURE, MEUBLES, JOUETS **102**

JEUX ET JOUETS **117**

SPORTS GRATUITS **120**

UNE RENTRÉE PAS CHÈRE **120**

ÉCONOTRUCS
- **106**.. À tester ou louer avant d'acheter en grande quantité : les couches lavables
- **108**.. Les brocantes et vide-greniers
- **117**.. La Clinique de la poussette
- **117**.. Des meubles à l'œil
- **119**.. Comment vendre ses jouets ?
- **120**.. Voisins solidaires

- **103**.. Ateliers gratuits au centre Pompidou
- **104**.. Orchestra
- **108**.. Trottinette, un dépôt-vente en or
- **118**.. Jeux : échanges
- **119**.. Louer des jouets sur Internet

LAYETTE, VÊTEMENTS, PUÉRICULTURE, MEUBLES, JOUETS

BOUTIQUES

En règle générale, vous trouverez dans les magasins ci-dessous, agréablement mélangés, layettes, articles de puériculture, jouets pour nourrissons et premier âge ; vêtements, jouets et jeux pour les aînés et parfois même des meubles pour les bébés et les plus grands !

2ᵉ ARRONDISSEMENT

PETIT POÈME — *Un dépôt-vente sauveur*

16, rue Saint-Sauveur
Mº Réaumur Sébastopol ou Sentier
☎ 06 70 71 94 72
Lundi-samedi : 11h-19h

Fait divers dans le 2ᵉ arrondissement : chez Petit Poème, des vêtements pendent à des cintres ! Ce sont des vêtements chics signés Bonpoint, Zef, Bonton, Isabel Marant enfants, Le Marchand d'étoiles, etc.

3ᵉ ARRONDISSEMENT

BIG SHOP — *Tout pour l'enfant, à prix de gros*

241, rue Saint-Martin
Mº Réaumur Sébastopol
☎ 01 42 72 28 94
Lundi-vendredi : 9h-18h30
Samedi : 13h-17h30

On vient ici en bande pour dépenser un minimum de 80 €. C'est le seuil à dépasser pour obtenir une réduction de 20 % sur tout le matériel de puériculture, le mobilier, et les vêtements. Ce ne sera pas difficile, car ce magasin trentenaire regorge de produits de qualité, la plupart estampillés Sauthon, Chicco, Graco, Avent, Bébé Confort.

Gigoteuse : 12,50 € environ ; poussette-canne à partir de 29 € ; matelas antiacariens : 49 € environ.

LES NOUVEAUTÉS PARISIENNES — *Jouets à prix de gros*

88, rue du Temple
Mº Rambuteau
☎ 01 42 72 77 48
lesnouveautes.free.fr
Lundi-vendredi : 9h-18h
Samedi : 9h-12h

Pour bénéficier des prix grossiste de cette enseigne, il suffit de dépenser un minimum de 30 €, ce qui n'est pas difficile, le choix est si varié !

MÉMO

Pour nous joindre : parispascher@yahoo.fr.

Ou encore, laissez-nous un petit mot sur le site du guide : www.parispascher.com ou www.guideparispascher.com.

Enfants **103**

4e ARRONDISSEMENT

CENTRE POMPIDOU
Place Georges-Pompidou
M° Hôtel de Ville
☎ 01 44 78 12 33
www.centrepompidou.fr
Mercredi, samedi et dimanche : 15h-19h

Des ateliers gratuits pour ados et enfants
Les ateliers de street art, de numérique et de vidéo pour les plus grands, tout comme les ateliers de peinture, de contes, de costumes pour les petiots ont lieu dans des studios tout neufs.

6e ARRONDISSEMENT

CHERCHEMINIPPES
110, rue du Cherche-Midi
M° Vaneau
☎ 01 45 44 97 96
www.chercheminippes.com
Lundi-samedi : 11h-19h

Dépôt-vente
Vêtements et accessoires pour futures mamans et enfants, jouets, livres et articles de puériculture. L'accueil est variable et certains vêtements ont de la bouteille.
50 % moins cher que le prix de l'article neuf en boutique.

LIBRAIRIE D'ÉDITEURS FORMULETTE
50, boulevard Saint-Germain
M° Maubert Mutualité
☎ 01 46 34 61 57
www.formulette.fr
Lundi-samedi : 8h30-19h

Chants, lectures de contes et câlins gratuits
Notre éditrice et son compagnon chanteur organisent dans un coin de leur librairie des spectacles, chants pour enfants, lectures de contes, etc. Et c'est gratuit !

KILO SHOP SAINT-GERMAIN
125, boulevard Saint-Germain
M° Mabillon
☎ 01 43 26 00 36
http://kilo-shop.fr
Lundi-samedi : 11h-21h
Dimanche : 13h-21h

Pour habiller vos ados
Amusant ce concept de vente au kilo de fripes des années soixante-dix ou quatre-vingt bien nettes, parfois même neuves, portant leur étiquette d'origine. Après avoir fait son choix, on fait peser les vêtements et on repart avec un sac plein de jeans, chemises, blousons, pulls, etc.
De 20 à 30 € le kilo.

7e ARRONDISSEMENT

LA RÉSERVE DES SIOUX
Dépôt-vente rusé

25, avenue de Tourville
M° École Militaire
☎ 01 53 59 94 50
Lundi : 13h-19h
Mardi-vendredi : 11h-19h

Un dépôt-vente bien garni où se succèdent promotions et fins de séries, les parents avisés trouveront de tout : des vêtements de la naissance à 12 ans, des chaussures, des jouets, des articles de puériculture ou du petit mobilier. Rusé comme un Sioux, on vous dit !

9e ARRONDISSEMENT

ORCHESTRA
Tout l'univers du bébé et de l'enfant à prix très réduits

52, rue de la Chaussée-d'Antin
M° Chaussée d'Antin ou RER Haussmann Saint-Lazare
☎ 01 44 63 79 06
http://shop.orchestra.fr
Lundi-samedi : 10h-20h

Orchestra propose une mode joyeuse et colorée de bonne qualité. Au rez-de-chaussée s'étalent les tenues (habits de 2 à 14 ans), les chaussures (du 15 au 36) ainsi que les accessoires. Au premier étage de la layette, une jolie sélection d'articles de puériculture de grandes marques (poussettes, linge de lit, chaises, biberons…).

Le plus intéressant est de prendre la carte « Club » qui, pour 30 € par an, donne droit à une réduction de – 50 % sur vos achats toute l'année. **En période de soldes, on paiera un ensemble pull et pantalon en cachemire pour bébé environ 13 € ; une doudoune à partir de 13,95 € ; un T-shirt à partir de 2 €.** Certains articles de puériculture (poussette, porte-bébé, etc.) sont bradés avec une remise de 40 %.

AUTRES ADRESSES
- 20, rue du Pont-Neuf (1er), M° Les Halles ou Pont Neuf, RER Châtelet Les Halles, ☎ 01 40 26 21 00, même site Web, lundi-samedi : 10h-19h. Vêtements seulement.
- 25, boulevard Poissonnière (2e), M° Bonne nouvelle, ☎ 01 42 36 85 33, même site Web, lundi-samedi : 10h-19h.
- Une quinzaine d'autres points de vente en banlieue, voir sur le site.

MINI-NIPPES
Dépôt-vente (0-12 ans)

4, rue de la Tour-d'Auvergne
M° Notre-Dame de Lorette
☎ 01 48 78 26 94
Mardi-samedi : 10h30-13h30, 14h30-19h

Cette boutique rose bonbon possède souvent des stocks de vêtements Petit Bateau à prix minuscules, et des petites fringues racées signées Bonpoint aux fins de séries sans histoire de Du pareil au même, Petit Bateau ou Sergent Major. Parfois aussi des chaussures.

10e ARRONDISSEMENT

ANAÏS ET MARTIN
Un dépôt-vente de belles tenues

13, rue des Récollets
M° Château d'Eau
☎ 01 42 09 61 13
www.anaisetmartin.com
Lundi-vendredi : 10h30-13h30, 14h30-19h
Samedi : 15h-19h

Griffes chics à prix choc ; créateurs et vêtements de grandes chaînes voisinent pour le plus grand intérêt des mamans du quartier.
Blouse à carreaux Bout'Chou (12 mois) : 7 € ; baskets Bensimon (taille 28) : 8 €.

CROIX-ROUGE FRANÇAISE
Articles neufs et d'occasion

40, rue Albert-Thomas
M° République
☎ 01 42 06 79 05
Lundi-samedi : 10h30-19h

Articles neufs et d'occasion pour enfants de 0 à 12 ans (vêtements, chausson/chaussures, puériculture, jouets/livres, accessoires). Vêtements propres et en bon état pour les moins de 10 ans.
Les T-shirts, pantalons et pull-over, présentés dans des panières, sont à 1 €. Entre 10 et 15 ans, le prix moyen est de 2 €. Les manteaux et anoraks quant à eux, sont disponibles pour 5 € environ.

AUTRES ADRESSES
- 18, rue Édouard-Robert (12e), M° Daumesnil, ☎ 01 40 01 05 21, lundi-vendredi : 13h-18h.
- 12, rue du Baigneur (18e), M° Jules Joffrin, lundi-vendredi : 14h-18h. Articles d'occasion (vêtements, jouets) enfants de 0 à 15 ans.

LANGEX
La qualité du matériel de crèche

www.bebebambin.com

Exproprié par la mairie de Paris pour bâtir des HLM, Langex offre toujours aux Parisiens un site pléthorique où on retrouve ses produits de grande qualité.
Couverture en laine polaire non-feu Absorba (75 x 100 cm) : 7,45 € ; bavoir collerette : 2,80 € ; lot de 2 bodies : 7,50 € ; lit en bois : 122 €.

> **ÉCONOTRUC** — **À TESTER OU LOUER AVANT D'ACHETER EN GRANDE QUANTITÉ : LES COUCHES LAVABLES**
>
> De sa naissance à 2 ans, un enfant va coûter de 1 200 € à 2 000 € en couches. Si vous avez le courage et la patience d'essayer les couches lavables – qui se sont considérablement améliorées ces dernières années –, sachez que vous pouvez économiser de 400 à 1 200 € (parfois même nettement plus, car votre kit peut resservir pour les éventuels petits frères ou petites sœurs qui suivront). Ces couches lavables sont, de nos jours, composées d'une couche-culotte imperméable, lavable et réutilisable et de voiles jetables (et biodégradables), parfois complétés de doublures absorbantes lavables appelées inserts. Attention simplement à prendre une taille en plus au niveau des vêtements, car les couches lavables sont plus volumineuses que les jetables.
>
> Sur **www.maman-naturelle.com**, pack d'essai : 3 changes complets : 46,55 €. Si vous voulez tester plusieurs marques avant d'investir dans un pack complet, vous trouverez sur le site www.eco-bebe.com un système de location de couches lavables. Kit d'essai à partir de 16,90 €.
>
> **www.peaudoucedirect.fr** propose des couches jetables à prix mini, livrées à domicile sous 72h environ. 4 paquets : environ 41,96 € soit 25 % de réduction. Il existe aussi une bourse aux couches lavables. Vous la trouverez sur **http://labourseauxcouches.clicforum.fr**.

11ᵉ ARRONDISSEMENT

AU CHÂTEAU DE MA MÈRE

Univers enfantin : ravissants brocante et dépôt-vente de vêtements

108, avenue Ledru-Rollin
M° Ledru Rollin
☎ 01 43 14 26 03
Lundi : 14h30-19h30
Mardi-samedi : 11h30-19h30

« Pas cher et beau : c'est au Château. » C'est la devise de Catherine, qui chine et sélectionne avec un goût très sûr des vêtements et des petits meubles. Plus qu'un château, c'est une maison de famille. On aime particulièrement ses meubles restaurés. On explore la deuxième pièce pour trouver son bonheur (selon les jours) parmi les poussettes, petits pupitres, jolis jouets anciens et vêtements en dépôt-vente, petite garde-robe craquante pour les 0-8 ans.
Vêtements à partir de 5 €.

> **MÉMO**
>
> Des cadeaux et des réductions sont offerts dans certains établissements à nos lecteurs sur présentation du guide ou de la carte *Paris Pas Cher 2016*.

Enfants **107**

DANDELOO — *Jouets en bois originaux*

110, avenue Parmentier
M° Goncourt
☎ 01 58 30 64 47
http://dandelooblog.canalblog.com
Lundi-samedi : 10h30-14h, 15h-19h

Toute la boutique dégage un charme vintage joliment revisité pour être pile dans la tendance. D'adorables animaux à roulettes en bois coloré côtoient des marionnettes et des jeux de construction malins signés Janod, ZTech baby, Liliputiens, Papo.

Poupées Corolle et leurs accessoires à partir de 19 € ; jeux de société avec pièces en bois à partir de 19 € ; pêche à la ligne magnétique : 16 € ; figurines Papo : environ 4,5-8 €.

JUMEAUX ET PLUS, L'ASSOCIATION DE PARIS — *Des jumeaux (ou plus), au secours !*

2, rue Henri-Ranvier
M° Voltaire
☎ 01 43 70 03 31
www.jumeauxetplus-paris.fr
Lundi, mardi, jeudi : 10h-17h

La carte d'adhésion (36 €) à l'association vous donnera droit à des réductions dans des magasins de puériculture, des braderies à très petits prix, des locations de matériel de puériculture adapté, des achats groupés de couches et vêtements. Une fois adhérent, vous pourrez visiter le site riche en propositions de ventes de vêtements et de matériel de puériculture. Des parents relais bénévoles vous soutiendront tandis que l'asso vous fournira mille infos bien utiles.

AVIV DISCOUNT — *Dégriffés*

50, rue Oberkampf
M° Parmentier
☎ 01 48 06 68 10
Mardi-samedi : 10h30-18h

Cette boutique sans chichis aucun vend des vêtements dégriffés (Absorba, Petit Bateau, Catimini, etc.) au prix des cacahuètes.

Body à partir de 4 € ; tunique : 7,50 € environ ; jean à partir de 8 €.

12ᵉ ARRONDISSEMENT

BAMBINI TROC — *Un dépôt-vente joliment pourvu*

26, avenue Bel-Air
M° Nation
☎ 01 43 47 33 76
www.bambinitroc.fr
Mardi-samedi : 10h30-19h

Vêtements impeccables pour les 0-10 ans. Des tenues de marque côtoient du basique bien suffisant pour aller jouer au bois de Vincennes tout proche. On y trouve aussi des vêtements pour futures mamans (Véronique Delachaux, Balloon, H&M…).
Vêtements à partir de 7 €.

ENFANTS

LAYETTE, VÊTEMENTS, PUÉRICULTURE, MEUBLES, JOUETS

LIBRAIRIE ATOUT-LIVRE

203 bis, avenue Daumesnil
M° Daumesnil
☎ 01 43 43 82 27
www.atoutlivre.com
Lundi-samedi : 10h-20h

Des activités gratuites pour les enfants

Ateliers pour enfants, contes et concerts sont offerts régulièrement pour charmer mères et petiots. Programmation sur le site.

> **ÉCONOTRUC — LES BROCANTES ET VIDE-GRENIERS**
>
> Les brocantes et vide-greniers sont souvent riches en petits meubles pour enfants et parfois même en petits articles de puériculture. Voir p. 71.

MARIE

76, boulevard Soult
M° Porte de Vincennes
☎ 01 43 42 29 23
Mardi-samedi : 10h30-13h, 15h-19h

Tout l'univers des petits

Un dépôt-vente exigu, mais charmant, où l'on déniche des vêtements de saison impeccables pour les enfants (de la naissance à 12 ans), dans un large éventail de petits prix.
Jouets, livres (des albums en bon état à partir de 2 €), petit matériel de puériculture.

♥ TROTTINETTE

9, rue Parrot
M° Gare de Lyon
☎ 01 43 40 44 60
www.depot-vente-trottinette.com
Lundi-samedi : 11h-19h

Un dépôt-vente en or

C'est une vaste chambre d'enfant (gâté), approvisionnée en permanence par les mamans du Marais proche, en général plutôt fortunées. On y trouve donc des vêtements impeccables, et parfois même neufs, vendus à la moitié de leur valeur. Également, des chaussures, des jouets, notamment en bois ; de beaux livres en parfait état ; des CD et DVD ; des tours de lit, du linge, et aussi du matériel de petite puériculture. L'accueil est adorable, les conseils en or. Courez-y !
Robe Bout'Chou (18 mois) : 8,50 € ; pantalon neuf en lin Marèse (12 mois) : 16,50 € ; blouse brodée Bonpoint (4 ans) : 27 € ; tunique La Fée Clochette (3 mois) : 7,50 €.
– 10 % à nos lecteurs sur présentation du guide ou de la carte 2016.

Enfants **109**

ENFANTS

13e ARRONDISSEMENT

BILATÉRAL
Solderie

116, avenue d'Italie
M° Maison Blanche ou Tolbiac
☎ 01 53 62 01 57
Mardi-samedi : 10h-19h

Fins de séries et marques chics dégriffées, comme IKKS, Absorba, Confetti, Chipie, Catimini, Kenzo… Promotions régulières.
– 10 % à nos lecteurs sur présentation du guide ou de la carte 2016.

14e ARRONDISSEMENT

LA COMPAGNIE DES PETITS – STOCK
Stock de 0 à 12 ans

51, avenue du Général-Leclerc
M° Alésia ou Mouton Duvernet
☎ 01 43 20 96 63
www.lacompagniedespetits.com
Lundi-samedi : 10h-13h, 14h-19h

Les fins de séries et collections passées de cette griffe joyeuse et colorée se sont donné rendez-vous dans cette boutique.
Comptez entre 30 et 50 % de réduction sur les prix d'origine. Pull en taille 4 ans : environ 19 € ; petit T-shirt : environ 10 €.

AUTRE ADRESSE
♦ **La Compagnie des Petits Massy**. Centre commercial Massy, voie de Brüls, 91300 Massy, ☎ 01 60 13 14 07, mercredi-dimanche : 10h30-20h.

LA FÉE MYRTILLE
Dépôt-vente (0-10 ans)

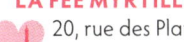

20, rue des Plantes
M° Alésia
☎ 01 45 42 91 32
Mardi-samedi : 11h-19h

Ce dépôt-vente chic a tout d'une maison de province cossue. Le rayon puériculture est régulièrement pourvu en objets quasi neufs (Bébé Confort, Peg Perego, Baby Björn, etc.) vendus à moitié prix du neuf.
Ensemble 3 pièces Jacadi (3 mois) : 25 € ; dors-bien (6 mois) : 13 €.

LA POUDRE D'ESCAMPETTE
Un chausseur sachant chausser

33, rue de l'Ouest
M° Gaîté
☎ 01 42 79 89 36
lapoudredescampette.com
Mardi-samedi : 10h30-14h, 15h-19h
Sans interruption le mercredi et le samedi

On appréciera les modèles maison, tout cuir, super résistants et pleins de fantaisie, en plus des modèles classiques et des marques (Geox, Bensimon, Little Mary…), et l'accueil compétent, charmant, familial.
Bottes en cuir renforcé : 59 € environ ; mocassins maison : 42-46 € environ ; Converse toile : 39 € environ ; Kickers à partir de 65 € environ.
– 10 % à nos lecteurs (hors soldes et promotions) sur présentation du guide ou de la carte 2016.

LAYETTE, VÊTEMENTS, PUÉRICULTURE, MEUBLES, JOUETS

15e ARRONDISSEMENT

BAMBIN TROC
Dépôt-vente épatant

4, rue de l'Abbé-Groult
M° Commerce ou Félix Faure
☎ 01 42 50 77 93
www.bambintroc.fr
Mardi-vendredi : 10h30-18h30 (mercredi à partir de 14h30)
Samedi : 10h30-12h30, 14h30-18h30

Pour les enfants de la naissance à 10 ans. Deux étages impeccables où les parents viennent découvrir vêtements, jouets, et beaucoup de matériel de puériculture. Très pro !

15 % de réduction sauf sur matériel neuf et de ski.

SECRETS D'ENFANCE
Dépôt-vente : secret d'armoire

90, rue de l'Abbé-Groult
M° Vaugirard
☎ 01 55 75 97 75
www.secretsdenfance.fr
Lundi : 14h-19h
Mardi-samedi : 10h-19h

Comme dans une chambre d'enfant bien rangée, les vêtements (à vendre) sont à découvrir dans l'armoire et dans la commode. Ils portent d'honnêtes griffes. Quant à leurs prix, ils ne causeront aucun chagrin.

– 20 % à nos lecteurs sur présentation du guide ou de la carte 2016.

UNE MÈRE UNE FILLE À PARIS
Jouets, trocs, thé et papotages

43, boulevard Garibaldi
M° Ségur
☎ 09 54 04 04 80
www.1mere1filleaparis.com
Mardi-samedi : 10h-18h30

Cette jolie boutique propose des jouets, des ateliers, une épicerie axée sur les produits pour bébé, un salon de thé où papoter et des journées troc pour échanger les vêtements que Petitou, trop grand, ne peut plus porter. Les gâteaux d'anniversaire personnalisés sont bluffants !

Petits jouets à partir de 5 € ; livres à partir de 2 €.

ZIG ET PUCE
Les enfants adorent y aller

24, rue Mademoiselle
M° Commerce
☎ 01 47 05 30 58
Mardi-samedi : 10h-19h (ouvert le lundi de mi-novembre à Noël)

Des hochets aux jeux de société, des marques les plus connues (Playmobil, Lego, Fisher Price…) aux plus pointues (Haba, Brio, Gecko), des jouets en bois aux déguisements, des patinettes aux loisirs créatifs, tous les articles ont été soigneusement sélectionnés pour leur qualité et leur originalité. Accueil très chaleureux.

Playmobil à partir de 2,70 € ; Aquarellum à partir de 12,40 € ; petit article pour fête d'anniversaire à partir de 0,10 € ; bébé Corolle à partir de 10,50 €.

Enfants **111**

17ᵉ ARRONDISSEMENT

LE PETIT DRESSING
66, rue Legendre
Mº La Fourche
☎ 01 46 27 31 40
www.lepetitdressing.com
Mardi-vendredi : 10h-18h
Samedi : 11h-19h

Dépôt-vente pour les petits de 0 à 10 ans

Dans cette très jolie boutique, il faut foncer dans le rayon dépôt-vente. On y trouve des vêtements simples et sympas des marques Du pareil au même, Catimini, Cyrillus, etc., pour aller gambader dans le parc des Batignolles.

Blouse à carreaux H&M (12 mois) : 7 € ; blouse camel Zef (2 ans) : 16 €.

LPB
47-48, rue Guy-Môquet
Mº Guy Môquet
☎ 01 46 27 84 83 ou
01 53 31 10 81
www.lpbparis.com
Lundi-samedi : 9h-19h30

Deux boutiques de fins de séries

L'une (au 47) vend des vêtements (de la naissance à 6 ans) et des chambres d'enfants, et l'autre (en face) des articles de puériculture. Toutes deux offrent un large choix de fins de séries très intéressantes. On y trouve des grandes marques (Quax, Sauthon, Avent, Maclaren, Petit Bateau) à des prix largement dégriffés. Accueil aussi aimable que compétent.

Bavoir à bec : environ 3,99 € au lieu de 5,99 € ; robe (2 ans) : 6 € ; jean (2 à 6 ans) : 6 € ; transat : 39 € ; poussette-canne à partir de 49 € ; barrière de porte : environ 49,90 € au lieu de 58,88 €. Location de matériel de puériculture.

Accès à des lots privés pour nos lecteurs sur présentation du guide ou de la carte 2016.

TANT QU'IL Y AURA DES MÔMES
31, rue de la Condamine
Mº La Fourche
☎ 01 71 97 63 25
fr-fr.facebook.com/pages/
Tant-quil-y-aura-des-
mômes/124947540932477
Mardi-samedi : 10h30-14h,
14h45-19h30

Dépôt-vente et puériculture

On peut y passer un bon moment avec bébé, car il y a pour lui un coin pour jouer, une table à langer et un accueil chaleureux. Vêtements pas chers et en bon état, petit rayon puériculture.

Blouse fillette (4 ans) : 6,50 € ; jean slim (2 ans) Okaïdi : 8 €. Carré de bain Petit Bateau en éponge : 10 €.

18ᵉ ARRONDISSEMENT

D'UN MÔME À L'AUTRE
181, rue Marcadet
Mº Lamarck Caulaincourt
☎ 01 42 54 78 87
www.dunmomealautre.com
Mardi-samedi : 10h30-13h,
14h-18h30

Dépôt-vente pour enfants (0-10 ans)

Qu'il s'agisse de grandes marques ou de tenues basiques, les vêtements sont tous en bon état. Selon les arrivages, on peut aussi se laisser tenter par du matériel de puériculture (poussettes, porte-bébés, lits…) et des jouets.

SYMPA
Une solderie-pieuvre

66-68, boulevard de
Rochechouart
M° Anvers
☎ 01 42 54 25 22
Lundi-samedi :
10h30-19h30

On y trouve, selon les arrivages, des vêtements siglés : Petit Bateau, Sinequanone, Sergent Major, Cyrillus, Les Petites, Naf Naf, etc., et les prix tout petits, petits. Évitez de venir le samedi, jour de très grande foule. Attention, pas d'essayage possible.
Robe : 15 € environ ; pull à partir de 5 € ; manteau : 45 € environ ; jean : 18 € environ.

AUTRES ADRESSES
- 32, rue Poulet (18e), M° Anvers, ☎ 01 44 92 04 40.
- 24, rue d'Orsel (18e), M° Anvers, ☎ 01 42 59 20 63.

TATI
Vêtements neufs quotidiens

4 et 38, boulevard de
Rochechouart
M° Barbès Rochechouart
☎ 01 46 06 57 88
www.tati.fr
Lundi-samedi : 10h-19h

Tati reste fidèle aux principes de son créateur : les bacs à chaussettes à 1 € la paire existent toujours. La seule différence est une montée en gamme du style maison. Les vêtements Tati deviendraient plutôt chics… Ne nous en privons pas.
Ensemble jogging 2-6 ans : 9,99 € ; gilet maille à capuche (3-23 mois) : 5,89 € ; pantalon (2-5 ans) : 7,99 € ; jean : 15,99 €.

20e ARRONDISSEMENT

UN ZÈBRE AU GRENIER
Dépôt-vente (0-8 ans)

16, rue
Villiers-de-L'Isle-Adam
M° Gambetta
☎ 09 52 62 88 70
www.unzebreaugrenier.fr
Mardi-vendredi : 10h30-13h30, 15h-19h
Samedi en continu

Côté dépôt-vente, la mode est quotidienne et les prix riquiquis. On y trouve quelques petits objets de puériculture.
Robe Bout'Chou (4 ans) : 15 € ; chemisier à manches longues Absorba (0-3 mois) : 12 €. Chauffe-biberon autonome Babymoov : 24 €.

MÉMO
Pour obtenir gratuitement le prochain *Paris Pas Cher*, envoyez-nous les adresses que vous estimez dignes de figurer dans le guide à l'adresse parispascher@yahoo.fr. Nous les visiterons. Si une adresse est retenue et que vous êtes le premier à nous l'avoir donnée, vous gagnerez un guide *Paris Pas Cher 2016* (n'oubliez pas de nous laisser vos coordonnées complètes).

Enfants **113**

| 77 | SEINE-ET-MARNE |

DÉGRIFF JEANS
ZAC La Haie Passart
16, rue Gustave-Eiffel
77170 Brie-Comte-Robert
☎ 01 64 05 84 91
Lundi-vendredi : 10h-12h30, 14h-19h30
Samedi : 10h-19h30
Dimanche : 10h30-12h30, 14h-19h

Les jeunes adorent
Ils y trouvent les jeans de leurs marques préférées, Pepe Jeans, Come 8, Lee Cooper, Tommy Hilfiger, Cerise, Levi's, Kaporal 5, Donovan, G Star, que les motards chérissent.
30 à 40 % moins cher.

| 91 | ESSONNE |

KICKERS
5-7, rue du Mail
91600 Savigny-sur-Orge
RER C Savigny-sur-Orge
☎ 01 69 05 93 10
www.destockcenter.com
Lundi : 14h30-19h
Mardi-samedi : 9h30-12h30, 14h30-19h

Stock de la marque
Des prix frôlant les 50 % de réduction…
– 10 % à nos lecteurs sur présentation du guide ou de la carte 2016.

| 92 | HAUTS-DE-SEINE |

LA POIRE EN DEUX
58, rue Kléber
92300 Levallois-Perret
M° Anatole France
☎ 01 47 57 25 00
Mardi-samedi : 10h-19h
Dimanche : 10h-13h

Une solderie de qualité pour les familles
Depuis plus de 20 ans, cette bonne poire se fournit en fin de séries et retours de collections de stylistes et couturiers, et les revend deux fois moins cher.
Pantalon et robe à partir de 15 € ; chaussures à partir de 18 €.

| 93 | SEINE-SAINT-DENIS |

PAPOUILLE
71 bis, rue Ernest-Savart
93100 Montreuil
M° Mairie de Montreuil
☎ 01 48 70 79 70
www.papouille.com
Mardi-vendredi : 9h15-12h30, 13h30-17h15

Jouets, couchage, puériculture à prix de gros
On trouve ici du matériel neuf, le même que celui employé dans les crèches et par les assistantes maternelles : poussette simple, double ou triple, chaise haute, transat, babyphone, cache-prises… Que des bonnes marques (Inglesina, Avent, Rémond, Graco, Peg Perego, Jamic…) et du solide. Vente en ligne.
– 8 % et paiement en trois fois sans frais pour nos lecteurs.

94 VAL-DE-MARNE

TOY STORE MATTEL
Stock de la marque

ZAC de la Cerisaie
15, rue de la Vanne
94260 Fresnes
Accès : A6 ou A86
☎ 01 46 68 78 37
Mardi-samedi : 10h-19h

Vous êtes au stock Mattel offrant des réductions de 20 à 50 % sur les jouets de l'année précédente. Un lieu idéal pour s'approvisionner.

– 20 % à nos lecteurs sur présentation du guide ou de la carte 2016.

EUREKA KIDS
Des jouets éducatifs

Centre commercial Quais d'Ivry
Local 134
30, boulevard Paul-Vaillant-Couturier
94200 Ivry-sur-Seine
M° Pierre Curie ou RER C Ivry-sur-Seine
☎ 01 58 46 04 45
www.eurekakids.net
Lundi-samedi : 10h-18h

Jouets éducatifs amusants et originaux destinés aux bébés et aux petits jusqu'à 12 ans. Joli choix d'activités manuelles et scientifiques. Promotions tournantes régulières.

Crocodile Fisher Price : 23,21 € ; petit ours bleu Kaloo : 13,16 € ; déguisements variés entre 20 et 39 € ; domino « Mes animaux préférés » : 12,95 €.

AUTRE ADRESSE
- **Centre commercial Le Millénaire**. 23, rue Madeleine-Vionnet, 93300 Aubervilliers, ☎ 01 41 61 95 99.

PLAYMOBIL FUN PARK
En avant les histoires !

22-24, allée des Jachères
ZA « La Cerisaie »
94260 Fresnes
Accès : RER B Croix-de-Berny + tramway arrêt Clos-La-Garenne ou Montjean, direction Saint-Maur/Créteil. En voiture : A86, sortie Fresnes. A6b, sortie Fresnes/Chevilly-Larue.
☎ 01 49 84 94 44
www.playmobil.com
Mardi-dimanche : 10h-19h

Ici, les décors des Playmobil sont à taille réelle. Aire de jeu spéciale pour les 18-36 mois. Aménagé pour les personnes handicapées.

Tarif à partir de 3 ans : 2 €, moins de 3 ans : gratuit. Personnes handicapées : 1,50 €.

95 VAL-D'OISE

JACADI STOCK
Usine center
ZI Paris-Nord 2
95953
Roissy-Charles-de-Gaulle
☎ 01 48 63 21 18
www.usinescenter.biz
Lundi-vendredi : 11h-19h
Samedi-dimanche :
10h-20h

Jacques a dit : « Restons classiques »
Cette marque réputée pour sa qualité consent à brader ses articles de l'année précédente à – 30 %. Vêtements, chaussures et produits de puériculture se partagent les rayonnages.
Comptez environ 20 € pour un pantalon, et entre 12 et 15 € pour une petite chemise.

▶ *Voir aussi Emmaüs, p. 75, la Fondation d'Auteuil, p. 317, les brocantes et les vide-greniers, p. 71.*

▶ *Les généreuses chaînes de vêtements qui habillent les familles et Vertbaudet, p. 108.*

JOUETS ET VÊTEMENTS, NEUFS OU PAS : ACHATS SUR LE NET

- **www.avenuedesjeux.com**. Playmobil, Lego, Mattel… Pas mal de leurs jouets sont vendus avec 15 % de réduction, sous l'onglet « Promotions ». Livraison gratuite pour toute commande supérieure à 15 €.
- **www.cdiscount.fr**. Puériculture, vêtements enfant et bébé, jeux de société déstockés de temps en temps : poussette combiné shopper Hauck : 99 € (au lieu de 179 €) ; porte-bébé Monsieur Bébé : 14,90 € ; matelas Tinéo (60 x 12 cm) : 30,26 € (au lieu de 48,77 €) ; ensemble DPAM robe et culotte (18 mois) : 19,90 €. Au moment de Noël, vous trouverez des prix ultra-soldés (parfois deux fois moins chers).
- **www.chicokaz.com**. Vous êtes sur un site dépôt-vente qui existe depuis 8 ans. La navigation y est facile. Voici des exemples de ce qu'on peut y trouver : jupe plissée écossaise (5 ans) : 8 € ; maillot de sport Quechua (10 ans) : 4 € ; pull Bourget (12 ans) : 12 € ; pantalon Sergent Major, doublé polaire (12 mois) : 9 €.
- **www.excedence.com**. Sur ce site aboutissent les excédents des catalogues des 3 Suisses, de la Blanche Porte, de Becquet, de Quelle. C'est dire qu'il est riche, et philanthrope par-dessus le marché. En période de soldes, les réductions atteignent 80 %. Blouson à capuche Quelle (5 ans) : environ 4,79 € ; cardigan (6 ans) en molleton à capuche des 3 Suisses : environ 4,58 €.
- **www.eveiletjeux.com**. Mille choses sur ce site sérieux, dont des jeux à partir de 6,50 €.
- **www.friponet.fr**. Vêtements neufs et d'occasion en dépôt-vente pour enfants de 18 mois à 14 ans. En vrac, voici ce que nous avons trouvé un beau

jour de mars : Babycook Beaba : 55 € ; transat, parc à moitié prix ; pantalon (2 ans) : 7,50 € ; T-shirt IKKS : 6 €. Frais de port gratuits au-delà de 60 € d'achats.

- **www.jeujouethique.com**. ☎ 02 98 94 77 37, lundi-vendredi : 9h-18h. De beaux jouets en bois à tous les prix, fabriqués en France, en Europe ou issus du commerce équitable. De la naissance à 12 ans. Petites autos en bois à partir de 5,90 €.
- **www.jouetdiscount.com**. Le site de la filiale à petits prix du discounter King Jouet offre un très grand choix de jeux et jouets pour petits drôles et jeunes coquines, classés par prix, marques, thèmes (frais de port gratuits).
- **www.leboncoin.fr** Vêtements, jeux et jouets d'occase vendus pas loin de chez vous par des particuliers.
- **www.littlefripon.fr**. Belles marques (Burberry, Bonpoint, Hugo Boss, Jacadi, etc.) et vêtements en très bon état sont proposés sur ce site, parfois même tout neufs portant encore leur étiquette. Y avons vu une jolie robe à smocks Bout'Chou (18 mois) : 6 € ; cardigan Lulu Gaufrette (12 mois) : 11 € ; chemise à rayures Jacadi (4 ans) : 15 €.
- **www.mytoys.fr**. Des fins de séries de Playmobil, de Barbies, de Lego, de Gameboy, de Monopoly, d'Uno, de jouets Ravensburger, des tapis d'éveil pour bébé, encore d'autres jouets éducatifs et de loisirs créatifs, vous intéressent ? Allez sur ce site où vous les trouverez de 10 à 60 % moins chers. Bien fait, ce site vous permet de choisir par âge, sexe et prix. Un vrai gain de temps ! À partir de 5 €.
- **www.marie-baby.com**. Vêtements d'occasion et matériel de puériculture pour les petiots jusqu'à 3 ans. Tout est en très bon état et les vêtements nous sont arrivés emballés dans du papier de soie ! Blouse brodée Bonpoint (4 ans) : 27 € ; imperméable 3 pommes (18 mois) : 11,50 € ; dors-bien DPAM neuf (18 mois) : 9,50 €.
- **www.petitstock.com**. Ce sont des petites fringues (jusqu'au 12 ans) de créateurs vendues avec des réductions qui vont de 30 à 70 %. Jupe à volants Okaïdi (4-5 ans) : 10 € ; bonnet de naissance Tex en coton : 3 € ; body Petit Bateau blanc à manches longues (6-9 mois) : 8 €.
- **www.pourleskids.com**. C'est un énorme site dépôt-vente de vêtements et de jouets à prix explosés. Le dépôt des annonces est gratuit. Transat à partir de 50 € ; body à partir de 3 € ; manteau à partir de 14 € ; tour de lit à partir de 14 € ; Babycook à partir de 50 €.
- **www.vet-enfants.com**. Des particuliers vendent à d'autres particuliers (sans commission de vente ou d'achat) les vêtements d'occasion de leurs enfants à tout petits prix (auxquels s'ajoute celui du transport en Colissimo). Teddy molletonné Jacadi (24 mois) : 12 € ; pantalon Logg (12 mois) : 9 €.
- Pensez au site de La Redoute, onglet « Les aubaines » : **www.lesaubaines.com**.
- **www.tati.fr**. Vêtements pour bébés et enfants jusqu'à 14 ans. Jean à partir de 5,99 € ; grenouillère à partir de 2,99 € ; T-shirt à partir de 1,80 €.

> **ÉCONOTRUC** — **LA CLINIQUE DE LA POUSSETTE**
>
> La Clinique de la poussette. 56, rue Pajol (18e), M° Marx Dormoy, ☎ 01 40 34 08 07, www.lacliniquedelapoussette.com. Ces médecins de la poussette peuvent effectuer des changements de poignées, de roues, de chambres à air.

▶ *Les Mamans aimant coudre et tricoter iront consulter les pages 200-203 du guide.*

DES MEUBLES D'OCCASE

> **ÉCONOTRUC** — **DES MEUBLES À L'ŒIL**
>
> Fouinez sur les sites de dons !
> www.recupe.net, www.donnons.org, www.toutdonner.com, www.site-de-dons.fr, www.jedonnetout.com, et les deux brocantes Emmaüs dans Paris, voir p. 75.

▶ *Vous trouverez aussi des adresses de meubles d'occase p. 73, ainsi que sur le Net en cliquant sur les sites suivants : www.leboncoin.fr ; www.priceminister.fr ; www.ebay.fr ; www.troc.com.*

JEUX ET JOUETS

JEUX ET ACTIVITÉS GRATUITS

WWW.TETEAMODELER.COM
Un site épatant avec déguisements à confectionner, maquillages de fêtes, cuisine à faire faire aux enfants, liste de livres à leur lire ou leur faire lire. Plus de 550 fiches d'activités !

WWW.UPTOTEN.COM
1 353 jeux et activités pour occuper les petits bouts : chansons, coloriages, histoires, musiques, jeux rigolos, cartes, cuisine ; et jeux éducatifs, jeux de mémoire, d'imagination, de créativité, etc. Une mine.

WWW.LINTERNAUTE.COM/JUNIOR
Ce site aussi éducatif qu'amusant présente des jeux, des expositions de sculptures en briques de lego, des vidéos d'animaux, un bêtisier, etc.

WWW.KIDADOWEB.COM
Ce site recense les meilleurs sites d'infos en histoire, sciences, littérature, sports, etc., ainsi qu'une assez jolie collection de blagues.

WWW.JEU.ORANGE.FR
Des jeux à télécharger (plus de 2 000) pour jouer seul ou à plusieurs.

WWW.DOFUS.COM/FR
Un monde fantastique où les jeux de rôle se multiplient.

WWW.MINICLIP.COM
Beaucoup de jeux gratuits classés par thèmes : jeux de sports, jeux d'hiver, puzzles, jeux en 3D, etc.

MÉDIATHÈQUE DE LA CITÉ DES SCIENCES

▶ *Cité des enfants, voir p. 133.*

> **JEUX : ÉCHANGES**
>
> Deux sites : **www.digitroc.com** et **www.troczone.com** où échanger CD, DVD, jeux et livres.

JEUX PRÊTÉS : CHIC, UNE LUDOTHÈQUE !

Il existe 11 ludothèques à Paris et plus de 200 en région parisienne. Si vous êtes banlieusard, vous pourrez obtenir l'adresse de la ludothèque la plus proche de chez vous en allant sur le site : www.alif.org.

Dans certaines ludothèques, les enfants peuvent aussi venir simplement jouer, accompagnés de leurs parents ou non. Des ludothécaires leur apportent conseils et aides. Parfois aussi, les enfants seuls sont accueillis à partir de 6 ans.
Les inscriptions se font sur place. Les tarifs et heures d'ouverture varient selon chaque ludothèque. **En général, les tarifs sont d'environ 10 et 28 € l'adhésion annuelle et d'environ 0,70 € à 3 € le jeu pour une durée d'emprunt de deux à trois semaines.** Téléphoner pour connaître les horaires, très différents de l'une à l'autre et dans chacune différents en période scolaire et pendant les vacances.

- **Ludothèque Nautilude**. 2, rue Jules-Verne (11e), M° Belleville, ☎ 01 48 05 84 24.
- **Biblio-ludothèque Nature**. Pavillon 2 – Parc floral (12e), M° Château de Vincennes, ☎ 01 71 28 50 56.
- **Ludothèque Denise-Garon**. 8, square Dunois (13e), M° Chevaleret, ☎ 09 80 34 46 19. Un prêt de jeu gratuit sur présentation du guide ou de la carte 2016.
- **Ludothèque Ludido**. 6 bis, rue Hippolyte-Maindron (14e), M° Pernety, ☎ 06 51 97 38 31, www.chateau-ouvrier.fr (rubrique Ludido).
- **Ludothèque « Joue-la comme JR »**. 123, rue de Tocqueville (17e), M° Pereire ou Wagram, ☎ 01 58 59 01 73.
- **Association d'Ici-d'Ailleurs**. 37, rue Pujol (18e), M° Marx Dormoy, ☎ 06 60 59 17 80.

- **Ludothèque Planète Jeux**. 21, rue Ordener (18ᵉ), M° Marx Dormoy, ☎ 01 42 51 71 51.
- **Ludothèque du centre social**. 2, rue de Torcy (18ᵉ), M° Marx Dormoy, ☎ 01 40 38 67 29.
- **Café jeux Le Petit Ney**. 10, avenue de la Porte-Montmartre (18ᵉ), M° Porte de Saint-Ouen ou Porte de Clignancourt, ☎ 01 42 60 00 00, www.lepetit-ney.free.fr.
- **Ludothèque La Maison des Jeux**. 86-88, rue des Couronnes (20ᵉ), M° Couronnes, ☎ 01 47 97 05 08.
- **Ludothèque Chez Ludo**. Centre social Croix-Saint-Simon, 125, rue d'Avron (20ᵉ), M° Maraîchers ou Porte de Montreuil, ☎ 01 44 64 20 30.

LOUER DES JOUETS SUR INTERNET

www.ecojouet.fr

Vous habitez loin d'une ludothèque ? Sachez qu'il est possible de louer des jouets par Internet pour des enfants de la naissance à 5 ans. Les jouets sont désinfectés entre chaque location. Différents forfaits sont proposés à partir de 15,90 € pour 4 jouets pendant 6 mois. Si un jouet vous plaît, vous pouvez l'acheter à la fin de la période de location.

ÉCONOTRUC — COMMENT VENDRE SES JOUETS ?

Sa chambre est pleine de jouets en bon état mais dont il s'est lassé. Pour la débarrasser et pouvoir acheter de nouveaux jouets, vendez les anciens sur **www.leboncoin.fr**, sur **www.ebay.fr**, dans des vide-greniers (voir p. 71) ou dans des dépôts-ventes (voir p. 311).

MÉMO

La rédaction du guide *Paris Pas Cher* est totalement indépendante. Nous visitons anonymement les magasins, refusons tous les cadeaux et payons nos additions dans les restaurants. La parution dans notre guide est gratuite et relève d'un travail journalistique indépendant renouvelé chaque année. Nous retirons tous les établissements dont l'exigence de qualité a baissé. Attention ! Des démarcheurs se font parfois passer pour nous. Ils réclament de l'argent contre une parution dans le guide. Ce sont des escrocs, ne tombez pas dans le piège !

SPORTS GRATUITS

GYMNASES ET CENTRES D'INITIATION SPORTIVE

www.sport.paris.fr
Mercredi : 14h-17h, sauf Léo-Lagrange (12ᵉ) : 9h-12h
Pendant les vacances scolaires, lundi-vendredi (sauf jours fériés) : 9h-12h, 14h-17h
Le soir, après l'école

Sur le site **www.sport.paris.fr**, cliquez sur l'onglet « Activités gratuites ».

« **Sport découverte initiation** » pour les jeunes Parisiens de 7 à 17 ans. Dans une vingtaine de centres, durant l'année scolaire et les vacances : sports collectifs, sports individuels (natation, athlétisme), sports de raquettes, de combat, activités gymniques ou liées à la danse. Les enfants doivent venir en tenue de sport mais l'équipement leur est fourni gratuitement. Il existe aussi des centres sportifs handi-jeunes très actifs (pour les enfants handicapés).

« **Les ateliers Sport découverte proximité** » pour les jeunes Parisiens de 8 ans et plus.
Activités sportives après les cours et souvent les samedis, dans un gymnase ou un TEP (terrain d'éducation physique). Ils seront encadrés par des associations parisiennes et les éducateurs sportifs de la Ville de Paris. Et gratuitement… ces ateliers fonctionnent aussi pendant les vacances scolaires.

UNE RENTRÉE PAS CHÈRE

ÉCONOTRUC — VOISINS SOLIDAIRES

Avant d'acheter quoi que ce soit, allez faire un tour chez vos voisins pour y échanger tenues, cartables, bouquins scolaires, etc. Puis, cliquez sur :
www.peuplade.fr
www.voisinssolidaires.fr
Et aussi, pour les livres scolaires, pensez aux sites : **www.leboncoin.fr** et **www.priceminister.com** (onglets « Éducation » et « Livres scolaires »).

SOS FOURNITURES SCOLAIRES

Faites vos achats avant le 31 août qui sonne en général la fin des promos dans les grandes chaînes.
Des aides ? Les conseils généraux de l'Essonne et de la Seine-et-Marne font quelques cadeaux aux élèves et étudiants.
L'été, certains Emmaüs organisent des « ventes de rentrée » avec classeurs et cartables pas chers du tout.

Pour les manuels scolaires d'occasion, faites un tour sur www.leboncoin.fr, www.ebay.fr ou www.priceminister.fr.

- **www.scoleo.fr**. Scoleo est un site GRATUIT d'entraide et d'échanges entre parents d'une même école. Vérifiez que celle où vos enfants sont inscrits y figure. Vous n'aurez plus alors qu'à cocher la liste de fournitures scolaires et vêtements de sport par niveau de classe. Tout vous sera vendu aux mêmes prix que dans les grandes surfaces et livré à domicile. (Livraison gratuite à partir de 3 lots à la même adresse. En conséquence, arrangez-vous avec voisins et amis.) Figurent aussi une bourse aux livres d'occase, des propositions d'étiquettes pour tout marquer, du covoiturage, baby-sitting et un espace d'annonces et d'entraide entre les parents d'élèves d'un même établissement.

▶ *Allez aussi surfer sur des sites spécialisés : www.handicap-international.fr ; www.rentreedesclasses.fr ; www.rentreediscount.com ; www.e-consommables.fr ; www.officedepot.fr ; www.larentree.fr.*

▶ *Vêtements et chaussures à tout petits prix, voir p. 95 et 295.*

SOUTIEN SCOLAIRE DU CP AU BAC : GRATUIT OU PRESQUE

- **www.academie-en-ligne.fr**. GRATUIT. Ce sont les cours du CNED (avec, par exemple, le chinois à l'école primaire), du CP à la terminale (séries L, ES, S) mis en ligne gratuitement.
- **www.afev.org**. GRATUIT. Des étudiants accompagnent des élèves défavorisés.
- **www.assistancescolaire.com**. GRATUIT. Pour réviser le brevet des collèges et le bac, un site épatant qui propose des fiches de cours et des sujets d'examen corrigés en ligne.
- **www.association-tremplin.org**. GRATUIT. Des étudiants de grandes écoles (Normale Sup, Polytechnique, Télécom Paris Tech, Ensae) viennent aider des enfants, des ados et même des étudiants de milieux défavorisés dans les matières scientifiques et en langues (anglais et allemand).
- **www.atoutcned.fr**. Ces cours sont presque à l'œil. Leur sérieux n'est pas à mettre en doute car ils sont une émanation du ministère de l'Éducation. De la sixième à la terminale, les enfants peuvent bénéficier – dans toutes les matières – du suivi personnel d'un professeur de l'Éducation nationale. Dans tous les cas, les exercices sont corrigés et commentés. Les cours d'anglais baptisés « English by Yourself » sont particulièrement distrayants et pédagogiques pour les bouts de chou de 3 à 12 ans. Tarif mensuel : environ 3,88 à 4,90 € par matière. Avec tuteur : environ 4,77 à 9,90 €. Il existe une formule d'abonnement à environ 99,90 € pour 12 mois, soit 2,08 € la matière par mois au lieu de 4,90 € en moyenne.
- **Centres d'animation de la Ville de Paris**. Il existe, dans certains centres d'animation de la Ville de Paris (dans les 10e, 18e, 19e et

20e arrondissements), des clubs de soutien scolaire, presque gratuits, intitulés « Aide aux devoirs » et réservés aux enfants du quartier. Coût variable selon le centre. Adresses sur www.paris.fr.

- **www.cyberpapy.com**. GRATUIT. Le plus ancien mouvement bénévole d'aide aux devoirs fondé par des enseignants à la retraite, soucieux d'aider des petits dans toutes les matières.
- **http://cours3eme.blogspot.fr**. GRATUIT. Voici le blog d'un professeur de mathématiques qui met généreusement en ligne et en vidéos des cours de la sixième à la première S.
- **www.entraidescolaireamicale.org**. GRATUIT. Un bénévole « consacre, chaque semaine, une heure au moins, à l'accompagnement d'un enfant dans sa scolarité, à son domicile, et ce, pendant toute l'année scolaire ».
- **www.ilemaths.net**. GRATUIT. Des professeurs de maths en activité apportent une aide constante sous forme de cours, exercices, corrections, aides animées de la sixième à la troisième, une partie de la seconde et le CAP.
- **www.intellego.fr**. GRATUIT. Site de préparation aux examens de brevets et bac. Annales, corrigés, fiches méthodologiques.
- **http://kidimath.sesamath.net**. GRATUIT. Destiné aux élèves des collèges et à leurs parents qui souhaitent les aider.
- **http://lewebpedagogique.com**. GRATUIT. Ce site regroupe 42 000 blogs de profs. À vous de faire le tri.
- **www.letudiant.fr**. GRATUIT. Sous les onglets « Bac & examens », puis « les sujets probables », vous trouverez les pronostics sur les sujets qui peuvent tomber, réalisés par les spécialistes de la revue.
- **www.philagora.net**. GRATUIT. Aide en philosophie, en français, aux dissertations et à la préparation du bac (études de textes, fiches de méthodologie). Puis, aide pour la prépa des grandes écoles, pour la fac ou le CAPES.
- **www.reussitebac.com**. GRATUIT. Pour les lycéens de la seconde à la terminale. Site fait par une mutuelle étudiante, la LMDE. Sujets corrigés, fiches de cours et programmes officiels pour réviser le bac. Conseils santé et orientation.
- **www.studyrama.com**. GRATUIT. Beaucoup d'annales et de corrigés complétés par des conseils d'orientation.
- **Pour aider les parents d'enfants handicapés : www.magazine-declic.com**. Dans ce magazine en ligne, très riche, figurent des contacts d'associations, des rubriques pratiques et des dossiers très bien faits sur les aides existantes.

GRATUIT

BALADES **124**
CINÉMA **126**
COURS ET FORMATIONS **128**
CULTURE **135**
ENFANTS – ADOS **140**
HOBBIES **141**
INFORMATIONS **141**
MUSÉES **142**
MUSIQUE **143**
PHOTO **146**
RENSEIGNEMENTS – AIDES – CONSEILS **147**

- **127** .. Cinéma dans les médiathèques
- **127** .. Les festivals de cinéma
- **133** .. La Cité des connaissances
- **134** .. Cours d'anglais sur Internet
- **137** .. Les bibliothèques des centres culturels
- **141** .. Paris Info Mairie
- **142** .. Monuments de Paris
- **143** .. La Nuit européenne des musées
- **145** .. Des places de concerts à gagner
- **148** .. Le médiateur
- **150** .. Le Forum arts et métiers Paris Tech
- **153** .. La course aux échantillons gratuits, bons de réduction, promos, cadeaux, etc.
- **153** .. Home-sitting et dog-sitting pour retraités
- **154** .. Devenez loueur ou locataire des biens dont vous vous servez peu

BALADES

Se balader le nez en l'air dans Paris, quoi de plus agréable ? Pour vous aider à préparer vos balades, voici nos astuces. Vous pouvez également consulter nos pages sur les monuments et musées gratuits, p. 142.

UN PLAN DE PARIS GRATUIT

- **Office du tourisme de Paris**. 25, rue des Pyramides (1er), M° Pyramides, ☎ 01 49 52 42 63, www.parisinfo.com, lundi-samedi : 10h-18h. Plans de Paris gratuits en 9 langues.
- **Gare de Lyon** (arrivées grandes lignes). 20, boulevard Diderot (12e), M° Gare de Lyon, ☎ 01 49 52 42 63.
- **Gare du Nord** (nouvelle gare IDF). 18, rue de Dunkerque (10e), M° Gare du Nord, ☎ 01 49 52 42 63.
- **Stations de métro**. C'est le « Paris tourisme-Paris Travel Kit » qui recense tous les lieux remarquables de la capitale (Notre-Dame, la tour Eiffel…), et les moyens d'y accéder plus facilement par bus ou métro, avec aussi des explications en anglais.
- **Grands magasins** : BHV, Galeries Lafayette, Printemps, Le Bon Marché.

BALADES À PIED

LES PANAMÉENS
Visitez Paris avec des Parisiens
www.rando-paris.org

Ils sont fous de leur ville, connaissent leur quartier (et souvent d'autres aussi) par cœur. Ils vous le feront découvrir en vous racontant des anecdotes, en vous présentant à leur boulanger favori, en vous faisant découvrir les plus beaux points de vue pour vos photos…
Il suffit de prendre contact sur leur site. Vous déciderez ensemble du jour et lieu de rendez-vous. La visite est gratuite, votre plaisir sera le leur.

LES BALADES DU PATRIMOINE
www.paris.fr
www.patrimap.fr

La mairie de Paris met à la disposition des Parisiens 42 parcours thématiques de balades dans les Paris historique, romantique ou insolite à télécharger gratuitement, imprimer et fourrer dans son sac. Certaines d'entre elles passent à proximité de musées donnant l'occasion de les visiter comme « Frédéric Chopin et le musée de la Vie romantique ». Il existe 4 balades à faire en famille et en s'amusant, et d'autres encore dédiées aux personnes à mobilité réduite.
Versions mobiles sur patrimap.fr.

WWW.RANDO-PARIS.ORG
Des balades thématiques tous les troisièmes mercredis du mois, de 19h à 22h. Distance : 7 km à pied. La rando est encadrée par des « panaméens-conters ». Tous les mois un thème différent est abordé qui emmène les randonneurs dans

différents coins de Paris. Exemples : « Barbara », « Paris et la Grande Guerre », « les jardins périphériques du 16ᵉ et 17ᵉ », etc.

EN BUS, TRAMWAY, MÉTRO

Toute l'année, grâce aux guides papier *Archi-Bus*, *Archi-Tram* et *Archi-Métro*, le Parisien curieux découvrira, au fil des trajets des lignes de bus 53, 64, 88, 95, 96, de la traverse Ney-Flandre, du tramway T3 et de la ligne 6 du métro, les architectures des XXᵉ et XXIᵉ siècles. Chaque guide présente une quinzaine de bâtiments incontournables ou méconnus, monumentaux ou quotidiens. On trouve ces guides dans les stations des lignes concernées, à l'office du tourisme de Paris, au pavillon de l'Arsenal et sur www.pavillon-arsenal.com et www.ratp.fr.

De mai à septembre, chaque dimanche et jour férié, les **autobus de la ligne Balabus** font découvrir à qui veut, pendant 2 heures, un Paris historique et architectural. Carte gratuite à demander dans les stations de métro et renseignements sur **www.ratp.fr**. Prix du voyage : un ticket de métro.

À VELO

VÉLIB'
☎ 01 30 79 79 30
www.velib.paris.fr
www.nouveauvelib.fr (sur iPhone)
Lundi-vendredi : 8h-22h
Samedi : 9h-22h
Dimanche : 9h-19h

On prend un vélo à une borne, on le rapporte à une autre (il existe une station tous les 300 mètres). Dans certains quartiers très populaires auprès des noctambules, on peut avoir du mal à trouver un Vélib' libre le samedi soir. L'abonnement Vélib' Visite est intéressant pour les touristes.

30 minutes offertes avec l'abonnement à 29 € par an (ou 1,70 € par jour ou 8 € la semaine) puis paiement à l'heure. Caution : 150 €.

45 premières minutes offertes avec l'abonnement à 39 € par an.

Réductions pour les étudiants, les boursiers et les jeunes en insertion. On paie par carte bancaire. Infos et inscriptions en ligne sur le site.

WWW.PARISRANDOVELO.COM

Rando à vélo assez cool les vendredis soir. Balades encadrées de 20 kilomètres dans la capitale. Durée : 2h30 à 3h. Rendez-vous devant l'Hôtel de Ville à 21h30. Et le troisième dimanche de chaque mois à 10h30. Voir le programme sur le site.

À ROLLERS : LES RANDOS ROLLERS

Une rando très sportive les vendredis soir d'une trentaine de kilomètres dans Paris de 21h30 à 1h du matin. Environ 15 000 participants encadrés par des policiers à rollers ! Itinéraires et renseignements sur **www.pari-roller.com**.

Une rando plus cool les dimanches. On part avec les Randos-Coquillages pour une balade d'environ 20 kilomètres dans les rues de Paris.
Pour les deux associations, adhésion incontournable de 20 €/an, encadrement pendant les balades et assurance comprise. Itinéraires et renseignements sur **www.rollers-coquillages.org**.

CINÉMA

Films, documentaires, conférences sur le cinéma… S'offrir une projection à l'œil est facile à Paris. N'oubliez pas de regarder à la loupe la programmation des centres culturels de la Chine, de la Corée, du Danemark, de la Suède (séances de cinéma régulières, gratuites, instructives et ludiques, voir p. 137).

1er ARRONDISSEMENT

FORUM DES IMAGES
Forum des Halles
2, rue du Cinéma
M° Les Halles/RER Châtelet Les Halles
☎ 01 44 76 63 00
www.forumdesimages.com

Cours de cinéma avec (ou sans) personnalités du 7e art. Toujours passionnant.

4e ARRONDISSEMENT

CENTRE POMPIDOU

BPI – 19, rue Beaubourg
M° Hôtel de Ville
☎ 01 44 78 12 75
www.bpi.fr
Lundi-vendredi : 12h-22h
Samedi-dimanche : 11h-22h

Dans l'immense bibliothèque du Centre Pompidou, il existe un petit coin qui abrite dix postes de visionnage. Chacun accueille deux personnes. Et là, tranquille, vous pouvez regarder les superbes documentaires que vous aurez préalablement choisis sur le catalogue de la BPI, consultable sur le site. Réservation obligatoire dans la journée.

7e ARRONDISSEMENT

MUSÉE DU QUAI-BRANLY

37, quai Branly
M° Alma ou RER Pont de l'Alma
☎ 01 56 61 70 00
www.quaibranly.fr

La salle de cinéma du musée accueille festivals, soirées de projection thématiques et cycles réguliers, tous en résonance avec les expositions en cours. Fictions, documentaires, archives et courts-métrages se succèdent sur la toile.

CINÉMA DANS LES MÉDIATHÈQUES

Il y a aussi des documentaires dans les médiathèques… Et surtout dans les médiathèques spécialisées : celle de la Cité des sciences, de la musique, du cinéma, des voyages… Voir p. 133.

19ᵉ ARRONDISSEMENT

LA PÉNICHE CINÉMA

Canal de l'Ourcq
Parc de La Villette – en face du Cabaret sauvage
59, boulevard MacDonald
M° Porte de la Villette
☎ 09 54 73 00 95
www.penichecinema.net

Sur cette péniche amarrée, le cinéma déploie ses fastes. Du plus court au plus long, plein de films sont projetés gratuitement une fois par semaine, tandis que des conférences avec des gens du métier permettent de se faire une idée plus juste du 7ᵉ art.

LES FESTIVALS DE CINÉMA

La Chaise et l'Écran. Cinq films gratuits de **fin juin à fin août**. Depuis 5 ans, la mairie du 11ᵉ arrondissement demande à une personnalité du cinéma de lui concocter un petit festival de ses films préférés. Puis elle fait dresser un écran géant qu'elle balade dans quelques coins du 11e. Les films choisis sont alors projetés devant les habitants de cet heureux arrondissement priés d'apporter leur chaise, leur reconnaissance et leur enthousiasme. www.mairie11.paris.fr.

Ciné en plein air. Parc de La Villette, prairie du Triangle (19ᵉ), M° Porte de Pantin, ☎ 01 40 03 75 75. **De mi-juillet à mi-août**. Le plus beau festival de cinéma de Paris. Un grand film tous les soirs, dont beaucoup de classiques. Ce qui permet de faire des révisions.

Cinéma au Clair de Lune. En août, dans tout Paris. Organisé par le Forum des Images, ☎ 01 44 76 63 00, www.forumdesimages.com. Des projections gratuites en plein air dans les différents quartiers de Paris, de Montmartre à Montsouris, de la place des Fêtes à celle des Vosges.

MÉMO

Des cadeaux et des réductions sont offerts dans certains établissements à nos lecteurs sur présentation du guide ou de la carte *Paris Pas Cher 2016*.

COURS ET FORMATIONS

CONFÉRENCES

1er ARRONDISSEMENT

ÉCOLE DU LOUVRE

99, rue de Rivoli
M° Palais Royal Louvre Rivoli
☎ 01 55 35 18 35
www.ecoledulouvre.fr
Vendredi : 18h30-19h30 de novembre à mai-juin

Ces cours de la Ville de Paris se déroulent à l'amphithéâtre Rohan. Programme sur le site (onglet « Enseignements », puis « Auditeurs » et « Cours de la Ville de Paris »).
Paris-artistique est fouillé sous tous les thèmes possibles (peinture, sculpture, mode…), exalté, encensé.

FORUM DES IMAGES

Forum des Halles
2, rue du Cinéma
☎ 01 44 76 63 78
www.forumdesimages.fr
Vendredi : 18h30

De grands chefs ouvrent les cuisines du cinéma : lumière, montage, choix et jeu des acteurs, montage financier d'un film, tournage… agrémentés d'extraits commentés de films.

3e ARRONDISSEMENT

CNAM (CONSERVATOIRE NATIONAL DES ARTS ET MÉTIERS)

292, rue Saint-Martin
M° Arts et Métiers
☎ 01 53 01 82 70
(inscription conseillée)
www.cnam.fr (onglet « Agenda »)

Cycles de conférences, rencontres, forums sont animés par des scientifiques qui discutent et partagent leurs connaissances avec leur auditoire. Passionnant !

▶ *Au Centre Pompidou, on pourra également découvrir l'œuvre et la vie de nombreux artistes lors de conférences passionnantes, voir p. 103.*

4e ARRONDISSEMENT

UNIVERSITÉ PERMANENTE DE PARIS — *Des conférences de qualité*

29, rue de Rivoli
M° Hôtel de Ville
☎ 3975
www.paris.fr

Les Parisiens intéressés, retraités ou préretraités (à partir de 55 ans), ou en situation de handicap, doivent s'inscrire auprès du service « loisirs » du centre d'action sociale de la Ville de Paris dont ils trouveront l'adresse dans leur mairie.

5e ARRONDISSEMENT

COLLÈGE DE FRANCE

11, place Marcelin-Berthelot
M° Maubert Mutualité
☎ 01 44 77 11 47
www.college-de-france.fr

« Le savoir en train de se faire » dans tous les domaines des sciences physiques et humaines est présenté par des professeurs, parfois prix Nobel, parfois académiciens. Pour les suivre, prière d'avoir une tête bien pleine. Programmes et conférences téléchargeables, écoutables et podcastables sur le site du Collège de France.

COLLÈGE INTERNATIONAL DE PHILOSOPHIE

1, rue Descartes
M° Maubert Mutualité
☎ 01 44 41 46 80
www.ciph.org

Conférences, colloques… Toutes les branches de la philosophie sont escaladées par des personnalités de ces domaines devant un public toujours plus nombreux.

IMA (INSTITUT DU MONDE ARABE)

1, rue des Fossés-Saint-Bernard
M° Jussieu
☎ 01 40 51 38 38
www.imarabe.org
Jeudi : 18h30

Conférences gratuites (ex. : « Lumières sur *Les Mille et Une Nuits* ») données par des romanciers, philosophes, artistes, historiens arabes et occidentaux. À podcaster sur le site « Les Nouveaux Chemins de la connaissance », sur France Culture.

MUSÉUM D'HISTOIRE NATURELLE

36, rue Geoffroy-Saint-Hilaire
M° Censier Daubenton
☎ 01 40 79 54 79
www.mnhn.fr
Lundi (conférences) : 18h
Jeudi (cours) : 17h30
Samedi et dimanche (films) : 15h30
Dernier jeudi du mois (conférence sur des métiers scientifiques) : 15h
2 jeudis par mois (cours de jardinage) : 15h

Actualités scientifiques présentées au cours de conférences, débats, films pédagogiques et même ludiques… Ambiance recueillie quoique chaleureuse. Ces conférences peuvent être podcastées à partir du site du musée.

Festival Pariscriences. Début octobre. Sur 6 jours, 40 films sont projetés gratuitement pour permettre aux Parisiens d'aborder les sciences de façon ludique. Débats avec des chercheurs après les projos.

6ᵉ ARRONDISSEMENT

INSTITUT DE FRANCE

23, quai de Conti
M° Pont Neuf
☎ 01 42 85 04 57
www.institut-de-france.fr

Les conférences réservées de l'Académie des sciences et de l'Académie des sciences morales et politiques sont destinées aux cerveaux bien faits. À tête reposée, on peut les écouter sur www.academie-sciences.fr et sur Canal académie, qu'on trouve sur le site de l'Institut.

UNIVERSITÉ DE TOUS LES SAVOIRS

Université Paris-Descartes
45, rue des Saint-Pères
M° Odéon
☎ 01 42 86 20 62
www.utls.fr et
www.canal-u.tv

Des conférences en entrée libre sur tous les domaines de la connaissance. On peut aussi les podcaster : 5 000 vidéos de conférences de tous niveaux, à réécouter sur votre ordinateur. Elles ont trait aux sujets les plus variés : lettres, arts, langues et civilisations, droit, économie et gestion, environnement, etc.

7ᵉ ARRONDISSEMENT

UNIVERSITÉ POPULAIRE DU QUAI-BRANLY

37, quai Branly
M° Alma Marceau ou Iéna
☎ 01 56 61 70 00
www.quaibranly.fr
Jeudi : 18h30

Plus d'une trentaine de conférences, lectures et films (documentaires et cinémas d'ailleurs) gratuits. Programmes et horaires sur le site du musée.

8ᵉ ARRONDISSEMENT

GRAND PALAIS

Nef du Grand Palais
Auditorium
Avenue Winston-Churchill
M° Champs
Élysées Clemenceau
☎ 01 44 13 17 17
www.grandpalais.fr
Lundi : 18h30-20h (réservation une semaine avant)

Les débats organisés par le Grand Palais et les PUF sont toujours vifs et stimulants. Ils sont un écho de l'actualité culturelle du lieu ou portent sur des sujets d'actualité.

14ᵉ ARRONDISSEMENT

ÉCOLE SPÉCIALE D'ARCHITECTURE

254, boulevard Raspail
M° Raspail
☎ 01 40 47 40 47
www.esa-paris.fr
Jeudi : 19h

Conférence, une fois par semaine, sur l'œuvre d'un invité, architecte ou artiste célèbre, tels Katherine Clarke, Yoshihiko Iida, Hernan Diaz Alonso, Liz Diller, Jean-Pierre Raynaud…

19e ARRONDISSEMENT

CITÉ DES SCIENCES ET DE L'INDUSTRIE
Des conférences pour tous les âges, avec parfois des démonstrations et des expériences en direct. Voir p. 133.

AILLEURS AUSSI…

Et n'oubliez pas les lieux qui suivent. Ils offrent tous des conférences de haut niveau.
Les centres culturels étrangers, voir p. 137.
La Cité des sciences, voir p. 133. Un choix… sans fin.
Le Centre Pompidou, voir p. 103. Un choix… de fou.
L'Opéra Bastille, voir p. 144.
La Péniche Cinéma, voir p. 127.
Les cours en ligne des grandes universités, voir p. 134.

Conférences de bistrots

Les rencontres et débats sont gratuits, mais il vous faudra prendre une consommation. (Attention, les rencontres peuvent changer de lieux au fil des mois. Téléphonez avant de vous déplacer.)

- **Sciences au Café du Pont-Neuf**. 14, quai du Louvre (1er), M° Pont Neuf, ☎ 01 42 33 32 37, www.bardessciences.net, le premier mercredi de chaque mois : 19h30-21h. Des rencontres et débats passionnants et chaleureux avec des scientifiques de tous bords. Les thèmes sont variés : « Gravitation, au-delà de la relativité générale », « Le ventre, notre deuxième cerveau ». Programme sur le site. Entrée libre mais conso obligatoire de 6 € pour la première : café, thé, soda, bière, verre de vin.
- **Philo au Bon Pêcheur**. 14, rue Pierre-Lescot (1er), M° Châtelet Les Halles, ☎ 01 42 36 91 88, dimanche : 18h-20h30. Un sujet est présenté par son auteur pendant un quart d'heure puis débattu avec l'assistance.
- **Philo au Café des Phares**. 7, place de la Bastille (4e), M° Bastille (sortie rue Saint-Antoine), ☎ 01 42 72 04 70, www.cafe-philo-des-phares.info, dimanche : 10h30-12h15. Les débats ont repris plus vivaces que jamais.
- **Anglais, allemand, espagnol, italien, chinois au Snax Kfé**. 182, rue Saint-Martin (3e), M° Rambuteau, ☎ 01 40 27 89 33, www.snaxkfe.fr, jours et horaires sur le site.
- **Philo au Falstaff**. 10, place de la Bastille (11e), M° Bastille, ☎ 01 43 43 18 33, dimanche : 18h-20h30 au premier étage. Les sujets de débats sont décidés par l'ensemble des participants le jour même.
- **Philo à L'Étoile européenne**. 178, rue de Bagnolet (20e), M° Porte de Bagnolet, ☎ 01 40 30 29 09, deuxième dimanche du mois : 11h-13h (salle du haut). Les débats sont animés par une aimable professeur de piano.

INFORMATIQUE POUR DÉBUTANTS

▶ *L'Atelier numérique de la Cité des sciences propose des cours quotidiens d'apprentissage de l'informatique, voir p. 133.*

Espaces publics numériques

WWW.PARIS.FR/PORTAIL/ECONOMIE

Ils sont 20 disséminés dans les quartiers en difficulté. Dans chacun d'eux, des moniteurs apprennent aux candidats à rechercher un emploi, à se former à Internet, à utiliser des logiciels d'alphabétisation et des logiciels libres, à s'initier à la bureautique et à maîtriser images et musiques numériques.

Une multitude d'accès wi-fi

La mairie de Paris a fait installer 260 points wi-fi dans les parcs ou jardins, mairies d'arrondissement, bibliothèques ou musées de la Ville de Paris. Ouverts à tous, Parisiens, Franciliens et touristes, ils permettent de se connecter gratuitement, sans fil et en haut débit, à Internet.

Les établissements municipaux équipés d'un point d'accès wi-fi disposent d'un panneau facilement identifiable qui comporte un logo portant l'indication : « Zone wi-fi ». Allumez votre ordinateur portable, PDA ou mobile et sélectionnez le réseau wi-fi Orange.

Ouvrez votre navigateur Internet et tapez n'importe quelle adresse de site Web. Vous êtes automatiquement redirigé vers le portail d'accès. Cliquez sur « Sélectionnez votre pass ». Remplissez ensuite le formulaire, acceptez les conditions générales d'utilisation du service en cochant la case et connectez-vous. La page d'accueil du portail d'accès Paris wi-fi se recharge et laisse apparaître un message de confirmation de connexion à Internet. Attention à laisser cette fenêtre ouverte, elle vous indique le temps de connexion restant.

Chaque session dure deux heures. Vous pourrez renouveler votre connexion sans condition particulière en répétant ce processus de connexion.

On trouvera toutes les adresses de ces points sur le site : **www.wifi.paris.fr**.

MÉMO

Le guide *Paris Pas Cher* continue sur Internet ! Vous y trouverez des articles différents de l'édition papier, ainsi que des mises à jour sur notre blog : **www.guideparispascher.com**.

LA CITÉ DES CONNAISSANCES

CITÉ DES SCIENCES ET DE L'INDUSTRIE

Atelier numérique, bibliothèque, médiathèque

30, avenue Corentin-Cariou (19e)
M° Porte de la Villette
☎ 01 40 05 80 00
www.cite-sciences.fr et
www.carrefour-numerique.cite-sciences.fr
Horaires d'ouverture variés. Téléphonez avant de vous déplacer.

Tous les jours (sauf le lundi), on peut venir participer à des cours gratuits d'initiation à l'informatique, au Net, à la création de site Web, à la bureautique, à l'image et au son sur ordinateur, du niveau débutant à celui de confirmé. Mais si vous ne pouvez pas vous déplacer, allez sur le site www.carrefour-numerique.cite-sciences.fr. Vous y trouverez des programmes d'apprentissage de l'informatique et du Net. Au rayon « autoformation », la bibliothèque met à la disposition des lecteurs plus de 350 cédéroms gratuits pour tout apprendre à partir de 36 ordinateurs en accès libre sur place. Au Kiosque, les abonnés à la Cité des sciences peuvent consulter librement Internet, envoyer et recevoir des e-mails, utiliser des logiciels bureautiques. Formation adaptée aux aveugles dans la salle Louis-Braille.

Pour toutes ces activités, inscription sur place. À la **Cité des métiers**, on fait moisson d'informations pour trouver un métier, en changer, valider ses acquis, créer une activité. Des formateurs encadrent ceux qui le souhaitent et leur proposent des ateliers. Une fois par an, pendant deux jours, au Forum de l'alternance, 3 000 contrats sont proposés par des recruteurs et des responsables de formation. À l'Auditorium, les mardis, mercredis, jeudis à 18h30, les samedis à 11h selon les cycles, ce sont des conférences gratuites. À la **Cité des enfants**, lectures de contes et ateliers gratuits.

MÉMO

Les « éconotrucs » constituent une encyclopédie du pas cher. Vous y trouverez des conseils et des astuces pour dépenser moins et vivre mieux, ainsi qu'une sélection de boutiques et de services d'un rapport qualité-prix exceptionnel.

LANGUES

4ᵉ ARRONDISSEMENT

BEAUBOURG – BIBLIOTHÈQUE PUBLIQUE D'INFORMATION

Place Georges-Pompidou
Mº Hôtel de Ville
☎ 01 44 78 12 33
www.centrepompidou.fr
Mercredi-lundi : 12h-22h

Dans l'« Espace autoformation », vous pouvez apprendre 145 langues et dialectes, vous familiariser avec des logiciels de bureautique, comptabilité, management ou découvrir des didacticiels. À disposition des lecteurs, près de 3 000 périodiques (dont évidemment toute la presse française), 400 000 livres, 13 000 CD… Un fonds sans fin.

7ᵉ ARRONDISSEMENT

ÉGLISE AMÉRICAINE

65, quai d'Orsay
Mº Invalides
☎ 01 40 62 05 00
www.acparis.org
Jeudi : 18h-19h30

Bavardages… Par petits groupes, on papote pendant 1h30, les Français en anglais et *vice versa* avec corrections mutuelles dans la plus franche jovialité.

COURS D'ANGLAIS SUR INTERNET

www.anglaisfacile.com. Un site chaleureux qui prodigue une leçon d'anglais par semaine, exercices inclus. Et aussi des cours d'anglais gratuits pour enseigner l'anglais. Le tout par un professeur d'anglais.

www.englishbyyourself.fr. Site lancé par le ministère de l'Éducation nationale et réalisé en partenariat avec le CNED.

www.bbc.co.uk. Cliquez ensuite sur l'onglet « Explore the BBC » tout en bas de la page, puis sur « Learning english ».

UNIVERSITÉS ET GRANDES ÉCOLES SUR LE WEB

De plus en plus d'universités et de grandes écoles proposent à tous de découvrir leurs cours gratuitement sur Internet. Il suffit d'être connecté pour se mettre à l'e-learning, à son rythme, et de chez soi. Une petite révolution… Voici ci-dessous quelques sites intéressants.

▶ *Pour les jeunes jusqu'au bac, voir p. 121.*

WWW.FCU.FR

Toutes les universités possèdent un département voué à la reprise des études. Conseils pratiques et liste d'établissements sur ce site dédié à la formation universitaire continue.

WWW.DIFFUSION.ENS.FR
Voici le catalogue audiovisuel de l'École normale supérieure. Vous pouvez y écouter ou podcaster les cours, séminaires, cours d'été, conférences, journées d'étude et colloques des départements et laboratoires (sciences et lettres). Pour les têtes bien faites.

WWW.CANAL-U.TV
Tous les programmes audiovisuels que créent les universités se retrouvent ici en ligne à la disposition de tous. Décryptage de l'actualité d'un point de vue scientifique.

HTTP ://GRADUATESCHOOL.PARISTECH.FR
Rubrique « Libres savoirs ». Issu du regroupement des grandes écoles d'ingénieur parisiennes, ce site offre des cours de très haut niveau.

WWW.COURSERA.ORG/EP
L'École polytechnique propose une sélection de cours gratuits aux passionnés des mathématiques ayant déjà un très haut niveau.

CULTURE

Voici un truc : si vous voulez tout savoir sur le monde des arts en France, allez visiter le site **www.culture.fr**. Le site est passionnant, bien fait et plein comme un œuf.

LES BIBLIOTHÈQUES ET MÉDIATHEQUES

Il existe 71 bibliothèques municipales à Paris en accès libre, ouvertes à tous. L'emprunt des livres, journaux, BD, partitions, des méthodes de langues et l'accès à Internet y sont gratuits. On s'inscrit dans n'importe laquelle en apportant un justificatif d'identité. On ajoute une photo d'identité pour accéder aux bibliothèques spécialisées. Une seule inscription permet d'emprunter ou de consulter des documents dans toutes les bibliothèques. ☎ 3975, www.paris.fr.
Certaines d'entre elles sont totalement spécialisées. D'autres ont développé un goût pour certains domaines.

▶ *La reine des grandes bibliothèques de la Ville de Paris : Bibliothèque publique d'information du Centre Pompidou (4e), voir p. 126.*

- **Bibliothèque du cinéma François-Truffaut**. Forum des Halles, 4, rue du Cinéma (1er), M° Châtelet Les Halles ou RER A, B, D Les Halles, ☎ 01 40 26 29 33, www.bibliotheques-specialisees.paris.fr.
- **Médiathèque du musée du Louvre**. Entrée principale par la Pyramide (1er), M° Palais Royal Musée du Louvre, ☎ 01 40 20 52 80, www.louvre.fr, mercredi-vendredi : 13h30-17h30.
- **Médiathèque musicale de Paris**. Forum des Halles, 8, porte Saint-Eustache (1er), M° Châtelet Les Halles ou RER A, B, D Les Halles, ☎ 01 55 80 75 30, www.bibliotheques-specialisees.paris.fr. Mardi-samedi : 12h-19h.

- **Bibliothèque Forney**. Hôtel de Sens, 1, rue du Figuier (4ᵉ), M° Pont Marie, ☎ 01 42 78 14 60, www.bibliotheques-specialisees.paris.fr, mardi, vendredi, samedi : 10h-19h30 ; mercredi, jeudi : 10h-19h30. **Beaux-arts, arts décoratifs, arts graphiques, métiers d'art.**
- **Bibliothèque historique de la Ville de Paris**. Hôtel de Lamoignon, 24, rue Pavée (4ᵉ), M° Saint-Paul, ☎ 01 44 59 29 40, www.bibliotheques-specialisees.paris.fr, lundi-samedi : 10h-18h. Pas de prêt. Histoire de Paris et de l'Île-de-France, histoire de la vie culturelle, littéraire et théâtrale parisienne.
- **Bibliothèque des littératures policières** (BILIPO). 48-50, rue du Cardinal-Lemoine (5ᵉ), M° Cardinal Lemoine, ☎ 01 42 34 93 00, www.bibliotheques-specialisees.paris.fr, mardi-vendredi : 14h-18h ; samedi : 10h-17h sur rendez-vous.
- **Médiathèque du Muséum d'histoire naturelle**. 38, rue Geoffroy-Saint-Hilaire (5ᵉ), M° Jussieu, ☎ 01 40 79 36 27, http ://mussi.mnhn.fr, lundi, mercredi, jeudi et vendredi : 10h-18h ; mardi : 13h-18h ; samedi : 9h-18h.
- **Bibliothèque Rainer-Maria-Rilke**. 88 ter, boulevard de Port-Royal (5ᵉ), RER B Port Royal. Elle possède un **joli fonds de science-fiction**.
- **Médiathèque du musée du Quai-Branly**. 37, quai Branly (7ᵉ), M° Alma ou RER C Pont de l'Alma, ☎ 01 56 61 70 00, www.quaibranly.fr.
- **Bibliothèque Château-d'Eau**. Mairie, 72, rue du Faubourg-Saint-Martin (10ᵉ), M° Château d'Eau. Propose un **fonds de livres sur la photographie**.
- **Bibliothèque de la Maison du Jardinage**. 41, rue Paul-Belmondo (12ᵉ), parc de Bercy, M° Cour Saint-Émilion, ☎ 01 53 46 19 19, www.bibliotheques-specialisees.paris.fr.
- **Bibliothèque du Breuil**. Bois de Vincennes, route de la Ferme (12ᵉ), ☎ 01 53 66 14 02 ou 01 53 66 14 21, www.ecoledubreuil.fr, lundi, mercredi, jeudi, vendredi : 9h-17h ; mardi : 13h-18h30. Bibliothèque spécialisée en **botanique, horticulture, arts et techniques des jardins et du paysage, univers végétal en milieu urbain, métiers et formations horticoles.**
- **Bibliothèque Marguerite-Durand** (BMD). 79, rue Nationale (13ᵉ), M° Olympiades, ☎ 01 53 82 76 77, www.bibliotheques-specialisees.paris.fr, mardi-samedi : 14h-18h. **Documentation sur les femmes et le féminisme.** Consultation sur place.
- **Bibliothèque du tourisme et des voyages – Germaine-Tillion**. 6, rue du Commandant-Schloesing (16ᵉ), M° Trocadéro, ☎ 01 47 04 70 85, www.bibliotheques-specialisees.paris.fr, mardi, jeudi, vendredi : 13h-19h ; mercredi : 10h-19h ; samedi : 10h-18h.
- **Bibliothèque François-Villon**. 81, boulevard de La Villette (19ᵉ), M° Colonel Fabien. Présente **des livres et des revues spécialisés dans l'informatique.**

▶ *Médiathèque de la Cité des sciences et de l'industrie, La Villette (19ᵉ), voir p. 133.*

LES BIBLIOTHÈQUES DES CENTRES CULTURELS

Presque chaque centre en possède une, souvent extrêmement riche en livres, documents, journaux, parfois pourvue d'une bonne filmothèque et de pas mal de CD.

LES CENTRES CULTURELS À PARIS

Les centres culturels étrangers de Paris offrent tous exotisme et culture au travers d'expos, de conférences, de lectures ou pièces de théâtre et de concerts souvent gratuits. Ils ont presque tous une bibliothèque avec des méthodes de langues pour apprendre gratuitement le finnois, le suédois, le coréen, le chinois, le portugais, etc. (les cours, par contre, sont le plus souvent payants).

Encore un détail : ces centres offrent des séances cinématographiques de très haute qualité : le grand cinéma belge au Centre Wallonie-Bruxelles, Kurosawa, Naruse, Kitano au Centre japonais, Kaurismäki au Centre finlandais, Bergman chez nos amis suédois… En général, ces projections coûtent beaucoup moins cher que dans les circuits grand public (3,50 à 4,50 €).

Voici donc les adresses des centres culturels les plus actifs.

3ᵉ ARRONDISSEMENT

CENTRE CULTUREL SUISSE

32 et 38, rue des Francs-Bourgeois
M° Saint-Paul
☎ 01 42 71 44 50
www.ccsparis.com
Mardi-dimanche : 13h-19h

Exposition/salle de spectacle : 38, rue des Francs-Bourgeois (au fond du passage). Gratuité pour les expositions et les tables rondes.

INSTITUT SUÉDOIS

11, rue Payenne
M° Saint-Paul
☎ 01 44 78 80 20
www.ccs.si.se
Mardi-dimanche : 12h-18h

La Suède, très généreuse, offre toutes ses activités (concerts classiques, jazz et cinéma aussi) en accès libre.

4ᵉ ARRONDISSEMENT

CENTRE WALLONIE-BRUXELLES

127-129, rue Saint-Martin
et 46, rue Quincampoix
M° Châtelet Les Halles
☎ 01 53 01 96 96
www.cwb.fr
Lundi-vendredi : 9h-19h
Samedi-dimanche : 11h-19h

Il fait la part belle aux rencontres, soirées littéraires et lectures de textes ou pièces, débats en entrée libre. Expos régulières.

5ᵉ ARRONDISSEMENT

CENTRE CULTUREL IRLANDAIS

5, rue des Irlandais
M° Monge ou RER Luxembourg
☎ 01 58 52 10 30
www.centreculturelirlandais.com
Expo : mardi-samedi : 14h-18h, dimanche : 12h30-14h30, mercredi jusqu'à 20h
Médiathèque : lundi-vendredi : 14h-18h, mercredi jusqu'à 20h

Une médiathèque, riche en livres, films et CD. Beaucoup d'expos, d'exposés du type « Le Dublin de Joyce » et de films (souvent en anglais, *of course*), tous en accès gratuit.

INSTITUT FINLANDAIS

60, rue des Écoles
M° Cluny La Sorbonne
☎ 01 40 51 89 09
www.institut-finlandais.asso.fr
Mardi : 12h-20h, mercredi-samedi : 12h-18h
Bibliothèque : mardi-samedi : 15h-18h

Désormais, seule la bibliothèque est gratuite.

7ᵉ ARRONDISSEMENT

CENTRE CULTUREL CHINOIS

1, boulevard de La Tour-Maubourg
M° Invalides
☎ 01 53 59 59 20
www.cccparis.org
Lundi-vendredi : 10h-12h30, 14h-18h

Toutes les multiples manifestations (riches expositions, concerts, pièces de théâtre, films) y sont gratuites.

FONDATION CALOUSTE-GULBENKIAN – CENTRE CULTUREL PORTUGAIS

39, boulevard de
La Tour-Maubourg
M° La Tour Maubourg
☎ 01 53 85 93 93
www.gulbenkian-paris.org
Lundi-vendredi : 9h-18h
Bibliothèque : lundi, mercredi, vendredi : 10h-17h,
mardi-jeudi : 10h-18h
Salle multimédia : lundi-vendredi : 10h-12h, 14h-17h

Très intéressantes expositions de peinture (Vieira Da Silva, Jorge Molder, etc.), de photos et de dessins ainsi qu'une bibliothèque fastueuse. Très nombreuses conférences sur l'Europe et la société contemporaine.

INSTITUT CULTUREL ITALIEN
Le spécialiste des colloques

73, rue de Grenelle
M° Rue du Bac
☎ 01 44 39 49 39
www.iicparigi.esteri.it
Lundi-vendredi : 10h-13h, 15h-18h

Il offre aussi pas mal de spectacles gratuits : pièces de théâtre surtitrées en français, lectures… Bibliothèque, médiathèque, vidéothèque en accès libre.

8e ARRONDISSEMENT

ESPACE CULTUREL LOUIS-VUITTON

60, rue de Bassano
Entrée par la boutique
Louis Vuitton
101, avenue des
Champs-Élysées
M° George V
☎ 01 53 57 52 03
espaceculturel@louis
vuitton.com
Lundi-samedi : 12h-19h
Dimanche : 11h-19h

Trois expositions par an sur les thèmes du voyage, de l'art et de la mode. L'entrée est libre et rien n'est à acheter.

INSTITUTO CERVANTES

7, rue Quentin-Bauchart
M° George V
☎ 01 40 70 92 92
www.paris.cervantes.es
Lundi-jeudi : 10h-18h45
Vendredi : 10h-13h

Débats, discussions et séminaires sont en libre accès.

AUTRE ADRESSE

- **Biblioteca Octavio Paz.** 11, avenue Marceau (16e), M° Alma Marceau, ☎ 01 47 20 70 79, lundi-jeudi : 11h-19h ; mardi, mercredi, vendredi : 11h-17h. On peut consulter 66 000 volumes, y compris les périodiques, le plus souvent en espagnol et axés sur des thèmes hispaniques.

MAISON DU DANEMARK

142, avenue des Champs-Élysées
M° George V
☎ 01 56 59 17 40
www.maisondudanemark.dk
Samedi-dimanche : 13h-18h
Espace culturel : mardi-vendredi : 13h-19h

Tout est gratuit chez la reine Margaret : expositions de haut niveau, films, un festival de jazz, du théâtre, de la danse, des conférences et de superbes expos de photos.

16e ARRONDISSEMENT

GOETHE INSTITUT

17, avenue d'Iéna
M° Iéna
☎ 01 44 43 92 60
www.goethe.de
Lundi-vendredi : 10h-17h

La bibliothèque est ouverte à tous et gratuite pour une consultation sur place. Tout au long de l'année, des lectures et débats donnent l'occasion d'y dialoguer avec des auteurs allemands.

CENTRE CULTUREL CORÉEN

2, avenue d'Iéna
M° Iéna
☎ 01 47 20 84 15
www.coree-culture.org
Lundi-vendredi : 10h-17h, jeudi jusqu'à 19h

Ce centre, partisan de la gratuité totale, est situé à deux pas du palais de Chaillot et du musée national des Arts asiatiques – Guimet. Expositions, concerts, projections de films, conférences et ateliers divers (peinture, calligraphie, cours de langue, etc.), sont ouvertes à tous, ainsi que sa bibliothèque et l'espace multimédia.

ENFANTS-ADOS

- *Baby-sitting, voir SEL, p. 63.*
- *Jeux et activités gratuits, voir p. 117.*
- *Aide et conseils aux parents et enfants, voir p. 120.*
- *Soutien scolaire gratuit du CP au bac, voir p. 121.*
- *Sports gratuits, voir p. 120.*

HOBBIES

Féru de danse, de bricolage, de plantes ou de cuisine ? Découvrez des lieux où vous pourrez rencontrer d'autres passionnés et vous perfectionner gratuitement.

▶ *BRICO-DÉCO, Castorama : p. 62.*

▶ *CUISINE, cours gratuits sur les marchés parisiens : p. 203.*

▶ *LOISIRS CRÉATIFS, cours gratuits de tricot et crochet : p. 201.*

INFORMATIONS

PARIS INFO MAIRIE

4, rue Lobau (4ᵉ), M° Hôtel de Ville, ☎ 3975, **www.paris.fr**.
Exhaustif sur Paris et l'Île-de-France, ce site – clair – est d'une richesse inouïe.

ADIL (AGENCE DÉPARTEMENTALE D'INFORMATION SUR LE LOGEMENT)

46 bis, boulevard Edgar-Quinet (14ᵉ)
M° Edgar Quinet
☎ 01 42 79 50 51
www.adil75.org
Permanence téléphonique : 9h-18h

Infos et conseils juridiques, financiers et fiscaux en droit immobilier, habitation et location de logements, prêts d'État, contrats, ou sur la qualité de votre habitat. Accueil charmant et compétent. Uniquement sur rendez-vous.

CIRA (CENTRE INTERMINISTÉRIEL DE RENSEIGNEMENTS ADMINISTRATIFS)

☎ 3939
www.servicepublic.fr et
www.mon.service-public.fr

Droits et démarches de l'administré… On trouve en ligne des formulaires, des adresses utiles et la possibilité d'accomplir des démarches dans tous les domaines de la vie : emploi, travail, santé, assurance, retraite, justice, logement, vie associative, vacances, etc. (L'Urssaf, la CAF, la CNAV s'y sont raccordées pour aider ceux qui ont besoin de renseignements concernant leur retraite, leurs cotisations sociales, ou leurs allocations familiales.)

IMPÔTS SERVICES

☎ 0 810 467 687
www.impots.gouv.fr
Lundi-vendredi : 8h-22h
Samedi : 9h-19h

Sur cette plate-forme téléphonique qui dépend de la Direction générale des impôts, des agents fiscalistes vous aideront dans la rédaction de vos déclarations de revenus. Appelez dès 8h30 et évitez la tranche horaire 16h-17h. Vous pouvez aussi poser vos questions directement sur le site.

MUSÉES

MONUMENTS DE PARIS

Une bonne partie des grands monuments et des musées parisiens sont accessibles gratuitement.

Plus d'excuse pour ne pas s'y balader.

Ces grands monuments parisiens sont gratuits le 1er dimanche de chaque mois de novembre à mars. Champagne !

- **La Conciergerie**. 2, boulevard du Palais (1er), M° Cité. **La Sainte-Chapelle**. 8, boulevard du Palais (1er), M° Cité. **Les tours de Notre-Dame**. 6, place Jean-Paul-II (4e), M° Cité. **Les arènes de Lutèce**. 47-59, rue Monge (5e), M° Monge. **Le Panthéon**. Place du Panthéon (5e), M° Cardinal Lemoine. **L'Arc de triomphe**. Place Charles-de-Gaulle (8e), M° Charles de Gaulle Étoile.

MUSÉES GRATUITS

Tous les musées de la Ville de Paris sont gratuits.

S'ils sont en général petits (ce sont souvent des maisons d'artistes), ils valent néanmoins le détour pour leur originalité et leur charme. Les voici :
Musée du sculpteur Bourdelle. 18, rue Antoine-Bourdelle (15e), M° Montparnasse. **Musée Cernuschi** (musée des Arts asiatiques). 7, avenue Vélasquez (8e), M° Villiers. **Musée Carnavalet** (histoire de Paris). 16, rue des Francs-Bourgeois (3e), M° Saint-Paul. **Musée Cognacq-Jay** (hôtel particulier du XVIIIe). 8, rue Elzévir (3e), M° Saint-Paul. **Maison de Balzac**. 47, rue Raynouard (16e), M° Passy. **Maison de Victor Hugo**. 6, place des Vosges (4e), M° Bastille. **Maison du sculpteur Zadkine**. 100 bis, rue d'Assas (6e), M° Vavin. **Musée de la Vie romantique**. 16, rue Chaptal (9e), M° Saint-Georges. **Musée d'Art moderne**. 11, avenue du Président-Wilson (16e), M° Alma Marceau. **Petit Palais**. Avenue Winston-Churchill (8e), M° Champs Élysées Clemenceau. **Palais Galliera-musée de la Mode et du Costume**. 10, avenue Pierre-Ier-de-Serbie (16e), M° Alma Marceau. Auxquels s'ajoutent le **mémorial du maréchal Leclerc de Hauteclocque** et celui de la **Libération de Paris**, le musée des collections historiques de la préfecture de police, le **pavillon de l'Arsenal** (architecture de Paris et urbanisme), **l'Hôtel de Ville de Paris**.

Les grands musées parisiens sont gratuits le 1er dimanche de chaque mois. Profitez-en ! Pour tous les musées, informations sur le site www.paris.fr (onglet « Culture » puis « Musées de la Ville de Paris »). Collections permanentes gratuites dans ces musées :

Allez au musée du **Louvre** (*La Joconde*), au **Centre Pompidou** (art contemporain), à l'**Orangerie** (*Les Nymphéas* de Monet), au musée des **Arts Déco** (meubles, mode et pub), au musée des **Arts et Métiers** (les grandes inventions), au musée du **Moyen Âge** (tapisserie de La Dame à la licorne), au musée d'**Orsay** (les impressionnistes), aux musées **Rodin** (ses sculptures), **Gustave-Moreau** (ses peintures), **Jean-Jacques-Henner** (ses peintures symbolistes), au musée **Guimet** (arts asiatiques), à la **Cité des sciences et de l'industrie** (sciences, musique et jeux), et au Quai-Branly (**musée des Arts premiers**, arts et coutumes de tous les pays).

Sont gratuits également les musées Picasso (3e), de la **Chasse et de la Nature** (4e), de l'**Assistance publique** – Hôpitaux de Paris (5e), **Eugène-Delacroix** (6e), de la **Cité nationale de l'histoire de l'immigration** (12e), de la **Cité de l'architecture et du patrimoine** (16e) et le **Château de Versailles** (78).

LA NUIT EUROPÉENNE DES MUSÉES

Elle a lieu en général vers la mi-mai. Cette nuit-là, les musées rivalisent d'imagination pour ravir le spectateur : pour cela, ils font appel à la musique, au théâtre, à la gastronomie, à des jeux ou du cinéma… Avec une bande d'amis, on visitera des musées inconnus ou des expositions convoitées. Et l'ambiance nocturne fera le reste…

Et encore :
- Tout sur le monde des arts en France sur le site www.culture.fr.

MUSIQUE

CONCERTS TOUS LES JOURS OU PRESQUE

Des concerts gratuits ont lieu quotidiennement dans certains grands lieux dont les noms suivent. D'autres ont « leur jour », comme autrefois on recevait dans son salon. Certaines salles, enfin, régalent les oreilles épisodiquement. Nous leur avons donné la chasse, vous les trouverez ci-dessous. (Attention, les concerts de la Maison de la Radio sont susceptibles de changer. Renseignez-vous avant de vous déplacer.)

Lundi
- **Maison de la Radio**. Radio France, 116, avenue du Président-Kennedy (16e), M° Jasmin ou RER C Kennedy Radio France, ☎ 01 56 40 32 01, www.radiofrance.fr. Programme à prendre sur place ou à consulter sur le site, cliquez sur « Radio France », puis « Ça se passe à Radio France », puis

« Émissions publiques ». Venir impérativement 1h à l'avance pour retirer sa place à la Maison de la Radio où les concerts classiques et de variétés ont lieu en grande majorité les lundis.

Mardi

- **Église Saint-Roch**. 216, rue Saint-Honoré (1er), M° Pyramides, ☎ 01 42 44 13 26, 12h30-13h15.
- **Cité internationale des arts**. 18, rue de l'Hôtel-de-Ville (4e), M° Hôtel de Ville, ☎ 01 42 78 71 72, www.citedesartsparis.fr, certains mardis (dates des concerts sur le site).
- **Institut national des jeunes aveugles**. 56, boulevard des Invalides (7e), M° Duroc, salle André-Marchal, ☎ 01 44 49 35 35, www.inja.fr, 13h-14h.
- **École normale de musique**. 78, rue Cardinet (17e), M° Malesherbes, salle Cortot, ☎ 01 47 63 87 90, www.ecolenormalecortot.com, mardi et jeudi : 12h30-13h30 (hors période scolaire) et souvent les mercredis d'octobre à avril. Concerts donnés par les futurs professeurs de musique des lycées de France.

Mercredi

- **Carillon du beffroi**. 4, place du Louvre (1er), À côté de l'église Saint-Germain-l'Auxerrois, M° Louvre Rivoli, ☎ 01 42 36 31 05, 13h30-14h.
- **Orchestre de Paris**. 252, rue du Faubourg-Saint-Honoré (8e), M° Ternes, salle Pleyel, ☎ 01 56 35 12 12, www.orchestredeparis.com, un mercredi par mois à 18h.
- **Hôtel de Soubise**. 60, rue des Francs-Bourgeois (3e), M° Hôtel de Ville, ☎ 01 40 20 09 34, www.archivesnationales.culture.gouv.fr.

Jeudi

- **École normale de musique**. Voir mardi.
- **Petit Palais**. Avenue Winston-Churchill (8e), M° Champs Élysées Clemenceau, ☎ 01 53 43 40 00, www.petitpalais.fr, un jeudi par mois : 12h30-13h30.
- **Église de La Trinité**. 3, rue de La Trinité (9e), M° Trinité, ☎ 01 48 74 12 77, www.latriniteparis.com, 12h45-13h30.
- **Opéra Bastille**. 120, rue de Lyon (12e), M° Bastille, ☎ 0 892 899 090, www.operadeparis.fr, 13h-14h.

Samedi

- **Église Saint-Merry**. 76, rue de la Verrerie (4e), M° Hôtel de Ville, ☎ 01 42 71 40 75, www.accueilmusical.fr, 20h.
- **Mélomania**. Mairie du 4e, 2, place Baudoyer, M° Hôtel de Ville, ☎ 01 44 54 75 04, www.mairie04.paris.fr, un samedi par mois à 15h.

Dimanche

- **Église américaine**. 65, quai d'Orsay (7e), M° Alma Marceau,

☎ 01 40 62 05 00, www.acparis.org, de septembre à novembre, de janvier à juin à 17h.

- **Église Saint-Merry**. Dimanche : 16h.
- **Église Saint-Eustache**. 46, rue Montorgueil (1er), M° Châtelet Les Halles, ☎ 01 42 36 31 05, www.saint-eustache.org, 17h30-18h.
- **Cathédrale Sainte-Croix-des-Arméniens**. 13, rue du Perche (3e), M° Saint-Sébastien Froissart, ☎ 01 44 59 23 50. Trois dimanches sur quatre en moyenne, trois concerts de musique classique à 15h, 17h et 19h (piano, chants, cordes). Une petite participation est demandée aux auditeurs.

DES PLACES DE CONCERTS À GAGNER

RTL. ☎ 01 40 70 40 00, www.rtl2.fr/musique/concerts/tres-tres-prives. C'est en écoutant RTL2, radio au son pop-rock, ou en allant sur son site qu'on peut recevoir une invitation aux concerts très privés de la station : par exemple, ceux de Gossip, de Jean-Louis Aubert, de Cocoon ou de Cœur de Pirate… Un vrai bonheur.

Fip. ☎ 01 42 20 12 34, www.fipradio.fr.

Radio Classique. ☎ 3223, www.radioclassique.fr. Des places de concerts à gagner et 6 titres gratuits à télécharger toutes les semaines.

Oui FM. www.ouifm.fr. Places à gagner sur le site et pendant les émissions.

▶ *Concerts gratuits dans les caf'conc', voir p. 30.*

▶ *Concerts gratuits pour les jeunes, voir Kiosque Paris Jeunes, p. 280.*

LES FESTIVALS DE MUSIQUE GRATIS

- **Kiosques en musique**. Festival de 200 concerts entre mai et octobre dans les kiosques et jardins de Paris. Renseignements : Direction des espaces verts et de l'environnement, service communication et événements, ☎ 01 71 28 53 22.
- **Tous à l'Opéra !** (début mai), www.tous-a-lopera.com. Deux jours pour écouter du chant, assister à des répétitions, en connaître davantage sur les métiers de la scène.
- **Festival Villette Sonique** (fin mai), www.villettesonique.com, M° Porte de Pantin. Des sons rock, pop, électro envahissent les salles de La Villette au cours de concerts payants. Dans les jardins, des concerts gratuits sont offerts aux Parisiens.
- **Fête de la Musique** (21 juin), www.fetedelamusique.culture.fr.
- **Paris Jazz Festival** (juin-juillet), Parc floral de Paris, M° Château de Vincennes, www.paris.fr. Concerts gratuits, entrée au parc de 2,75 à 5,50 €.

- **Festival Les Pestacles** (juin à septembre), Parc floral de Paris, M° Château de Vincennes, www.lespestacles.fr. Des concerts pour tous, à partir de 2 ans, et pour tous les goûts, entre variété, rock, pop, jazz et musique classique. Concerts gratuits, entrée au parc de 2,75 à 5,50 €.
- **Scènes d'été** (début juillet-fin août), M° Porte de Pantin, www.villette.com. Musique, danse sur les pelouses du parc de La Villette. Gratuit.
- **Festival Paris classique au vert** (août), Parc floral de Paris, esplanade de Vincennes, M° Vincennes, www.classiqueauvert.paris.fr. Bach, Chopin, Schubert… à écouter allongé dans l'herbe. Concerts gratuits, entrée au parc de 2,75 à 5,50 €.
- **Jazz à La Villette** (fin août-début septembre), M° Porte de Pantin, www.villette.com. De grandes pointures.
- **Kiosqu'orama** (septembre), www.kiosquorama.org. Festival de concerts dans les kiosques et jardins de la Ville de Paris, programme sur le site.

PHOTO

MUSÉES DE LA PHOTO

La Maison européenne de la photographie. 5-7, rue de Fourcy (4e), M° Saint-Paul, ☎ 01 44 78 75 00, www.mep-fr.org. Ouvert gratuitement les mercredis de 17h à 20h. On profitera aussi de la bibliothèque riche de 10 000 volumes et de la vidéothèque inépuisable : 15 000 DVD.

La Fondation Cartier-Bresson. 2, impasse Lebouis (14e), M° Gaîté, ☎ 01 58 80 27 00, www.henricartierbresson.org. Gratuit les mercredis de 18h30 à 20h30.

DE BEAUX FESTIVALS À L'ŒIL

- **Le Mois de la photo.** De nombreuses galeries et des musées parisiens participent au Mois de la photo en novembre. Le « off » regroupe la plupart des expositions gratuites. www.moisdelaphoto-off.org.
- **Saint-Germain photo.** En novembre toujours, les galeries de Saint-Germain organisent leur festival bis. Entrée généralement gratuite. www.photo-saintgermaindespres.com.
- **La Nuit de l'estampe contemporaine.** Foire Saint-Germain, place Saint-Sulpice (6e), M° Saint-Sulpice, www.foiresaintgermain.org, en juin : 14h-minuit. Les stands de la Foire Saint-Germain se transforment en ateliers pour un après-midi et une soirée. Guidé par des artistes, on y découvre les différentes techniques : gravure sur bois, sérigraphie, eau-forte… Entrée généralement gratuite.
- **La Nuit de la photo contemporaine.** Foire Saint-Germain, place Saint-Sulpice (6e), M° Saint-Sulpice, www.foiresaintgermain.org, en juin : 14h-minuit. Foire Saint-Germain. Pendant tout un après-midi et jusqu'à minuit, des artistes et quelques galeries présentent leurs œuvres au public. L'entrée est généralement gratuite. On peut acheter une œuvre originale à partir de 50 € environ.

RENSEIGNEMENTS – AIDES – CONSEILS

AIDES JURIDIQUES

Dans tous les domaines, les Parisiens peuvent connaître leurs droits, apprendre à se défendre ou trouver un avocat pour le faire.

4e ARRONDISSEMENT

BARREAU DE PARIS — *Les avocats aident*

Palais de justice
4, boulevard du Palais
M° Cité
www.avocatparis.org
Fermé à partir de 12h et les week-ends

Des avocats au barreau de Paris assurent des permanences gratuites. Ils débrouillent des problèmes de famille, de logement, de droit des affaires et de la consommation, de droit des majeurs vulnérables, des victimes et de droit des étrangers. Ils orientent vers une instance, conseillent dans une procédure et aident aussi – une journée par an – le pauvre contribuable à remplir une déclaration d'impôts embrouillée.

AUTRES ADRESSES
- Mairies d'arrondissements, ☎ 3975, un jour par semaine.

17e ARRONDISSEMENT

CGL (CONFÉDÉRATION GÉNÉRALE DU LOGEMENT) — *Aides de juristes*

134, rue de Saussure
M° Pont Cardinet
☎ 01 40 54 60 80
www.lacgl.fr
Lundi-vendredi : 9h-13h, 14h-17h30

Dans cette association de consommateurs, les juristes aident des locataires, propriétaires et copropriétaires à connaître leurs droits en matière de contrats, baux, travaux, conflits avec syndics, etc. Cotisation modeste demandée aux adhérents.

DÉFENSEUR DES DROITS — *Conflits avec l'administration*

☎ 01 53 29 24 24
www.mediateur-republique.fr
Accueil téléphonique uniquement : lundi vendredi : 8h30-19h

Cette aimable autorité administrative indépendante a pour mission d'aider les personnes physiques et morales en cas de conflit avec l'Administration.

MÉMO

Des cadeaux et des réductions sont offerts dans certains établissements à nos lecteurs sur présentation du guide ou de la carte *Paris Pas Cher 2016*.

LE MÉDIATEUR

Le Médiateur de la Ville de Paris

☎ 3975, www.mediation.paris.fr, lundi-vendredi : 8h-19h ; samedi : 9h-14h.
Pour qui a un différend l'opposant à l'Administration parisienne dans sa vie quotidienne ou professionnelle, il existe un recours indépendant, neutre et gratuit qui recherchera une solution : c'est le Médiateur de la Ville de Paris. On peut lui écrire sur le site sous la rubrique « Formulaire de saisine en ligne », ou encore par lettre simple accompagnée des documents nécessaires à la bonne compréhension du litige à l'adresse suivante :

Monsieur le Médiateur de la Ville de Paris

Mission de la Médiation

100, rue Réaumur

75002 Paris

Ou en prenant rendez-vous avec un représentant du Médiateur.

LIGUE NATIONALE CONTRE LE CANCER

☎ 0810 111 101
www.ligue-cancer.net
Mardi-jeudi : 9h30-12h30

Un avocat assure une consultation généraliste par téléphone.

MAISONS DE LA JUSTICE ET DU DROIT

Lundi-vendredi : 9h-12h30, 13h-17h sur rendez-vous pris à l'accueil
- **MJD Paris Sud**. 6, rue Bardinet (14e), M° Plaisance, ☎ 01 45 45 22 23.
- **MJD Paris Nord-Est**. 15-17, rue du Buisson-Saint-Louis (10e), M° Belleville, ☎ 01 53 38 62 80.
- **MJD Paris Nord-Ouest**. 16-22, rue Jacques-Kellner (17e), M° Porte de Saint-Ouen, ☎ 01 53 06 83 40. Accueil des victimes : 01 53 06 83 50.

1er ARRONDISSEMENT

PARIS NOTAIRES INFO

1, boulevard de Sébastopol
M° Châtelet
☎ 01 44 82 24 44
Consultation téléphonique (0892 011 012) : lundi-vendredi : 9h30-13h
www.paris.notaires.fr ou www.enchères-paris.com
Lundi-jeudi : 10h-18h
Vendredi : 10h-17h

Préparez votre dossier (succession, contrat de mariage, donation entre époux…) : on vous recevra pendant 20 minutes, sur rendez-vous. Autres activités : les séances publiques de ventes aux enchères de tous types de biens le mardi (horaires sur le site **www.enchères-paris.com**). Le mercredi, vente des Domaines (voir p. 77). Les notaires offrent aussi des consultations juridiques dans les mairies des 5e, 15e, 17e et 18e arrondissements.

POINTS D'ACCÈS AU DROIT DANS PARIS

Selon les cas, des avocats du barreau de Paris, des juristes, des conciliateurs de justice, des délégués du Médiateur de la République ou du Médiateur de la Ville de Paris, des écrivains publics y donnent des consultations gratuites et confidentielles. Ils peuvent apporter à qui vient les voir une formation ou un conseil juridique, une médiation et/ou une conciliation, une aide dans des démarches juridiques et administratives (aide à la constitution de dossiers, assistance dans la rédaction d'un courrier…). Avec eux, on peut aborder à peu près tous les sujets concernant le travail (contrat, licenciement…), le droit de la consommation et du surendettement, la famille (mariage, garde des enfants, divorce, personnes âgées, pacs…), le logement (bail, expulsion…), l'aide aux victimes (agressions, viols…), les violences faites aux femmes, le droit au séjour en France et l'accès à la nationalité. Les PAD ne sont pas compétents pour les questions d'attribution de logements.

- **PAD du 13e**. 4, place de la Vénitie, M° Porte de Choisy, ☎ 01 55 78 20 56.
- **PAD du 15e**. 22, rue de la Saïda, M° Convention, ☎ 01 45 30 68 60.
- **PAD du 18e**. 2, rue de Suez, M° Château Rouge, ☎ 01 53 41 86 60.
- **PAD du 19e**. 53, rue Compans (escalier 48), M° Place des Fêtes, ☎ 01 53 38 62 30.
- **PAD du 20e**. 15, cité Champagne, M° Maraîchers, ☎ 01 53 27 37 40.

SOS AVOCAT

☎ 0825 39 33 00
Lundi-vendredi : 19h-22h

Des avocats sont à votre écoute et vous offrent des consultations généralistes par téléphone.

ORIENTATION PROFESSIONNELLE

1er ARRONDISSEMENT

BIOP – CHAMBRE DE COMMERCE ET D'INDUSTRIE DE PARIS

Bourse du commerce
2, rue de Viarmes
M° Louvre Rivoli
☎ 01 55 65 60 00
www.biop.ccip.fr
Permanence téléphonique ou sur place avec rendez-vous : 9h-18h
Fermé vendredi et week-end

Bureau pour l'information et l'orientation professionnelle. Bilans de compétence et coaching y sont prodigués dans le cadre d'une validation des acquis d'expérience (renseignements au 01 55 65 63 10). Cette VAE est ouverte à tous : personne n'ayant jamais travaillé, chômeur, ou salarié. Deux mois d'attente pour avoir un rendez-vous sur place.

MÉMO

Pour nous joindre : parispascher@yahoo.fr.

Ou encore, laissez-nous un petit mot sur le site du guide : www.parispascher.com ou www.guideparispascher.com.

15e ARRONDISSEMENT

CIDJ (CENTRE D'INFORMATION ET DE DOCUMENTATION JEUNESSE)

101, quai Branly
M° Bir Hakeim
☎ 0 825 090 630
www.cidj.com
Lundi-vendredi : 10h-12h, 13h-18h

Vous pouvez obtenir des entretiens personnalisés anonymes et gratuits avec un conseiller pour chercher un emploi ou un job, vous former aux entretiens d'emploi, vous renseigner sur les validations d'acquis d'expérience, sur la formation continue et l'alternance (études et vie professionnelle), chercher un job d'été, partir faire des études à l'étranger, etc.

LE FORUM ARTS ET MÉTIERS PARIS TECH

Depuis 25 ans, le Forum arts et métiers Paris Tech fait se rencontrer des professionnels de l'ingénierie, de l'aéronautique ou de la finance et des diplômés des universités et des grandes écoles pendant une journée afin de bâtir ensemble des projets professionnels. Se renseigner sur le site de l'ENSAM : **www.ensam.fr**.

12e ARRONDISSEMENT

CARREFOUR DES ASSOCIATIONS PARISIENNES

Ancienne gare de Reuilly
181, avenue Daumesnil
M° Daumesnil
☎ 01 55 78 29 30
www.facebook.com/
CAPcarrefourdesassociationsparisiennes
Lundi-jeudi : 10h-13h, 14h-18h
Vendredi : 14h-17h (centre de documentation fermé)

Si vous voulez monter une association, trouver des budgets, employer des salariés ou trouver des bénévoles pour vous aider, vous obtiendrez au CAP toutes les infos et mieux encore : des formations gratuites réservées aux porteurs de projets et membres d'associations (comptabilité, fiscalité, comment créer un site Internet…). Bibliothèque riche.

▶ *Tout sur l'orientation et la réorientation professionnelles, voir Cité des sciences, p. 133.*

TRAVAIL-INFO-SERVICE

☎ 39 39
www.travail-emploi-sante.gouv.fr

Des juristes renseignent leurs concitoyens sur les mesures pour l'emploi, le droit du travail, la réforme du temps de travail, les indemnités de licenciement, le RSA, la formation professionnelle, etc. Ainsi qu'une aide aux usagers dans leurs rapports avec l'Administration. On trouvera des fiches fort bien faites sur tous ces thèmes, à télécharger sur le site de Travail-Info-Emploi.

13e ARRONDISSEMENT

MAISONS DES ENTREPRISES ET DE L'EMPLOI

14-18, rue Auguste-Perret
M° Tolbiac
☎ 01 53 62 03 06
Lundi-vendredi : 9h-18h
(vendredi à partir de 13h)

Ce sont six espaces d'accueil d'information, de conseils et d'orientation gratuits destinés exclusivement aux Parisiens. On vous y accompagne dans votre recherche d'emploi (accueil individualisé), dans la rencontre avec les entreprises sous différentes formes, dans vos démarches de création, de reprise ou de développement d'entreprise. Des consultations juridiques en droit du travail et en droit des affaires sont proposées ainsi que la mise à disposition d'un espace cyber, la rencontre avec des experts-comptables et des juges consulaires du tribunal de commerce dans certaines d'entre elles. La maison du 13e arrondissement offre tous ces services aux habitants du 13e et des 1er, 2e, 3e, 4e, 5e et 12e arrondissements. Beaucoup de services doivent faire l'objet d'une prise de rendez-vous.

AUTRES ADRESSES
- 209-213, rue Lafayette (10e), M° Louis Blanc, ☎ 01 44 52 17 60. Cette maison propose son aide aux habitants du 10e.
- 14-18, rue Auguste-Perret (13e), M° Tolbiac, ☎ 01 53 62 03 06. Cette maison s'occupe des 1e, 2e, 3e, 4e, 5e, 12e et 13e.
- 13, rue Rémy-Dumoncel (14e), M° Mouton Duvernet, ☎ 01 56 54 29 60. Cette maison s'occupe des 6e, 7e, 8e, 14e, 15e et 16e.
- 164, rue Ordener (18e), M° Jules Joffrin, ☎ 01 55 79 13 75. Cette maison s'occupe des 9e, 17e et 18e.
- 27, rue du Maroc (19e), M° Stalingrad ou Riquet, ☎ 01 53 35 88 90. Cette maison s'occupe du 19e.
- 31, rue Pixérécourt (20e), M° Jourdain ou Place des Fêtes, ☎ 01 58 53 53 70. Cette dernière maison s'occupe des 11e et 20e.

7e ARRONDISSEMENT

RÉSEAU ENTENTE DES GÉNÉRATIONS POUR L'EMPLOI ET L'ENTREPRISE

15, avenue de Ségur
M° Ségur
☎ 01 47 05 57 69
www.egee.asso.fr
Lundi-vendredi : 9h-17h
(vendredi jusqu'à 12h)

Cette association de retraités aide son prochain désireux de reprendre une entreprise ou de créer une structure de type artisanal, commercial ou industriel, dans ses démarches administratives, montage financier, structures juridiques, business plan. Ils procurent aux jeunes des simulations d'entretien d'embauche et des suivis de mémoires.

11e ARRONDISSEMENT

WWW.FORCEFEMMES.COM
Aide aux femmes de plus de 45 ans

169, rue de la Roquette
Fond de cour
M° Philippe Auguste
☎ 01 53 34 15 30

Créée il y a neuf ans par des femmes chefs d'entreprise, cette asso aide gratuitement les consœurs de plus de 45 ans à rechercher un emploi ou à créer une entreprise. Coaching individuel, rédaction de CV, simulation d'entretien d'embauche, atelier de business plan, relooking…, tout est fait pour leur remettre le pied à l'étrier.

NOS QUARTIERS ONT DES TALENTS
Aide aux banlieusards de moins de 30 ans

www.nosquartiers-talents.com

Vous avez un bac + 4 minimum, habitez la banlieue (de préférence une pure et dure), et pas de travail. Financée par l'État et le Medef (qui cherche, en banlieue, les meilleures têtes pensantes), cette association pourra (si vous montrez une réelle constance à entrer en contact avec des entreprises et à donner le meilleur de vous-même) vous offrir un parrain ou une marraine. Il ou elle vous introduira au sein de son réseau et vous aidera à peaufiner vos projets professionnels. Par ce biais, 2 600 chômeurs ont déjà trouvé un emploi. Pour en être, inscrivez-vous !

▶ *www.paris.fr/wifi, voir p. 132.*

PETITS TRUCS POUR METTRE DU BEURRE DANS LES ÉPINARDS

Sur les sites ci-dessous, vous trouverez des petits trucs rémunérateurs, du type : accepter de mettre de la pub sur votre voiture, participer à des tests, organiser ou participer à des réunions de consommateurs. Fuyez les sites qui vous proposent une inscription payante. Ils ne donnent – en général – que des adresses qu'on trouve gratuitement sur la Toile.

www.carlogo.com
www.paroles-et-idees.com
www.reunions-consommateurs.com
www.testconso.com
www.triesofnewperfumes.com
www.panelconso.com
www.panelontheweb.com
www.opignon-marketing.com

LA COURSE AUX ÉCHANTILLONS GRATUITS, BONS DE RÉDUCTION, PROMOS, CADEAUX, ETC.

Si vous avez du temps devant vous, voilà des sites, mines d'échantillons gratuits, bons de réduction à télécharger, etc., où vous pourrez moissonner une petite gerbe de blé.

www.ceriseclub.com
www.offres-de-remboursement.com
www.malistedecourses.net
www.clubpromos.fr
www.achetergagnant.com
www.cadeauxgratuits.net
www.shopmium.com

Cette application gratuite vous propose soit de tester gratuitement de nouveaux produits, soit de bénéficier de bons de réduction sur de grandes marques à utiliser dans des magasins près de chez vous. Pour téléphones Apple iPhone (App Store) et Android (Google Play).

HOME ET DOG-SITTING POUR RETRAITÉS

Des vacances presque données. Des agences se chargent de mettre en relation propriétaires désireux de partir (d'un week-end à plusieurs mois) et retraités riches de temps libre. Triés sur le volet, ils viendront occuper gratuitement la propriété des voyageurs contre la garde des lieux et des animaux sur place. Ils relèveront le courrier, répondront au téléphone, arroseront le jardin… et visiteront les environs si le cœur leur en dit. Inscription de 0 à 45 € pour chaque retraité.

http ://homesitting.fr. Très sérieux. Existe depuis plus de vingt ans.
Ani-Seniors-Services. 6, rue des Vignes, 91450 Étiolles, ☎ 06 09 27 46 51, www.ani-seniors.com.
Résidence Part'ners Services. 20, rue Denfert-Rochereau, BP14, 18600 Sancoins, ☎ 02 48 74 64 33, www.residencepartners.com. Asso loi 1901. Inscription gratuite pour les seniors. Le dossier de chaque retraité est agréé en préfecture, avant d'être proposé à des propriétaires.

DEVENEZ LOUEUR OU LOCATAIRE DES BIENS DONT VOUS VOUS SERVEZ PEU

Avant d'acheter un objet dont vous ferez un usage sporadique (robe de mariée, matériel de puériculture, outils, gros robots de cuisine, matériel informatique et de high-tech, cabriolet Mégane, chèvre naine, etc.) dépannez-vous en le louant. Vous ferez une économie et gagnerez de la place.

http ://fr.zilok.com. Le premier site de location de particuliers à particuliers. 180 000 objets mis en location et assurés contre la casse et le vol.

www.e-loue.com. Un plus petit site, mais qui offre une assistance juridique gratuite.

www.consoglobe.com. Le site met en ligne les objets à louer puis laisse loueurs et locataires se dépatouiller. La vigilance s'impose de part et d'autre. Les locataires iront cliquer sur l'onglet « Tout louer ».

www.drivy.com et **http ://fr.zilok.com**. Si vous ne faites rien de votre voiture, louez-la. Cela peut se faire par l'intermédiaire de ces deux sites. Attention : avant de vous lancer, prévenez votre assureur.

Sur ces sites de location, les évaluations des utilisateurs offrent un aperçu du sérieux des loueurs. Ensuite, téléphonez, entrez en contact avec eux afin de vous faire une idée par vous-même de ces personnes et de leurs services.

www.blablacar.com. Pour le conducteur, propriétaire de la voiture, le voyage devient gratuit.

www.monsieurparking.com. En vous inscrivant sur ce site, vous découvrirez comment partager votre parking pour un jour, trois semaines, six mois, etc.

www.lamachineduvoisin.com. Louer sa machine à laver. On la loue en moyenne 5 € la lessive + séchage à ses voisins dépourvus.

www.airbnb.com. Louer sa maison, son appart ou une chambre sur ce site américain.

HIGH-TECH ET BUREAUTIQUE

INFORMATIQUE ET TÉLÉPHONIE **156**

HI-FI – PHOTO – VIDÉO **166**

BUREAUTIQUE – PHOTOCOPIES – PAPETERIES **170**

ÉCONOTRUCS
- **162**..Des DVD bien meilleur marché chez Nierle
- **165**..Des forfaits très diminués et des « minutes » bon marché, sans engagement
- **165**..Achetez ou revendez un mobile d'occasion
- **168**..Photo-vidéo : fréquentez les adresses des pros
- **170**..Acheter d'occase des produits high-tech, est-ce raisonnable ?
- **171**..Faites recharger vos cartouches d'imprimante

- **157**..GrosBill, le touche-à-tout du high-tech
- **158**. Je répare ma tablette et mon smartphone
- **159**..Quartier Montgallet : Bienvenue à la cité des PC !
- **164**. Monter son PC
- **164**. Mieux acheter sur Internet
- **166**. Les annonces gratuites : pas toujours un bon plan
- **169**..Un groupement d'achats de boutiques de télé, hi-fi, home cinéma, photo, vidéo
- **170**..Le « marketplace », un marché particulier

De l'ordinateur à la télé en passant par le GPS, les tablettes numériques, les liseuses et les mobiles, le high-tech prend de plus en plus de place dans nos budgets.

Pour alléger leur poids financier, voici nos meilleures adresses de matériel. Et les bons plans d'Internet.

INFORMATIQUE ET TÉLÉPHONIE

Plongez dans la Silicon Valley parisienne. Vous ne le savez peut-être pas, mais aucune autre région ne dispose d'autant de constructeurs et de réparateurs que l'Île-de-France (phénomène quasi unique en Europe).

Leur travail de qualité mérite d'être soutenu, d'autant que leurs produits sont souvent plus abordables que ceux des grandes marques.

Cette année encore, nous nous efforçons de vous indiquer les boutiques et les sites qui privilégient le meilleur rapport qualité-prix ainsi qu'un bon service toute l'année. Nous donnons peu d'exemples de prix car, en informatique et en high-tech, le matériel évolue très vite et les déstockages ponctuels sont fréquents. Quand nous indiquons un tarif, il ne reflète qu'un exemple valable le jour de notre passage, pas un prix permanent.

1er ARRONDISSEMENT

O'CD

24, rue Lescot
M° Étienne Marcel, RER Les Halles
☎ 01 42 33 50 72
www.ocd.fr
Lundi-samedi : 11h-20h

Achat-vente de jeux vidéo, CD, DVD, Blue-ray, etc.

Achat et vente de vinyles, jeux vidéo, films en DVD, Blu-ray et CD musicaux. Les dernières nouveautés voisinent avec des piles de bonnes occases à prix d'ami (à partir de 5 €). Accueil charmant.

AUTRES ADRESSES

- 12, rue Saint-Antoine (4e), M° Bastille, ☎ 01 42 72 18 59, lundi-dimanche : 11h-20h.
- 26, rue des Écoles (5e), M° Maubert Mutualité, ☎ 01 43 25 62 93, lundi-samedi : 11h-20h.
- 46, rue du Commerce (15e), M° Commerce, ☎ 01 45 75 01 45 ou 09 62 15 20 54, lundi-samedi : 11h-20h ; dimanche : 14h-19h.

2e ARRONDISSEMENT

BRICOMAC

8, rue d'Uzès
M° Grands Boulevards
☎ 0 825 566 777
www.bricomac.com
Lundi-vendredi : 10h-18h

BricoMac répare toutes les créations d'Apple, vend du matériel d'occasion garanti 3 mois ainsi que diverses pièces détachées et des accessoires pour iPhone, iPod et leurs cousins. Et rachète vos vieux mobiles et ordinateurs.

Réparation d'écran d'iPhone : à partir de 49 €.

4e ARRONDISSEMENT

GROSBILL, LE TOUCHE-À-TOUT DU HIGH-TECH

Grosbill commercialise un choix énorme de produits high-tech, informatiques, numériques et électroménagers, à prix bas. Comment ça marche ? On réserve l'objet high-tech de ses rêves sur le site, puis on passe le chercher au magasin (on vous facture des frais de retrait), ou on se fait livrer chez soi. La maison déstocke régulièrement les modèles de démonstration. La hotline (commune à toutes les boutiques) est payante.

60, boulevard de l'Hôpital (13e), M° Saint-Marcel ou RER C Gare d'Austerlitz, ☎ 0 892 02 21 21, www.grosbill.com, lundi-vendredi : 10h-20h ; samedi : 10h-19h.

Autres adresses (même téléphone)

10, rue du Plâtre (4e), M° Hôtel de Ville ou Rambuteau, lundi-vendredi : 11h-19h30 ; samedi jusqu'à 19h. Agence SAV : 11h-18h. Showroom objets high-tech : tablettes, Smartphones…

60, boulevard de l'Hôpital (13e), M° Saint-Marcel, lundi-vendredi : 11h-19h30 ; samedi : 10h-19h30.

2-6, rue de Saussières, 92100 Boulogne-Billancourt, M° Jean Jaurès, lundi-vendredi : 11h-19h ; samedi : 10h-19h.

355, rue Estienne-d'Orves, 92700 Colombes, gare de La Garenne-Colombes puis bus 357 station Les Genêts, lundi-samedi : 10h-19h30 ; dimanche : 10h30-18h30. SAV fermé le dimanche.

28, rue du Puits-Dixme, 94320 Thiais, RER C Orly Pont de Rungis puis bus 292 arrêt rue du Puits-Dixme, lundi-samedi : 10h-19h30 ; dimanche : 11h-19h. SAV fermé le dimanche.

Parc des Guillaumes, Bât D2, rue de Neuilly, 93130 Noisy-le-Sec, RER E arrêt Rosny-Bois-Perrier + bus 102 arrêt Les Guillaumes. En voiture : A86, sortie n° 17, juste après le centre commercial Domus, lundi-samedi : 11h-19h. SAV fermé le dimanche.

5e ARRONDISSEMENT

LE 5e DISQUE
Musique et ciné pour presque rien

53, rue Mouffetard
M° Place Monge
☎ 01 43 36 17 04
Lundi-samedi : 10h30-21h
Vendredi-samedi-dimanche : nocturne

En CD, les préférences de la maison vont à la variété française, au jazz, au folklore avec quelques incursions en classique ; en DVD de cinéma, on trouve surtout des grands classiques et des comédies. Un choix de bon goût, en somme.
À partir de 3 €.

SAINT-GERMAIN INFORMATIQUE ESPACE MICRO

Saint-Germain fait de petits miracles

67, boulevard Saint-Germain
M° Cluny La Sorbonne
☎ 01 40 51 89 89
Lundi-samedi : 10h-12h30, 13h30-19h

Saint-Germain s'attaque aux virus, répare et ressuscite les ordinateurs fixes et portables. Tarifs aimables et conseils offerts. Possibilité de venir réparer à domicile ou de venir chercher l'ordinateur et de le rapporter dans Paris.

MICROCASE

Atelier, occases, location et dépôt-vente d'ordinateurs

12, rue Pascal
M° Censier Daubenton ou Gobelins
☎ 01 45 87 12 13
www.microccase.com
Lundi-vendredi : 10h30-13h, 14h30-18h30
Samedi : 11h-13h, 14h30-18h

L'atelier diagnostique et répare n'importe quel ordinateur sur demande (montant raisonnable) et vous forme au besoin. Sur le site www.microccase.com, on découvre des ordinateurs de bureau et portables PC et Mac d'occase, testés et approuvés par l'atelier, ainsi que leurs accessoires (écrans, claviers, logiciels…). Le matériel est, par défaut, garanti 6 mois (extension possible).

Portable PC à partir de 200 € ; unité centrale à partir de 80 € ; Macs à partir de 580 €. Location de Macintosh à partir de 24,50 €/jour, 73,50 €/semaine.

JE RÉPARE MA TABLETTE ET MON SMARTPHONE

www.sosav.fr est le sauveteur des passionnés autant qu'habiles bidouilleurs. Ils trouveront sur ce site des kits de réparation, des pièces détachées et surtout des plans bien clairs pour mener à bien les opérations de réparation au cœur de nos appareils informatiques.

9e ARRONDISSEMENT

MACWAY

Produits et accessoires pour Mac et PC

39, rue La Fayette
M° Le Peletier
☎ 03 88 182 182
www.macway.com
www.crazyphonic.com
www.macway-pro.com
www.axtorage.com
Lundi-vendredi : 10h-19h
Samedi : 11h-18h

MacWay est surtout connu pour ses barrettes de mémoire de qualité à prix doux pour Mac et PC. Mais ce lieu propose également un vaste choix d'accessoires pour iPod, iPhone, iPad et ordinateurs Mac dont beaucoup (enceintes, claviers, etc.) sont compatibles PC. Possibilité d'acheter en ligne. Le débit se fait seulement à l'expédition. Sur le site, cliquez sur l'onglet « Bonnes Affaires ».

11ᵉ ARRONDISSEMENT

CONECTIC +
60, rue de Malte
M° République
☎ 01 42 08 54 07
www.conecticplus.com
Lundi-vendredi : 9h-19h
Samedi : 10h-12h30,
14h-18h30

On y déniche l'introuvable
Conectic + stocke la multitude de câbles, de prises, d'adaptateurs, de chargeurs et de bidules informatiques devenus indispensables à l'*Homo numericus*.
Prix très « xxᵉ siècle » et bon accueil.

12ᵉ ARRONDISSEMENT

BATTERIES MONTGALLET
10, rue Montgallet
M° Montgallet
☎ 09 53 18 06 06
www.batteriesmontgallet.com
Lundi-samedi :
10h30-18h30

Spécialistes des batteries, chargeurs, cordons
Il a pratiquement tout en stock pour les portables, mais aussi appareils photo, vidéos, baladeurs, etc. Il pratique des tarifs abordables. On en ressort gonflé à bloc.
Batterie externe pour iPhone à partir de 25 € ; batterie pour PC portable à partir de 70 €.

QUARTIER MONTGALLET : BIENVENUE À LA CITÉ DES PC !

Le pittoresque « Hong Kong-sur-Seine » formé par les rues Montgallet, Daumesnil et Charenton perd son côté « bidouille » des débuts. Il abrite de plus en plus d'éminents petits spécialistes des boîtiers, du refroidissement, des batteries, etc. On y trouve toujours une quarantaine de boutiques de différentes tailles gorgées d'ordinateurs, de composants électroniques et d'accessoires high-tech.

Rue Montgallet, les prix fluctuent d'un jour à l'autre, comme à la Bourse. Pour vous tenir au courant, il existe un comparateur de prix alimenté par les commerçants du quartier : **www.rue-montgallet.com** (hélas, ils n'ont pas toujours le temps de le remettre à jour ; ne pas hésiter à confirmer par téléphone et à imprimer la page avant de se déplacer).

Si vous cherchez des pièces détachées, n'hésitez pas à vous balader et comparer les prix. En revanche, si vous cherchez une configuration complète, achetez le tout dans la même boutique même si quelques composants sont moins chers chez le voisin. Souvent, on vous proposera de monter la machine immédiatement moyennant un léger supplément.

Ce quartier a pour principal avantage les prix doux et le choix, son inconvénient est le SAV. Tous les produits sont en général couverts par la « garantie constructeur », ce qui veut dire que si vous rencontrez des problèmes au-delà des 7 jours de rétractation (parfois plus, en fonction des produits et/ou magasins), il faudra généralement renvoyer le matériel défectueux chez le constructeur qui peut parfois se faire tirer l'oreille pour prendre en charge les réparations. Heureusement, certains commerçants du quartier (les plus anciens) se distinguent par un bon SAV, allant jusqu'à pratiquer l'échange à neuf dans certains cas.

Voici notre sélection des meilleures adresses :

Batteries Montgallet (voir ci-dessus).

Absolute PC. 2, rue Charles-Bossut, ☎ 01 44 75 34 17, www.absolutepc.fr. Une boutique plus chic que la moyenne du quartier. Ce fabricant vend des pièces et assemble des PC haut de gamme à tarifs serrés. Spécialiste Asus.

Infomax. 24, rue Montgallet, ☎ 01 43 40 01 27. Montage et maintenance.

I-Star Computer. 179, rue de Charenton, ☎ 01 44 68 01 60. Pièces et périphériques. Très bon accueil.

LCDI. 192, rue de Charenton, ☎ 01 43 43 24 40, www.lcdi.fr. Grand choix mais accueil variable et prix vraiment très fluctuants. Les promos ne sont pas les mêmes sur le site et en boutique. Tout n'est pas en stock (téléphonez systématiquement).

World of Micro. 185, rue de Charenton, ☎ 01 44 68 98 86, www.worldofmicro.fr. Les spécialistes des boîtiers, tours et disques durs. Ils montent également des ordinateurs à la demande et vous proposent leurs configurations maison très intéressantes.

www.pixmania.fr. Ce grand bazar de l'informatique et du high-tech propose absolument tout, de l'ordinateur au téléphone, en passant par le GPS, la télévision, les chaussons et les oreillers !!! Promos fréquentes. Pixmania organise également des ventes privées pour ses clients les plus fidèles (s'inscrire en ligne).

> **MÉMO**
>
> Pour obtenir gratuitement le prochain *Paris Pas Cher*, envoyez-nous les adresses que vous estimez dignes de figurer dans le guide à l'adresse parispascher@yahoo.fr. Nous les visiterons. Si une adresse est retenue et que vous êtes le premier à nous l'avoir donnée, vous gagnerez un guide *Paris Pas Cher 2016* (n'oubliez pas de nous laisser vos coordonnées complètes).

> **MÉMO**
>
> À l'heure où nous mettons sous presse, les adresses, les horaires d'ouverture et les prix cités sont à jour. Mais les commerçants peuvent, bien sûr, les modifier en fonction de considérations personnelles dont nous ne pouvons être tenus pour responsables.

15e ARRONDISSEMENT

LDLC

12-14, rue de l'Église
M° Charles Michels
☎ 01 77 75 35 00
www.ldlc.com
Mardi-samedi : 10h-19h

Vendeur et assembleur de valeur

LDLC est l'exemple même du constructeur local qui propose des machines (PC de bureau et portables) souvent plus intéressantes que les grands constructeurs. Deux gammes à suivre : les PC de la marque LDLC, et ceux de la gamme hardware.fr, concoctés avec l'aide du rédacteur en chef de ce célèbre site informatique. Certains modèles sont disponibles en kit à monter soi-même. Le rapport qualité-prix est étonnant. Pour suivre l'état du stock et les dernières promotions, on consultera le site de la boutique avant de s'y rendre. Le site déploie toujours un catalogue gargantuesque de pièces détachées ainsi que d'ordinateurs de grandes marques et de matériel high-tech. Les tarifs sont compétitifs (il y a même une rubrique « Coin des affaires »). Possibilité de livraison dans un point relais avec des frais de port. Attention le SAV en boutique et celui du site ne sont pas les mêmes, et il est plutôt meilleur en boutique. Le téléphone du service client est payant.

17e ARRONDISSEMENT

DÉGRIFF'MAC

8, place Boulnois
M° Ternes
☎ 01 56 33 25 25
www.degriffmac.com et www.macpiecedetachee.com
Lundi-vendredi : 9h30-18h30
Samedi : 10h-18h

Pommes des saisons précédentes

Une équipe de passionnés accueille chaleureusement tous ceux qui n'ont pas forcément les moyens de s'équiper de matériel dernier cri. Fins de séries, matériel de démonstration et occasions très récentes aboutissent ici. On y trouve aussi tous les accessoires qui mettent un peu de sel dans la vie informatique, ainsi que toutes les « iCréations » de la marque à la pomme et leurs pièces détachées. On pourra solliciter le service réparations pour les installer. Le matériel est garanti de 3 mois à 1 an selon les modèles. Achat en ligne et livraison possible.

AUTRE ADRESSE

- **Icare**. 8, rue de la Chaussée d'Antin (9e), ☎ 01 47 70 14 14, www.centre-icare.com, lundi-vendredi : 9h30-18h30 ; samedi : 10h-18h. Un centre agréé Apple.

ACHATS SUR LE NET

> **ÉCONOTRUC** — **DES DVD BIEN MEILLEUR MARCHÉ CHEZ NIERLE**
>
> **www.nierle.fr**. Explorez cette mine de CD, DVD, Blu-ray vierges, clés USB, disques durs externes et petit matériel informatique. On commande sur Internet et on reçoit sa commande à domicile quelques jours plus tard. 100 DVD-R ou +R vierges 16x Nierle : 18,99 € environ ; 100 CD vierges imprimables : 16,80 € environ ; disque dur externe Intense Memory 1To à partir de 57,99 €.

APPLE STORE
Des pommes reconditionnées

☎ 0 800 046 046
http://store.apple.com/fr

Dans le magasin en ligne d'Apple France, on guette, dans la rubrique « Reconditionnement et déstockage », les très prisés « modèles refurbs » (Mac, iPod, iPad), ces articles exposés ou déballés par un client précédent qui a finalement opté pour autre chose. La réduction est le plus souvent autour de 15 % sur des produits neufs et garantis 1 an. Gros point noir : la livraison, vraiment mal organisée (il faut être trèèèèès patient, d'autant plus que l'Apple Store France est en Irlande !). Attention, on peut payer uniquement par carte bleue et en une seule fois.

CANON EUROPE
Prix Canon sur le Web

https://store.canon-europe.com (rubrique « ventes Canon sur eBay »)

Canon Europe, situé aux Pays-Bas mais communiquant en français et en anglais, vend du matériel réparé par ses soins sur son site et dans sa boutique eBay (beaucoup de modèles d'exposition remis à neuf et garantis 1 an). Les tarifs sont intéressants (jusqu'à – 40 % sur le prix public conseillé, garantie Canon internationale). Les ventes se font le plus souvent aux enchères plutôt qu'à prix fixe, et on trouve principalement des imprimantes jet d'encre et multifonctions, parfois quelques appareils photo. La boutique n'est pas permanente, il faut donc guetter les arrivages.

DELL

☎ 0 825 387 133
(0,15 €/min)
www.dell.fr

Quand Dell brade

Il existe une rubrique « Nos meilleures offres »/« Nos offres de déstockage » sur le site, mais si vous ne voulez pas des anciens modèles, vous pouvez toujours essayer de négocier, en téléphonant au bout de 3 mois (fin mars, fin juin, etc.), car chez Dell, on boucle les comptes par « quarters » (trimestre).

HP RENEW

www8.hp.com/fr/fr/hp-information/hp-renew/program.html

Des rabais chez HP

HP propose en ligne des produits reconditionnés (remis à neuf par ses soins) sous le label « HP renew ». Ils offrent un rapport qualité-prix très intéressant (minium 15 % de réduction) et sont garantis 1 an (assistance HP comprise). À noter que 80 % des produits (ordinateurs, écrans, serveurs, réseaux, stockage…) ont moins d'1 an.

LA-BOOTIQUE.COM

☎ 05 49 81 79 89
http://www.la-bootique.com
Lundi-vendredi : 8h-17h

De l'occase et des B.A.

Il s'agit de la boutique en ligne d'une filiale d'Emmaüs qui recycle les équipements électroniques. Tous les éléments vendus ont été vérifiés et réparés le cas échéant. Certains produits sont encore sous garantie. Un bémol : le SAV est parfois un peu débordé.
Ensemble complet PC bureautique + écran LCD 22 pouces, fourni avec clavier, souris et câble d'alimentation : 280 € ; écran 19 pouces : 60 €. PC portable Fujitsu Siemens E8310 : 160 €.

OPEN LIGHT – WWW.PC-LOOK.COM

J'ai la bidouille qui me démange

☎ 01 41 44 13 26
www.pc-look.com
Lundi-samedi : 10h-13h

Les manieurs de tournevis seront ravis : sur ce site, on trouve les meilleurs composants pour bâtir ou bidouiller soi-même son PC à prix plancher. L'énorme catalogue évolue en permanence : ordinateurs, pièces détachées, Smartphone, etc. Également un « Coin des affaires » proposant des produits reconditionnés à prix cassés. PC Look n'a pas de boutique physique et garantit 1 an les pièces.

MONTER SON PC

Comment assembler son PC soi-même ? Vous trouverez un guide sur http://fr.wikibooks.org/wiki/Monter_un_PC ainsi que des rubriques dédiées sur les sites de www.topachat.com.

SONY
Sony casse les prix

https://outlet.sony.fr

Sony Europe (situé aux Pays-Bas) déstocke en français sur son site de vente en ligne. Produits reconditionnés ou fins de séries, tous bénéficient d'une garantie standard. Les modèles de la génération précédente – qui peuvent avoir moins de 6 mois – constituent de très belles affaires. Ordinateurs, TV à écran plat, appareils photo, Caméscope, lecteurs MP3… tout l'univers Sony se trouve là.
Comptez de – 10 à – 60 % selon les modèles.

Et encore :

- **Ginkgo**. 65, boulevard Saint-Germain (5ᵉ), M° Cluny La Sorbonne, ☎ 01 43 25 68 88, www.ginkgo.fr, lundi-samedi : 10h-19h. Réparation rapide d'iPhone, d'iPad et de Mac tous modèles. Devis gratuit. **Réduction de 10 % sur toutes prestations SAV Apple sur présentation du guide ou de la carte 2016.**
- **I-Ventive**. 4, bis avenue Raspail et 4, place d'Adamville-Kennedy, 94100 Saint-Maur-des-Fossés, ☎ 08 11 26 02 26, www.i-ventive.com, lundi-vendredi : 10h-12h, 14h-18h. Spécialiste Linux-Ubuntu. Montage et vente de PC fixes et portables et d'accessoires à prix tout doux.

MIEUX ACHETER SUR INTERNET

Avant de commander sur Internet, renseignez-vous. Faites un tour sur www.forum.lesarnaques.com. Choisissez si possible le paiement à la réception (option « Receive and Pay »). Avant de signer le bon d'acceptation du paquet, ouvrez le colis et vérifiez bien que rien n'est abîmé et qu'il ne manque rien. S'il est livré par transporteur, sachez qu'avec DHL, par exemple, vous avez 10 minutes pour vérifier votre achat. N'oubliez pas que quand vous commandez à distance, vous avez 7 jours pour renvoyer votre colis si vous n'en êtes pas satisfait.

Attention aux comparateurs de prix

Les comparateurs de prix sur Internet ne sont pas forcément aussi désintéressés que vous le croyez. Ils ne référencent que… les boutiques qui les rémunèrent pour cela.

Les extensions de garantie – pourquoi pas ?

L'extension de garantie sera un « petit plus » qui permettra de mieux revendre l'objet le jour où l'on aura envie de passer à un nouveau modèle. Idem pour un Smartphone.

Attention aux frais de retrait !

De nombreuses boutiques en ligne qui disposent également de magasins ou de points de retrait se sont mises à facturer des… frais de retrait. Pourquoi, nous direz-vous, le magasin ne les ajoute-t-il pas tout simplement au prix de l'article ? Pour rester en tête dans les moteurs de recherche et les comparatifs de prix ! N'oubliez pas d'ajouter ces frais (jusqu'à 3 €) aux tarifs indiqués sur les sites.

Comment revendre son matériel high-tech ?

www.comparecycle.com est un site de comparaison d'offres d'achat et de vente d'appareils high-tech.

ÉCONOTRUC — **DES FORFAITS TRÈS DIMINUÉS ET DES « MINUTES » BON MARCHÉ, SANS ENGAGEMENT**

Le site **www.meilleurmobile**.com permet de comparer les forfaits de différents opérateurs. Pratique pour renégocier son contrat ou changer d'opérateur.

Pour qui possède un téléphone portable et veut l'utiliser sans être engagé auprès d'un opérateur : **www.zeroforfait.com** vous propose d'acheter du « temps de conversation téléphonique » sans engagement. Il suffira de glisser une carte Sim dans son mobile sur laquelle est chargée une offre : appels + SMS + Internet 3G pour 13,99 €/mois.

ÉCONOTRUC — **ACHETEZ OU REVENDEZ UN MOBILE D'OCCASION**

Pour gagner quelques euros de plus, on pourra choisir un mobile « bloqué » ou « simlocké », c'est-à-dire utilisable seulement chez votre opérateur.

www.ecofone.fr vend des mobiles d'occasion reconditionnés en affichant leurs photos, ainsi que des chargeurs, câbles USB, kit mains libres, etc. Très fiable.

Bouygues Telecom. Réduction de 20 à 40 % par rapport aux modèles neufs.

Sosh. Réduction de 20 à 40 %. par rapport aux modèles neufs.

www.mobilorama.com. Tous les mobiles qu'ils récupèrent sont testés et remis en état si nécessaire (batterie, écran…). Si on peut y trouver de bonnes affaires sur des mobiles moyen de gamme, n'espérez pas acheter le haut de gamme à prix cassé. Sur les iPhone ou Galaxy, la réduction est plutôt autour de 10-15 %.

www.love2recycle.fr Ce site rachète les petites machines qui n'ont plus le bonheur de nous plaire : tablettes, mobiles, lecteurs MP3, ordinateurs portables.
www.magicrecycle.com. En juillet 2013, un Apple iPhone 4 16GB était racheté 68 €.
Orange. 20 à 40 % moins cher que les mêmes modèles neufs.
www.phoneandphone.com. Avec ou sans abonnement.

Où donner son téléphone portable ?
Sur **www.monextel.com**, la valeur de votre téléphone est calculée puis offerte à l'association que vous avez choisie.

HI-FI – PHOTO – VIDÉO

Comme beaucoup d'adresses vendent à la fois du matériel high-tech, des gadgets numériques et des ordinateurs, pensez à consulter également la rubrique « Informatique ».

LES ANNONCES GRATUITES : PAS TOUJOURS UN BON PLAN

On nous signale de plus en plus d'arnaques sur les sites de petites annonces gratuites. Gardez bien en tête que ces sites ne contrôlent pas les annonceurs qui passent par leur biais et ne proposent pas non plus d'assurances en cas de pépin.

8ᵉ ARRONDISSEMENT

CONCURRENCE
3, passage de la Madeleine
Mº Madeleine
☎ 09 64 20 42 02
www.concurrence.fr
Mardi-vendredi : 10h30-14h, 15h-19h
Samedi : 10h30-13h, 14h-19h

Équipement hi-fi, photo, informatique, télé…
On trouve de tout dans les marques Sony, Yamaha, Pioneer, Toshiba, Samsung, Philips, LG, Panasonic et Denon. Repérez les articles qui vous intéressent sur le site, imprimez la page (les prix sont valables seulement pour la journée) puis rendez-vous au magasin avec la feuille. À prix discount, services « light ».

10e ARRONDISSEMENT

EUROP-PHOTO-CINÉ-SON

18, rue du
Faubourg-Poissonnière
M° Bonne Nouvelle
☎ 01 47 70 67 62
www.prichoc.net
Lundi-samedi : 9h-19h

Sourire maxi et prix mini

Chez M. Hélary, les appareils photo, caméscopes, téléviseurs, écrans plats, enceintes, chaînes hi-fi, vidéoprojecteurs, lecteurs MP3 s'empilent jusqu'au plafond. Sourires et tarifs extrêmement sages (parmi les plus intéressants de France). Possibilité d'acheter une extension de garantie jusqu'à 5 ans.

▶ *Voir aussi le groupement Excellence, p. 169.*

11e ARRONDISSEMENT

COBRA

66, avenue Parmentier
M° Parmentier
☎ 0 825 301 080 (0,12 €/min)
www.cobrason.com
Mardi-samedi : 10h-19h

Un cobra électronique

On y retrouve toujours près de 200 modèles de téléviseurs, lecteurs DVD/Blu-ray, vidéoprojecteurs, écrans, appareils hi-fi, baladeurs MP3 et appareils photo en démonstration. On peut toucher, tester… et, au besoin, prendre des mesures pour vérifier que tout « rentre » bien chez soi. Remises de – 20 à – 25 % sur les gammes courantes (par rapport au prix public conseillé). Il est parfois possible de négocier (un peu) les prix affichés chez Cobra, y compris sur certains produits du site.

ODÉON OCCASIONS PARIS

73, boulevard
Beaumarchais
M° Chemin Vert
☎ 01 48 87 74 54
www.odeon-occasions.com
Mardi-samedi : 10h-19h

On y trouve « toutes les générations d'appareils, d'objectifs et d'accessoires photographiques, sur plus d'un siècle d'histoire. De quoi compléter ou renouveler votre équipement photographique traditionnel, passer au numérique, faire réviser ou revendre vos vieux appareils… »

MAGMA

53, boulevard Voltaire
M° Saint-Ambroise
☎ 01 55 28 80 70
www.magma.fr
Mardi-vendredi :
10h30-19h
Samedi : 10h-19h

Télé, hi-fi, home cinéma et photo

Magma explose en une joyeuse éruption de matériel audiovisuel. Les conseils sont au rendez-vous et les tarifs font partie des mieux placés de France. Excellent SAV. Sur leur site existe un onglet « Offres spéciales » sur lequel il est toujours utile d'aller cliquer.

AUTRE ADRESSE

- 8-10, boulevard du Montparnasse (15e), M° Duroc, ☎ 01 43 06 88 81, même site, mardi-vendredi : 10h30-19h ; samedi : 10h-19h. Parking gratuit.

15e ARRONDISSEMENT

ILLEL

Tv, hi-fi, home cinéma haut de gamme…

106, avenue Félix-Faure
M° Lourmel
01 40 34 68 69
www.illel.fr
Lundi : 15h-19h
Mardi-samedi : 10h30-19h

On s'intéressera au site très bien fait d'Illel sur lequel la maison déstocke régulièrement beaucoup de fins de séries à prix d'amis.

▶ *Voir aussi le groupement Excellence, p. 169.*

16e ARRONDISSEMENT

BK PHOTO

La photo et la vidéo à prix discount

22, rue des Belles-Feuilles
M° Trocadéro ou Victor Hugo
☎ 01 44 05 05 45
www.bk-shop.com
Lundi-vendredi : 10h-19h
Samedi : 10h30-18h

Consultez la liste des produits sur le site, puis téléphonez pour vous assurer de la disponibilité des articles. Le lieu tient plus du dépôt que de la boutique traditionnelle, mais l'accueil est tout à fait charmant bien que souvent pressé. CB pas acceptées. Tarifs parmi les plus compétitifs. Produits garantis 2 ans sauf Nikon.

ÉCONOTRUC — **PHOTO-VIDÉO : FRÉQUENTEZ LES ADRESSES DES PROS**

A12 Numérique. 78, avenue de la République (11e), M° Saint-Maur, ☎ 01 48 05 89 26, http://a12-photos.com, lundi-vendredi : 9h30-13h, 14h-18h30. Michel Moreno et son équipe vous accueillent avec gentillesse et patience, que vous soyez débutant ou pro. Matériel neuf dernier cri, occases, tirages photo de qualité et abordables… une très bonne adresse.

Cirque Photo Vidéo. 9-9 bis, boulevard des Filles-du-Calvaire (3e), M° Filles du Calvaire, ☎ 01 40 29 91 91, www.lecirque.fr, mardi-samedi : 10h-13h, 14h-18h45.

Objectif Bastille. 11, rue Jules-César (12e), M° Bastille, ☎ 01 43 43 57 38, www.objectif-bastille.com, lundi-vendredi : 9h30-18h30.

Photo Prony Canon. 53 et 55, rue de Prony (17e), M° Wagram ou Monceau, ☎ 01 47 63 68 56, www.photoprony-canon.com, mardi-vendredi : 10h-13h, 14h-18h30 ; samedi : 10h15-13h, 14h-18h30.

La Boutique Photo Nikon. 191, rue de Courcelles (17e), M° Porte de Champerret, ☎ 01 42 27 13 50, www.lbpn.fr, mardi-samedi : 10h-19h.

UN GROUPEMENT D'ACHATS DE BOUTIQUES DE TÉLÉ, HI-FI, HOME CINÉMA, PHOTO, VIDÉO

Groupement Excellence. Excellents conseils et matériel de qualité, un groupement qui rassemble une douzaine de spécialistes franciliens du matériel hi-fi et audiovisuel (téléviseurs, home cinéma, lecteurs de DVD, vidéoprojecteurs, Caméscope, appareils photo). Ils offrent une garantie de 2 ans extensible à 5 ans en option. Site commun : www.excellence.fr.

Avec SA. 52, rue de la Clef (5e), M° Place Monge, ☎ 01 43 36 79 79, www.avec-sa.fr, mardi-samedi : 10h30-19h ; jeudi jusqu'à 21h. Réduction de 7 %, hors promotions ou prix spéciaux, pour nos lecteurs sur présentation du guide ou de la carte 2016.

Télé France (et boutique Numéricâble). 178, rue Montmartre (2e), M° Grands Boulevards ou Bourse, ☎ 01 42 36 04 26, http://www.telefrance.fr, lundi-vendredi : 10h-19h ; samedi : 14h-19h.

▶ *Europ-Photo-Ciné-Son, voir p. 167.*

▶ *Illel, voir p. 168.*

Télé Royal. 81, avenue de Clichy (17e), M° La Fourche, ☎ 01 46 27 05 89, lundi : 14h-19h ; mardi-samedi : 11h-19h.

Télé Pop Music. 10, avenue Jean-Jaurès (19e), M° Jaurès, ☎ 01 42 49 88 76, lundi-vendredi : 9h-13h, 14h-19h30.

94 VAL-DE-MARNE

AJL PHOTOS

11 bis, avenue du Général-de-Gaulle
94160 Saint-Mandé
M° Saint-Mandé
☎ 01 43 74 52 41
http://ajlphotos.com
Lundi : 14h-19h30
Mardi-samedi : 9h-13h, 14h-19h30

Tirages pas chers, le sourire en prime !
Tirages numériques, argentiques, transferts sur DVD de diapos et de bobines (8 ; super 8 ; 9,5 ; 16 mm) et tirages sur toile montée sur cadre, transferts de cassettes et DVD sur mesure… Jean-Luc et son équipe savent tout faire. L'accueil est aux petits oignons et la qualité des tirages exceptionnelle (pourtant, les prix demeurent ultra-raisonnables). Possibilité d'envoyer des fichiers par Internet ou de faire imprimer des livres photo. Sur demande, AJL réalise des retouches à des tarifs abordables.

ACHATS SUR LE NET

Les boutiques de matériel photo et vidéo ci-dessous sont sérieuses et basées en France. On bénéficie de la législation sur la vente par correspondance, d'une vraie garantie, de conseils et on dispose de 7 jours pour échanger un article. En revanche, on ne peut évidemment pas prendre en main les appareils et on ne bénéficie pas d'une démonstration du vendeur. Les frais de port s'ajoutent au prix d'achat.

www.digit-photo.com
www.missnumerique.com
www.oehling.fr
www.numipixel.com

ÉCONOTRUC — ACHETER D'OCCASE DES PRODUITS HIGH-TECH, EST-CE RAISONNABLE ?

Étant donné les sorties frénétiques de nouveautés dans le domaine high-tech, on peut être tenté de s'offrir d'occase un modèle d'une collection précédente. Rachetez à vos amis soigneux ou allez chez un professionnel réputé qui fournira souvent une garantie de 3 à 6 mois. Les achats à distance sont plus risqués, sauf si l'objet est toujours sous garantie… Voir « Fréquentez les adresses des pros », p. 168.

LE « MARKETPLACE », UN MARCHÉ PARTICULIER

Attention, les vendeurs partenaires du « marketplace » présents sur le site Amazon n'ont pas forcément les mêmes conditions de vente qu'**www.amazon.fr**. Lisez bien la page dédiée au vendeur marketplace avant l'achat. Les avis des utilisateurs, rédigés à la réception du colis, ne permettent pas d'avoir une évaluation fiable du SAV. Téléphonez pour vous renseigner sur les frais de port, la garantie et les douanes si la boutique est à l'étranger.

BUREAUTIQUE – PHOTOCOPIES – PAPETERIE

PHOTOCOPIES-RELIURE

Nos adresses préférées :
- **Hypso**. 53, rue de Montmorency (3ᵉ), M° Arts et Métiers, ☎ 01 42 78 51 61, www.hypso.com, lundi : 13h30-18h45 ; mardi-vendredi : 10h-18h45 ; samedi : 10h-13h45. Autres adresses dans les 9ᵉ, 10ᵉ, 11ᵉ, 13ᵉ, 17ᵉ. **– 10 % à nos lecteurs sur les photocopies sur présentation du guide ou de la carte 2016.**
- **Dacty Copies**. 13, rue Valette (5ᵉ), M° Maubert Mutualité, ☎ 01 43 54 45 76, lundi : 10h-18h ; mardi-vendredi : 9h30-19h.

High-tech et bureautique **171**

- **De Toutes les Couleurs**. 147, boulevard Voltaire (11e), M° Charonne, ☎ 01 43 73 00 31, www.detoutelescouleurs.com, lundi-vendredi : 9h-19h ; samedi : 9h30-18h30. « La photocopie couleur laser certainement la moins chère de France », annonce le site. Autre adresse : 71, rue Saint-Charles (15e), M° Charles Michels, ☎ 01 45 75 16 10, lundi-vendredi : 9h-19h ; samedi : 10h-18h. **– 15 % aux étudiants sur présentation de la carte étudiant, du guide ou de la carte 2016, sur photocopies noir et blanc, grand format et tirages offset.**
- **Adom Club**. 49, rue du Sergent-Bauchat (12e), M° Nation ou Montgallet, ☎ 01 43 43 53 17, www.adomclub.fr, lundi-vendredi : 10h-19h (+ les samedis de rentrée des classes). **– 5 % sur présentation du guide ou de la carte 2016, non cumulable avec les offres en cours.**
- **Corep**. 89, rue de Tolbiac (13e), M° Tolbiac, ☎ 01 53 82 99 50, www.corep.fr, lundi-vendredi : 9h-19h ; samedi : 10h-13h, 14h-16h30. Autres adresses : 8, rue Brantôme (3e), M° Rambuteau, ☎ 01 42 72 15 25, www.corep.fr, lundi-vendredi : 9h-18h30 ; samedi : 9h-16h30. • 16 ter, rue Censier (5e), M° Censier Daubenton, ☎ 01 45 35 46 20, lundi-vendredi : 9h-19h ; samedi : 9h-13h. • 11, rue Victor-Cousin (5e), M° Luxembourg, ☎ 01 40 46 03 66, lundi-vendredi : 9h-19h ; samedi : 9h-13h. • 27, rue Jussieu (5e), M° Jussieu, ☎ 01 56 24 02 01, lundi-vendredi : 9h-19h ; samedi : 9h-13h. • COREP Nanterre. Université Paris X-BU, 2, allée de l'Université, 92000 Nanterre, RER Nanterre Université, ☎ 01 40 97 72 89.
- **Office Dépôt**. 44, rue d'Alésia (14e), M° Alésia, ☎ 0 810 630 300, www.officedepot.fr, lundi-vendredi : 9h-19h30 ; samedi : 10h-19h. Des produits de qualité. Les cartouches « Office Dépôt » à encre compatible valent carrément deux fois moins cher que les cartouches dédiées. Photocopies-reprographies. Autres adresses : une vingtaine de magasins à Paris et en proche banlieue, voir sur le site.
- **Copy House**. 104, rue de Sèvres (15e), M° Sèvres Lecourbe ou Duroc, ☎ 01 47 34 80 96, www.copyhouse.fr, lundi-vendredi : 9h-19h. **– 5 % à nos lecteurs à partir de 120 € sur présentation du guide ou de la carte 2016.**

CARTOUCHES

ÉCONOTRUC **FAITES RECHARGER VOS CARTOUCHES D'IMPRIMANTE (28 À 33 % D'ÉCONOMIES)**

L'envoi ou la remise de vos cartouches vides dans ces deux endroits vous fera économiser de 28 à 33 % sur chaque cartouche, par rapport à des cartouches d'origine ! Si vous possédez une petite entreprise, cette épargne vous paiera des vacances. Attention ! Ces encres compatibles ne vous permettent pas d'imprimer des photos.

Cartridge World. 43 rue du Rocher (8e), M° Europe, ☎ 01 43 87 91 68, www.paris8.cartridgeworld.fr, lundi-jeudi : 8h45-19h ; vendredi : 8h45-17h30. Remplissage de cartouches d'imprimantes. Autres adresses dans les 9e, 11e,

12e, 14e, 15e, 17e, 20e. **Réduction de 5 % sur présentation du guide ou de la carte 2016.**

Cartooche. 84, avenue de la République (11e), M° Rue Saint-Maur, ☎ 01 43 55 01 01, www.cartouche.fr, lundi : 14h-19h ; mardi-samedi : 10h-19h. On reremplit vos cartouches vides et l'économie est d'environ 50 %.

Inko'Lab. 119-121, avenue Émile-Zola (15e), M° Émile Zola ou Commerce, ☎ 01 45 78 96 11, www.inkolab.com, lundi-samedi : 10h-18h30. Apportez vos cartouches vides d'origine (et vos toners lasers usagés) chez Inko'Lab. Vous repartirez avec des cartouches d'occase testées, reconditionnées et bourrées d'encre. À la clé pour vous, des économies appréciables entre 28 et 33 % et un aimable geste pour la nature. Autres adresses : 8 bis, rue Abel (12e), M° Gare de Lyon, ☎ 01 43 47 28 27 ♦ 67-69, rue Étienne-Marcel, 93100 Montreuil, M° Croix de Chavaux, ☎ 01 43 62 78 31, lundi-samedi : 9h-19h. ♦ 119-121, avenue Émile-Zola (15e), M° Charles Michels, ☎ 01 43 62 78 31. **Réduction de 15 % sur la seconde cartouche, sur présentation du guide ou de la carte 2016.**

PILES

1001 Piles. Tour Eiffel 22, rue des Halles (1er), M° Châtelet ou RER A, B, D, ☎ 01 40 26 51 15, www.1001piles.com, lundi et samedi : 10h-13h, 14h-18h30 ; mardi et vendredi : 10h-19h. C'est le royaume de la pile et de la batterie, des chargeurs, des accus sous toutes leurs formes et pour tous les usages : large éventail de piles rechargeables à faible autodécharge (elles ne se déchargent quasiment pas entre deux utilisations). 1001 Piles peut aussi remettre à neuf votre vieille batterie non disponible dans le commerce et même remonter sur mesure votre accumulateur. Accueil toujours sympathique : Piles LR3 à faible autodécharge à partir de 9,90 €, les 2.
– 5 % à nos lecteurs (hors promotions) sur présentation du guide ou de la carte 2016.

> **MÉMO**
>
> La rédaction du guide *Paris Pas Cher* est totalement indépendante. Nous visitons anonymement les magasins, refusons tous les cadeaux et payons nos additions dans les restaurants. La parution dans notre guide est gratuite et relève d'un travail journalistique indépendant renouvelé chaque année. Nous retirons tous les établissements dont l'exigence de qualité a baissé. Attention ! Des démarcheurs se font parfois passer pour nous. Ils réclament de l'argent contre une parution dans le guide. Ce sont des escrocs, ne tombez pas dans le piège !

HÔTELS – LOGEMENTS

HÔTELS – HÉBERGEMENTS À PARTIR DE 19 € **174**
HÔTELS À PARTIR DE 50 € **181**
HÔTELS À PARTIR DE 70 € **184**
CHAMBRES D'HÔTES À PARIS **187**
LOGEMENTS TEMPORAIRES MEUBLÉS **190**
CAMPING À PARIS ET SA RÉGION **192**
VIVRE EN COLOCATION À PARIS **193**

ÉCONOTRUCS
- **184** .. Taxis collectifs pour les aéroports : 40 % d'économie !
- **190** .. Un logement temporaire gratuit à Paris
- **192** .. Camping dans les bois de Boulogne, à Champigny, à Versailles, à Rambouillet

---

- **174** .. Pour bourses plates aimant le confort
- **176** .. CISP Maurice-Ravel
- **179** .. Saint Christopher's inn Youth Hostel
- **180** .. Comment réserver par téléphone depuis l'étranger
- **189** .. Pour une lune de miel aussi ravissante qu'originale : Péniche-bateau Johanna

---

MÉMO
Des pictos sont insérés dans le texte. Voici leur signification !

- Lit 1 place
- Lit double
- Chambre pour 3
- Chambre pour 4
- Lavabo
- Douche
- Baignoire
- Petit déjeuner
- Télévision
- Wi-Fi

HÔTELS – HÉBERGEMENTS À PARTIR DE 19 €

POUR BOURSES PLATES AIMANT LE CONFORT

Pour éviter un intermédiaire et être mieux reçu, réservez toujours vos chambres directement auprès des hôtels. Ces derniers payent une taxe aux centrales d'achat pour figurer dans leurs listes sur Internet.

4ᵉ ARRONDISSEMENT

HÔTELS DE JEUNESSE MIJE *Auberges de jeunesse dans hôtels particuliers du XVIIIᵉ !*

MIJE Fauconnier
11, rue Fauconnier
M° Pont Marie ou Saint-Paul
RER Châtelet Les Halles
☎ 01 42 74 23 67
www.mije.com

Dans trois jolies rues calmes du vieux Paris, les ravissantes auberges de jeunesse MIJE s'enfoncent dans les siècles. Chambres de 1 à 7 lits (contes de Perrault obligent) puisque les hôtels particuliers qui les contiennent sont leurs contemporains. Confort moderne oblige, chaque chambre est équipée d'un lavabo et d'une douche. Serviettes de toilette non fournies.

Par personne (🍽 inclus) : 🛏4 : 33,50 € ; 🛏3 : 35,50 € ; 🛏2 + 🚿 : 41 € ; 🛏 + 🚿 : 55 €. Prévoir en sus : adhésion obligatoire aux MIJE de 2,50 € ; borne Internet 1 €/10 min. Possibilité de dîner sur place avec un joli menu à 10,50 €, servi dans l'hôtel de Fourcy.

AUTRES ADRESSES
- **MIJE Fourcy**. 6, rue de Fourcy (4ᵉ), M° Saint-Paul ou Pont Marie, ☎ 01 42 74 23 45, même site Internet.
- **MIJE Maubuisson**. 12, rue des Barres (4ᵉ), M° Hôtel de Ville ou Pont Marie, ☎ 01 42 74 23 45, même site Internet.

MÉMO

Attention, les prix peuvent varier en fonction des saisons.

8e ARRONDISSEMENT

AUBERGE DE JEUNESSE ADVÉNIAT

Ouvre-moi ta porte pour l'amour de Dieu !

10, rue François-Ier
M° Champs Élysées Clemenceau
☎ 01 77 45 89 10
www.adveniat-paris.org
Chambres accessibles à partir de 16h

Tenue par la congrégation religieuse catholique des Augustins de l'Assomption, elle reçoit plutôt des chrétiens qui trouvent dans ce lieu de rencontres (parfois spirituelles) un accueil chaleureux et généreux. On est prié de s'y conduire correctement. (Linge et produits de toilette non fournis.) L'endroit est plus qu'agréable : salon avec bar, piano et cheminée, cuisine équipée à disposition, salle de baby-foot, jardin et terrasses, chapelle.
Par personne et par nuit : 35 €. Prévoir en sus : adhésion annuelle obligatoire : 5 €. 🛏 inclus, 🚿 et wc privés ; 🛏², 🛏³, 🛏⁴, sextuple.

9e ARRONDISSEMENT

BVJ OPÉRA (BUREAU DES VOYAGES DE LA JEUNESSE) – YOUTH HOSTEL

Trois auberges en plein centre et près de la Seine

1, rue de la Tour-des-Dames
☎ 01 42 36 88 18
www.bvjhotel.com

Près du musée du Louvre, du Palais-Royal, des Halles et de la Seine, ces auberges de jeunesse valent par leur situation. Leur confort est simple. Elles ne garantissent pas non plus le type de chambre que vous aurez lors de votre réservation. Ne pas oublier d'apporter sa serviette de toilette. Douche et wc à l'étage. Accès Internet.
Par nuit (🛏 inclus), dortoir : 30 € ; 🛏² : 35 €. Consignes à code : 2 €. Bagagerie gratuite.

AUTRES ADRESSES
- **BVJ Quartier latin – Youth Hostel**. 44, rue des Bernardins (5e), M° Maubert Mutualité, ☎ 01 43 29 34 80. Par nuit (petit déjeuner inclus), dortoir : 25 € ; double + douche : 35 € ; single + lavabo : 49 €.
- **BVJ Louvre – Youth Hostel**. 20, rue Jean-Jacques-Rousseau, M° Louvre, ☎ 01 53 00 90 90. Mêmes tarifs.

WOODSTOCK HOSTEL

Pour étudiants

48, rue Rodier
M° Anvers
☎ 01 48 78 87 76
www.woodstock.fr

Il ressemble à un foyer d'étudiants en Erasmus, sa cuisine ouverte à tous les résidents, autorise le partage de recettes internationales et son bar, convivial, ne ferme qu'à 2 heures du matin ! Promotions sur le site. Possibilité de réserver sur Internet.

Selon les saisons : par personne (petit-déj inclus), chambre twin (lits superposés) : 32-35 € environ ; dortoir de 6 : 27-29 € environ (+ 3 € les week-ends). Café gratuit.

– 10 % sur présentation du guide ou de la carte 2016.

11ᵉ ARRONDISSEMENT

CHEAP ABSOLUTE PARIS

Pour jeunes aimant les quartiers de nuit

1, rue de la Fontaine-au-Roi
M° République
☎ 01 47 00 47 00
www.absolute-paris.com

Les salles de bains sont petites. Certaines chambres sur rue sont bruyantes. Mais les jeunes aiment son emplacement idéal en partie sur le canal Saint-Martin, endroit hautement romantique. Les 95 chambres sont pourvues de douche ou baignoire et wc.

Par personne : dortoir : 29 € environ ; lit simple : 65-75 € ; twin : 75-85 € environ ; lit triple : 95-100 € environ.

12ᵉ ARRONDISSEMENT

CISP MAURICE-RAVEL

À 300 mètres du bois de Vincennes avec self

6, avenue Maurice-Ravel
M° Porte Dorée
☎ 01 43 58 96 00 (réservations)
www.cisp.fr/cisp/pages/home-17.html

Ce centre ressemble comme deux gouttes d'eau à une confortable auberge de jeunesse avec 110 chambres de taille et de confort variables. Planté à 10 mètres d'une belle piscine, et 300 mètres du superbe lac du bois de Vincennes, il possède aussi un self agréable où on peut prendre ses repas et une cafèt (ouverte jusqu'à 23h30), prolongée par une terrasse.

Par personne (petit-déj inclus), lit double + douche + wc : 31,70 € ; lit simple + douche + wc : 43 € ; dortoir à 5 lits avec sanitaires à l'étage : 29 €. Self : menu à 11 € (ouverture : 12h-13h30, 19h-20h30). Panier-repas : 9 €.

AUTRE ADRESSE

- **CISP Kellerman**. 17, boulevard Kellerman (13ᵉ), M° Porte d'Italie, ☎ 01 43 58 96 00 (réservations).

Hôtels – logements

13e ARRONDISSEMENT

HÔTEL TOLBIAC*
Sans prétention

122, rue de Tolbiac
M° Tolbiac
☎ 01 44 24 25 54
www.hotel-tolbiac.com
Réception : 7h-21h

L'hôtel est simple et sans ascenseur. Mais ses chambres sont gaies et colorées, et l'accueil chaleureux.
Prix variable selon les saisons. 🛏 : 39-75 € ; 🛏² : 62-90 € environ. Lit supplémentaire pour enfant : 6 €. 🍴 (buffet à volonté) : 7,50 €. 📶 gratuit.

14e ARRONDISSEMENT

CENTRE INTERNATIONAL DE SÉJOUR
Chaleureux

FIAP Jean-Monnet
30, rue Cabanis
M° Glacière
☎ 01 43 13 17 00
www.fiap-paris.org

Les réservations des chambres se font uniquement sur le site ou par téléphone. Le centre est associatif. Il y a un restaurant sur place, un self-service, une laverie, un bar avec terrasse, un cyber espace.
Par personne (🍴 inclus), chambre + 🚿 + 🛁 + wc + téléphone : chambre (5-7 lits) à partir de 39 € ; 🛏² à partir de 44,50 € ; 🛏 à partir de 68 €. Déjeuner à partir de 13,50 €. Dîner : 12 €.

18e ARRONDISSEMENT

AUBERGE DE JEUNESSE YVES-ROBERT
Écologique, neuve, près des gares de l'Est et du Nord

20, esplanade Nathalie-Sarraute (en face du 43, rue Pajol)
M° La Chapelle
☎ 01 40 38 87 90
Mail : paris.pajol@hifrance.org
Toute l'année : 24h/24

330 lits dans des chambres d'un à quatre lits, au design pur, au confort spartiate. Son toit en panneaux photovoltaïques, lui assure chauffage et eau chaude. Des façades en bois. Un bar, des restaurants, qui ouvrent sur un jardin avec bassins, une cuisine, une laverie, un garage à vélos, une bibliothèque. Draps et couvertures fournis. Linge de toilette non fourni. Apporter un cadenas pour fermer son casier.
Par nuit, en chambre partagée (🍴 inclus), à partir de 31 €.

HÔTELS – LOGEMENTS À PARTIR DE 19 €

BOUTIQUE HOSTEL PLUG INN
Simple et quasiment montmartrois

7, rue Aristide-Bruant
M° Abbesses ou Blanche
☎ 01 42 58 42 58
www.plug-inn.fr
Tous les jours : 24h/24

Fréquenté par des routards de tous pays qui apprécient ses chambres simples et propres avec salle de bains et séchoir à cheveux, c'est un hôtel basique. Pas de télévision dans les chambres, pas d'air conditionné. Pour celles qui souhaitent dormir en dortoir, il y en a un réservé aux femmes. Une cuisine est mise à la disposition des visiteurs. Avec 🍽 : dortoir à partir de 26 € ; 🛏² à partir de 62 €, 🛏³ à partir de 92 €. Les prix sont susceptibles de grandes variations.

HÔTEL CAULAINCOURT SQUARE
Pour routards qui aiment le Moulin-Rouge

2, square Caulaincourt
M° Lamarck Caulaincourt
☎ 01 46 06 46 06
www.caulaincourt.com

Le Moulin-Rouge est à deux pas, un petit marché aussi. Ce coin du 18e commence à se « boboïser », le quartier des Abbesses n'étant pas loin. Réservations et tarifs sur le site de l'hôtel.

Selon la saison, le nombre de lits par chambre et la catégorie de la chambre (🍽 inclus) : 29-70 € environ.

LE VILLAGE HOSTEL
Pour jeunes gens et gens jeunes

20, rue d'Orsel
M° Anvers
☎ 01 42 64 22 02
www.villagehostel.fr
Tous les jours : 24h/24

Vue sur le Sacré-Cœur de la terrasse fleurie. Des peintures murales évoquent une vie d'artiste à Montmartre. Les chambres sont équipées de douches, wc et air conditionné. On peut se faire cuire un œuf dans la cuisine commune. Réservations et tarifs sur le site de l'hôtel.

Par personne et selon la saison, le nombre de lits par chambre et la catégorie de la chambre (🍽 inclus) : 33-48 € environ. 📶 gratuit avec votre ordinateur, sinon : 1 €/15 min, 4 €/1h.

Une bière ou un shot offert sur présentation du guide ou de la carte 2016.

MÉMO
Des pictos sont insérés dans le texte. Voici leur signification !

- 🛏 Lit 1 place
- 🛏² Lit double
- 🛏³ Chambre pour 3
- 🛏⁴ Chambre pour 4
- 🚰 Lavabo
- 🚿 Douche
- 🛁 Baignoire
- 🍽 Petit déjeuner
- 📺 Télévision
- 📶 Wi-Fi

19e ARRONDISSEMENT

SAINT CHRISTOPHER'S INN YOUTH HOSTEL

Auberge de jeunesse design

159, rue de Crimée
M° Riquet ou Crimée
☎ 01 40 34 34 40
www.st-christophers.co.uk/paris-hostels

Bien campée sur le bord de la Seine, son physique un peu austère cache bien son intérieur aux couleurs vives et vitaminées. Les 275 lits sont répartis en chambres et vastes dortoirs (2 à 10 personnes par chambre). Sous les lits, des tiroirs spacieux pour ranger ses affaires, liseuse et rideau pour s'isoler. Les draps sont fournis. Salle d'ordinateurs au rez-de-chaussée, et resto-bar avec terrasse sur la Seine. En sous-sol, un bar de nuit. Réservation et tarifs sur le site de l'hôtel.

Par personne (☕ inclus), selon la saison : 22-38 €. 📶 gratuit dans les chambres (accès limité à 25 min).

AUTRE ADRESSE

- 5, rue de Dunkerque (10e), M° Gare du Nord, ☎ 01 70 08 52 22. Cet hôtel est situé juste en face de la gare du Nord. Il est immense (600 chambres), de bon confort. Au rez-de-chaussée, un bar plutôt rock, le « Belushi's bar », un café classique et une connexion wi-fi gratuite dans tout l'hôtel. Des serviettes de toilette sont mises à disposition dans les dortoirs pour femmes. Sinon, elles sont à louer à l'accueil.

20e ARRONDISSEMENT

AUBERGES DE JEUNESSE FUAJE

Comme les Trois Mousquetaires, elles sont quatre

80, rue Vitruve
M° Porte de Bagnolet
☎ 01 40 32 34 56
www.fuaj.org

Les auberges Fuaje (Fédération unie des auberges de jeunesse) sont ouvertes à tous sans limite d'âge. 420 lits, un restaurant, un bar, un cinéma et une laverie automatique. Adhésion obligatoire de 11 à 20 €/an. Réservations et tarifs sur le site de l'hôtel.

Par personne (☕ inclus), selon la saison, chambres de 2 à 6 lits : à partir de 25 € environ.

AUTRES ADRESSES

- 8, boulevard Jules-Ferry (11e), M° République, ☎ 01 43 57 55 60. Près du canal Saint-Martin, propice aux balades romantiques, et dans le quartier des sorties à Paris où se bousculent bars branchés, boîtes et restaurants sympathiques.
- 24, rue des Sept-Arpents ou 1, rue Jean-Baptiste-Clément, 93310 Le Pré-Saint-Gervais, M° Hoche, ☎ 01 48 43 24 11. À 200 mètres de la Cité des sciences et de l'industrie aux expos épatantes, de la Cité de la musique où chaque soir se joue un concert gratuit, et près de la piste cyclable du canal de l'Ourcq.

Paris Pas Cher

- **AJ Léo-Lagrange**. 107, rue Martre, 92110 Clichy, M° Mairie de Clichy, ☎ 01 41 27 26 90. 329 lits.

CENTRE D'HÉBERGEMENT LOUIS-LUMIÈRE — *Avec cafèt'*

46, rue Louis-Lumière
M° Porte de Bagnolet
☎ 01 43 61 11 33
https://jeunes.paris.fr/centre-d'hebergement-louis-lumiere
Lundi-samedi : 24h/24
Dimanche et jours fériés : fermé de 10h à 16h

Ce petit centre confortable (15 chambres) a tout d'une auberge de jeunesse et possède même une cafétéria où il fait bon prendre son petit déjeuner. Compte tenu de la disposition des chambres, il accueille en majorité des groupes.

Par personne (🛏 et taxes inclus), 🛏 et 🛏² +  : 25,90 € ; 🛏³ : 22,10 € ; 3-4 lits : 25,59 € ; 6-8 lits : 18,90 € ; même tarif pour les groupes à partir de 9 personnes. 📶 dans le hall.

LOFT HÔTEL PARIS — *Design et pas cher, cuisine ouverte*

70, rue Julien-Lacroix
M° Pyrénées
☎ 01 42 02 42 02
www.theloft.paris.com

Tout à côté du parc de Belleville, cet hôtel neuf surprend par sa décoration design, sa cour intérieure fleurie, autant que par la modicité de ses prix. On peut y cuisiner. Réservations et tarifs sur le site de l'hôtel.

Par personne, selon la saison, le nombre de lits par chambre et la catégorie de la chambre (🛏 inclus) à partir de 31 €. Location de serviette : 2 €.

COMMENT RÉSERVER PAR TÉLÉPHONE DEPUIS L'ÉTRANGER

Si vous téléphonez depuis l'étranger, sachez qu'il faut composer l'indicatif 00-33 avant le numéro et enlever le 0 (ex. 00-33-1 ou 00-33-8, etc.). Les numéros de téléphone français commençant par 06 sont des mobiles.

N'oubliez pas de consulter les rubriques :

▶ *Chambres d'hôtes, p. 187.*

▶ *Logements, p. 190.*

▶ *Campings, p. 192.*

MÉMO

Des cadeaux et des réductions sont offerts dans certains établissements à nos lecteurs sur présentation du guide ou de la carte *Paris Pas Cher 2016*.

HÔTELS À PARTIR DE 50 €

2ᵉ ARRONDISSEMENT

HÔTEL TIQUETONNE*

6, rue Tiquetonne
Mº Étienne Marcel ou Les Halles
☎ 01 42 36 94 58
www.hoteltiquetonne.fr

Sur rue piétonne

L'accueil est chaleureux. Le petit hôtel calme, simple et soigné. Certaines de ses 45 chambres donnent sur une cour silencieuse, les autres sur la rue Tiquetonne, piétonne, et qui, passé 22 heures ne reçoit plus que la visite de chats (branchés). Les tarifs sont plus que raisonnables pour un hôtel dans le centre de Paris.

🛏 ou 🛏² + 🚿 : 50 € ; 🚿 sur le palier : 5 € ; 🛏 ou 🛏² + 🚿 + wc : 65 €. ☕ : 6 €. Parking public à côté : 22 €/24 h.

5ᵉ ARRONDISSEMENT

HÔTEL DU COMMERCE

14, rue de la Montagne-Sainte-Geneviève
Mº Maubert Mutualité
☎ 01 43 54 89 69
www.commerceparishotel.com

Pour jeunes aimant le Quartier latin

Son standing est correct pour les étudiants. Sur une petite rue calme, les 32 chambres sont simples, l'insonorisation parfois inégale. En bas : table de salle à manger, frigo, distributeur de boissons et micro-ondes sont à votre disposition pour préparer votre petit déjeuner. Réservations et tarifs sur le site de l'hôtel.

Par personne (☕ inclus), selon la saison, le nombre de lits par chambre et la catégorie de la chambre : 37-57 € environ. 🚿 : 2 €. Accès Internet gratuit.

PORT-ROYAL HÔTEL

8, boulevard de Port-Royal
Mº Gobelins
☎ 01 43 31 70 06
www.hotelportroyal.fr

Au cœur du Quartier latin

Depuis quatre générations, l'hôtel est bichonné par la même famille dont on retrouve les souvenirs au fil des pièces : dans certaines chambres, des meubles en merisier datent des années 1900. Aux beaux jours, le petit déjeuner se prend dans un patio entre géraniums, lierre et fougères.

🛏 + 🚿 : 48-59 € ; 🛏² + 🚿 : 59 € ; 🛏² + 🚿 + wc : 85 € ; + 🛁 + wc : 90 €. ☕ : 8 €. Comptez environ 5 € de plus en haute saison.

6e ARRONDISSEMENT

RÉSIDENCE-PENSION DU PALAIS* *Confort à deux pas du Luxembourg*

78, rue d'Assas
M° Vavin ou Notre-Dame des Champs
☎ 01 43 26 79 32
www.hotelresidencedupalais.com

Cette pension au décor classique et confort familial est située dans un bel immeuble en pierre de taille donnant sur les jardins du Luxembourg, à 5 minutes à pied de Saint-Germain-des-Prés. (Il existe 2 wc sur le palier à chaque étage.) Elle est agrémentée d'un joli patio fleuri où lire au calme. Du linge est mis à la disposition des clients. Les animaux sont acceptés. Et comble de l'hospitalité, il existe des chambres pour trois ou même quatre qui reviennent à 30 € par personne. Réservations et tarifs sur le site de l'hôtel.

Selon la saison, le nombre de lits par chambre et la catégorie de la chambre : 30-85 € environ. Possibilité de dîner : 10 €. 📶 gratuit.

Petit déjeuner offert à nos lecteurs sur présentation du guide ou de la carte 2016, après réservation auprès de l'hôtel.

7e ARRONDISSEMENT

GRAND HÔTEL LÉVÊQUE** *Rive gauche et 7e chic*

29, rue Cler
M° École Militaire
☎ 01 47 05 49 15
www.hotel-leveque.com
Ouvert 24h/24

Au pied de l'hôtel, dans cette rue Clerc piétonnière, vous trouverez des bistrots vivants où il fait bon prendre son premier café en lisant les journaux. Les chambres sont climatisées et disposent de coffre-fort, téléphone (avec numéro privé) et sèche-cheveux. Réservations et tarifs sur le site de l'hôtel.

🛏 à partir de 45 € ; 🛏² et twin à partir de 79 € ; 🛏³ à partir de 119 €.

MÉMO

La rédaction du guide *Paris Pas Cher* est totalement indépendante. Nous visitons anonymement les magasins, refusons tous les cadeaux et payons nos additions dans les restaurants. La parution dans notre guide est gratuite et relève d'un travail journalistique indépendant renouvelé chaque année. Nous retirons tous les établissements dont l'exigence de qualité a baissé. Attention ! Des démarcheurs se font parfois passer pour nous. Ils réclament de l'argent contre une parution dans le guide. Ce sont des escrocs, ne tombez pas dans le piège !

9ᵉ ARRONDISSEMENT

HÔTEL ROTARY
Stylé

4, rue de Vintimille
Mº Place de Clichy
☎ 01 48 74 26 39
www.hotel-rotary.fr

Des miroirs dans toutes les chambres rappellent le passé léger des lieux, ainsi que le décor de deux pièces : la chambre chinoise qui paraît sortir du film *Shanghai Gesture*. Dans l'autre chambre à décor, les ravissantes formes d'une statue de Vénus se reflètent dans des miroirs. Au dernier étage, deux chambres ont une petite terrasse. Elles sont souvent demandées par des peintres qui y font des aquarelles des toits de Paris. Pas d'ascenseur. ⌂ + 🚿 : 56-68 € ; ⌂² + 🚿 : 72-80 € ; chambres décorées : 99 €. 🍽 : 9,50 €.

– 5 % sur l'hébergement sur présentation du guide ou de la carte 2016.

RÉSIDENCE CARDINAL
Vive cette pension de famille !

4, rue Cardinal-Mercier
Mº Liège
☎ 01 48 74 16 16
residencecardinal@free.fr

Située dans une impasse, bien au calme (malgré la présence des Folies-Bergère toutes proches), elle garde du passé ses papiers peints et ses prix d'avant l'inflation. ⌂ + 🚿 : 45 € ; ⌂² + 🚿 : 55 € ; ⌂² + 🚿 et wc : 65 €. 🍽 : 5 €.

VINTAGE HOSTEL
À quelques minutes à pied de la gare du Nord

73, rue de Dunkerque
Mº Gare du Nord ou Anvers
☎ 01 40 16 16 40
www.vintage-hostel.com

Voici une bonne petite halte simple et confortable. Les chambres climatisées s'ouvrent avec une clé-carte et sont équipées de salle de bains. Le petit déjeuner compris dans le prix est servi sous forme de buffet dans une salle à manger au mur orange vitaminé. 🍽 compris : ⌂ : 68 € ; ⌂² : 90 € ; dortoir (3 ou 4 lits) : 35-38 €.

18ᵉ ARRONDISSEMENT

HÔTEL BONSÉJOUR MONTMARTRE*
Pas loin du Sacré-Cœur

11, rue Burq
Mº Abbesses ou Blanche
☎ 01 42 54 22 53
www.hotel-bonsejour-montmartre.fr

Réservé aux bonnes jambes… Si vous avez aimé la chanteuse Dalida, demandez les chambres nºˢ 23, 33, 43 ou 53. De votre balcon, vous verrez sa maison. Réservations et tarifs sur le site de l'hôtel. **Selon la saison, le nombre de lits par chambre et la catégorie de la chambre, à partir de 59 €.** 🍽 parfois inclus (tout dépend des dates de votre séjour). Chèques-Vacances et CB acceptés.

94 (VAL-DE-MARNE)

GÎTE-RELAIS MOSAÏC
Trait-d'Union ESAT
(Établissement et service d'aide par le travail)
7, rue Mongenot
94160 Saint-Mandé
M° Saint-Mandé
☎ 01 49 57 75 00
www.ilvm.fr/
esat-traitdunion/
presentation-esat-ilvm

Au calme, tout à côté du bois (de Vincennes)
Une adresse en or pour sa bonne tenue et son calme. Et la Bastille à 10 minutes par le métro ! Au cœur d'un établissement médico-social qui accueille principalement des aveugles (chiens-guides autorisés), existent 10 chambres non fumeurs ouvertes à tous (dont une pour handicapé). Simples, impeccables, elles donnent sur une cour fleurie très calme. Dans ce centre d'aide au travail, vous trouverez aussi un self ouvert en semaine de 12h à 14h. Chambres + 🚿 + wc + 📺 + téléviseur + téléphone, 🛏 : 45 € ; 🛏² : 47 € ; 🛏³ : 52 €. 🍽 : 5,50 €. Le week-end, le 🍽 descend à 3,50 € car on se sert au self et la baguette est remplacée par des pains au lait ! Self (11h30-13h15), menu à partir de 10 €.

ÉCONOTRUC **TAXIS COLLECTIFS POUR LES AÉROPORTS : 40 % D'ÉCONOMIE !**

Comptez de 25 à 31 € pour un trajet Paris-Roissy ou Roissy-Paris, qui coûte normalement de 60 à 90 €. Ou encore 15 € pour un trajet Paris-Orly ou Orly-Paris.

Prendre rendez-vous auprès de **La compagnie G7**, **www.wecab.com**, ☎ 01 41 27 66 77. Elle possède des « wecab » qui transportent chacun sept personnes. On peut retenir un wecab un mois à l'avance en leur téléphonant. Ou **Super Shuttle : www.shuttle.fr** (également des trajets aéroport-Disneyland).

HÔTELS À PARTIR DE 70 €

1er ARRONDISSEMENT

HÔTEL HENRI-IV**
25, place Dauphine
M° Pont Neuf ou Cité
☎ 01 43 54 44 53
www.henri-paris-hotel.fr
Tous les jours : 7h-22h

Sur l'île de la Cité
Tout à côté de la Seine et du pont Neuf (le plus vieux pont de Paris !). Toutes les chambres donnent sur la ravissante petite place Dauphine (où habitaient Yves Montand et Simone Signoret).
🍽 inclus, en haute saison : 72-87 € environ. 8 € de plus en haute saison.

Hôtels – logements

FLOR RIVOLI**

13, rue des Deux-Boules
M° Châtelet
☎ 01 42 33 49 60
www.hotel-paris-florrivoli.com/fr

Près du Louvre

Ce charmant petit hôtel est situé juste à la sortie du métro Châtelet. Téléphone, double vitrage, sèche-cheveux et même coffre-fort dans presque toutes les chambres. Parking public à proximité. Réservations et tarifs sur le site de l'hôtel.

Selon la saison, le nombre de lits par chambre et la catégorie de la chambre, à partir de 80 €. **– 10 % à nos lecteurs (hors période de salons et congrès) sur présentation du guide ou de la carte 2016.**

4ᵉ ARRONDISSEMENT

HÔTEL JEANNE-D'ARC**

3, rue de Jarente
M° Saint-Paul
☎ 01 48 87 62 11
www.hoteljeannedarc.com
Tous les jours : 24h/24

À 10 m de la sublime place des Vosges

Installé dans une maison du XVIIᵉ siècle, en plein Marais, récemment refait, cet hôtel accueillant offre de bons lits, des salles de bains spacieuses et chaque chambre est équipée de télévision câblée, et de téléphone. Le soir, allez faire un tour place des Vosges afin d'y découvrir les briques roses de ses hôtels particuliers et arcades Louis XIII. Réservations et tarifs sur le site de l'hôtel. Réservez longtemps à l'avance.

Selon la saison, le nombre de lits par chambre et la catégorie de la chambre, à partir de 72 € environ.

11ᵉ ARRONDISSEMENT

COSMOS HÔTEL

35, rue Jean-Pierre-Timbaud
M° Parmentier
☎ 01 43 57 25 88
www.cosmos-hotel-paris.com
Lundi-dimanche : 24h/24

Pas loin du champêtre canal Saint-Martin

Impeccable, tout neuf, design en gris doux, parme et marron glacé, cet hôtel offre des chambres complètement équipées, avec douche et toilettes, coffre-fort, sèche-cheveux, télévision et téléphone, wi-fi gratuit, double vitrage. L'accueil y est tout à fait cordial et ceux qui aiment sortir trouveront mille bistrots animés tout autour.

Par personne : 65-98 € pour une quadruple. ☕ : 8 €.

14e ARRONDISSEMENT

SOLAR HÔTEL
22, rue Boulard
M° Denfert Rochereau
Accès : le RER B qui dessert l'aéroport de Roissy et Orlybus est à 5 minutes
☎ 01 43 21 08 20
www.solarhotel.fr

Hôtel écolo possédant un petit jardin

La literie est de qualité, les sanitaires nettoyés avec des produits biodégradables. Dans le charmant petit jardin (sur lequel donne la salle des petits-déjeuners), Franck, le patron, fait donner des pièces de théâtre ou des miniconcerts. Des ordinateurs connectés gratuitement à Internet sont à la disposition des clients ainsi que des vélos ! Les appels téléphoniques pour les fixes en France sont illimités. Café et thé sont offerts tout au long de la journée. Que demander de plus ! Si, une chambre ne donnant pas sur la rue Daguerre.

⌨ ou ⌨² + 🚿 + wc + 🛏 satellite : 89 €. 🍽 bio pour 1 à 3 personnes inclus. Ordinateurs + Internet + vélos gratuits.

17e ARRONDISSEMENT

ELDORADO HÔTEL
18, rue des Dames
M° Place de Clichy
☎ 01 45 22 35 21
http://eldoradohotel.fr
Tous les jours : 7h-minuit

Style maison de famille avec jardin

Décor brocante et vieux souvenirs. Quelques chambres avec terrasse donnent, ô luxe, sur le jardin. Restaurant, avec terrasse en été et bar à vin. Parkings à proximité rue Lemercier et rue Nollet. **Par personne,** ⌨ + 🚿 + wc à l'étage : 72 € environ ; + 🛁 + wc : 75 € environ. ⌨² sur le jardin + 🚿 + wc : 87-93 € environ. ⌨³ + 🛁 + wc : 33-35 € environ. 🍽 : 9 €. 📶 gratuit.

19e ARRONDISSEMENT

HÔTEL LE LAUMIÈRE**
4, rue Petit
M° Laumière
☎ 01 42 06 10 77

Un hôtel familial avec jardin

Aux beaux jours, le petit déjeuner est servi au soleil. Au 1er étage, 4 chambres, aux balcons privatifs donnant sur le jardin, jouissent d'un calme rare à Paris. Les chambres, confortables, sont impeccables. Réservations et tarifs sur le site de l'hôtel. **Selon la saison, le nombre de lits par chambre et la catégorie de la chambre, à partir de 72 €.**

MÉMO

Pour nous joindre : parispascher@yahoo.fr.
Ou encore, laissez-nous un petit mot sur le site du guide : www.parispascher.com ou www.guideparispascher.com.

20e ARRONDISSEMENT

NADAUD HÔTEL

8, rue de la Bidassoa
M° Gambetta
☎ 01 46 36 87 79
www.nadaud-hotel.com
Fermé au mois d'août

Les familles l'aiment

Dans cet hôtel bien tenu (avec ascenseur), les 26 chambres doubles sont pourvues de bons lits. Les familles peuvent y avoir deux chambres communicantes, ce qui est plutôt agréable. Toutes les chambres disposent d'un accès wi-fi gratuit et sont équipées de téléphone, télévision, coffre-fort, sèche-cheveux et double vitrage. Animaux admis sur demande. Réservations et tarifs sur le site de l'hôtel.

Selon la saison, le nombre de lits par chambre et la catégorie de la chambre, à partir de 72 € environ. ☕ au lit : 8 €.

CHAMBRES D'HÔTES À PARIS

Les Parisiens aiment partager appartements et bonnes petites adresses. Voici un mode de logement pas cher, original, convivial. Vous trouverez des adresses ci-dessous et en complément sur les sites suivants :

WWW.HOTESQUALITEPARIS.FR

On trouve des chambres d'hôtes de tous niveaux de confort à partir de 55 €. Leurs propriétaires ont adhéré à une charte de qualité délivrée par la mairie de Paris qui les tient sous surveillance.

WWW.2BINPARIS.COM

Ces bed and breakfast, qui ont adhéré à la charte de qualité de la mairie de Paris, sont situés en plein centre, à quelques minutes des métros et près des plus importants centres culturels et artistiques de la capitale. Par nuit (☕ inclus), 🛏 : 30-58 € ; 🛏² : 25-50 €.

WWW.PARIS.CHAMBRESDHOTES-FLEURSDESOLEIL.FR

Fleurs de soleil-Les Maisons d'amis en France est un label de qualité pour les chambres d'hôtes en France. Ce sont en général des chambres très confortables, aux literies de qualité, tenues par des gens qui ont à cœur de vous recevoir comme un hôte privilégié. Ils connaissent Paris et ne demandent qu'à partager leurs bonnes adresses.

WWW.BEDBREAK.COM

☎ 09 60 09 86 49

Créée en juin 1994, cette association de chambres d'hôtes a signé la charte de qualité édictée par la mairie de Paris. Ces chambres sont visitées par l'association avant d'être mises sur leur site. Par nuit (☕ inclus), 🛏 : 35-175 € ; 🛏² : 55-220 €.

WWW.GITES-DE-FRANCE.COM

56, rue Saint-Lazare
M° Trinité
☎ 01 49 70 75 75

Des chambres d'hôtes en région parisienne sont à portée de clic sur le site Internet des Gîtes de France. Leur degré de confort, les activités proposées parfois (piscine, vélos, équitation) leur valent une classification par épis (les étoiles des Gîtes). **Chambres d'hôtes : environ 80 € pour deux, 🍵 inclus.**

WWW.MEETINGTHEFRENCH.COM

Ce site recense des chambres originales de bon goût et bien situées. L'accueil des hôtes y est souvent particulièrement convivial. Les prix varient selon les saisons.

ALCÔVES & AGAPES, BED AND BREAKFAST IN PARIS

☎ 01 44 85 06 05
www.bed-and-breakfast-in-paris.fr

Renseignements et réservation sur le site. Lors de la réservation, précisez bien que vous venez de la part du guide. Toutes les adresses de ces chambres d'hôtes chics sont situées dans Paris, à 5 minutes d'une station de métro. Leurs propriétaires n'accueillent qu'un seul visiteur (ou couple) à la fois, afin que le côté familial de leur séjour soit préservé. Et les chambres ou appartements sont superbes.

🛏 ou 🛏² + 🛁 + wc (🍵 inclus) : **75-110 € ; suites ou petits appartements meublés ou chambre dans un hôtel particulier : 115-145 €.**

WWW.AIRBNB.FR

Ce sont des chambres et appartements proposés de particuliers à particuliers. Sur le site, vous pouvez lire les commentaires des voyageurs. Les possibilités de logements sont grandes et les prix pratiqués souvent très raisonnables. La caution est fixée par les propriétaires et gérée par le site.

WWW.WIMDU.FR

Même façon de procéder que chez www.airbnb.fr.

MÉMO

Des pictos sont insérés dans le texte. Voici leur signification !

- 🛏 Lit 1 place
- 🛏² Lit double
- 🛏³ Chambre pour 3
- 🛏⁴ Chambre pour 4
- 🚰 Lavabo
- 🚿 Douche
- 🛁 Baignoire
- 🍵 Petit déjeuner
- 📺 Télévision
- 📶 Wi-Fi

NOS CHAMBRES D'HÔTES COUP DE CŒUR

3e ARRONDISSEMENT

PIERRE GASSIN *Loft avec piscine-spa*

15, rue Au-Maire
M° Arts et Métiers
☎ 06 10 38 18 80
pgassin@loft-zen.com

Un des meilleurs rapports qualité-prix de Paris ! Pas loin du musée Picasso et de Beaubourg, un photographe a fait aménager un loft design en lui adjoignant, dans une cave médiévale, une piscine avec chromothérapie qui fait goûter aux effets bénéfiques des couleurs ! 6 voyageurs peuvent barboter ensemble dans ce spa dissimulé au cœur du vieux Paris. Réservation de 3 nuits minimum, de préférence par mail.

1 500 €/semaine, soit 36 € par jour et par personne à 6 ; 1 000 € pour 3 nuits, soit 24 € par jour à 6.

7e ARRONDISSEMENT

POUR UNE LUNE DE MIEL AUSSI RAVISSANTE QU'ORIGINALE

PÉNICHE-BATEAU JOHANNA *Chambre d'hôtes sur une péniche devant le musée d'Orsay*

Port de Solférino
Quai Anatole-France
M° Assemblée Nationale
ou Solférino
☎ 01 45 51 60 83
www.bateau.johanna.free.fr

Dans ce bateau impeccable qui date de 1936, se nichent deux chambres d'hôtes assorties d'un petit salon, le tout en boiseries d'époque. Le petit déjeuner, avec viennoiseries, est servi dans la timonerie avec vue sur la Seine, le jardin des Tuileries et le Louvre qui sont en face. Un rêve à partager à deux pour fêter un événement exceptionnel. Accès wi-fi, TV satellite et réfrigérateur à boissons.

Cabine lit 2 + douche + wc : 110 € pour 2 personnes, petit déjeuner inclus. 2 nuits minimum. lit 1 : 100 €. Cabine supplémentaire à louer en plus de la première cabine : 35 €.

LOGEMENTS TEMPORAIRES MEUBLÉS

ÉCONOTRUC — UN LOGEMENT TEMPORAIRE GRATUIT À PARIS

Sur le site www.couchsurfing.com vous trouverez (avec un peu – voire beaucoup) de chance un canapé parisien prêt à vous accueillir. Il est recommandé de téléphoner à l'hôte avant et d'échanger quelques points de vue sur la vie afin de s'éviter toute mauvaise surprise.

Sur www.hospitalityclub.org, des bénévoles proposent de recevoir gratuitement des étrangers pour leur faire simplement visiter leur quartier ou la ville qu'ils habitent, soit pour les inviter à prendre un repas ou davantage, soit encore pour les héberger complètement. Même recommandation que ci-dessus.

6e ARRONDISSEMENT

INTER-LOGEMENT — *Locations meublées*

109, rue de Vaugirard
M° Montparnasse
☎ 01 45 66 66 88
www.inter-logement.net
E-mail : contact@inter-logement.net
Lundi-jeudi : 9h15-18h45
Vendredi : 9h-18h (et sur rendez-vous par téléphone)

Inter-logement met en contact candidats-locataires, à la semaine ou au mois, dans Paris et ses banlieues, et propriétaires d'appartements meublés. Par mois, studette (10-16 m^2) à partir de 450-600 € (soit 16 €/jour et par personne) ; studio (18-35 m^2) à partir de 600-1 000 €. À cela s'ajoutent 20 % de frais d'agence pour une location de moins d'un mois.

11e ARRONDISSEMENT

PASCAL MINAULT — *Au calme*

1, passage de la Fonderie
M° Parmentier
☎ 01 77 15 69 54 et
06 62 52 12 05
www.appartements-hotes-folie-paris.com

Situé dans une impasse fleurie du quartier des bars et boîtes les plus fréquentés de Paris, au 2e étage (sans ascenseur), l'appartement (deux-pièces, 31 m^2), au style années soixante-dix très coloré, peut accueillir quatre personnes. Clair, confortable, avec une cuisine bien équipée.

Par nuit, pour une personne : 90 € ; 2 personnes : 100 € ; 3 personnes : 115 € ; 4 personnes : 130 € pour 3 nuits minimum. 10 % de réduction lorsque le séjour dépasse 5 nuits.

AUTRES ADRESSES
- 20, rue de la Folie-Méricourt (11e), M° Saint-Ambroise.
- 1, rue Jean-Pierre-Timbaud (11e), M° République, 4e étage, sans ascenseur.

18ᵉ ARRONDISSEMENT

PARIS-OASIS

14, rue André-del-Sarte
M° Anvers ou
Château Rouge
www.parisoasis.com

Grand luxe : une piscine privée à Montmartre

Une piscine sous verrière, un jardin-terrasse à deux pas du funiculaire et du Sacré-Cœur… Cet ensemble s'accompagne d'une chambre, d'un studio, et de deux apparts à louer.

Par nuit, pour une personne : 90 € ; pour 2 personnes : 140-190 € ; pour 3 à 4 personnes : 250 €. Réservation 3 nuits minimum.

SOCIÉTÉ CAMELOT

http://fr.cameloteurope.com

Logez dans des bureaux vides

Le principe de cette société est de proposer à la location, pour quelques mois, des logements vides (dont beaucoup de bureaux) pour éviter qu'ils ne soient squattés. Le loyer est très bas (environ 200 € par mois). En contrepartie, il faut être prêt à faire ses cartons rapidement quand le propriétaire voudra récupérer son bien (préavis de 15 jours). D'ailleurs, on vous demande de présenter une attestation de relogement dans laquelle une personne de l'entourage s'engage à vous accueillir quand vous devrez quitter ce logement. Camelot fonctionne sur le principe du premier arrivé-premier servi. Il faut s'inscrire sur leur site pour recevoir par e-mail les nouvelles offres. Ces locations temporaires ne sont pas ouvertes aux familles avec enfants.

MÉMO

Le guide *Paris Pas Cher* continue sur Internet ! Vous y trouverez des articles différents de l'édition papier, ainsi que des mises à jour sur notre blog : **www.guideparispascher.com**.

CAMPING À PARIS ET SA RÉGION

ÉCONOTRUC — CAMPING DANS LES BOIS DE BOULOGNE, À CHAMPIGNY, À VERSAILLES, À RAMBOUILLET

Il existe à Paris et dans sa proche banlieue quatre campings à fréquenter (surtout les deux derniers) :

Camping du bois de Boulogne**. 2, allée du Bord-de-l'Eau (16e), M° Porte Maillot, puis navette privée à certaines saisons, ☎ 01 45 24 30 00 et 01 45 24 30 31, www.campingparis.fr. Réservation obligatoire. Un joli camping, dans le bois, en bordure de Seine.

Mobile-home, 4 à 6 personnes, draps et couvertures fournis : 98-127 €/nuit selon les saisons.

Cottage de 27 m² pour 6 personnes : 90-138 €/nuit selon les saisons.

Camping de Paris Est-Champigny*. Boulevard des Alliés, 94500 Champigny-sur-Marne, RER A jusqu'à Joinville-le-Pont, puis bus 101, ☎ 01 43 97 43 97, www.campingparis.fr.

À 4 km de Paris et à 20 km de Disneyland. Il est aussi à côté des guinguettes qui longent la Marne. Mobil-home pour 5 avec cuisine équipée : même tarif.

Camping de Versailles**. Huttopia Versailles, 31, rue Berthelot, 78000 Versailles, RER C, direction Versailles Rive-Gauche, arrêt Porchefontaine, ☎ 01 39 51 23 61, versailles@huttopia.com. En forêt ; à 3 km en RER, puis 5 minutes à pied du château, 30 minutes de la tour Eiffel par le RER C. Avec piscine ouverte aux beaux jours.

Camping de Rambouillet**. Huttopia Rambouillet, route du Château-d'Eau, 78120 Rambouillet, accès : gare Montparnasse, arrêt Rambouillet, puis 20 minutes à pied, ☎ 01 30 41 07 34, rambouillet@huttopia.com. À 58 km de Paris. En forêt, au bord d'un petit étang et près de l'Espace Rambouillet (on peut y entendre le brame des cerfs).

Pour ces deux campings, location (de mars à novembre) : tente canadienne toute équipée avec 2 chambres : 63-104 €/nuit ; roulottes équipées pour 4 : 95-142 €/nuit ; cabane en rondins pour 6 (avec mezzanine et terrasse couverte) toute équipée : 139-179 €/nuit. Pour ces deux derniers sites, réservez sur **www.huttopia.com**. Réservation pour 2 nuits minimum.

VIVRE EN COLOCATION À PARIS

Quelques pistes pour trouver à la fois l'appartement et les colocataires de ses rêves. Rejouez *Friends* à Paris !

LES JEUDIS DE LA COLOCATION   *Pour trouver son (ses) coloc(s)*

http://jeudidelacolocation.org

Des soirées où rencontrer d'autres colocataires potentiels et où trouver un appartement commun. On discute dans un bar, autour d'un verre, en grignotant du fromage et de la charcuterie. Entrée gratuite.
La même équipe gère le site de petites annonces **www.colocation.fr**.

Et encore :
- Des sites d'annonces : **www.macoloc.fr**, **www.appartager.com**, **www.smoovup.com**.

MÉMO
Attention, les prix peuvent varier en fonction des saisons.

MÉMO
Pour obtenir gratuitement le prochain *Paris Pas Cher*, envoyez-nous les adresses que vous estimez dignes de figurer dans le guide à l'adresse parispascher@yahoo.fr. Nous les visiterons. Si une adresse est retenue et que vous êtes le premier à nous l'avoir donnée, vous gagnerez un guide *Paris Pas Cher 2016* (n'oubliez pas de nous laisser vos coordonnées complètes).

LINGE DE MAISON

N'oubliez pas d'aller visiter les vide-greniers où vous trouverez des draps en lin (qui font aussi des rideaux au tombé parfait) pour 10 à 15 € (voir adresses p. 71).

---

www.vente-privee.com
Des couettes, des draps, du linge de table et de toilette s'y négocient tout au long de l'année à des prix réduits de 40 % en moyenne.

LINGE DE MAISON

4ᵉ ARRONDISSEMENT

TEXAFFAIRES — *Stock Descamps et Jalla*

7, rue du Temple
Mº Hôtel de Ville
☎ 01 42 78 21 38
Lundi-samedi : 10h-19h

Texaffaires, en concurrent direct du BHV voisin, propose aussi du beau linge. Ce sont des fins de séries des marques Descamps, Jardin Secret et Bassetti. Une jolie place est laissée aux univers masculins.

AUTRES ADRESSES
- **Centre commercial La Vallée Village**. 3, cours de la Garonne, 77700 Serris, ☎ 01 60 42 26 58.
- **Descamps Outlet Store**. Quai des Marques (A15), 395, avenue du Général-Leclerc, 95130 Franconville, ☎ 01 34 15 31 69.

6ᵉ ARRONDISSEMENT

CHERCHEMINIPPES — *Dépôt-vente*

109, rue du Cherche-Midi
Mº Duroc
☎ 01 42 22 45 23
www.chercheminippes.com
Lundi-samedi : 11h-19h

Alimentée par les dames de ce quartier aisé qui aiment le joli linge, cette brocante propose souvent des nappes, des rideaux, des serviettes et parfois des housses de couette.

Housse de couette 240 x 220 cm à partir de 20 € ; coussins à partir de 5 € ; rideaux à partir de 10 €.

7ᵉ ARRONDISSEMENT

BLANC DES VOSGES — *Stock « Blanc des Vosges », linge français*

60, rue Saint-Dominique
Mº Latour Maubourg
☎ 01 45 55 12 19
www.blancdesvosges.fr
Mardi-samedi : 10h-19h

C'est à Gérardmer qu'il est conçu, tissé, cousu, et ce depuis plus d'un siècle. Les cotons sont de très belle qualité, les finitions avec biais et bourdon. Il y a de jolies nappes en damassé. Le style général est classique ce qui en rend l'usage facile.

Housse de couette 240 x 220 cm + 2 taies d'oreillers à partir de 55 €. Drap-housse en 140 x 190 cm : environ 30 €.

AUTRE ADRESSE
- **Usine Center**. Lot n° 32, 78140 Vélizy-Villacoublay ☎ 01 39 46 66 48.

12e ARRONDISSEMENT

LE GRAND BLANC
288, boulevard Voltaire
M° Nation
☎ 01 43 71 48 12
Mardi-vendredi : 10h-12h30, 14h-19h
Samedi : 14h-19h

Du beau linge en fins de séries

Ici aussi, on vend de belles fins de séries du linge « Blanc des Vosges ». Elles valent de 20 à 30 % moins cher qu'ailleurs. Housses de couette au tissage serré (qui se froisse moins), et beaucoup de jolies nappes en jacquard ou brodées.

Serviettes de bain en coton peigné (50 x 100 cm et beaucoup de coloris) à partir de 9 €. Nappe en jacquard carrée (170 x 170 cm) : 29 € ; drap-housse en 140 cm : à partir de 23 €.

14e ARRONDISSEMENT

RÊVE BLANC

28, rue Daguerre
M° Denfert Rochereau
☎ 01 43 27 64 16
www.reveblancgroup.com
Mardi-samedi : 10h-19h30

Fins de séries de linge de luxe français

Les linges créés par Olivier Desforges, Pierre Frey, Anne de Solène (ses fleurs sur draps apportent le printemps et l'été dans vos nuits) ; Yves Delorme (un coloriste parfois fauve) ; Nydel (ses nappes se nettoient avec une éponge)… Tout ce linge qui rend le quotidien joyeux et même artiste est vendu ici au tiers ou au quart de son prix.

AUTRE ADRESSE
- 155, rue de Grenelle (15e), M° Latour Maubourg, ☎ 01 47 05 93 13, lundi-samedi : 10h-19h.

15e ARRONDISSEMENT

DÉGRIFF BLANC – BELLO BLANC
51, avenue de La Motte-Picquet
M° La Motte Picquet Grenelle
☎ 01 43 06 59 20
Lundi-samedi : 10h-19h

De très belles marques à prix dégriffés

Un beau linge vendu souvent à moitié prix. Les peignoirs et serviettes de toilette sont signés les Percales de Salomé, les housses de couette de toutes tailles (du 80 cm au 200 x 200 cm) portent les griffes d'Anne de Solène, Sanderson, Blanc des Vosges et Lestra.

MÉMO

Pour nous joindre : parispascher@yahoo.fr.
Ou encore, laissez-nous un petit mot sur le site du guide : www.parispascher.com ou www.guideparispascher.com.

LE COTONNIER

Nuits câlines françaises en stock

Marques Avenue
8, rue du Châtelier
93450 L'Île-Saint-Denis
M° Mairie de Saint-Ouen + bus 137N
☎ 01 48 13 04 69
Lundi-vendredi : 10h-19h
Samedi : 10h-20h

Voici en teintes pastel des fins de séries françaises signées Alexandre Turpault (lin et métis de Cholet, éponges épaisses). En dessins et couleurs fortes : linge des marques Canovas et Souleïado (la Provence dans de beaux draps).
Réduction de 30 % et plus.

AUTRE ADRESSE

- **L'Usine Mode et Maison**. Route André-Citroën, 78140 Vélizy-Villacoublay.

Et encore :

- **Confo Déco**. 1, rue de Rivoli (4e), M° Saint-Paul, ☎ 01 72 04 09 67, www.confodeco.fr, lundi-samedi : 10h-19h30.

▶ *Toto, voir p. 290.*

MÉMO

Le guide *Paris Pas Cher* continue sur Internet ! Vous y trouverez des articles différents de l'édition papier, ainsi que des mises à jour sur notre blog : **www.guideparispascher.com**.

MÉMO

La rédaction du guide *Paris Pas Cher* est totalement indépendante. Nous visitons anonymement les magasins, refusons tous les cadeaux et payons nos additions dans les restaurants. La parution dans notre guide est gratuite et relève d'un travail journalistique indépendant renouvelé chaque année. Nous retirons tous les établissements dont l'exigence de qualité a baissé. Attention ! Des démarcheurs se font parfois passer pour nous. Ils réclament de l'argent contre une parution dans le guide. Ce sont des escrocs, ne tombez pas dans le piège !

LOISIRS CRÉATIFS

Fan de cuisine, couture, tricot-crochet, dessin, peinture, sculpture, cosmétique… ? Vous trouverez dans ce chapitre des adresses qui vous raviront, aussi bien pour apprendre que pour vous équiper !

DES COURS **200**
DU MATÉRIEL **206**

> **ÉCONOTRUCS**
> **201** . . Bien débuter en couture et en tricot gratuitement
> **205** . . Atelier Hannah Laoust

200 . . Des cours offerts aux seniors
203 . . Cours de cuisine gratuits sur les marchés parisiens

▶ *Consultez aussi la rubrique : « Tissus, merceries », p. 290.*

DES COURS

DES COURS OFFERTS AUX SENIORS

Une bonne centaine d'ateliers artistiques, sportifs, culturels et de loisirs créatifs gratuits leur sont offerts dans les « Clubs Émeraude » et « Clubs de proximité » ouverts au plus de 55 ans. Activités manuelles, artistiques, physiques, intergénérationnelles, culturelles, ludiques : ateliers bois, patchwork, broderie, dessin, atelier décoration, création de bijoux, peinture, relaxation, yoga, atelier d'initiation à Internet, jeux vidéo, conversation en anglais, cours de danse, théâtre, atelier jeux de mémoire, ateliers échecs et jeux de cartes… voici quelques-unes des animations proposées. Il existe des clubs accessibles aux personnes en fauteuil roulant. Renseignements dans les centres sociaux de la Ville de Paris. Adresses sur www.paris.fr/pratique/services-sociaux/centre-d-action-sociale-de-la-ville.

COUTURE, TRICOT ET CROCHET

2e ARRONDISSEMENT

LIL WEASEL — *Couture et tricot*

1, passage du Grand-Cerf
M° Étienne Marcel
☎ 01 73 71 70 48
www.lilweasel.com
Mardi-samedi : 10h30-19h

Des cours de tricot, crochet, couture dans un joli atelier situé derrière la boutique. Coton et coton bio teint avec des teintures végétales, bambou, lin, laine et alpaga en pelotes remplissent la boutique. Voir conditions d'inscription sur le site.
Atelier : environ 35 €/2h.

9e ARRONDISSEMENT

BRIN DE COUSETTE — *Cours de couture, mercerie, salon de thé*

2, rue Richard-Lenoir
M° Couronne
☎ 01 43 72 58 09
www.brindecousette.com
Mardi-samedi : 10h-19h

« Apprendre à coudre ou progresser, discuter de son projet ou être conseillé », c'est ce que propose Brin de Cousette à toutes les Parisiennes qui souhaitent réaliser une création en tissu.
De 35 €/2h à 55 €/3h selon vos capacités en couture.
– 5 % sur le prix d'un cours sur présentation du guide ou de la carte 2016.

ÉCONOTRUC — BIEN DÉBUTER EN COUTURE ET EN TRICOT GRATUITEMENT

www.coupecouture.fr

« Le blog qui vous apprend à coudre »… et c'est vrai !

Notre artiste-professeur vous prend par la main dès la rubrique « Comment commencer » et vous apprend les choses les plus simples comme de coudre un bouton, jusqu'aux techniques de couture raffinées : bordures, ceintures, manches, raccommodage… Elle enseigne aussi les points de couture, de broderie, de tricot à la main, à la machine, à utiliser un patron et assembler les pièces. Des fiches illustrées détaillent les principaux points et les techniques de couture. Son site superbe est un plaisir pour les yeux.

ATELIERS ROSE SELAVY
Tricot

5, rue Fromentin
M° Blanche ou Pigalle
☎ 01 40 23 05 95
www.roseselavy.net
Tricot : mardi : 19h-21h
Couture : mardi : 14h-17h, jeudi : 19h-22h, vendredi : 10h-13h

Les dates et horaires des ateliers tricot et couture sont susceptibles de changer. Renseignez-vous en vous inscrivant par téléphone ou en ligne. Les ateliers se passent dans un bel espace comprenant un salon, un coin repas avec une grande table, une cuisine.

Cours d'essai : 43 €/3h. Atelier tricot : environ 30 €/2h. Atelier couture : 410 €/trimestre pour 12 séances de 3 heures, soit 11,38 €/1h.

11e ARRONDISSEMENT

CAF'E TRICOT STUDIO
Il n'y a que maille qui m'aille

2, rue Auguste-Barbier
M° Goncourt
☎ 01 47 00 49 07
www.cafetricotstudio.com
Mardi-samedi : 10h-19h

Véronique, styliste qui a longtemps vécu à Bergame, en rapporte toujours de superbes laines transalpines. Cashmere, alpaga, mohair, mérinos, coton, soie, bambou, pur lin sont les matériaux prêts ici à être achetés et tricotés. (Bien entendu, on peut venir aussi avec son matériel.) Mais ce qu'on apprécie le plus chez Véronique, c'est sa douceur et son sens de la pédagogie dont elle fait bénéficier apprentis et confirmés. Autour d'un thé et d'une bonne tarte, elle commence par cerner le niveau et les attentes de chacun(e). Sur son blog sont publiés régulièrement des articles sur un modèle, une technique particulière, un truc, une astuce. En boutique, modèles, fils, accessoires, livres et magazines.

En cours individuel : environ 30 €/1h30 ; en groupe de 2 : environ 18 €/1h30 par personne ; par 3 : environ 13 €/1h30 par personne. Pour les jeunes de 12 à 15 ans, 15 €/1h30. Pour tous, café offert.

L'OISIVETHÉ

10, rue de la
Butte-aux-Cailles
M° Place d'Italie
☎ 01 53 80 31 33
www.ravelry.com
Lundi, mercredi :
19h30-22h30

13e ARRONDISSEMENT

Apéros-cours de tricot gratuits

Les lundis et mercredis, séance TricotThé dans ce joli salon de thé, paisible et chaleureux. On apporte son ouvrage, ses aiguilles et ses laines, on papote, on crochète, on tricote autour d'un verre de vin ou d'une tasse de thé (une consommation est obligatoire). L'assistance est limitée à 25 personnes où les débutant(e)s sont les bienvenu(e)s. Le salon est couplé avec une boutique de laines, teintées à la main en provenance d'Amérique du Nord et du Royaume-Uni, où on pourra s'approvisionner. On s'inscrit sur le site.

▶ *Pour une sélection de sites proposant patrons et idées en couture, tricot, broderie, voir p. 201.*

KIT À PLAIRE

40, rue des Dames
M° Place de Clichy
☎ 06 88 75 17 81 ou
01 43 87 15 28
http://kitaplaire.wix.com/boutique
Pour la boutique : mardi-samedi : 11h30-19h30
Pour les cours : horaires variables (voir le site)

17e ARRONDISSEMENT

Cours de tricot, crochet, broderie et prêt-à-porter français

Couturière pédagogue, Judith coache ses élèves et leur enseigne les subtilités du tricot, de la couture et les techniques du crochet et de la broderie. Dans la boutique-atelier, on peut aussi acheter des vêtements et des accessoires réalisés par des artisans français.

Atelier : 32 €/3h, soit à peine plus de 10 €/1h !

BOBINES ET COMBINES

164, rue Marcadet
M° Lamarck Caulaincourt
☎ 01 75 43 91 11
www.bobinesetcombines.fr
Horaires des cours à choisir

18e ARRONDISSEMENT

Couture

Un grand atelier bien clair avec des grandes tables et des machines Singer derrière une baie vitrée. Beaucoup de niveaux de cours, du débutant au confirmé. (Les confirmés se verront proposer des patrons Prima ou peuvent venir avec leur propre projet.) Mercerie, pièces détachées de machines, vente et réparations de machines Singer, services retouches.

Machines en libre-service : 4 €/30 min, 6 €/1h.
Atelier ado : 25 €/1h30 fournitures comprises.
Atelier adulte : 30 €/2h et formules d'abonnement. Atelier enfant : 15 €/45 minutes.

AUTRES ADRESSES
- Dans les 9e, 17e, 20e (voir sur le site).

Et encore :

WWW.TRICOTIN.COM
Tricot, crochet, tricotin, tissage, broderies, teintures, tricot aux doigts, plus de 500 modèles gratuits sont à la disposition de toutes. Sur ce site, on trouve des cours photographiés, et des laines pas courantes à acheter : chameau, alpaga, fibres d'algues…

HTTP://KNITSPIRIT.NET/VIDEOS
Des vidéos pour apprendre les rudiments puis les techniques sophistiquées du tricot. Beaucoup de modèles pour enfants.

CUISINE

COURS DE CUISINE GRATUITS SUR LES MARCHÉS PARISIENS

Authentiques amateurs de cuisine, dingues de la cocotte, inscrivez-vous aux cours de cuisine gratuits offerts par la mairie de Paris et la Fédération française de cuisine amateur. Ils ont lieu sur tous les marchés de la capitale, en plein air. C'est sympa, inattendu et instructif. Les professeurs sont tous des chefs ou des enseignants issus des écoles de cuisine des arrondissements du coin. Tous les cours se déroulent en matinée et débutent à 10h.

Vous commencez par choisir les ingrédients de la recette du jour chez les commerçants du marché. Ensuite, vous prenez votre place sur le stand tout équipé et, protégé par un tablier, vous regardez attentivement le chef au travail pour participer à la réalisation de la recette. À la fin du cours, on déguste, et parfois on gagne des tabliers. De retour à la maison, vous pourrez refaire la recette pour que, désormais, on vous appelle « chef » !

Inscription obligatoire sur le site : **www.ffcuisineamateur.org** (rubrique « Agenda »).

8e ARRONDISSEMENT

L'ATELIER DES CHEFS

Toque, toque !

10, rue de Penthièvre
M° Miromesnil
☎ 01 53 30 05 82 (pour les ateliers parisiens)
www.atelierdeschefs.com
Cours et dégustation de 12h30 à 13h ou de 13h15 à 13h45 selon les lieux

En une demi-heure, vous apprendrez à confectionner un plat en sublimant les ingrédients du quotidien. Puis, vous le dégusterez avec vos compagnons de cours sur une grande table d'hôte. Chaleureux ! Cours : 17 €/30 min, dessert préparé par le chef : 3 €. Nombreuses autres formules de cours y compris les cours en ligne à partir de 9,90 €/mois.

AUTRES ADRESSES

- **L'atelier des chefs de Paris Hôtel-de-Ville**. 8, rue Pernelle (4e), M° Châtelet ou Hôtel de Ville, ☎ 01 44 54 39 10, cours les lundis : 12h30-13h.
- **L'atelier des chefs de Paris Saint-Lazare**. 20, rue Saint-Lazare (9e), M° Notre-Dame de Lorette, ☎ 01 49 70 97 50, cours les lundis : 13h15-13h45.
- **L'atelier des chefs de Paris-Péclet**. 27, rue Péclet (15e), M° Vaugirard, ☎ 01 56 08 33 50, cours les lundis : 12h30-13h.

9e ARRONDISSEMENT

COOK N' GO
Cours avec un chef

69, rue Lafayette
M° Cadet
☎ 01 42 80 00 59
www.cook-and-go.com
Horaires des cours à choisir

Des cours de cuisine joyeux et dépaysants, aux thèmes très variés.
On peut réaliser un menu entrée-plat-dessert en 1h30 : 29-39 €.

AUTRES ADRESSES

- 69, rue La Fayette (9e), M° Cadet, ☎ 01 42 80 00 59.
- 36, passage Dallery/rue de la Roquette (11e), M° Voltaire ou Bastille, ☎ 09 81 15 85 30.
- 17, boulevard Saint-Jacques (14e), M° Saint-Jacques ou Glacière, ☎ 01 53 62 29 87.
- 175, rue Saint-Charles (15e), M° Lourmel ou Boucicaut, ☎ 01 45 58 37 91.

DESSIN, PEINTURE, SCULPTURE

ATELIERS BEAUX-ARTS DE LA MAIRIE DE PARIS
Nos profs sont des artistes confirmés

www.paris.fr (onglet « culture »)

85 ateliers : dessin, peinture, sculpture, gravure, bande dessinée, photo, infographie, etc. Inscription dès le début de septembre : formulaire de candidature sur Internet, dans les mairies d'arrondissement ou au salon d'accueil de l'Hôtel-de-Ville. **Tarifs en fonction des revenus (petit coup de pouce aux plus modestes).**

CENTRES D'ANIMATION DE LA MAIRIE DE PARIS
Plus de 300 activités

☎ 3975 (Paris Info Mairie)
www.paris.fr

50 centres de la Ville de Paris enseignent aux petits comme aux grands plus de 400 disciplines : danse, sport, arts du spectacle, théâtre, artisanat, musique, informatique, multimédia, environnement. De nombreux centres disposent de salle de spectacles où se produisent les élèves en fin d'année. **Tarifs modulés en fonction de l'âge, des revenus et de la durée des cours.**

Loisirs créatifs **205**

15e ARRONDISSEMENT

LES ATELIERS PIÈCES UNIQUES *Peindre sur porcelaine et sur bois*

10, rue Bouchut
M° Ségur
☎ 06 72 99 88 92
Lundi-vendredi : 9h30-12h30, 14h-19h

Sylvie Boulloche enseigne avec passion la peinture sur porcelaine, sur bois, tissu, tôle, carrelage, fer… On peut aussi lui demander une peinture « sur mesure » ou lui confier la réparation d'une pièce. **Tarif : 25 €/2h30 (soit 10 €/1h). On peut acheter du matériel sur place (assiette à peindre : 3 € en moyenne).**
– 10 % à nos lecteurs sur les achats.

94 VAL-DE-MARNE

ÉCONOTRUC   ATELIER HANNAH LAOUST

Le cours de dessin-peinture-sculpture le moins cher – et l'un des meilleurs – du Val-de-Marne.

Les cours sont donnés par une adorable artiste confirmée qui expose ses sculptures en Europe et aux USA, est affiliée à la Maison des artistes et diplômée en arts plastiques. (Ses sculptures et bijoux ayant pour thème la danse sont vendus à la boutique de l'Opéra de Paris, et à celles des musées de la danse de Stockholm et de New York.)

Les cours ont lieu dans un grand atelier de 70 m^2 bien éclairé, dans une ambiance joyeuse.

Pour adultes, cours lundi : 19h30-21h30 ; mercredi : 18h30-21h30. Tarif annuel : 400 €/1h30 (soit environ 6,55 €/1h) ou 450 €/2h (soit environ 6 €/1h), 550 €/3h (soit environ 5,80 €/1h) + frais de matériel : de 35 à 50 €/trimestre. Sculpture et modelage le jeudi (même tarif). Donne aussi des cours aux pré-ados et ados (voir tarif sur le site).

Aracc. 51, rue du Commandant-Mouchotte, 94160 Saint-Mandé, M° Porte Dorée, bus 46 : arrêt Parc Zoologique, ☎ 01 48 08 42 08 ou 06 23 69 17 86, www.aracc.fr et www.hannah-a-laoust.com.

▶ *Voir aussi Association Philotechnique, p. 206.*

DIVERS

5e ARRONDISSEMENT

▶ *Pour des cours de création de produits de beauté, voir Aroma-Zone, p. 45.*

LOISIRS CRÉATIFS

ASSOCIATION PHILOTECHNIQUE
Cours généraux et activités artistiques

18, rue des Fossés-Saint-Jacques
RER B Luxembourg
☎ 01 43 54 36 28
www.philotechnique.fr
Horaires variables

Arts, langues, informatique et sciences, culture générale, administration, économie et sciences sociales… Depuis plus d'un demi-siècle, l'asso propose pas moins de 70 cours dans tous ces domaines, chaque année, du 30 septembre au 17 mai (hors vacances scolaires). Les cours ont lieu dans différents établissements des 5e, 6e, 7e, 9e, 11e, 15e arrondissements.
Tarif : environ 67 à 82 € par an et par cours.

WWW.TRUCSETDECO.COM
Décorations de Noël, cadeaux pour la fête des mères, tutoriels d'emballage cadeau, tutoriel pour faire un photophore… mille idées de déco à réaliser soi-même, à peu de frais.

WWW.ESPRITCABANE.COM
Bricolage bio, déco écolo, peintures maison, loisirs créatifs sympas…

DU MATÉRIEL

3e ARRONDISSEMENT

PERLERIE 22
Pour fabriquer des bijoux

22, rue du Temple
M° Hôtel de Ville
☎ 01 48 87 53 75
Lundi-samedi : 10h30-19h

Elles brillent, scintillent, miroitent ces perles de tous matériaux (y compris Swarovski) dans les casiers étagés jusqu'au plafond de cette charmante petite boutique-couloir. Leur intérêt réside dans ce beau choix, celui des accessoires (fils, attaches, etc.) et surtout dans leurs prix plus bas que ceux des boutiques environnantes.

10e ARRONDISSEMENT

ETS NOURY
Peausseries, outils, produits d'entretien, accessoires pour cuirs

89, rue du Faubourg-Saint-Martin
M° Château d'Eau
☎ 01 42 39 69 67
Mardi-vendredi : 8h30-12h, 13h30-17h30

Le contenu de la boutique est exhaustif. Pour celles qui aiment confectionner leurs sacs, tout est là : peaux, boucles et anneaux, fermetures, fils, outils, colles, teintures, etc. Et pour celles qui aiment entretenir leurs vêtements, chaussures, sacs en cuir, tous les cirages, rénovateurs, huiles, etc.

11e ARRONDISSEMENT

BOESNER
Matériaux professionnels pour artistes et apprentis

46, rue du Chemin-Vert
M° Richard Lenoir
☎ 01 43 57 81 52
www.boesner.fr
Lundi-samedi : 10h-19h

Boesner est connu pour ses prix bas et ses produits de qualité. Papiers, huiles, aquarelles, crayons, argile, châssis, chevalets, et tout pour l'encadrement. Ateliers de techniques variées, rencontres d'artistes et démonstrations de matériels fréquentes.

AUTRE ADRESSE
- 40, avenue du Général-de-Gaulle, 94500 Champigny, ☎ 01 55 97 17 70, mêmes horaires.

POUBLAN
Éléments d'abat-jour pour bricoleurs

70, rue Amelot
M° Saint-Sébastien Froissart
☎ 01 43 38 43 43
www.poublan.fr
Lundi-vendredi : 8h45-12h30, 13h30-17h

Poublan est un grossiste qui fournit tout le nécessaire pour la confection des abat-jour : tous modèles de carcasses, pieds de lampe, passementeries, douilles, plastiques, tissus contrecollés, abat-jour en polycarbonate, à aspect naturel peau ou bois, à effets 3D… De quoi fabriquer à peu de frais une lampe des plus originales. Les débutants trouvent des mentors aimables.
15 € d'achat minimum.

12e ARRONDISSEMENT

PASSAGE CLOUTÉ
Pour dessinateurs, peintres et sculpteurs

5, rue des Boulets
M° Nation
☎ 01 43 73 40 73
www.passagecloute.com
Lundi-vendredi : 10h-20h
Samedi : 9h-19h (même jour férié)

Au cinq, rue des Boulets, les élèves des Beaux-Arts et les amateurs d'arts beaux viennent tout acheter : des papiers, des pastels arc-en-ciel, de la peinture, des brosses et des pinceaux, de l'argile et du matériel pour sculpter dans tous les styles. Toiles et châssis, cadres et matériel d'encadrement (passe-partout, caisses américaines) s'achètent en face, de l'autre côté de la rue. Tarifs sages et accueil agréable.

AUTRE ADRESSE
- 19, rue Bonaparte (6e), M° Saint Germain des Prés, ☎ 01 43 29 45 30, lundi-samedi : 9h-19h (jeudi jusqu'à 21h). Cette adresse comprend en supplément un département « beaux papiers » et une librairie multilingue spécialisée dans l'art.

LE COMPTOIR DE L'EMBALLAGE – GLORY *Fabriquez ou offrez de jolis emballages*

http://www.comptoir-emballage.com/

La façon dont on offre un cadeau fait tout son prix… même lorsqu'il est bien modeste ou fait maison. Dans cet endroit épatant, vous trouverez un choix inégalé de sacs (papier, kraft, plastique, pour bouteilles, à ruban, rétro, style écolo, mat, en couleurs, bicolores à poignées rubans, etc.), de papiers de soie de toutes couleurs, de rubans, de bolducs et raphias, pochettes, papiers cadeaux, à acheter en demi-gros (par 5 à 25 selon les produits)… Bref, tout ce à quoi votre cœur a pensé, peut être joliment emballé !

Et encore :

- **Le Géant des beaux-arts**. 166, rue de la Roquette (11e), M° Voltaire, ☎ 01 46 59 43 00, www.geant-beaux-arts.fr, lundi-samedi : 9h30-19h. Également au 15, rue Vergniaud (13e), M° Glacière, ☎ 01 40 78 00 80. Mêmes horaires.

▶ *Vous trouverez les fournitures de couture, tricot et broderie p. 290, dans le chapitre « Tissus-merceries ».*

▶ *Adresses d'autres magasins de laines, p. 291.*

MÉMO

À l'heure où nous mettons sous presse, les adresses, les horaires d'ouverture et les prix cités sont à jour. Mais les commerçants peuvent, bien sûr, les modifier en fonction de considérations personnelles dont nous ne pouvons être tenus pour responsables.

Restaurants

DES REPAS GRATUITS !!! 210

FOOD TRUCKS 211

PETITES CROQUES, BISTROTS ET RESTOS PAR ARRONDISSEMENT 212

ÉCONOTRUCS
- **218** .. Au Bascou
- **238** .. La Cour du Faubourg
- **239** .. Les Domaines qui montent
- **241** .. Cappadoce
- **242** .. L'Ébauchoir
- **243** .. Le Janissaire
- **245** .. Une cuisine de chef à prix imbattables : L'Avant-Goût
- **248** .. Al Karam
- **249** .. Le Drapeau de la fidélité
- **251** .. Auteuil Bon Restaurant
- **255** .. Ripaille

- **212** .. Attention aux centrales de réservation déguisées !
- **215** .. Cantoche Paname
- **217** .. Le Mesturet
- **221** .. Le Bistrot de l'Oulette
- **222** .. Foyer du Vietnam
- **222** .. La Table des Bernardins
- **226** .. Le Petit Olivier
- **247** .. La Table de Bézout
- **252** .. Sushi Gourmet
- **256** .. La Maison thaïe
- **258** .. Mama Shelter

DE LA GRANDE CUISINE À MIDI EN SEMAINE

Au Bascou (3e), voir p. 218
Le Bistrot de l'Oulette (4e), voir p. 221
Le Café Constant (7e), voir p. 227
L'Ébauchoir (11e), voir p. 242
L'Avant-Goût (13e) voir p. 245
Ripaille (17e), voir p. 255

DES REPAS GRATUITS !!!

Ces restaurants, dont les propriétaires au cœur généreux offrent sans façon le dîner certains soirs de la semaine, risquent en cours d'année de ne plus pouvoir le faire. Aussi, téléphonez-leur avant, afin de ne pas vous déplacer pour rien.

TRIBAL CAFÉ
Moules-frites et couscous gratuits

3, cour des Petites-Écuries (10e)
M° Château d'Eau
☎ 01 47 70 57 08
Mercredi-samedi : à partir de 21h

Le Tribal est un bistrot un peu usagé, aux murs rouges et noirs, à la terrasse ensoleillée dans une cour calme, au cœur de ce 10e devenu presque bobo. Dans ce café paisible, toutes les générations bavardent ensemble jusqu'à l'heure des moules-frites ou du couscous offerts quatre jours par semaine. Les consos ne grèvent pas les budgets.
Moules-frites gratuites les mercredis et jeudis. Couscous gratuits les vendredis et samedis, boissons payantes mais pas chères. Café : 1,50 €.

LES TROIS FRÈRES
Couscous merguez gratuits

14, rue Léon (18e)
M° Château Rouge
☎ 01 42 64 91 73
Jeudi : à partir de 20h30

Le couscous, artistiquement présenté, y est servi dans de grands plats colorés, au bar uniquement. La consommation (obligatoire) est presque donnée.

LE BOUILLON BELGE
Couscous gratuits

6, rue Planchat (20e)
M° Avron
☎ 01 43 70 41 03
www.lebouillonbelge.fr
Mercredi : à partir de 20h30

Le Bouillon, bar à bières, continue à offrir aux Parisiens un couscous gratuit les mercredis soir dans un esprit fraternel.
Consommation obligatoire, mais pas chère.

MÉMO

À l'heure où nous mettons sous presse, les adresses, les horaires d'ouverture et les prix cités sont à jour. Mais les restaurateurs peuvent, bien sûr, les modifier en fonction de considérations personnelles dont nous ne pouvons être tenus pour responsables.

FOOD TRUCKS

Les Parisiens font bon accueil aux food trucks qui leur permettent de manger (debout dans 90 % des cas) des nourritures de qualité, préparées par des équipes souvent issues de grandes écoles de cuisine voire de la brigade de quelques chefs étoilés. Les prix sont très bon marché. Les services se font en général de 11h30 à 14h30. Voyez sur les sites où stationnent les camions (ils changent souvent d'adresse) et quel est leur menu du jour.

CUISINE FRANÇAISE

- **Catherine Kluger**. www.tarteskluger.com. Tartes salées et sucrées.
- **Gourmet Nomade**. www.gourmet-nomade.com. Sandwichs froids et chauds, soupes, salades, etc. Sandwich ou plat : 4,50-6 € environ ; repas complet : 10 €.
- **La Brigade**. www.facebook.com/labrigadeFT. Pour les carnivores. Viande + frites : 10 € environ.
- **Mes bocaux** (Marc Veyrat – chef étoilé). www.mesbocaux.fr. Plats classiques français bio à commander et payer en ligne. Tarif : 1 ticket resto.
- **Telenn Du**. www.telemdu.fr. Crêperie. Comptez environ 10 €.

CUISINE ITALIENNE

- **Chez Adrien**. Garé à la sortie du M° Saint-Mandé, côté avenue du Général-de-Gaulle, lundi-vendredi : 17h15-21h. Pizzas. Excellents ingrédients, accueil souriant. Entre 7 et 9 €.
- **L'Atelier d'Épicure**. www.latelierdepicure.fr. Leur spécialité : les piadines, des sandwichs à l'italienne confectionnés avec des galettes de froment.
- **Mozza & Co**. www.mozzaandco.fr. Bar à 4 mozzarellas ; focaccias : 7 € ; plats chauds du jour genre lasagnes : 7,50 €. Desserts : 4 € environ.
- **Pressing-Pressing**. www.pressing-pressing.com. Paninis aux garnitures excellentes. Panini salé : 6 € environ ; sucré : 3 € environ ; soupe : 3 € environ.

CUISINE NORD ET SUD-AMÉRICAINE

- **Cantine California**. www.cantinecalifornia.com. Burgers, tacos, enchiladas, douceurs bio. Formule : 11 € environ ; tacos fourrés à la viande : 10 €.
- **El Carrito**. www.clasico-argentino.com. Empanadas (petits chaussons argentins garnis d'une farce salée : viande, poisson ou légumes) : 6 € environ et helados (glaces).
- **Goody's**. www.goodys.fr. Hamburgers et falafels + frites maison et salades. Hamburger seul : 8 € ; burger + frites : 10 € ; salade César : 6,50 €. Crumble aux pommes : 3,50 €. Boissons : 1,50 €.
- **Le Camion qui fume**. www.lecamionquifume.com. Burgers maison d'excellente qualité. Burger à partir de 8 € ; formule burger + frites : 10 €. Cartes bancaires acceptées.

- **Le Réfectoire**. www.le-refectoire.com. Burgers (très) revisités ou petits plats totalement de chez nous. Burger seul : 8 € environ ; burger + frites maison : 10 € environ. Dessert : 3 €. Boisson : 2 €.
- **Wagy Burger Bus**. www.wagy.fr. Burger avec du bœuf de Kobé, des fromages bien français et des frites maison.

CUISINE D'ASIE

- **Banh Mi Nomade**. www.banhminomade.com. Sandwichs avec pain-baguette et garnitures vietnamiennes : 6,50-7 €. Dessert : 3 €.
- **Camion BOL**. www.lecamionbol.com. Bo bun : 8 €, woks, nems et bánh mì (sandwich traditionnel vietnamien) : 4,50 €.

PETITES CROQUES, BISTROTS ET RESTOS

ATTENTION AUX CENTRALES DE RÉSERVATION DÉGUISÉES !

Ces sites Internet se présentent comme des guides de restaurants, d'ailleurs, vous êtes fréquemment invité à y laisser votre avis… En réalité, ils se rémunèrent à la commission sur le repas. L'opération a lieu soit au moment de la réservation en ligne, soit lorsque vous utilisez le téléphone qu'ils indiquent pour appeler le restaurant. Sans le savoir, vous appelez alors sur une ligne surtaxée qui peut vous coûter jusqu'à 1,34 € l'appel, plus 34 centimes d'euros la minute (il s'agit en général de numéros commençant par 08…). Faites le compte : si vous attendez cinq minutes au téléphone parce que l'équipe du restaurant est débordée, vous paierez 3 €… La facture monte vite. Étant donné que ces sites vivent des réservations que vous faites par leur biais, leurs présentations des restaurants ne sont pas forcément très objectives. Les informations et avis laissés sont souvent filtrés selon leurs seuls intérêts. Ces sites demandent également parfois aux restaurateurs de payer des suppléments pour apparaître avec une meilleure présentation (donc être mieux référencés) dans leurs « guides ». Gardez aussi en tête le fait que les restaurateurs sont souvent tenus de reverser une commission au site qui leur a « amené » le client. Pour conserver leur marge, ils sont tentés soit d'abaisser la qualité de leurs produits, soit d'augmenter leurs tarifs (parfois un peu les deux).

En conséquence, pour réserver, appelez directement les restaurants !

MÉMO

Les tarifs sont donnés à titre indicatif. Ils ne comprennent pas les boissons et sont susceptibles de changer.

1er ARRONDISSEMENT

Châtelet-Les Halles – Concorde – Palais-Royal – Louvre – Tuileries – Pyramides – rue Sainte-Anne – place Vendôme

ACE BENTO
Petite croque japonaise et coréenne

18, rue Thérèse
M° Pyramides
☎ 01 47 03 94 38
Lundi-samedi : 12h-22h

On compose soi-même son bento en se servant au choix de racines de lotus, de chou blanc, de viande ou de poisson, et de fruits divers qu'on croque sur place.
Plat principal + 5 petits hors-d'œuvre dans un bento : 8 à 10 €.

BISTROT VICTOIRES
Bistrot Belle Époque

6, rue de la Vrillière
M° Bourse
☎ 01 42 61 43 78
Lundi-vendredi : 8h-23h30
Samedi-dimanche :
10h-23h30

C'est autant pour son décor que pour ses plats traditionnels français à s'en lécher les doigts qu'on y viendra : confit de canard aux pommes de terre rissolées, cabillaud aux petits légumes, crème brûlée…
Plat aux alentours de 10 € ; carte : environ 17 €.

BOCO
Les toqués du bocal bio

3, rue Danielle-Casanova
M° Pyramides
☎ 01 42 61 17 67
www.boco.fr
Lundi-samedi : 11h-22h

Les petits bocaux sont remplis de gourmandises bio salées ou sucrées inventées par des chefs étoilés : Anne-Sophie Pic, Gilles Goujon, Christophe Michalak et leurs commensaux. À déguster par exemple : tendron de veau confit et chutney de prunes, tiramisu de fraises au citron vert.
Plat : 8,80 € ; dessert : environ 4,80 €.

AUTRES ADRESSES
- 5 bis, rue du Rocher (8e), ☎ 01 45 22 68 42, même site Web, lundi-vendredi : 11h-20h ; samedi : 11h-16h.
- 39, rue des Mathurins (8e), M° Havre Caumartin, ☎ 01 44 51 96 50.
- Bercy Village. 45, cour Saint-Émilion (12e), M° Cour Saint-Émilion, ☎ 01 46 28 96 60, même site Web, lundi-dimanche : 11h-22h30.
- Tour Ariane. 5, place de la Pyramide, 92 800 Puteaux, ☎ 01 71 01 22 61.

NANIWA YA
Une authentique cantoche japonaise

11, rue Sainte-Anne
M° Pyramides
☎ 01 40 20 43 10
Tous les jours : 11h30-22h30

On fait la queue dans la rue dès 12h15 pour les excellents gyozas, currys japonais et takoyakis (beignets ronds fourrés à la pieuvre, une spécialité d'Osaka). Thé vert à volonté.
Menu midi à partir de 11 €. Le soir, comptez environ 16 €.

SAVEURS VÉGÉT'HALLES

41, rue des Bourdonnais
M° Châtelet Les Halles
☎ 01 40 41 93 95
www.saveursvegethalles.fr
Lundi-samedi : 12h-15h, 18h-23h

Bistrot végétarien, végétalien, sans gluten et bio

Saveurs nouvelles : houmous, escalope de seitan sauce champignons, gâteau aux carottes. Pour les arroser, un thé rooibos sans théine (3,50 €) ou un lait d'avoine (2,50 €). Vous voici rassasié et le ventre néanmoins plat.
Formule midi : 12,90 € environ ; menu midi et formule du soir et samedi : 15,90 € environ ; menu du soir et samedi : 19,90 € environ.

YAM' TCHA BOUTIQUE

4 rue Sauval
M° Louvre
☎ 01 40 26 06 06
Mercredi-dimanche : 11h30-19h30

Brioches sino-françaises

Adeline Grattard, chef étoilée, offre à nos convoitises ses brioches vapeur sino-françaises fourrées de mets aussi originaux que délicieux : stilton à la cerise amarena, crevettes et ciboulette aillée ou rhubarbe-framboise.
5 pièces : 16 € ; 1 pièce : 3-4 €.

Et toujours :

- **Goutu Saint-Honoré**. 11, rue du Marché-Saint-Honoré, M° Pyramides, ☎ 01 40 23 98 40, lundi-vendredi : 10h30-15h30. Sandwichs à partir de 1, 2 ou 3 €.
- **La Cloche des Halles**. 28, rue Coquillière, M° Louvre, ☎ 01 42 36 93 89 (réservations : 8h-22h), lundi-vendredi : 7h30-24h ; samedi : 9h-16h. Charcuteries, fromages, vins et traditions. Menus midi et soir : 14 à 25 €.
- **Higuma Sainte-Anne**. 32 bis, rue Sainte-Anne, M° Pyramides, ☎ 01 47 03 38 59, www.higuma.fr, lundi-samedi : 12h-14h, 19h-22h. L'empereur des lamens. Lamen : 6,50-10 € environ ; accompagnée de 7 gyozas maison : 10 € environ. Autres adresses : **Higuma Palais-Royal**. 163, rue Saint-Honoré (1er), M° Pyramides, ☎ 01 58 62 49 22. **Higuma Italien**. 27, boulevard des Italiens (1er), M° Richelieu Drouot, ☎ 01 40 07 11 81.
- **La Mousson**. 9, rue Thérèse, M° Pyramides, ☎ 01 42 60 59 46, www.lamousson.fr, tous les jours, sauf dimanche : 12h-14h45, 20h-23h. Une cuisine khmère familiale et pas chère.

▶ *À Toutes Vapeurs, voir p. 229.*

▶ *Le Stube, voir p. 252.*

2ᵉ ARRONDISSEMENT

Les Halles – Étienne-Marcel – Opéra – Quatre-Septembre – Sentier – Bourse – Richelieu-Drouot – Le Pelletier – Grands Boulevards – passage Choiseul – Sébastopol

BALT

15, rue Monsigny
M° Quatre Septembre
☎ 01 44 71 02 58
Lundi-vendredi : 12h-15h

Sandwichs ou plats traditionnels savoureux

« Balt » fait tout pour mettre à l'aise ses convives et il y parvient. On emporte ou on mange sur place ces petits plats très frais préparés avec goût, végétariens ou pas. Ne passez pas à côté du sabayon au citron vert !
Formules : 9-13 €.

CANTOCHE PANAME

97, rue Montmartre
M° Les Halles
☎ 01 40 41 09 62
www.lacantochepaname.com
Tous les jours : 8h-2h, sauf dimanche

Bistrot : cuisine française chaleureuse et pas chère

C'est une cantoche de copains au décor pas sérieux, aux portions généreuses, aux animations amusantes : bingo, blind test, etc.
Assiettes composées à partir de 12 € ; brunch très copieux : 21 €.

AUTRE ADRESSE
- 40, boulevard Beaumarchais (11ᵉ), M° Bastille, ☎ 01 43 55 88 05. Terrasse au soleil où on peut jouer à des jeux de société.

FILAKIA

9, rue Mandar
M° Sentier
☎ 01 42 21 42 88
www.filakia.fr
Lundi-vendredi : 11h30-15h, 18h30-22h30
Samedi : toute la journée

Sandwichs grecs à emporter ou manger sur place

Ce sont des pains pita garnis de nourritures originales comme la joue de bœuf braisée sauce miel-moutarde ou du porc à la sauge qu'on pourra accompagner de tomates confites, de salades, de frites épicées. À déguster à l'intérieur ou sur la terrasse.
Formules : 11-14 € ; sandwichs : 6-7,50 €.

FINE LALLA *Sandwicherie marocaine*

23, rue Louis-Le-Grand
M° Opéra
☎ 01 83 80 98 83
www.finelalla.com
Lundi-samedi : 12h-15h, 18h-22h

C'est dans un très joli lieu ultra-design – bois, sculptures murales, coussins aux teintes acidulées – que se cuisinent des sandwichs aux saveurs marocaines : poulet au citron confit, boulettes de bœuf, etc. En entrée, goûtez à la salade de carottes marinées au cumin, et en dessert, aux pâtisseries maison : cornes de gazelle ou fromage blanc au coulis de dattes.
Sandwichs : 5 €. Entrée : 2,50 € ; tajine : 9 €. Dessert : 2 €.

FRENCHIE TO GO *Snack de luxe*

9, rue du Nil
M° Sentier
☎ 01 40 39 96 19
www.frenchie-restaurant.com
Lundi-vendredi : 8h30-16h30
Samedi et dimanche : 9h30-17h30

Une petite salle ultramoderne en bois et verre. À goûter : le fish and chips (poisson cuit dans une pâte à beignets légère comme l'écume et croustillante à souhait), et le pulled pork sandwich à la palette de cochon fumée maison. En dessert, un bun à la cannelle maison bien sûr !
Palette de cochon fumée sauce barbecue + coleslaw : 11 € ; hot dog + choucroute maison : 8 €. Pâtisseries à partir de 3 €.

GYOZA BAR *Raviolis japonais à croquer ou emporter*

56, passage des Panoramas
M° Grands Boulevards ou Richelieu Drouot
☎ 01 44 82 00 62
www.gyozabar.com
Tous les jours : 12h-14h30, 18h30-23h

Décor « ardoise-bois blond » épuré, toilettes nippones et design japonais. On s'accoude au bar pour grignoter ces goûteux raviolis mi-vapeurs, mi-grillés, préparés avec de la viande et des légumes issus des meilleures fermes françaises. Pas de chèque, carte bleue à partir de 15 €.
8 gyozas : 7 € environ ; 12 : 9 € environ ; riz : 3 € environ ; bière Kirin ou thé : 3 € environ.

MÉMO

« Formule » signifie « entrée + plat » ou « plat + dessert », sans boisson.
« Menu » signifie « entrée + plat + dessert », sans boisson.

LE MESTURET

77, rue de Richelieu
M° Bourse
☎ 01 42 97 40 68
www.lemesturet.com
Tous les jours : 12h-22h30 (pour les dernières commandes)

Une exquise assiette quatre places

L'assiette Le Malin possède quatre compartiments pour l'entrée, le plat, le fromage, et le dessert. Alain Fontaine, qui dirige les lieux avec chaleur, propose aussi à nos petites bourses le Canardburger (foie gras, magret et confit de canard, légumes grillés, salade verte) exquis autant que pas cher, ainsi que des plats de grand-mère : blanquette, civet de chevreuil… Gardez une grande place pour le véritable Paris-Brest. Au long du repas, les bons vins délient les langues. **Au bar, à midi assiette Le Malin : 9,90 € environ ; plat au zinc (plat du jour + 1 verre de vin ou 1 eau minérale + 1 café) : 10,90 € environ ; Mestdog : 8,60 € environ ; croque-monsieur + salade : 8,40 €. Formule : 23,50 € environ ; menu : environ 29 €.**

Un apéro offert à nos lecteurs sur présentation du guide ou de la carte 2016.

RESTAURANTS

2ᵉ ARRONDISSEMENT

Et toujours :

- **Bollynan**. 12, rue des Petits-Carreaux, M° Sentier, ☎ 01 45 08 40 51, www.bollynan.com, lundi-samedi : 10h-23h. Cantine bio indienne et pakistanaise et nourritures à emporter. Formule à emporter : 9-10 € environ ; menu et carte : 10-20 € ; lassi ou yaourt : 4,50 € environ.

- **Brasserie Gallopin**. 40, rue Notre-Dame-des-Victoires, M° Bourse, ☎ 01 42 36 45 38, www.brasseriegallopin.com, tous les jours : 12h-1h. Pour son magnifique décor classé Belle Époque. Au déjeuner en semaine, formule : 19 € environ ; menu : 29 € environ.

- **L de Liza**. 14, rue de la Banque, M° Bourse, ☎ 01 55 35 00 66, www.restaurant-liza.com, lundi-vendredi : 11h30-15h30. Une boulangerie libanaise exquise. Sandwichs au four : 5-8 € environ.

- **Le Petit Vendôme**. 8, rue des Capucines, M° Opéra, ☎ 01 42 61 05 88, lundi-mercredi : 12h-15h30 ; jeudi-vendredi : 12h-15h30, 19h30-22h30. Sandwichs corréziens à croquer ou emporter. Sandwichs de première classe : 4,90-5,80 € environ, salades, plats, salade landaise : 12,50 € ; plat à partir de 12 €. CB non acceptée.

- **Les Recettes des copines**. 17, rue Saint-Marc, M° Bourse, ☎ 01 42 21 12 19, lundi-vendredi : 9h-16h30. À croquer sur place ou à emporter. Quiche + salade verte, dessert et boisson : 10 € environ ; plat + salade verte, dessert et boisson : 13,50 € environ.

3ᵉ ARRONDISSEMENT

Centre Pompidou – Rambuteau – Arts et Métiers – Filles du Calvaire – marché des Enfants-Rouges – Temple – Saint-Sébastien-Froissart

ÉCONOTRUC

AU BASCOU

38, rue Réaumur
M° Arts et Métiers
☎ 01 42 72 69 25
www.au-bascou.fr
Lundi-vendredi : 12h-14h, 19h30-22h30

Un grand chef revisite la cuisine basque
Le chef, ancien second de Senderens (au Lucas Carton) emmène ses convives tout droit au Pays basque. Dans ses assiettes : piperade, chipirons sautés au piment d'Espelette, boudin de pays au piment d'Espelette, suprême de pintade à la bayonnaise, et millefeuille à la vanille de Tahiti… Dans les verres, vins pyrénéens (dont un délicieux irouléguy blanc) et espagnols. Réservez, c'est plus sage.
Formule midi : 18 € environ. Menu : 25 € environ ; à la carte : 35,40 € environ.
Un café est offert à nos lecteurs sur présentation du guide ou de la carte 2016.

AUBERGE NICOLAS FLAMEL

51, rue de Montmorency
M° Rambuteau
☎ 01 42 71 77 78
www.auberge-nicolas-flamel.fr
Lundi-samedi : 12h-14h30, 19h-22h30

En amoureux ou entre collègues
L'auberge date de 1407. Dans un décor mêlant tableaux modernes et pierres d'époque, le chef Alan Geaam rehausse la cuisine française de touches multiples. Par exemple : gigot d'agneau en croûte mijoté 7 heures et mini-légumes ; filet de cabillaud en croûte de pistache et vadouvan (curry) et légumes croquants composent une partition délicieuse. Côté flacons, de somptueuses bouteilles achetées aux enchères de Drouot.
Formule midi + boisson + café : 18,50 € environ.
Menu : 25 € environ avec 1 boisson et 1 café.
Menu enfant : 9,90 € environ. Le soir, menu : 31 € environ ; à la carte : 50 € environ.
Kir fraises des bois offert à nos lecteurs sur présentation du guide ou de la carte 2016.

CLASICO ARGENTINO

Spécialiste des empanadas

56, rue de Saintonge
M° Filles du Calvaire
☎ 01 44 61 00 56
www.clasico-argentino.com
Tous les jours : 12h-23h

Maté pour les gourmands, empanadas aussi… Ces délicieux petits chaussons sont fourrés aux légumes, à la viande ou au fromage avec chimichurri, la sauce argentine. Accompagnez-les d'une petite salade puis d'helados, onctueuses glaces.

Un empanada : 4-5 € environ ; supplément salade : 3 € environ. Maté : 3,50 € ; bière argentine : 4 €.

AUTRES ADRESSES

- 8, rue du Pas-de-la-Mule (3e), M° Saint-Paul, ☎ 01 42 78 71 57, tous les jours : 12h-22h.
- 46, rue Madame (6e), M° Rennes, ☎ 09 84 04 00 66, lundi-samedi : 12h-23h ; dimanche : 12h-17h.
- 22, rue Henri-Monnier (9e), ☎ 01 42 81 31 44, lundi-samedi : 12h-23h.
- 217, rue du Faubourg-Saint-Antoine (11e), ☎ 01 56 06 95 14, tous les jours : 12h-14h30, 18h-22h.

L'ALLER-RETOUR

Pour les carnivores

5, rue Charles-François-Dupuis
M° Temple
☎ 01 42 78 01 21
Lundi-vendredi : 12h-14h30, 19h30-22h30
Samedi : 19h30-22h30

Décor d'appartement des années cinquante, et cuisine de viandes aux origines certifiées. Boudins, tartares coupés au couteau, onglet de bœuf irlandais et burger de charolais. Les frites sont maison.

Formule : 11,50 € ; carte : 30-35 €.

NEOBENTO

Bento à composer, à croquer sur place ou emporter

5, rue des Filles-du-Calvaire
M° Filles du Calvaire
☎ 09 83 87 81 86
www.neobento.com
Lundi, mercredi et jeudi : 11h30-19h30
Vendredi-samedi : 11h30-21h30
Dimanche : 11h30-16h30

Jolie et impeccable cantine blonde, blanche et brique. Ici, vous travaillez à rassembler les ingrédients dont vous avez envie pour créer votre bento : bœuf, risotto de quinoa à l'huile de truffes, légumes, dessert.

Avec thé froid, bento 3 portions : 8,60 € ; 6 portions : 12,90 € ; 7 portions : 15,30 €.

TAING SONG HENG

3, rue Volta
M° Arts et Métiers
☎ 01 42 78 31 70
Lundi-samedi : 10h30-16h

Soupe pho et bo bun parmi les meilleurs de Paris

C'est dans une des plus vieilles maisons de Paris, à colombages, assez sombre, un peu tordue, que s'est tapie cette cantine (22 places) vietnamienne. On y sert deux plats : la soupe pho au bœuf avec ou sans boulettes et un excellentissime bo bun (un grand bol garni de viande de bœuf, de morceaux de nems, de vermicelles, de salade, de menthe et de cacahuètes grillées). Venir tôt. Il y a du monde…
Petit bo bun : 8,50 € environ ; grand bo bun ou pho : 9,50 € environ. Boissons : 2 € environ ; thé : 1 € environ.

Et toujours :
- **Pink Flamingo Marais.** 105, rue Vieille-du-Temple, M° Saint-Sébastien Froissart, ☎ 01 42 71 28 20, www.pinkflamingopizza.com. Pizzas originales à emporter : 13-16 € environ.
- **Café suédois.** 11, rue Payenne, M° Saint-Paul ou Chemin Vert, ☎ 01 44 78 80 11, http://paris.si.se/cafe-suedois-3, mardi-dimanche : 12h-18h. Dans le centre culturel suédois.

4e ARRONDISSEMENT

Centre Pompidou – Hôtel de Ville – île Saint-Louis – Bastille – place des Vosges

BREAKFAST IN AMERICA

4, rue Mahler
M° Saint-Paul
☎ 01 42 72 40 21
www.breakfast-in-america.com
Tous les jours : 8h30-23h

Breakfast, burgers et frites d'enfer

Le burger peut être à la viande ou veggie ! Un bon burger au steak de viande ou de soja accompagné de frites légères et croustillantes, une glace vanille-sauce chocolat-beurre de cacahuètes ou le copieux breakfast. Cheers!
**Formule (11h30-15h) : 10,95 € environ ; formule étudiant à midi et en semaine : 8,95 € environ. À la carte : 20 € environ. Brunch : 16,95 € environ.
Un café américain offert à nos lecteurs sur présentation du guide ou de la carte 2016.**

AUTRE ADRESSE
- 17, rue des Écoles (5e), M° Cardinal Lemoine, ☎ 01 43 54 50 28, même site Web, mêmes horaires.

LE BISTROT DE L'OULETTE
Très bon bistrot : cuisine du Sud-Ouest

38, rue des Tournelles
M° Chemin Vert ou Bastille
☎ 01 42 71 43 33
www.l-oulette.com
Lundi-vendredi : 12h-14h30, 19h-23h30
Samedi : 19h-23h30

Ce bistrot est aussi petit que chaleureux ; sa cuisine du Sud-Ouest fine et inventive. Son salmis de pintade comme en Gascogne, sa glace aux pruneaux et à l'armagnac sont à se damner.

Au déjeuner, formule bistrot express : 15 € environ (plat du jour + 1 verre de vin + café) ; formule midi + 1 verre de vin + café : 22 € environ. Le soir, menu : 35 € environ.

Apéritif offert le soir à nos lecteurs sur présentation du guide ou de la carte 2016.

STANZ
L'as du Bagel

25, rue Rambuteau
M° Rambuteau
☎ 09 72 38 57 55
Lundi-vendredi : 9h-20h30
Samedi : 10h-19h

Juché sur son tabouret, on déguste ces bagels gros ou petits, salés ou sucrés, mais jamais secs. On les garnit de viandes fumées ou encore de thon, et de légumes, puis on craque pour le cheesecake onctueux.

Bagel : 6 € environ ; salade à partir de 8 €. Formule : 8,90 € environ ; pour les étudiants : 6,90 €. Menus : 9,50-16,50 €.

Autre adresse
- 56, rue La Fayette (9e), M° Le Peletier, ☎ 09 80 88 88 40, lundi-samedi : 10h-20h30 ; dimanche : 11h-17h.

Et toujours :
- **Dame Tartine.** 2, rue Brisemiche, M° Hôtel de Ville ou Rambuteau, ☎ 01 42 77 32 22, tous les jours : 10h-23h. À côté du musée Pompidou.
- **Tour Eiffel.** Florence Kahn. 24, rue des Écouffes, M° Saint-Paul, ☎ 01 48 87 92 85, www.florence-kahn.fr, mercredi-dimanche : 10h-19h. Un délicieux traiteur ashkénaze.
- **L'As du falafel.** 32-34, rue des Rosiers, M° Saint-Paul, ☎ 01 48 87 63 60, lundi-jeudi : 11h-23h30 ; vendredi : 12h-15h ; samedi-dimanche : 9h-17h. D'excellents falafels complets à emporter.

5e ARRONDISSEMENT

Quartier latin – Cardinal-Lemoine – Censier – place Monge – Jussieu – Maubert-Mutualité – Cluny-La Sorbonne – Saint-Michel

CHEZ D — *Cantinette bio*

220, rue Saint-Jacques
M° Place Monge
☎ 06 19 43 64 90
Lundi-vendredi : 9h-18h30
Samedi : 11h-18h

Toujours de saison, cuisinés du jour, les tartes salées, sucrées, les assiettes composées de légumes crus, cuits et céréales sont tous bio et la charmante cuisinière propose aussi des plats sans gluten. Aimable décor.
Formules : 8-15 € ; sandwichs : 5 €.

CHEZ GLADINES SAINT-GERMAIN — *Un lieu branché*

44, boulevard Saint-Germain
M° Maubert Mutualité ou Cardinal Lemoine
☎ 01 46 33 93 88
www.gladines-restaurant-paris.fr
Tous les jours : 12h-23h30

Généreuse cuisine du Sud-Ouest et vins à prix cléments, le tout dans une déco rouge basque avec tables en formica et pin-up aux murs. Très fréquenté, venir tôt.
À la carte, le plat : 9-13 € environ ; grosse salade : 9-11 € environ ; omelette basque : 8,90 € environ. Le verre de vin à partir de 2,30 €.

FOYER DU VIETNAM — *Cantine vietnamienne historique*

80, rue Monge
M° Place Monge
☎ 01 45 35 32 54
www.foyer-vietnam.org
Lundi-samedi : 12h-14h, 19h-22h

Un vieux foyer plein d'excellentes vibrations. Son cuisinier a à cœur de faire découvrir de nouvelles spécialités comme le poulet à la feuille de citronnier, ou la salade de papaye et mangue verte.
Menu très copieux : 11 € ; carte : 13,5-19 €.

LA TABLE DES BERNARDINS — *Cafét' dans un couvent du XIIIe siècle*

20, rue de Poissy
M° Cardinal Lemoine ou Maubert Mutualité
☎ 01 53 10 74 43
www.collegedesbernardins.fr
Lundi-samedi : 9h-18h
Mardi jusqu'à 20h

Vous êtes dans un édifice cistercien du XIIIe. Sous la belle nef voûtée, la cafét' est cachée derrière la librairie. Elle est tenue par une association d'insertion qui pratique des prix plus que charitables pour une cuisine plus que bonne, faite maison. Lunchbox préparée à la demande en appelant le 01 53 10 74 43 avant 11h.
Formule : 9,90 € environ ; avec café : 11,65 € environ.

LE CAFÉ D'AVANT

Traditionnel

35, rue Claude-Bernard
M° Censier Daubenton
☎ 01 43 31 30 46
www.lecafedavant.com
Lundi-vendredi : 12h-14h30,
19h-22h
Samedi : 12h-14h30

À deux pas de la rue Mouffetard. Dans les assiettes, des grandes salades (haricots verts, magret de canard et copeaux de foie gras, par exemple). Les gros appétits leur préféreront des classiques du type burger de bœuf au cantal ou magret de canard et purée de patates douces maison.
Formule midi en semaine : 14,50 € environ. Menu midi : 17,50 € environ. Formule soir, hors week-end : 18,50 € environ ; menu : 24,50 € environ.

MAVROMMATIS CAVE

Mezze, sandwichs grecs et salades

49, rue Censier
M° Censier Daubenton
☎ 01 45 35 64 95
www.mavrommatis.com
Tous les jours : 9h30-22h

Depuis plus de 30 ans, Mavrommatis régale les Parisiens. Il faut fréquenter son petit bar où, environné de bouteilles de vins grecs, on retrouvera le vrai goût des sandwichs chauds à l'agneau à la menthe avec tomates, concombres et tzatziki, de salades composées, de feuilles de vigne farcies et de tarama, le tout maison.
Menu : 11,50 €.

OLIVE

Cuisine coréenne

5, rue Daubenton
M° Jussieu
☎ 01 45 35 04 26
Lundi-samedi : 11h45-15h,
19h-22h

Près du jardin des Plantes et de la Mosquée, Olive lance un peu loin le noyau avec ses spécialités coréennes (raviolis grillés, crêpes coréennes, barbecue de bœuf à la sauce soja et bibimbap épicé) : bref, on est ici dans les petits prix.
Menu midi : 10,90-15,80 € environ ; menu du soir : 16-26,50 € environ ; à la carte : 22-27 € environ.

Et toujours :

- **De Clercq, les rois de la frite**. 184, rue Saint-Jacques, M° Cluny La Sorbonne ou RER B Luxembourg, ☎ 01 43 54 24 20, www.lesroisdelafrite.com, lundi-jeudi : 11h-22h ; vendredi-samedi : 11h-minuit ; dimanche : 19h-22h. Fricadelle ou boulettes : 2,50 € environ ; petit cornet : 2,50 € environ ; grand cornet (près d'1 kg de frites) : 4,50 € environ. Menu burger + cornet de frites (environ 500 g) + boisson : 8 € environ. **Autre adresse** : 169, rue Montmartre (2e), M° Grands Boulevards ou Bourse, ☎ 01 42 21 49 57, même site Web, tous les jours : 11h-22h.

▶ *Breakfast in America, voir p. 220.*

▶ *Voir aussi : « Food trucks », p. 211.*

6ᵉ ARRONDISSEMENT

Quartier latin – Saint-Germain-des-Prés – Saint-Sulpice – Mabillon – Odéon – Cluny-La Sorbonne – jardin du Luxembourg – Saint-Michel

BISTROT DES AUGUSTINS

Un bistroquet parigot

39, quai des
Grands-Augustins
M° Saint-Michel
☎ 01 43 54 04 41
Lundi-dimanche : 10h-1h

C'est un bistrot de poche aux murs recouverts d'affiches parigotes, à la petite terrasse où se chauffer comme un vieux chat. Les mets sont simples, bons et pas chers… avec vue sur la Seine et la Sainte-Chapelle.

Tartines chaudes composées : 7-8,50 € environ ; gratins : 11 € environ ; assiettes de charcuteries : 12,50 € environ. Formule (plat du jour + verre de vin + café) : 11 € environ.

COSI

Sandwichs et paninis

54, rue de Seine
M° Odéon
☎ 01 46 33 35 36
Lundi-dimanche : 12h-23h

Dans ce petit grilladou chaleureux et pas cher, on entend des airs d'opéra tout en mastiquant des focaccias croustillants ou des sandwichs originaux. Le pain est à l'huile d'olive et les desserts à s'en lécher les doigts.

Sandwichs garnis : 5,50-8,50 € environ. Formule (sandwich + boisson + dessert) : 9,50-11,50 € environ.

L'AVANT-COMPTOIR

Tapas béarnaises

3, Carrefour de l'Odéon
M° Odéon
☎ 01 44 27 07 97
Tous les jours : 12h-23h

Lieu minuscule et sans siège où on fait honneur à la soupe du jour, aux croquettes de pied de cochon, à l'oreille de porc caramélisée, aux desserts fantastiques. On passe un joli moment vertical au comptoir.

Formule + boisson : 7 €. Tapas variées à partir de 4,50 €. Verre de vin ou jus de tomate à partir de 3,50 € ; verre de jurançon : 7 €.

MÉMO

« Formule » signifie « entrée + plat » ou « plat + dessert », sans boisson.
« Menu » signifie « entrée + plat + dessert », sans boisson.

LE LUCERNAIRE — *Bistrot de cinéphiles*

53, rue Notre-Dame-des-Champs
M° Notre-Dame des Champs
☎ 01 45 48 91 10
www.lucernaire.fr
Lundi-vendredi : 12h-14h30, 19h-23h (fermé lundi soir)
Samedi : 19h-23h
Dimanche : 12h-18h

Sous une voûte, une rue pavée mène au restaurant. Nous aimons la gargantuesque salade Lucernaire. Le cheeseburger maison est tout aussi recommandable.
Cheeseburger : 14 € ; tartine composée : 12 € environ. Formule midi express (plat + boisson + café) : 12,90 € environ. Carte : 30 € environ.

LA MAIN À LA PÂTE — *Pizzas au feu de bois*

35, rue Dauphine
M° Odéon
☎ 01 46 33 58 97
www.restaurant-lamaina-lapate.com
Tous les jours : 12h-15h, 18h-minuit

Le décor gagnerait à être rajeuni mais l'accueil est si chaleureux ! Les pizzas cuites au feu de bois sont gargantuesques, à la pâte fine et bien garnie, une seule d'entre elles fait un repas. La « pasta » aussi est toujours excellente.
Menu midi : 12,50 € ; menu midi et soir : 14,90 €.
– 5 % sur présentation de la carte 2016 ou du guide.

LA TOURELLE — *Un vrai bistrot parisien*

5, rue Hautefeuille
M° Odéon
☎ 01 46 33 12 47
Lundi-vendredi : 12h-14h, 19h-22h
Fermé samedi midi

Situé dans un bel hôtel particulier du xvie dominé par une tourelle, ce bistrot parisien est resté dans son jus. Sa cuisine est toute traditionnelle : blanquette, lapin aux pruneaux, terrines, baba au rhum et l'accueil est si cordial !
Formules : 16-20 € ; menu midi et soir : 23-27 €.

LE BOUILLON RACINE — *Classé monument historique*

3, rue Racine
M° Cluny La Sorbonne
☎ 01 44 32 15 60
www.bouillonracine.com
Tous les jours : 12h-23h

C'est pour le décor qu'on vient dans cette magnifique brasserie art nouveau aux mosaïques et miroirs classés. Le premier étage est encore plus beau. Cuisine correcte mais attente parfois longue…
Formule midi en semaine : 15,95 € environ ; menu midi, soir et week-end : 31,90 € ; menu enfant : 14,50 €.

LE PETIT OLIVIER
De nos favoris

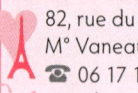

82, rue du Cherche-Midi
M° Vaneau
☎ 06 17 18 02 83
Mardi-samedi : 12h-15h, 19h-22h30

Banquette en moleskine, blanquette en sauce, c'est le style de la maison. On y cuisine des recettes sorties des mémoires familiales (gratin dauphinois, merlu au four, pot-au-feu, tarte aux pommes, crème au chocolat). On y cultive la bonne humeur, la gentillesse et l'absolue honnêteté dans les additions. Le tout servi tout frais sur un fond de musique classique. Un vrai bonheur !
Formule déjeuner : 10 € ; menu déjeuner-dîner : 15 €.

L'ÉPI MALIN
Croque gastronomique et branché, annexe de L'Épi Dupin

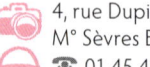

4, rue Dupin
M° Sèvres Babylone
☎ 01 45 49 22 53
www.lepimalin.com
Lundi-vendredi : 10h-21h

Chez L'Épi, tout est préparé à la maison mère, L'Épi Dupin, et c'est plus que bon. Par exemple, ces crevettes roses et bio de Madagascar et leur mousse de patates douces au citron vert ; ou ce baba au rhum, et crème montée au zeste de citron vert. Vins bien choisis.
Formule + pain maison : 15 €. Menu : 19 €. Vin au verre : 3,50 € environ.

Et toujours :

- **Bagel and Brownies**. 12, rue Notre-Dame-des-Champs, M° Saint-Placide, ☎ 01 42 22 44 15, www.bagelsandbrownies.fr, lundi-samedi : 9h-18h. Bagels opulents à emporter à l'heure du déjeuner seulement. Formule : bagel + brownie + boisson : 10 € environ.
- **Les Saveurs de Pierre Émile**. 62, rue de Vaugirard, M° Rennes, ☎ 01 45 48 40 45, lundi-samedi : 10h-21h. Tartes généreuses.

MÉMO

À l'heure où nous mettons sous presse, les adresses, les horaires d'ouverture et les prix cités sont à jour. Mais les restaurateurs peuvent, bien sûr, les modifier en fonction de considérations personnelles dont nous ne pouvons être tenus pour responsables.

7e ARRONDISSEMENT

Tour Eiffel – Invalides – musée d'Orsay – Sèvres-Babylone – Varenne – Solférino – Assemblée nationale

CAFÉ CONSTANT

Plats de bistrot d'une constante délicatesse

139, rue Saint-Dominique
M° École Militaire
☎ 01 47 53 73 34
www.maisonconstant.com
Tous les jours : 12h-15h, 19h-22h30

Christian Constant, ancien chef du Crillon, a recréé ce modèle du troquet parisien tout simple, resté dans son jus. Les desserts sont à se relever la nuit (éclair au chocolat), et la cuisine de grand-mère à tomber sous la table. (Peut être bruyant.) Il faut venir tôt (11h30 ou 18h30) : le restaurant est petit et les amateurs nombreux.
Formule midi en semaine : 17-25 € environ ; menu à midi et en semaine : 26 € environ.

GOA

Cuisine indo-portugaise

19, rue Augereau
M° École Militaire
☎ 01 45 55 26 20
www.restaurant-goa.com
Lundi-samedi : 12h-14h15, 19h-22h45

Le chef de ce petit restaurant, un Portugais de Paris, perpétue en cuisine le mariage indo-portugais en allant chercher ses épices (et quelques recettes) sur place. Et c'est la raison pour laquelle ses poulets (xacuti ou recheado), poissons, gambas ont le goût des destinations lointaines.
Menu midi, hors week-end : 10 € ; menu midi et soir : 15-20 €.
Un kir offert sur présentation du guide ou de la carte 2016.

L'OASIS

Marocain

162, rue de Grenelle
M° La Tour Maubourg
☎ 01 45 51 61 10
Lundi-samedi : 12h-14h, 19h-22h30

On vous accueille comme l'enfant prodigue qui rentre à la maison. Une maison tunisienne où Maman mitonne des plats traditionnels à base de couscous, pâtisseries orientales et thé à la menthe.
Couscous : 10-16 € environ. Menu complet, boisson comprise à la carte : 25 € environ.

LE CLUB DES POÈTES

30, rue de Bourgogne
M° Varenne
☎ 01 47 05 06 03
www.poesie.net et
www.myspace.com/
clubdespoetes
Lundi-vendredi : 12h-14h
Mardi, vendredi, samedi
soir (dîners-spectacles) :
20h30-1h environ

Vous prendrez bien un vers ?

Un lieu tout de simplicité et de chaleur où la poésie est célébrée tous les mardis, vendredis et samedis soir : on peut dîner à partir de 20h, prendre un verre à partir de 21h. À 22h, la poésie s'empare totalement des lieux et des âmes, des vers de tous les pays et de tous les temps sont interprétés. (N'oubliez pas de réserver.)
Formule midi : 13 € environ. Dîner-spectacle : 16 € environ ; consommation/spectacle : environ 5 €.

MIYAKO

121, rue de l'Université
M° Invalides
☎ 01 47 05 41 83
www.miyakoparis.fr
Lundi-vendredi :
12h-14h30, 19h-22h30

Japonais classique

Propre et sans fioritures, le décor s'efface dans les mémoires pour laisser la place au souvenir de nourritures très fraîches, aimablement préparées, et au service gentil.
Menus midi à partir de 14,80 € ; menu soir à partir de 17 €.
Un kir pétillant ou un cocktail sans alcool offert sur présentation du guide ou de la carte 2016.

PUNJAB

26, avenue de Tourville
M° École Militaire
☎ 01 70 91 66 41
Tous les jours : 12h-14h30,
19h-23h (résa conseillée)

Un indien plus que raisonnable

Ici, ce n'est pas le décor qui retient l'attention, mais l'accueil et le prix incroyablement bas des menus (entrée, plat, dessert) pour le quartier. Et dans l'assiette ? C'est BON (naans particulièrement délicieux).
Menu midi à partir de 11 € ; soir à partir de 18 €.

Et toujours :

- **L'Épicerie générale**. 43, rue de Verneuil, M° Solferino ou RER C Musée d'Orsay, ☎ 01 42 60 51 78, wwww.epiceriegenerale.fr, lundi-samedi : 10h30-20h. Des sandwichs chics et bio.
- **Le Jardin de Varenne**. 79, rue de Varenne, M° Varenne, ☎ 01 45 55 84 39, www.musee-rodin.fr, mardi-dimanche : 10h-16h15 (l'hiver) ; 17h (l'été). Cafêt' et terrasse du musée Rodin situées dans le jardin.

8e ARRONDISSEMENT

Concorde – Champs-Élysées – palais de la Découverte – Grand-Palais – Petit-Palais – place de l'Étoile – Faubourg-Saint-Honoré – Matignon – Miromesnil – gare Saint-Lazare – les Ternes – parc Monceau

À TOUTES VAPEURS

Près de la gare Saint-Lazare, une cuisine à la vapeur

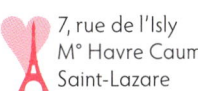

7, rue de l'Isly
M° Havre Caumartin ou Saint-Lazare
☎ 01 44 90 95 75
www.atoutesvapeurs.com
Lundi-samedi : 11h-23h

Choisissez vos plats en arrivant parmi ceux présentés dans des petits paniers à thèmes : « mer », « terre », « maraîcher », « dessert », puis leur assaisonnement. Le tout (qui vient de petits producteurs) est envoyé à la cuisine pendant qu'on s'installe dans les jolies salles. Cuits à la vapeur sèche, les plats choisis arrivent devant vous. Et c'est rudement bon !
Panier plat : 9,50 € environ. Entrée : 5,50 € environ. Brunch : 17 € environ.

AUTRES ADRESSES
- 2, rue de l'Échelle (1er), M° Palais Royal, ☎ 01 42 96 00 02, mêmes horaires.
- **Café-restaurant du musée des Arts et Métiers**. 60, rue Réaumur (3e), M° Arts et Métiers, ☎ 01 53 01 82 83, mardi-dimanche : 10h-18h, voir p. 143.

FOYER DE LA MADELEINE

De belles âmes au cœur d'un resto associatif

Sous-sol de l'église de la Madeleine
Place de la Madeleine, entrée face au marché aux fleurs
M° Madeleine
☎ 01 47 42 39 84
http://foyerdelamadeleine.fr
Lundi-vendredi : 11h45-14h (du 1er septembre au 20 juillet)

L'accueil, sous les voûtes d'une crypte de la Madeleine, est fraternel. Il est prodigué par de charmantes bénévoles qui servent un repas simple, genre cuisine de cantine, qui rassasie son homme. **Carte d'adhérent obligatoire à partir de 3 €. Menu complet : 8,20 € environ ou 10,90 € avec boisson et café. Ticket-restaurant et Chèques-Vacances acceptés.**

LE RESTAURANT DU ROND-POINT — *Le restaurant est aussi un théâtre*

Théâtre du Rond-Point
2 bis, avenue Franklin-D.-Roosevelt
M° Franklin D. Roosevelt
☎ 01 44 95 98 44
www.restaurantdurond-point.fr
Tous les jours : 12h-15h, 19h-minuit (vendredi et samedi jusqu'à 1h)
Fermé le dimanche, lundi soir et samedi midi

Le restaurant du théâtre est aussi une scène avec son décor paquebot, ses grands rideaux rouges, ses fauteuils enveloppants. Les portefeuilles modestes y sont les bienvenus grâce aux « assiettes Rond-Point » (viande-poisson-légumes). Terrasse au soleil.
Midi et soir : assiettes Rond-Point : 19 € environ ; menu étudiant : 14 € environ (mais pas plus de 3 étudiants à une même table).

MEZZO DI PASTA — *Pâtes épatantes*

26, rue La Boétie
M° Miromesnil
☎ 01 42 66 27 81
http://www.mezzodipasta.fr
Lundi-samedi : 11h-21h

Bien italienne cette jolie croque chic, au décor stylisé. On y déjeune au premier étage d'un bol de pâtes fraîches : napolitaines, au saumon, etc., de salade méditerranéenne, de soupe au pistou accompagnée de tartare de tomates et courgettes, puis d'un bon petit dessert classique : tiramisu ou *zuppa inglese*.
Un bol de pâtes composées + boisson : 10 € environ ; + dessert : 11,50 € environ ; soupe : 5 € environ.

AUTRES ADRESSES
- Dans les 1er, 2e, 5e, 6e, 9e, 10e, 15e et 17e arrondissements. Plus de renseignements sur le site.

OUR KEBAB — *Kebab à emporter ou à croquer*

41, rue de Londres
M° Liège
☎ 09 81 91 78 29
www.ourkebab.com
Lundi-vendredi : 11h-15h, 19h-23h

Galettes de blé ou pains croustillants au pavot accueillent des garnitures originales comme le veau ou l'agneau marinés aux épices et citron, et sauces tomate tandoori ou sauce blanche à la ciboulette. Une diététicienne veille au grain afin que ces kebabs n'alourdissent pas les hanches.
Formule + boisson : 9,40 € ; menu + boisson : 11,40 €.

Et toujours :

- **Be Boulangépicier**. 73, boulevard de Courcelles (8e), M° Ternes ou Courcelles, ☎ 01 46 22 20 20, www.boulangepicier.com, lundi-samedi : 7h-20h. Sandwichs raffinés sur des recettes d'Alain Ducasse. Sandwich + boisson : 6,50 € environ ; + dessert : 9,50 € environ ; plat du jour : 12,50 € environ.
- **Prêt à manger**. 19, rue Marbeuf (8e), M° Georges V, ☎ 01 58 12 04 17, www.pret.com/fr, lundi-samedi : 8h-23h ; dimanche : 10h-23h. Pas cher le soir. Autres adresses dans le 1er, 9e, 13e, à La Défense et Levallois-Perret.
- **Swoon's**. 10, rue des Saussaies (8e), M° Miromesnil, ☎ 01 42 68 00 02, lundi-vendredi : 8h30-15h30. Snack. Formule midi (avec plat chaud) : 7,50-13,50 € environ. **– 10 % sur la carte (hors menus) sur présentation du guide ou de la carte 2016**.
- **Bistrot de Pékin**. 38, rue de Ponthieu, M° Franklin D. Roosevelt, ☎ 01 42 56 12 34, tous les jours : 12h-14h, 19h-22h30. Cuisine pékinoise et du Sichuan. Menu midi en semaine : 13-18 € ; menu soir, carte : 30 €.
- **Shin Jung**. 7, rue Clapeyron, M° Rome, ☎ 01 45 22 21 06, www.shinjung.fr, tous les jours sauf dimanche midi : 12h-14h30, 19h-22h30. Coréen pas cher le soir. Autre adresse dans le 15e.

9e ARRONDISSEMENT

Opéra – Madeleine – Richelieu-Drouot – Grands-Boulevards – Trinité – Notre-Dame-de-Lorette – Saint-Georges – Cadet – Poissonnière – Anvers

---

AMOUR DE BURGER
Au bœuf de Salers (Cantal)

7, rue Godot-de-Mauroy
M° Madeleine ou RER A Auber
☎ 01 53 30 09 72
www.amourdeburger.com
Lundi-dimanche : 11h-22h

La spécialité de ce petit resto aux nappes à carreaux bien province française, c'est justement le burger de bœuf de Salers, il est délicieux.
Formule (burger de bœuf de Salers + salade aux noix) : 9,90 € environ ; + un morceau de cantal : 12,90 € environ ; burger végétarien : 12 € environ ; burger au saumon : 14 € environ.

BIOBURGER

10, rue de la Victoire
M° Le Peletier
☎ 09 81 81 88 33
http://bioburger.fr
Lundi-vendredi : 11h45-15h30, 18h30-22h30
Samedi-dimanche : 12h00-22h30

Burgers new-yorkais servis dans une sorte de cantine-loft. Tout est bio et très généreusement servi.
Formule à partir de 10,50 €.

CANTINE DE LA MAISON DE L'ARMÉNIE

17, rue Bleue
M° Cadet
☎ 01 48 24 63 89
Lundi-vendredi : 11h-23h
Samedi : 12h-14h

Située dans une cour calme où fleurissent des hortensias, la cantine est vaste, lumineuse, ultra-calme et l'accueil familial. Et pour ceux qui veulent encore plus de dépaysement, il y a chorale traditionnelle à l'étage le mardi, danse folklorique les lundis et jeudis.
Plats du jour : 8-10 €.

GOUTU LE PELETIER

51, rue Le Peletier
M° Le Peletier ou Richelieu Drouot
☎ 01 40 23 98 40
www.goutu1.com
Lundi-vendredi : 10h-16h

Incroyable ! Le sandwich à 1 €
Il fait 13 cm de long, est garni sous vos yeux de jambon blanc, beurre salé ou fromage. Pour 1 ou 2 € de plus, on introduira dans le même petit pain d'autres garnitures plus sophistiquées, ou encore un classique hot-dog.
Sandwichs à partir de 1, 2 ou 3 € ; salade : 3-4,50 € environ ; soupe : 3 € environ. Dessert : 2,50-3 € environ.

L'AUBERGE DU CLOU

30, avenue Trudaine
M° Pigalle ou Anvers
☎ 01 48 78 22 48
www.aubergeduclou.fr
Tous les jours : 12h-23h

En Auvergne, près de la cheminée
Façon auberge de campagne, celle du Clou offre des viandes épatantes. Le lundi soir, on vient avec sa bouteille. L'hiver, on la met même à chambrer près de la cheminée (au 1er étage) où le feu crépite, avant d'entamer des plats traditionnels auvergnats.
Tous les jours (12h-20h), formule : 15 € environ. Formule (après 20h) : 22 € environ ; menu : 29 € environ ; menu enfant : 12 € environ.
Kir offert à nos lecteurs sur présentation du guide ou de la carte 2016.

PECO PECO

47, rue Jean-Baptiste-Pigalle
M° Saint-Georges
☎ 01 53 16 19 84
www.pecopeco.fr
Mardi-vendredi : 12h-14h, 19h-22h sauf le vendredi

Donburis à gogo
Dans un décor à oublier, un chef pâtissier japonais, passé par de grandes cuisines, élabore des donburis raffinés (grand bol de riz sur lequel on dispose toutes sortes de garnitures). Prière de ne pas passer à côté de ses kushiages – brochettes d'asperge-bacon, de maquereau fumé, de fromage, de poulet-wasabi, panées frites. Au fait, « Peco Peco » signifie « J'ai la dalle ! »
Donburi : 8,50 € ; kushiage : 1,50-2,50 €. Dessert maison : 2-5 €.

AUTRES ADRESSES
- 11, rue du Marché-Saint-Honoré (1er), M° Tuileries.
- Palais des congrès de Paris. 2, place de la Porte-Maillot (17e), M° Porte Maillot.

Et toujours :

- **Les Diables au thym**. 35, rue Bergère, M° Grands Boulevards, ☎ 01 47 70 77 09, www.lesdiablesauthym.com, lundi-vendredi : 12h-14h, 19h-22h30 ; samedi : 19h-23h. Pour les très fines gueules, chez un grand cuisinier fou de son métier. Formule midi : 28 € environ ; menu midi et soir : 35 € environ. Grand choix de vins au verre à partir de 5 €.
- **El Nopal Pigalle**. 5, rue Duperré, M° Pigalle, mardi-jeudi : 12h-22h ; vendredi et samedi jusqu'à 23h, dimanche jusqu'à 20h. À côté du canal Saint-Martin, une toute petite croque mexicaine. Excellents *burrones* (pains ronds avec viande, tomate, avocat) et tacos (galettes de maïs garnies). De 7,50 à 9,10 €.
- **Chéri Charlot**. 33, rue Richer, M° Cadet, ☎ 09 80 41 78 27. Fermé samedi midi, dimanche et lundi soir. Sandwichs avec d'excellents fromages et jambon blanc : 6 € environ.
- **Huabu**. 67, rue du Faubourg-Poissonnière, M° Poissonnière, ☎ 01 45 89 16 94, lundi-samedi : 11h-22h. Croque chinoise. Tables en bois, masques de l'opéra de Pékin. Nems : 3,90 € ; soupe garnie : 3,80 € ; cookie : 1,90 € environ.

10e ARRONDISSEMENT

Strasbourg-Saint-Denis – Château-d'Eau – gare de l'Est – gare du Nord – République – canal Saint-Martin – Goncourt

COFFEE ANJAPPER

Dans une maison sri-lankaise toute en bois

22, rue Cail
M° La Chapelle
☎ 01 40 05 09 00
www.coffeeanjapper.com
Mardi-vendredi : 8h-14h, 17h-2h

Voici l'exacte reproduction d'une maison sri-lankaise en bois, aux murs décorés de tableaux, d'étoffes soyeuses, aux jolis lustres, aux tables soignées. Sa cuisine du Sud de l'Inde – avec prédominance de currys parfumés aux graines de coriandre, de pavot et de fenouil – ne grève pas les budgets.

Formule midi : 12,50 € ; menu : 15,90 € environ. Menu soir : 18 € environ.

JULES ET SHIM
Resto et take away coréen

22, rue des Vinaigriers
M° Jacques Bonsergent
☎ 01 58 20 17 91
www.julesetshim.com
Lundi-vendredi : 12h-15h, 19h-22h
Samedi-dimanche : 12h-22h

On mange sur place ou on emporte son petit frichti dans un carton en forme de fleur pour le déguster par beau temps au bord du canal Saint-Martin. Des bibimpaps très variés aux crevettes, au porc, au bœuf, végétariens, tous avec riz, lait de coco et légumes. La salade calamars et poires à la moutarde est excellente, le cake citron pavot noir ne s'oublie pas.

Bibimbap + dessert +thé + accompagnement : 13,50 €.

KRISHNA BHAVAN
Cuisine tamoule végétarienne

24, rue Cail
M° La Chapelle
☎ 01 42 05 78 43
www.krishna-bhavan.com
Tous les jours : 11h-23h

Ambiance de pension de famille indienne et cuisine épicée. Commandez le *thali* (« plat » en hindi) : soupe de lentilles au poivre, à la coriandre et aux graines de cumin, purée de lentilles aux légumes parfumée d'épices, riz et 6 sauces (karis), salade de concombres et yaourt, et dessert au lait de coco et tapioca. Et invitez-nous !

Menu végétarien thali (riz-légumes-dessert) : 12 € environ ; chapati : 8 €. Menu, le soir : 16,50 € environ.

LE PETIT CAMBODGE
À croquer ou emporter près du canal Saint-Martin

20, rue Alibert
M° Goncourt ou Colonel Fabien

☎ 01 42 45 80 88
www.lepetitcambodge.fr
Tous les jours : 12h-23h

Spécialité de la famille aux fourneaux : les bo buns croustillants de toutes sortes. On écrit son menu sur un bout de papier qu'on glisse au cuisinier, lequel officie devant l'assemblée. Vins naturels et wi-fi.

Bo bun : 10-15,50 € environ ; soupes à partir de 11 €. À la carte : 10-20 €. Bière : 5 € environ.

AUTRE ADRESSE
- **Le Cambodge**. 10, avenue Richerand (10e), M° Goncourt, ☎ 01 44 84 37 70, www.lecambodge.fr, lundi-vendredi : 12h-14h30 ; lundi-jeudi-vendredi : 19h-23h. C'est un resto chaleureux plein de jeunes branchés.

MÉMO

« Formule » signifie « entrée + plat » ou « plat + dessert », sans boisson.
« Menu » signifie « entrée + plat + dessert », sans boisson.

LA FABRICK DES DÉLICES

Cassez la dalle avec une brick

58, boulevard de Magenta
M° Gare de l'Est, Château d'Eau ou Jacques Bonsergent
☎ 09 80 68 00 82 ou 06 62 33 53 20
www.fabrickdesdelices.fr
Lundi-jeudi : 12h-15h30, 17h30-22h
Vendredi : 17h30-23h

Star : la feuille de brick. Vous choisissez entre 5 garnitures différentes ; on vous la remplit puis on la passe au four. C'est prêt ! À accompagner de salades, briouates marocaines, de desserts et de thé à la menthe. À déguster soit au (tout petit) comptoir, soit au bord du tout proche canal Saint-Martin.

Comptez entre 7,5 et 11,50 € environ ; menu enfant : 5 €. Jus d'orange : 2,50 € ; café ou thé : 1,50 € environ.

LA TAVERNE DE ZHAO

Resto chinois original

49, rue des Vinaigriers
M° Jacques Bonsergent
☎ 01 40 37 16 21
www.latavernedezhao.fr
Mardi-dimanche : 12h-14h30, 19h-22h30

Zhao cuisine l'originalité comme les nouilles fraîches au sésame et concombre, la soupe de poulet à l'hémérocalle jaune (un lys croquant sous la dent), ou encore un gâteau au riz gluant et à la fleur de l'osmantile (à la senteur de pêche-abricot).

Plats : 4-8 €. Le soir, comptez environ 20 € pour un repas complet.

LE BALBUZARD CAFÉ

Resto corse

54, rue René-Boulanger
M° République
☎ 01 42 08 60 20
https://fr-fr.facebook.com/lebalbuzard
Lundi-samedi : 11h30-15h, 19h-1h

Un bistrot à l'ancienne avec miroirs, larges banquettes et tables rondes en bois. On vient ici pour goûter aux charcuteries et fromages corses, aux desserts à base de châtaignes, aux vins de l'île enchantée.

Formule : 12,50 € environ ; menu : 14,50 € environ.

MA BICOQUE

Couscous-tagines

88, rue René-Boulanger
M° Strasbourg Saint-Denis
☎ 01 42 08 11 44
Lundi-samedi : 9h-minuit

Côté décor, on repassera mais en cuisine, depuis 15 ans, on prépare tous les jours couscous et tagines. C'est du sérieux, du classique et du pas cher.

Formule midi : 11-16 € environ. Couscous : 11 €-16 €, au déjeuner comme au dîner.

PINK FLAMINGO *Pizzas atypiques*

10, rue Bichat
M° Goncourt
☎ 01 42 02 31 70
www.pinkflamingopizza.com
Mardi-samedi : 12h-15h, 19h-23h30
Dimanche : 13h-23h

Le mélange des genres est amusant et les ingrédients sont bien frais. Vous pouvez manger sur place ou emporter votre pizza pour pique-niquer, près du pont de la Grange-aux-Belles, le plus joli pont ombragé du canal Saint-Martin.
Pizzas : 12,50-17 €.

AUTRES ADRESSES
- **Pink Flamingo Marais**. 105, rue Vieille-du-Temple (3ᵉ), M° Saint-Sébastien Froissart, ☎ 01 42 71 28 20, même site.
- **Pink Flamingo Aligre**. 23, rue d'Aligre (12ᵉ), M° Ledru Rollin ou Faidherbe Chaligny, ☎ 01 43 43 47 07, même site.
- **Pink Flamingo Montmartre**. 30, rue Muller (18ᵉ), M° Château Rouge ou Anvers, funiculaire, ☎ 01 42 23 14 07, même site.

RAVIOLIS DU NORD EST CHINOIS

11, rue Civiale
M° Belleville
☎ 01 75 50 88 03
Tous les jours sauf mardi : 11h-23h
Mardi : 15h-23h

Il y en a pour tous les goûts : à la vapeur ou grillés ; puis, au poulet, aux crevettes, au porc et courgette, au bœuf… Et des salades aussi : aux algues, aux cacahuètes aux poulpes…
Comptez environ 10 € pour un repas copieux.

THIEN HIANG *Restaurant vietnamien*

14, rue Bichat
M° Goncourt ou République
☎ 01 42 00 08 23
www.tien-hiang.fr
Mercredi au lundi : 12h-15h, 18h30-23h

Appétits modestes s'abstenir. Ici, on vient pour les grosses marmites au curry, aux fruits de mer, marmites végétales, woks très garnis, soupes pho sans fond.
Salades : 4,50-6,50 € ; raviolis grillés : 4,50 € ; soupes pho : 7,50 € ; grosses marmites : 8 €.

ET AUSSI :
- **Bagel and Brownies**. 2, rue du Faubourg-Poissonnière, M° Bonne Nouvelle, ☎ 01 53 34 05 26, www.bagelsandbrownies.fr, lundi-vendredi : 9h-19h. Bagels, brownies, crumbles, cheesecakes, pecan pie. Formules : bagel + brownie + boisson : 9-10 € environ.
- **Naàn**. 59, rue des Petites-Écuries, M° Cadet, ☎ 09 80 43 58 85. Sauf samedi midi, dimanche et lundi soir. Le *naàn* est un wrap indien qu'on garnit de viandes, légumes et sauces. Table d'hôtes sympathique. Formule : 12 €.
- **Urfa Dürüm**. 58, rue du Faubourg-Saint-Denis, M° Château d'Eau, ☎ 01 48 24 12 84, tous les jours : 12h-22h. Délicieux sandwichs kurdes à emporter. Petites pizza-lahmacun à partir de 2,50 € ; sandwichs dürüm : 6-7,50 € ; brochettes d'agneau : 7 €. Vin : 2,50 €.

11ᵉ ARRONDISSEMENT

Bastille – faubourg Saint-Antoine – Ledru-Rollin – Voltaire – Parmentier – Goncourt

AUX COMPTOIRS DE L'INDE

50, rue de la Fontaine-au-Roi
M° Goncourt
☎ 01 48 05 45 76
http://auxcomptoirsdesindes.com
Tous les jours, sauf dimanche midi : 12h-14h30, 19h-23h

Gastronomique et modeste avec ça !

Végétariens ou pas, épicés ou doux, les plats sont toujours raffinés et présentés avec la simplicité d'un chef qui n'a plus à en remontrer, comme ce poulet biryani à la cuisson parfaite accompagné de riz aux petits grains détachés. En dessert, une glace à la pistache finira de velouter votre palais.
Formule midi : 11 € environ (avec dessert ou café).
Menu soir : 16 € environ.
– 10 % sur les plats à emporter.

CHEZALINE

85, rue de la Roquette
M° Voltaire
☎ 01 43 71 90 75
Lundi-vendredi : 11h-19h

La petite fée des gastronomes

Aline a viré les chevaux de la boucherie, gardé la devanture, introduit quatre tabourets, et fabrique des sandwichs (par exemple : escalope milanaise et citron confit, pain brioché au thon et tomates), salades composées, assiettes froides et desserts (crumble noisette d'anthologie) dignes des grands chefs. Courez-y !
Sandwich classique à partir de 8 €. Dessert : 5 €.

DUNE

20, rue Keller
M° Charonne
☎ 01 43 57 83 15
www.duneparis.fr
Tous les jours sauf dimanche et lundi soir : 12h-14h, 19h-2h (cuisine jusqu'à 22h30)
Mardi soir : menu végan

À la hauteur !

C'est un restaurant bleu et blond, neuf, serein, tenu et fréquenté par des gourmets et des gastronomes. Une fresque au mur figure une mer calme sous les palmes d'un grand arbre. Les produits, de première fraîcheur et de la meilleure qualité, sont soigneusement choisis. Sont arrivés dans nos assiettes un ceviche d'huîtres sauvages délicieux et un gigot d'agneau de lait dont le taboulé aux agrumes faisait délicatement ressortir la finesse. Le dessert était à la hauteur des plats avec une crème de citron de Kalamata subtilement raffinée. Au service, des jeunes gens passionnés par leur métier et dont la gentillesse est sans faille.
Formule déjeuner : 15 €. À la carte : plat : 13 €, entrée ou dessert : 6 €.

ÉCONOTRUC

LA COUR DU FAUBOURG

29, rue du
Faubourg-Saint-Antoine
M° Bastille
☎ 01 53 17 13 55
www.cat-bastille.fr/
restaurant-receptions-paris
Lundi-vendredi : 12h-13h30
(dernière commande)

Médaille d'or du « pas cher »

Sous une grande verrière, à deux pas de la Bastille, voici un restaurant tenu par des gens généreux qui font travailler des personnes handicapées en réinsertion… Et leur font réaliser des assiettes de grande taille, garnies de mets classiques, simples et bons, comme chez soi : cuisse de canettes confites, sauce à l'orange ; flan, panna cotta ou tarte tatin ; soupes maison. La carte est renouvelée chaque jour. Elle vaut la médaille du pas cher dans le quartier. Et en plus, c'est bon !!!

Menu (entrée + plat + dessert) : 9,50 € environ. Formule « suggestion », très copieuse, à la cuisine plus élaborée : 12,20 € environ.

Café ou apéro, ou kir ou verre de vin offert sur présentation du guide ou de la carte 2016.

LE BICHAT

11, rue Bichat
M° Goncourt
☎ 09 54 27 68 97
Tous les jours : 9h-23h

Cantine familiale, bio, pas chère

Sous une verrière, de laquelle pendent de grandes lampes en papier coloré, la famille Legrand (Augustin au grand cœur, en tête) a disposé des tables communes. On passe commande tout seul, et voici la soupe du jour aux bons légumes frais, suivie d'un bol de riz garni de légumes avec au choix œuf, poulet ou maquereau, enfin le dessert maison (un cake à la banane exquis).

Soupe : 3-5 € ; bol garni : 7-8 € ; dessert : 2-3 €. Citronnade maison : 2 €.

LE MANSOU

11, rue Faidherbe
M° Faidherbe Chaligny
☎ 09 54 78 39 40
www.mansouria.fr/
mansou-a-emporter
Mardi-samedi : 11h30-15h,
17h-19h30

Traiteur marocain

En direct de la cuisine du Mansouria, bien connue pour son excellence, voici des plats traditionnels de la cuisine marocaine : pastilla, couscous salés, sucrés, tagines, briaoutes, brochettes à emporter.
Carte : 12-15 €.

ÉCONOTRUC

LES DOMAINES QUI MONTENT *Des repas de vignerons*

136, boulevard Voltaire
M° Voltaire ou Charonne
☎ 01 43 56 89 15
www.lesdomainesqui-
montent.com
Lundi-samedi : 10h30-20h
Restauration : 12h-14h

Excellents vins de petits producteurs, choisis avec grand soin. En entrée, on vous pose sur la table une terrine entière. Puis les mets sont apportés dans des plats où chacun se sert selon son appétit : escalope de foie gras aux champignons sauvages et porto, fromages à discrétion et baba à l'armagnac, par exemple, se laissent avaler (trop vite). Les tables sont entourées de bouteilles. Abusez-en. Pas de droit de bouchon. Terrasse au soleil aux beaux jours. (Il est prudent de réserver.)

Formule du vigneron (plat du jour + entrée ou plateau de fromages fermiers ou dessert au choix) : 14,90 € environ.

AUTRES ADRESSES
- 26, boulevard Diderot (12e), M° Gare de Lyon, ☎ 01 43 42 97 37, voir p. 243.
- 22, rue Cardinet (17e), M° Courcelles ou Wagram, ☎ 01 42 27 63 96, voir p. 22.
- 76, avenue Pierre-Lefaucheux, 92100 Boulogne-Billancourt, M° Pont de Sèvres, ☎ 01 46 21 27 80.

MEZZE DU LIBAN *En route pour Byblos, Sidon, Baalbek*

48 bis, rue Saint-Maur
M° Saint-Maur
☎ 01 43 55 73 82
www.mezzeduliban.com
Lundi-samedi : 12h30-15h, 18h30-23h30

L'accueil est chaleureux, les tables soignées, le contenu des assiettes extrêmement généreux (à eux seuls, les mezze délicieux constituent presque un repas). La suite du repas est tout aussi enthousiasmante : cuisine raffinée tant dans les classiques (taouk, kafta, brochettes d'agneau) que dans les mets plus originaux. En fin de repas, un café blanc d'anthologie.

Formule midi (assiette + dessert) : 11,50 €. Assiette mezze (végétarienne ou pas) : 16 € ; plat : 11-14 € environ. Menu soir : 22 €.

STARVIN'JOE
Authentiques burgers

42, rue de Charonne
M° Ledru Rollin
www.facebook.fr/starvinjoerestaurant
Lundi-mardi : 12h-16h, 18h30-22h30
Mercredi-jeudi : 12h-22h30
Vendredi-samedi : 12h-22h45

Joe l'affamé sera rassasié par ces burgers classiques, façon « haute cuisine » : un pain savoureux, une viande succulente, une sauce délicate et onctueuse, qui ravissent les palais avides d'authenticité.
De 12 à 15 € environ.

WEST COUNTRY GIRL
Ouest country crêpes

6, passage Saint-Ambroise
M° Rue Saint-Maur
☎ 01 47 00 72 54
www.westcountrygirl.com
Mardi-samedi : 12h-14h30, 19h-22h

Un décor qui n'a rien de bretonnant. Sortant des galétières, les produits maison sont joliment cuits. Les classiques complètes jambon, andouille de Guémené, Montbéliard, chèvre saint-maure/épinards frais/raisins secs sont bien équilibrées. En dessert, prenez une crêpe au caramel au beurre salé maison. Cidre bio à la saveur délicieuse. Brunch le dimanche.
**Formule midi en semaine (salade ou galette + crêpe sucrée + boisson) : 10,50-12,80 € environ.
À la carte, le soir et le week-end : 20 € environ.**

Et toujours :

- **Clasico Argentino**. 217, rue du Faubourg-Saint-Antoine, M° Faidherbe Chaligny, ☎ 01 56 06 95 14, www.clasico-argentino.com, tous les jours : 12h-15h, 18h30-22h. Autre adresse dans le 3ᵉ, voir p. 219.

- **East Side Burger**. 60, boulevard Voltaire, M° Saint-Ambroise ou Richard Lenoir, www.eastsideburgers.fr, mardi-mercredi-jeudi : 12h-18h ; vendredi-samedi : 12h-20h. Fast food végétarien, bio et très bon. Menu : burger + frites ou coleslaw + boisson : 10 € environ. Menu kitsch : quiche + boisson + frites ou coleslaw : 7,10 € environ.

MÉMO

Les « éconotrucs » constituent une encyclopédie du pas cher. Vous y trouverez des conseils et des astuces pour dépenser moins et vivre mieux, ainsi qu'une sélection de boutiques et de services d'un rapport qualité-prix exceptionnel.

12e ARRONDISSEMENT

Bastille – Daumesnil – Faidherbe-Chaligny – Ledru-Rollin – Nation – Bercy – gare de Lyon

ÉCONOTRUC

CAPPADOCE

12, rue de Capri
M° Daumesnil
☎ 01 43 46 17 20
Lundi-vendredi : 12h-14h30, 19h-23h
Samedi : 19h-23h30h

Gastronomie de l'Est de la Turquie

La Cappadoce est connue pour ses cheminées de fée. C'est donc une cuisine de conte, délicieusement dépaysante, qui est servie ici : agneau à la purée d'aubergines, plats végétariens, feuilleté aux pistaches et autres mets charmeurs.

Formule midi + café : 13 € environ ; menu midi + café : 15 € environ. Menu végétarien : 21 € environ ; menu dégustation (entrée + plat + dessert + café) : 26 € environ.

Un digestif maison offert à nos lecteurs sur présentation du guide ou de la carte 2016.

CARPE DIEM

5, rue Jaucourt
M° Nation
☎ 01 43 43 27 44
www.carpediem.paris12.over-blog.com
Lundi-samedi : 12h-15h, 19h-22h45

Bar à vins et resto célébrant Bacchus

Un bar à vins joyeux où les points forts abondent : les planches de charcuteries corses, les grandes salades, les petits vins de propriétaires et les plats du jour. Aux beaux jours, on profitera de la terrasse.

Grandes salades pour grands appétits : 13 € environ. Formule midi + café : 17,30 € environ.

CENTRE INTERNATIONAL DE SÉJOUR MAURICE-RAVEL

6 avenue Maurice-Ravel
M° Porte Dorée ou tram T3a Montempoivre
☎ 01 43 58 96 00
www.cisp.fr
Tous les jours : 7h30-9h30, 11h-14h, 19h-20h30

Self très correct

À deux pas du bois de Vincennes, la cafétéria de ce centre hôtelier sert des nourritures simples, bonnes et roboratives. L'accueil est charmant. Aux beaux jours, des tables sont dressées sur une terrasse au soleil.

Petit déjeuner buffet : 6 € environ. Menu : 13 € environ ; + café : 14 € environ. Formule pour enfant de moins de 12 ans : 8,50 € environ.

▶ *Boco, voir p. 213.*

LA FERIA

25, rue Montgallet
M° Montgallet
☎ 01 43 41 15 72
www.restaurant-la-feria.com
Lundi-samedi : 12h-14h30, 19h30-23h30

Calamars, sardines grillées, chorizo grillé, assortiment de viandes grillées. Carte très variée avec toutes les spécialités espagnoles faites maison. Délicieux. Très bon accueil.
Formule déjeuner : 13,50 €.

ÉCONOTRUC

L'ÉBAUCHOIR

43-45, rue de Cîteaux
M° Faidherbe Chaligny
☎ 01 43 42 49 31
www.lebauchoir.com
Lundi-samedi : 12h-14h30, 20h-23h
Vendredi-samedi : 19h30-23h

Bistrot gastronomique

Un menu incroyablement bon marché est servi à midi dans ce bistrot franchement gastronomique. Le chef, Thomas Dufour, a fait ses classes chez Laurent sur les Champs-Élysées et à L'Oustau de Baumanière. Ses plats confectionnés avec des produits de saison sont raffinés, telle cette selle d'agneau rôti aux épices douces, ou ce riz au lait d'anthologie, ou une dacquoise aux amandes, glace à la pistache et crème de mascarpone, parmi un très grand choix. On vous sert des vins délicieux de petits exploitants, à commander au verre ou à boire à la ficelle.
Formule midi : 13,50 € environ ; menu midi : 15 € environ. Le soir, pour un dîner superbe, comptez environ 35 €.

L'ESCALE DE MARRAKECH

49 bis, avenue du Général-Michel-Bizot
M° Porte de Charenton ou Michel Bizot
☎ 01 43 44 83 49
Lundi-dimanche : 12h-15h, 18h-23h

Un des meilleurs couscous de Paris

La semoule du couscous est exceptionnellement fine et légère, les tagines parfumés et l'accueil des hôtes chaleureux. Au mur, les grandes fresques vous transportent dans le désert. Vous reprendrez bien un peu de thé à la menthe ou une liqueur de datte ?
Couscous ou tagine : 16,50 € environ. Formule midi du lundi au vendredi : 13 € environ ; menu midi : 14 € environ.

ÉCONOTRUC

LE JANISSAIRE
Une turquerie pleine de délicatesse

24, allée Vivaldi
M° Montgallet ou Daumesnil
☎ 01 43 40 37 37
www.lejanissaire.fr
Lundi-vendredi : 12h-14h30, 19h-23h
Samedi : 19h-23h

Dans un cadre élégant (tableaux de peintres turcs contemporains, tapis anciens et vitraux au plafond) une cuisine fine et pleine de saveurs est servie : mezze, agneau aux aubergines et yaourt. Pensez à réserver car la table est courue.
Menu midi : 14,50-23 € environ ; menu découverte le soir : 25 € environ.

PARIS BREIZH
Crêpe et design

177, avenue Daumesnil
M° Daumesnil
☎ 01 43 45 16 10
www.creperieparisbreizh.fr
Lundi-samedi : 12h-14h30, 19h-22h30

La formule de midi cale son Breton. Elle comprend galette complète + crêpe classique ou une beurre-sucre + boisson. Décor design et terrasse au soleil dans une petite impasse piétonne.
Formule midi : 12-15 € et 20 €. Carte : 20 € environ. Menu enfant : 9,50 € environ.

Et toujours :

- **Le 51**. 51, rue de Bercy, M° Bercy ou Cour Saint-Émilion, ☎ 01 58 51 10 91, lundi : 10h-17h ; mercredi-dimanche : 10h-23h. Restaurant de la Cinémathèque. Pour son décor et sa terrasse.
- **Les Domaines qui montent**. 26, boulevard Diderot, M° Gare de Lyon, ☎ 01 43 42 97 37, www.lesdomainesquimontent.com, lundi-samedi : 10h-20h ; jeudi : 10h-23h ; restauration : 12h-14h. Autres adresses dans les 11e, 17e arrondissements et dans le 92.

MÉMO

Pour obtenir gratuitement le prochain *Paris Pas Cher*, envoyez-nous les adresses que vous estimez dignes de figurer dans le guide à l'adresse parispascher@yahoo.fr. Nous les visiterons. Si une adresse est retenue et que vous êtes le premier à nous l'avoir donnée, vous gagnerez un guide *Paris Pas Cher 2016* (n'oubliez pas de nous laisser vos coordonnées complètes).

13e ARRONDISSEMENT

Les Gobelins – place d'Italie – Corvisart – la Butte-aux-Cailles – Tolbiac – Maison-Blanche – bibliothèque François-Mitterrand

AU BANQUIER

Couscous, paella et bœuf-frites

7, rue du Banquier
M° Campo Formio ou Gobelins
☎ 01 43 36 73 46
http://aubanquier.com
Mardi-dimanche : 12h-14h30, 19h30-22h30

Restaurant familial sans prétention où l'on vous sert avec le sourire dans un décor de bistrot typique. Du vendredi au dimanche, les couscous et tagines sont à l'honneur. Le mercredi soir, la paella prend souvent le relais. Et toute la semaine, le bon bœuf-frites est servi. Clientèle d'habitués bienveillants et terrasse calme.

Couscous : 11-14 € environ ; paella : 13,50 € environ. Formule midi : 11 € environ ; formule soir (plats français) : 12 € environ. Pâtisseries orientales autour de 3,50 €.

FUNG SHUN

Menu aux environs de 12 €, la nuit aussi

34, avenue de Choisy
M° Porte de Choisy ou Maison Blanche
☎ 01 53 60 13 56
www.fungshun.fr
Lundi-samedi : 12h-14h, 19h-2h

Le décor ne casse pas trois pattes à un canard chinois, qui, du reste, servi laqué ici, est excellent. C'est donc parce que le Fung Shun, bien honnête, sert le soir et même après minuit un menu aux environs de 12 € qu'on y viendra. À ces heures avancées, on y rencontre tous les serveurs et cuisiniers des autres restaurants du quartier qui viennent s'y retrouver et se restaurer après leur service.

Menu midi et soir : 12 € environ.

KANNIMAARAA

Cuisine végétarienne de l'Inde du Sud

3, rue Moulin-des-Prés
M° Place d'Italie ou Corvisart
☎ 01 45 81 53 09
Lundi-samedi : 12h-14h30, 19h-23h30

On nage dans la couleur locale, et en plus, c'est bon : le *kannimaaraa* est un rôti épicé et longuement mijoté. Bon poulet tikka. Une grande majorité de légumes à la carte (belle carte végétarienne) et un fameux naan au fromage.

Menu midi : 12 € environ. Menus soir à partir de 17 € ; carte : 22 € environ.

MÉMO

Des cadeaux et des réductions sont offerts dans certains établissements à nos lecteurs sur présentation du guide ou de la carte *Paris Pas Cher 2016*.

ÉCONOTRUC — UNE CUISINE DE CHEF À PRIX IMBATTABLES

L'AVANT-GOÛT

26, rue Bobillot
M° Place d'Italie
☎ 01 53 80 24 00
www.lavantgout.com
Mardi-samedi : 12h-14h, 19h30-22h15

Un ex de chez Guy Savoy

Christophe Beaufront, un ex de chez Guy Savoy, est un virtuose des épices, il est célèbre pour son pot-au-feu de cochon aux épices et son verre de bouillon ainsi que pour ses plats atypiques (aiguillettes de bœuf de l'Aubrac en tartare parfumé au saté, mirliton aux abricots et glace au safran, etc.). Cuisine de ménage mâtinée de recettes du monde entier. Jolie carte de vins. Accueil adorable dans ce bistrot au décor chaud. Réservation obligatoire pour midi et soir.
Formule midi (soupe + plat du jour + verre de vin + café) : 15 € environ. Le soir, grand menu : 33 € environ. À la boutique (37, rue Bobillot), plats à emporter.

MONDOL KIRI

159, avenue de Choisy
M° Place d'Italie
☎ 01 53 79 75 96
www.mondolkiri.fr
Mardi-dimanche : 12h-14h30, 19h-23h

Joli restaurant cambodgien

Décor sophistiqué pour une cuisine traditionnelle cambodgienne : salades de papaye verte, amok de poissons, bœuf et poulet grillés au saté.

THAÏ VIEN

56, avenue de Choisy
M° Maison Blanche ou Porte de Choisy
☎ 01 53 61 18 58
Lundi-vendredi : 12h-15h, 19h-23h

Cuisine thaïe et laotienne

Ici, l'attraction est dans l'assiette. Les parfums des cuisines thaïe et laotienne (avec quelques emprunts aux spécialités vietnamiennes et cambodgiennes) vous chatouillent les papilles. Bo bun roboratif, pad thaï, bœuf loc lac, riz gluant et salade de bœuf sont savoureux. Petite salle (une vingtaine de places). Également des plats à emporter.
Plat : 6,50-8,50 € environ. Thé : 1,50 €.

MÉMO

Les tarifs sont donnés à titre indicatif. Ils ne comprennent pas les boissons et sont susceptibles de changer.

XINH XINH *Xinh xinh, traduction : Mignon mignon en vietnamien*

6-8, rue des Wallons
M° Saint-Marcel
☎ 01 47 07 26 20
www.restaurantxinhxinh.fr
Lundi-samedi : 11h-15h

On déjeune dans un décor sobre et élégant où l'accueil est grandiose de gentillesse. La cuisine authentiquement vietnamienne nous fait découvrir la finesse des banh xeo (crêpes croustillantes farcies de porc émincé et crevettes) et surtout celle du bo bun, plat national, et spécialité de la maison avec les soupes pho, traitées ici avec un grand savoir-faire.
Formule midi : 17 € environ.

Et toujours :

- **Chez Mamane**. 27, rue des Cinq-Diamants, M° Corvisart ou Tolbiac, ☎ 01 45 89 58 87, tous les jours : 16h-2h. Couscous à la bonne franquette à partir de 11 € et digestif offert sur présentation du guide ou de la carte 2016.
- **Pho Tai**. 13, rue Philibert-Lucot, M° Maison Blanche, ☎ 01 45 85 97 36, jeudi-mardi : 12h-14h30, 20h-22h30. Autre adresse : Pho Tai Tai. Juste en face. Même maison, mêmes plats, mêmes prix. Un café offert sur présentation du guide ou de la carte 2016.
- **Centre international de séjour Kellerman**. 17, boulevard Kellerman, M° et tram T3a Porte d'Italie, ☎ 01 43 58 96 00, www.cisp.fr, tous les jours : 7h30-9h30, 11h-14h, 19h-20h30. Le self Kellerman, très correct, s'ouvre sur un jardin privé. Petit déjeuner buffet : 6 € environ. Menu : 13 € environ ; + café : 14 € environ. Formule pour enfant (– de 12 ans) : 8,50 € environ.

▶ *Voir aussi le CISP Maurice-Ravel, p. 241.*

14ᵉ ARRONDISSEMENT

Montparnasse – Denfert-Rochereau – Plaisance – Alésia – porte d'Orléans – Cité universitaire

AQUARIUS *Gastronomiquement bio*

40, rue de Gergovie
M° Plaisance
☎ 01 45 41 36 88
Lundi-samedi : 12h-14h15, 19h-22h30

Ce restaurant végétarien ajoute la bonne cuisine à la bonne conscience. On relève une véritable imagination dans l'élaboration des mets. Tout est fait maison. Rôti aux noix, feuilleté aux pleurotes, tartiflettes végétariennes, tout est exquis !
Formule midi : 13 € environ, soir : 15 € environ. Menu : 20 € environ.
Apéritif maison offert à nos lecteurs sur présentation du guide ou de la carte 2016.

LA TABLE DE BÉZOUT

Table sino-bretonne

21, rue Bézout
M° Alésia
☎ 01 43 27 55 17
www.latabledebezout.fr
Lundi-samedi : 10h-23h

Le patron-cuisinier est breton, sa femme chinoise. Ce couple gourmand marie parfaitement les saveurs extrême-orientales et françaises. Leurs tempura aux légumes, côte de cochon, macaron au thé vert sont des régals. Le foie gras est l'hôte habituel de leurs menus et les prix qu'ils pratiquent – surtout le soir – sont des modèles de modestie compte tenu de la qualité de la cuisine. Formule express : 13,90-16,50 € environ ; menu midi : 17,90 € environ. Formule soir : 18,50 € environ ; menu soir : 21,50 € environ.

Un kir offert sur présentation du guide ou de la carte 2016.

MONTELEONE

Authentique restaurant sarde

68 bis, avenue Jean-Moulin
M° Porte d'Orléans
☎ 01 45 42 02 02
www.restaurantmonteleone.fr

À défaut du soleil sarde et de sa mer turquoise, cet excellent restaurant nous embarque en voyage gustatif : pâtes fraîches à l'encre noire de seiche sautées aux gambas, aubergines et menthe, malloredus (pâtes en forme de coquillages) à la campidanaise, risotto, ou raviolis épinard-parmesan. Plat : 10,50 €. Formule midi : 15 € ; menu : 17,50 € ; carte : 33 € environ.

PIZZA ENZO

La pizza en majesté

72, rue Daguerre
M° Denfert Rochereau
☎ 01 43 21 66 66
www.pizzaenzo.fr
Lundi : 19h-22h30
Mardi-vendredi : 12h-14h30, 19h-22h30
Samedi : 12h-14h30

Gaieté, chaleur de l'accueil italien et pizzas fines, craquantes, richement garnies, très parfumées. Goûtez à la pizza spéciale Enzo, un joli classique : poitrine fumée, crème fraîche, oignons cuits, œuf, mozzarella. Excellents tiramisu et *zuppa inglese*. On mange perché sur de hauts tabourets de bar dans une salle fort petite. Plats à emporter.

Pizzas : 11-14 € environ ; pâtes : 10-14 € environ ; grandes assiettes garnies à partir de 11,50 € ; antipasto : 7,50 € environ.

RESTAURANTS DU LYCÉE GUILLAUME-TIREL

De jeunes toques inspirées

237, boulevard Raspail
M° Raspail ou Edgar Quinet
☎ 01 44 84 19 30 et 01 44 84 19 31
www.lyceeguillaumetirel.com
Lundi-vendredi : 12h-fin de service 13h
Mardi et jeudi : 19h-fin de service 20h
Fermé pendant les vacances scolaires et les jours d'examen

Ce lycée forme les futurs grands chefs. On peut y déjeuner rapidement d'une excellente formule de brasserie ou déguster un menu gastronomique aux assiettes présentées comme des œuvres d'art. N'oubliez pas de réserver et venez tôt. Menus sur www.lyceeguillaumetirel.fr/restauration.

Formule brasserie midi : 13 € environ ; menu : 16 € environ. Menu gastronomique midi : 19 € environ ; le soir : 23 €.

15e ARRONDISSEMENT

Gare Montparnasse – Pasteur – Vaugirard – Convention – porte de Versailles – Parc des expositions

ÉCONOTRUC

AL KARAM

Libanais. Pour gros appétits

15, rue Ferdinand-Fabre
M° Convention
☎ 01 45 33 00 00
www.restaurant-alkaram
Lundi-samedi : 12h-15h, 19h-23h

On est accueilli chaleureusement chez El Karam, très fréquenté par les Libanais de Paris. C'est une sorte de salle à manger bourgeoise de province, bien cosy. Exquis menu mezze (tapas à la libanaise) à partager à deux tant il est copieux. Gardez encore une petite place pour déguster le délicieux mouhalabieh (flan à la fleur d'oranger, pistache et miel) et les baklawa. Au déjeuner et dîner, formules et menus sont incroyablement abordables pour Paris et le quartier.

Menu mezze : 18 € ; à emporter : 16 €. Formules midi (petit ou grand plat avec brochettes ou mezze + café ou thé à la menthe) : 10,50 €-12,50 €. Menu : 16,50 €. Formule soir à partir de 16,50 € (sans boisson).

BOULANGERIE MAILLARD

174, rue de Vaugirard
M° Pasteur
☎ 01 47 34 92 50
Lundi-vendredi : 6h15-20h

Parfait pour manger sur le pouce

Un coin dégustation avec quelques tables où savourer de bons petits-déjeuners, d'excellents sandwichs et salades, des plats du jour ainsi que des gâteaux plantureux à toute heure. Tout se vend à emporter également.

Sandwich + boisson : 5 € environ ; plat du jour + boisson + dessert : 8,80 € environ ; café + croissant + jus d'orange : 4 € environ.

LA MAISON ISSA

81, rue Olivier-de-Serres
M° Porte de Versailles
☎ 01 45 31 24 71
www.restaurant-maison-issa.com
Lundi-vendredi : 12h-22h
Samedi-dimanche (brunch) : 12h-15h

Issa est libanais. Après avoir tenu deux restaurants là-bas, il a dirigé les cuisines de Liza, autre restaurant libanais de grande qualité à Paris. Sa connaissance de la cuisine de son pays est immense, son talent évident. Il compose des sandwiches et des formules qui rappellent en goûts et parfums les mets dégustés à Byblos, le long de la mer violette sous un soleil orange.

Sandwich : 4,50 € environ. Plateau-déjeuner à emporter (1 plat chaud + 4 mezzes) : 6,50 € environ. Sandwich chaud + mezze + boisson + dessert (« et direction le parc Georges Brassens ! ») : 10 €. Assiette végétarienne : 13 € environ. Brunch à partir de 18 € environ.

ÉCONOTRUC

LE DRAPEAU DE LA FIDÉLITÉ

Étoile du pas cher

21, rue Copreaux
M° Volontaires
☎ 01 45 66 73 82
www.facebook.com/chezquan
Mardi-samedi : 11h30-22h30 (cuisine fermée à 20h30)

Ex-prof de philo à Saïgon, M. Quan donne des leçons de zénitude tout en maniant les casseroles. Cet ami du genre humain maîtrise la cuisson de plats sans prétention comme les nems, le porc au caramel avec riz, ou encore le bo bun aux spaghettis qui rassasiaient sa clientèle d'étudiants. Des essais philosophiques et des romans tapissant les lieux. Dans ce tout petit resto, sont enfin réunies les cultures du ventre, du cœur et de l'esprit.

Plats copieux : 3 à 6 €. Verre de vin : 1,50 € ; café : 1 €.

LE BÉLISAIRE

Bistrot gastronomique

2, rue Marmontel
M° Vaugirard ou Convention
☎ 01 48 28 62 24
www.lebelisaire.free.fr
Lundi-samedi : 12h-14h, 20h-22h30
Fermé samedi midi et dimanche

Situé à une station de métro de la porte de Versailles, ce petit bistrot a pour chef Mathieu Garrel, un élève de Gérard Besson, grand cuisinier et professeur. Au menu, à midi, on a le choix entre cinq entrées et six plats renouvelés chaque jour selon l'inspiration du marché et des saisons.
Menu midi : 22 € environ. Menu-carte soir : 32 € environ ; samedi soir, menu découverte : 35 €.

MYUNG KA

Coréen comme à Séoul

19, boulevard Garibaldi
M° Cambronne
☎ 01 47 83 41 45
Lundi-samedi : 12h-22h30
Fermé dimanche midi

Petit restaurant sans chichis, mais très fréquenté (réservez, c'est préférable). On y goûte aux classiques coréens : barbecue sur la table ou bibimbap fumant et fameux précédé de salade de méduse, galettes et gyozas (raviolis frits à la viande).
Menu midi : 16 € ; menu soir : 20 €.

Et toujours :

- **Green Pizz**. 32, rue Dantzig, M° Convention, ☎ 09 66 94 37 48, http://greenpizz.com, mardi-dimanche : 12h-14h30, 19h-22h30. Pizzas bio : 12-15 €. Autre adresse : 138, boulevard Vincent-Auriol (9ᵉ), M° Cadet, ☎ 09 83 88 38 23, mêmes horaires.

▶ *Krishna Bhavan, voir p. 234.*

MÉMO

À l'heure où nous mettons sous presse, les adresses, les horaires d'ouverture et les prix cités sont à jour. Mais les restaurateurs peuvent, bien sûr, les modifier en fonction de considérations personnelles dont nous ne pouvons être tenus pour responsables.

MÉMO

« Formule » signifie « entrée + plat » ou « plat + dessert », sans boisson.
« Menu » signifie « entrée + plat + dessert », sans boisson.

16e ARRONDISSEMENT

Trocadéro – Étoile – Boissière – Victor-Hugo – La Muette – Auteuil

ÉCONOTRUC

AUTEUIL BON RESTAURANT

Des graines de chefs vous nourrissent… pour 6 € !

40, rue La Fontaine
M° Michel-Ange Auteuil ou Jasmin
☎ 01 44 14 73 88
www.auteuil-bon-restaurant.apprentis-auteuil.org/
En période scolaire :
Lundi-vendredi midi : 12h-12h45
Jeudi : 19h-19h45
Peu de repas servis en juin du fait des examens

Le lycée hôtelier de la Fondation possède un restaurant d'application donnant sur le jardin. Les élèves cuisinent et servent avec ferveur, sous la houlette de leurs diligents professeurs, des menus de style cuisine traditionnelle française pour une somme dérisoire. Aux beaux jours, plats servis sur la terrasse.

Snack (plat unique + café) : 7 €. Menu midi (hors boisson) : 14,50 €. Menu jeudi soir (+ apéritif, vin, café) : 20,50 €.

CAFÉ ANTOINE

Cuisine traditionnelle française

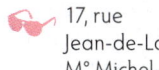
17, rue Jean-de-La-Fontaine
M° Michel-Ange Auteuil ou Jasmin
Lundi-vendredi : 12h-14h30, 18h-22h30

Ce joli bistrot des années 1900 est resté dans son jus. Sa cuisine de bistrot ne déçoit jamais. L'accueil est charmant, les prix raisonnables pour le quartier. **Formule déjeuner : 18 €.**

CATHAY PALACE

Cuisine chinoise et thaïlandaise

14, rue Pierre-Guérin
M° Michel-Ange Auteuil
☎ 01 45 25 53 83
www.cathaypalace.com
Mardi-dimanche : 12h-14h, 19h-23h

Un petit resto simple où trouver les classiques de la cuisine extrême-orientale : rouleaux de printemps, plats à la vapeur, poulet aux noix de cajou, porc aigre-doux, litchis.
Menu midi : 13,70 € environ. Carte soir : 30 € environ.

LE STUBE
Saucisses allemandes

Institut Goethe
17, avenue d'Iena
M° léna
☎ 01 47 23 71 52
www.lestube.fr
Lundi-vendredi : 10h30-17h
Ouverture jusqu'à 19h ou 20h selon la programmation de l'Institut Goethe

La spécialité du lieu reste la currywurst : une saucisse de bœuf, pochée, nappée d'une sauce à base de légumes, légèrement relevée et saupoudrée de curry. Elle est accompagnée d'une salade de pommes de terre. Excellents strudels et gâteaux. **Sandwich + dessert ou boisson : 9,50 €. Formule currywurst + pommes de terre rôties ou salade de pommes de terre + dessert : 12 € environ, servie aussi le soir. Formule tarte salée + salade + dessert : 11,50 € environ. À la carte, comptez environ 19 €.**

AUTRE ADRESSE
- 31, rue de Richelieu (1er), M° Pyramides, ☎ 01 42 60 09 85, www.lestube.fr, lundi-mercredi : 11h30-15h30 ; jeudi-vendredi : 11h30-15h30, 18h30-22h30 ; samedi : 11h30-19h.
- 23-25-27, passage Verdeau (9e), M° Le Peletier ou Richelieu Drouot, ☎ 01 47 70 08 18, lundi-samedi : 8h30-20h30.

SUSHI GOURMET
Sushis – Yakitoris

1, rue de l'Assomption
M° Ranelagh
☎ 01 45 27 09 02
www.sushigourmet.fr
Mardi-samedi : 12h-14h30, 19h-22h

Les journalistes de la Maison de la Radio toute proche en ont fait leur cantine pour trois raisons : on y mange bien (avec une recette inédite tous les mois créée par de grands chefs comme Ghislaine Arabian), vite et à prix raisonnables. **Boîte de 15 sushis variés : 9,90 € ; 12 sushis : 11,50 €.**

THE FROG
Pub irlandais

110, avenue Kléber
M° Trocadéro
☎ 01 47 27 88 88
www.frogpubs.com/fr
Tous les jours : 12h-2h

Un condensé d'Irlande : jeu de fléchettes, bières Guinness et bières maison, soirées à thèmes, retransmissions de matchs, ambiance très conviviale et fish and chips. **Plat à partir de 12 € ; demi : 4,50 €.**

MÉMO
Pour nous joindre : parispascher@yahoo.fr.

Ou encore, laissez-nous un petit mot sur le site du guide : www.parispascher.com ou www.guideparispascher.com.

17ᵉ ARRONDISSEMENT

Argentine – Étoile – Courcelles – Ternes – Wagram – place de Clichy – La Fourche – Brochant – Rome – Malesherbes

CHEZ IRÈNE ET BERNARD

58, rue Gauthey
Mº Brochant
☎ 01 42 29 56 16
www.irene-bernard.com
Lundi-samedi : 8h-2h

On est ici comme chez soi, si on aime la toile de Jouy au mur et les petites lampes rouges qui font un joli teint aux femmes. Les plats du jour sont simples et bons. Les petits appétits leur préféreront des tartes salées et salades.
Plat du jour : 9,80 € ; tartes salées + salade : 8,30 €.

LA CHAUMIÈRE POLONAISE

2, rue Beudant
Mº Rome
☎ 01 42 93 52 56
www.lachaumierepolonaisefree.fr
Lundi : 19h-22h30
Mardi-samedi : 12h-14h30, 19h-22h30

Tous les grands classiques de la cuisine polonaise sont sur la carte : *kabanos* flambées à la vodka, *bortch*, *pierogi*, *chachlyk* mariné, sorbet vodka…
Formule déjeuner : 13,50 € ; carte : 28 € environ.

LE CLOU DE FOURCHETTE

Un bistrot de tradition

121, rue de Rome
Mº Rome
☎ 01 48 88 09 97
www.cloudefourchette.fr
Mardi-samedi : 12h-15h, 19h-23h

Dans ce joli bistrot, le cochon orange et le chien de même couleur se font face sur le bar, amicalement, tandis que les clients regardent, dans la cuisine ouverte, le chef cuisinant par exemple : bœuf angus poêlé au poivre noir, magret de canard rôti, figues au porto et au miel, gros baba imbibé de vieux rhum.
Formule midi : 21 € environ ; menu : 25 € environ. Carte à partir de 31 €.
Un café offert sur présentation du guide ou de la carte 2016.

LE WAGON BLEU

7, rue Boursault
M° Rome
☎ 01 45 22 35 25
www.wagonbleu.fr
Tous les jours : 11h-2h

Dans un ancien wagon de l'Orient-Express
Ce nid à repas d'amoureux date de 1925 : banquettes et fauteuils bleus, boiseries en acajou clair, tapis d'Orient, lumière tamisée… Une cuisine de bistrot y est servie, genre tartare, magret, entrecôte, à laquelle s'ajoutent quelques plats corses : escalope du Cinto, cannellonis au brocciu, excellente charcuterie de Castagniccia.
**Lundi-vendredi midi (– 30 % sur les plats) : 12-22 €.
Carte soir : 30 € environ.**
Cadeau surprise si le lecteur s'identifie sur un réseau social en se localisant au Wagon Bleu.

MAM DIM SUM

14, boulevard de Courcelles
M° Villiers
☎ 01 46 22 33 04
www.madimsum.com
Lundi-samedi : 12h-15h, 19h-22h

De bonnes petites bouchées vapeur chinoises
Elles sont fraîches, originales, servies sans chichis : canard au curry et lait de coco, poulet au gingembre et champignons shitake, crevettes au curry et châtaigne d'eau… Tout un voyage extrême-oriental en une bouchée.
3 pièces : 5 à 5,90 € environ.

PREMIATA DROGHERIA DI MEGLIO

90, rue Legendre
M° La Fourche ou Brochant, train Pont Cardinet
☎ 01 53 31 02 00
Lundi-samedi : 11h-22h30

Simpatico !
Comme chez soi, on met son couvert à la table commune, on bavarde avec son voisin, puis on prend un dessert. Mais avant de partir, on n'oubliera pas de faire quelques emplettes dans l'épicerie.
**Une dizaine de recettes de pâtes (aux cèpes, jambon-artichaut, fagotins) : 9,50-10,50 € environ.
Panna cotta et tiramisu ; assiette d'antipasti : 9 € environ.**
Un chocolat offert à nos lecteurs sur présentation du guide ou de la carte 2016.

MÉMO

Pour obtenir gratuitement le prochain *Paris Pas Cher*, envoyez-nous les adresses que vous estimez dignes de figurer dans le guide à l'adresse parispascher@yahoo.fr. Nous les visiterons. Si une adresse est retenue et que vous êtes le premier à nous l'avoir donnée, vous gagnerez un guide *Paris Pas Cher 2016* (n'oubliez pas de nous laisser vos coordonnées complètes).

ÉCONOTRUC

RIPAILLE

Pour se faire plaisir !

69, rue des Dames
M° Rome
☎ 01 45 22 03 03
Lundi-vendredi : 12h-14h, 19h30-22h30
Samedi : 19h30-22h30

Festin, bombance, bamboche… mais très raffiné. Le sommelier a appris son métier chez Loiseau et le chef peut donner des leçons. Son pot-au-feu de foie gras au vin de noix, tarte tatin de saint-jacques et glace au cidre, son macaron à l'ancienne, mousse cacao et amarena frisent la perfection. On viendra ici pour fêter un événement, dîner en amoureux ou tout simplement pour se faire plaisir. Réservez, c'est tout petit. Le midi, formule (plat + café) : 11,50 € environ ; formule : 16 € environ ; menu : 21 € environ. Carte soir : 25,50-33 € environ.

Un kir au vin blanc offert sur présentation du guide ou la carte 2016.

Et toujours :

- **Lycée hôtelier Jean-Drouant**. 20, rue Médéric, M° Courcelles, ☎ 01 56 21 01 02, www.lyceejeandrouant.fr, lundi-jeudi : 12h15-14h15 ; mardi-mercredi : 19h15. Tables d'école hôtelière. Fermé pendant les vacances et les examens.

▶ *Les Domaines qui montent, voir p. 239.*

18e ARRONDISSEMENT

Abbesses – Lamarck-Caulaincourt – Jules-Joffrin – Château Rouge – porte de Clignancourt – les Puces

BOB'S BAKE SHOP

Brunch et déjeuner bio, ou croque à emporter

12, esplanade Nathalie-Sarraute
M° Max Dormoy

☎ 09 84 46 25 26

www.bobsjuicebar.com

Lundi-vendredi : 8h-16h
Samedi-dimanche : 8h-18h

Une brasserie cosy à laquelle s'ajoute une terrasse où goûter aux soupes et petits plats végétariens maison, gorgés de saveurs. Ses pancakes sont fabuleux, ses cookies et apple pie exquis. Petits roulés au cream cheese. Côté gorge : jus de fruits mixés du jour et « jus vert » (épinard, concombre, pomme, etc.), délicieux !

Grande salade composée : 7,50 € environ.
Jus mixé : 5,50 €.

AUTRE ADRESSE
- **Bob's Kitchen**. 74, rue des Gravilliers (3ᵉ), M° Arts et Métiers. ☎ 09 50 06 36 18, lundi-vendredi : 8h-15h ; samedi et dimanche : 10h30-16h. Croque à emporter avant 11h30.

CAFÉ DE LA HALLE SAINT-PIERRE
Pour le décor

2, rue Ronsard
M° Anvers
☎ 01 42 58 72 89
Lundi-vendredi : 10h-18h
Samedi : 10h-19h
Dimanche : 11h-18h

Cette grande verrière de la fin du XIXᵉ siècle, qui donne sur un coin du jardin grimpant à la basilique du Sacré-Cœur, abrite des petites tables au calme. À choisir, des quiches salées et des gâteaux qu'on accompagnera de thés et jus de fruits bio.
Tarte salée + salade : 10 € environ.

COQUELICOT
On y brunche tous les jours à toute heure

24, rue des Abbesses
M° Abbesses
☎ 01 46 06 18 77
www.coquelicot-montmartre.com
Mardi-dimanche : 8h15-18h

Petit déjeuner et brunch servis à toute heure et toute la semaine dans cette boulangerie, élargie de quelques tables et d'une terrasse au soleil : gâteaux, brioches et confitures maison. Préférez le 1er étage. Petit-dèj' assez cher. La formule brunch du week-end offre davantage de plats salés. Pensez à réserver.
Petit déjeuner à partir de 4,95 €. Brunch en semaine : 18,45 € environ, le week-end : 20,60 €.

JEANNE B
Épicerie-table d'hôtes-rôtisserie

61, rue Lepic
M° Lamarck Caulaincourt
☎ 01 42 51 17 59
www.jeanne-b-comestibles.com
Tous les jours :
10h30-22h30

Un décor baroque où un cerf empaillé se tourne avec convoitise vers une bouteille… En cuisine, surprises aussi : un chou farci que ne renierait pas l'Auvergne, un paris-brest gourmandise de tous les cyclistes en fin d'étape ; des lasagnes de légumes. Du bon, du chic, du pas (trop) cher.
Formule midi : 19 € environ ; formule soir : 23-27 € environ. Carte : 35 €.

LA MAISON THAÏ
À emporter : le moins cher

2, rue de l'Évangile
M° Max Dormoy
Lundi-samedi :
12h-14h, 16h-20h

La toute petite Maison Thaï n'offre aucun décor mais des mets bien honnêtes, telles leurs soupes de poulet épicé au lait de coco ou leurs nouilles à la sauce de tofu rouge. Délicieux ! Et incroyablement pas cher.
2 plats + du riz : 5 €.

Et toujours :
▶ *Pink Flamingo Montmartre, voir p. 236.*

19e ARRONDISSEMENT

Belleville – Colonel-Fabien – Jaurès – bassin de la Villette – Ourcq – Riquet – Crimée – Botzaris – parc des Buttes-Chaumont

AUX BONS AMIS
Couscous et grillades pour tous les goûts

1, rue de l'Atlas
M° Belleville ou Colonel Fabien
Lundi-samedi : 12h-14h30, 19h-22h

Ambiance populaire et à la bonne franquette comme on n'en voit plus beaucoup à Paris. Osez pousser la porte pour trouver de bonnes grillades (pavé, entrecôte…) et de roboratifs couscous. On mange en fraternisant avec les tables voisines. Parfois un peu bruyant. Service pressé.
Couscous ou grillade : 10-14 € environ. Menu soir : 13,50 € environ.

LE CAFÉ CACHÉ
Dans le fameux 104

104, rue d'Aubervilliers
M° Riquet
☎ 01 42 05 38 40
www.cafecache.fr
Mardi-mercredi : 9h-20h
jeudi-samedi : 9h-22h30
Dimanche : 11h-20h

Immense espace, décor de 1950. Melting-pot dans les casseroles où cuisent des nourritures de brasserie et de quoi confectionner des tapas basques à s'en lécher les doigts.
Formule déjeuner : 14 €. Brunch le dimanche : 21 €.

LE CAMION À PIZZAS DU 104
Pizzas, gaufres, glaces, etc.

Halle Aubervilliers
104, rue d'Aubervilliers
M° Riquet ou Max Dormoy
www.104.fr
Mardi-vendredi : 12h-15h
Samedi-dimanche : 11h-20h

Le camion « tuné » est garé dans la cour du centre culturel du 104. On y sert des pizzas préparées et cuites à la demande dans un four à bois. Une dizaine de délicieuses recettes sont proposées (jambon de parme/roquette, saumon mi-cuit, végétarienne…). On s'installe sur les tables de pique-nique ou sur la pelouse des jardins voisins. Très bon accueil.
Pizzas : 9-12 € environ.

Et toujours :

- **Le Bellerive**. 71, quai de la Seine, M° Riquet, ☎ 01 40 36 56 77, tous les jours : 12h-14h, 19h-22h. Avec vue sur le canal Saint-Martin. Cuisine traditionnelle française.
- **Le Pacifique**. 35, rue de Belleville, M° Belleville ou Pyrénées, ☎ 01 42 49 66 80, tous les jours : 11h30-1h30. Vapeurs chinoises. Restaurant très utile si, à 1 h du matin (y compris le dimanche), vous avez l'estomac vide car le Pacifique ferme à 1h30.

20e ARRONDISSEMENT

Nation – Charonne – Ménilmontant – Belleville

AU ROULEAU DE PRINTEMPS
Cantine thaïe pas chère (et bonne)

42, rue de Tourtille
M° Belleville
☎ 01 46 36 98 95
Tous les jours sauf mercredi : 11h-15h30, 19h-23h

Le contenu des assiettes ressemble à celui d'une famille simple de Bangkok : bo bun, poulet thaï au lait de coco enveloppé dans une feuille de bananier, nems croustillants.
Bo bun avec nems : 6,90 € environ. Carte : 7-14 € environ.
Un dessert offert sur présentation du guide ou de la carte 2016.

LE O'PARIS
Jolie vue sur le parc de Belleville

1, rue des Envierges
M° Couronnes
☎ 01 43 66 38 54
www.le-o-paris.com
Tous les jours : 8h-minuit

La grande terrasse est bien agréable, la cuisine traditionnelle avec un brin de recherche, exemples : risotto à l'encre de seiche, filet de canard, jus balsamique, frites de polenta, feuilleté aux framboises. Et puis, il y a les animations : soirées jazz, raclettes, jeux et blind tests…
Formule déjeuner en semaine : 13 € ; menu : 16,50 € ; carte : 25 € environ. Brunch : 17-22 €.

LES QUATRE FRÈRES
Comme à Alger

37, boulevard de la Villette
M° Belleville
☎ 01 42 02 78 86
www.les4freres.com
Mardi-dimanche : 12h-15h30, 19h-23h30
Vendredi : 19h-23h30

Un couscous, une chorba, des grillades irréprochables. La semoule du couscous est fine, fine, les légumes et le bouillon pas trop gras. Avec un rayon de soleil dehors, on se croirait presque à Alger. Quelques célébrités y auraient été aperçues, notamment Zazie et Jamel Debbouze.
Couscous viande : 8,90 € environ. Formule midi : 7,50-10 € environ. Thé à la menthe : 1,50 € environ.

MAMA SHELTER
Pizzeria très branchée au décor et à l'accueil 5 étoiles

109, rue de Bagnolet
M° Alexandre Dumas ou Porte de Bagnolet
☎ 01 43 48 48 48
www.mamashelter.com
Tous les jours : 7h-11h, 12h-15h, 19h-minuit

Une pizzeria décorée par Philippe Starck. Mannequins, starlettes, artistes, curieux se croisent ou déjeunent ensemble à la grande table d'hôtes de la pizzeria.
Pizzas : 9-16 € environ. Petit-déj' buffet à volonté y compris le week-end (peut servir de brunch) : 16,50 € environ.

Et encore :

- **Bistrot de chez nous**. 81, rue de Bagnolet, M° Alexandre Dumas, ☎ 01 43 70 77 93, mardi-samedi : 12h-14h, 19h-22h. Cuisine traditionnelle familiale. Menu : 13 € environ.
- **Les Enfants de la balle**. 84, boulevard de Charonne, M° Avron ou Alexandre Dumas, ☎ 01 43 70 01 45, www.enfantsdelaballe.com, lundi-samedi : 12h-14h30, 19h30-22h30. Cuisine traditionnelle servie dans un joli bistrot style années 1950. Formule midi : 14,50 € environ. Carte : 17-25 € environ.

MÉMO

À l'heure où nous mettons sous presse, les adresses, les horaires d'ouverture et les prix cités sont à jour. Mais les restaurateurs peuvent, bien sûr, les modifier en fonction de considérations personnelles dont nous ne pouvons être tenus pour responsables.

MÉMO

Le guide *Paris Pas Cher* continue sur Internet ! Vous y trouverez des articles différents de l'édition papier, ainsi que des mises à jour sur notre blog : **www.guideparispascher.com**.

MÉMO

La rédaction du guide *Paris Pas Cher* est totalement indépendante. Nous visitons anonymement les magasins, refusons tous les cadeaux et payons nos additions dans les restaurants. La parution dans notre guide est gratuite et relève d'un travail journalistique indépendant renouvelé chaque année. Nous retirons tous les établissements dont l'exigence de qualité a baissé. Attention ! Des démarcheurs se font parfois passer pour nous. Ils réclament de l'argent contre une parution dans le guide. Ce sont des escrocs, ne tombez pas dans le piège !

SACS – BAGAGES – ACCESSOIRES

> **ÉCONOTRUCS**
> **262**..Des dépôts-ventes d'accessoires
> **265**..Sacs de luxe à louer

MOA FORUM
101, porte Berger
CC Forum des Halles, niveau – 3
Zone Place Carrée
M°/RER Châtelet Les Halles
☎ 09 64 40 35 95
www.moa.fr
Lundi-samedi : 10h-20h

Coup de cœur dans le 1er arrondissement
C'est un magasin blond et blanc tout empli de bijoux, d'accessoires pour les chaussures, de sacs, de foulards… originaux, pas chers, branchés. **Sac à bandoulière : 18,99 € ; maxi-valisette : 27,99 € ; sac bowling à partir de 17,97 €. Foulard à dessin abstrait : 4,95 €. Panama écru : 12,99 € ; ceinture fine en cuir : 9,99 €.**

AUTRES ADRESSES
- **Moa Relay Gare-de-l'Est**. 11, place du 11-Novembre-1918 (10e), M° Gare de l'Est, ☎ 01 40 05 00 45. Lundi-samedi : mêmes horaires.
- **Moa**. 139, rue d'Alésia (14e), M° Alésia. Lundi-samedi : 10h-19h.

SACS – BAGAGES – ACCESSOIRES

2ᵉ ARRONDISSEMENT

MALLES BERTAULT
135, rue d'Aboukir
1er étage
Mº Strasbourg Saint-Denis
☎ 01 42 33 03 80
www.malles-bertault.fr
Lundi-vendredi : 8h-18h
Samedi : 9h-17h

Restauration et vente de malles et bagages
Cette très sérieuse maison, agréée par des compagnies aériennes pour réparer des bagages endommagés, restaure aussi les vôtres, remplace roulettes, poignées et serrures. Elle vend aussi de 15 à 20 % moins cher les bagages Samsonite, Delsey, Bric's, Lipaul, Rimowa et Roncato.

6ᵉ ARRONDISSEMENT

ÉCONOTRUC — DES DÉPÔTS-VENTES D'ACCESSOIRES

CHERCHEMINIPPES
124, rue du Cherche-Midi
Mº Duroc
☎ 01 45 49 20 22
www.cherscheminippes.fr

Sacs, ceintures, chaussures, foulards, lunettes de soleil, bijoux et lingerie, en veux-tu en voilà, tous en très bon état et vendus à moitié prix, voire encore moins cher.

KIPLING
4, rue de Sèvres
Mº Sèvres Babylone
☎ 01 45 44 77 67
www.kipling.com
Lundi-samedi : 10h-19h

Sacs pleins de poches pour tous nos accessoires
On y fourre un téléphone portable, une petite tablette, des stylos, des clés, un portefeuille, un rouge à lèvres, des kleenex, etc. Leurs matières sont pour la plupart lavables et légères. Bref, des sacs de notre temps.
Sacs multipoches : 69,90 €.

AUTRE ADRESSE
- **Centre commercial Les Quatre Temps**, niveau 2, 15, parvis de La Défense, 92092 Puteaux, Mº/RER La Défense, ☎ 01 47 76 11 71, lundi-samedi : 10h-20h.

9ᵉ ARRONDISSEMENT

RAYON D'OR
93, rue Saint-Lazare
Mº Saint-Lazare
☎ 01 48 78 32 76
www.rayondor-bagages.fr
Lundi-samedi : 10h-19h

Tout pour les voyages
Rayon d'Or pratique des déstockages fréquents. Les bagages Samsonite et Delsey y sont souvent vendus à moitié prix. Eastpak et quelques confrères du voyage nommés Kipling, Converse, Bagpack, aussi.
Valise Samsonite (65 cm) 4 roulettes : 121 € environ ; sac de voyage Eastpak (53 cm, garanti 30 ans) : 51 € environ.

AUTRES ADRESSES
- 178, rue du Temple (3ᵉ), Mº République, ☎ 01 42 72 03 76, mêmes horaires.

- 116, rue de Rennes (6e), M° Saint-Placide, ☎ 01 42 84 35 93, mêmes horaires.
- 81, boulevard de Strasbourg (10e), M° Gare de l'Est, ☎ 01 40 35 12 72, mêmes horaires.
- 7, boulevard Denain (10e), M°/RER Gare du Nord, ☎ 01 45 26 88 72, mêmes horaires.
- 39, rue de l'Annonciation (16e), M° Passy, ☎ 01 45 20 69 71, mêmes horaires

10e ARRONDISSEMENT

BAGSTORE
42, boulevard Bonne-Nouvelle
M° Bonne Nouvelle
☎ 01 47 70 57 39
Lundi-samedi : 10h-20h

La maroquinerie préférée des petites bourses

Toutes sortes de sacs à petits prix, voire tout petits prix. Ce ne sont pas des sacs qui vous suivront toute une vie, mais ils sont 15 à 20 % moins cher et permettent d'en changer. Les valises et bagages en toile rigide de chez Delsey et Samsonite voient leurs prix rétrécir aussi.

Bagage cabine Delsey : 89 € ; sac crépon : 12 € ; sac roulettes : 20 € environ.

– 10 % sur présentation du guide ou de la carte 2016.

LILI CABAS
24, rue des Petites-Écuries
M° Bonne Nouvelle
☎ 09 54 40 00 16
www.lilicabas.com
Lundi-vendredi : 11h-19h30
Samedi : 11h-19h

Éthiquement correct

Lili emploie des cuirs teintés naturellement dans lesquels elle fait couper des sacs chics, jeunes, joyeux aux couleurs primaires dans lesquels on entasse sans rien perdre.

À partir de 59 €.

16e ARRONDISSEMENT

ACCESSORIZE
Passy Plaza
53, rue de Passy
M° Passy
☎ 01 42 24 84 15
http://fr.accessorize.com/
Lundi-samedi : 10h-19h30

Classique, élégant, juvénile

Les formes sont simples, classiques et élégantes. Les couleurs tendres. Cette année, chez Accessorize, la mode paraît être un retour aux années hippies avec fleurs et franges. Petits prix.

Sac à hanse et bandoulière, pour le bureau : 49,90 € ; sac cartable à partir de 39,90 €. Chapka en fausse fourrure : 29,90 € ; bonnet à pompon en maille : 19,90 €.

AUTRES ADRESSES
- Passage du Havre, 109, rue Saint-Lazare (9e), M° Saint-Lazare, ☎ 01 48 78 64 42, mêmes horaires.
- CC Italie 2, 30, avenue d'Italie (13e), M° Place d'Italie, ☎ 01 45 80 05 00, lundi-samedi : 10h-19h.

- Corners au BHV, aux Galeries Lafayette et à Rosny-sous-Bois (93110).
- CC Les Passages Shopping Centre, 5, rue Tony-Garnier, 92100 Boulogne-Billancourt.
- Les Quatre Temps, 15, parvis de La Défense, 92092 Paris La Défense.

94 VAL-DE-MARNE

ÂNE ET THON *Accessoires pour tous les goûts*

91, rue de Fontenay
94300 Vincennes
M° Château de Vincennes
☎ 01 43 28 81 04
www.chapeaux-paris.fr
Mardi-vendredi : 10h-13h, 14h-19h
Samedi : 10h-19h

La boutique paraît petite. Illusion, elle contient en réalité une multitude d'accessoires bien choisis, dans tous les styles et pour toutes les bourses, de l'ado à la mariée… Chapeaux, sacs, parapluies, écharpes, gants pour hommes et femmes… L'équipe de la boutique sillonne les salons pour découvrir des créateurs et fonctionne au coup de cœur.

Pour des mariages, chapeaux ou serre-tête sophistiqués : 35 € environ ; casquette en suédine : 37 € ; authentique panama : 55 € ; espadrilles françaises : 15 €.

– 10 % à nos lecteurs sur présentation du guide ou de la carte 2016.

Et encore :

- **Sunshine**. 48 bis, rue de Rivoli (4e), M° Hôtel de Ville, ☎ 01 44 54 02 57, www.sunshine.fr, lundi-dimanche : 10h-19h30 (samedi jusqu'à 20h). Sac besace noir en suédine synthétique : 29 €.
- **Diwali**. 40, rue Saint-André-des-Arts (6e), M° Saint-Michel, ☎ 01 43 29 10 09, vendredi-lundi : 11h-20h30 ; mardi-jeudi : 10h-19h. Écharpes, foulards, étoles. Écharpes à partir de 13 € ; collier : 10-30 € en moyenne. Sept magasins dans Paris.

ÉCONOTRUC — SACS DE LUXE À LOUER

Sac pour le jour, pour le soir, pour une cérémonie, un déplacement professionnel ou juste une envie irrépressible d'un très beau sac Dior, Prada, Gucci, Vuitton, Burberry, Longchamp, Saint-Laurent et compagnie… Vous pouvez en louer un sur Internet pendant une semaine à trois mois, puis renouveler la location ou l'acquérir.

www.sacdunjour.com
À partir de 25 € par semaine (55 € pour un mois) pour la location.

www.feelchic.fr
À partir de 14 € par semaine environ.

www.videdressing.com
Tout ce qui dépasse des placards de blogueuses de mode est soldé sur ce site. Réductions de – 25 à – 70 % du prix neuf.

MÉMO

La rédaction du guide *Paris Pas Cher* est totalement indépendante. Nous visitons anonymement les magasins, refusons tous les cadeaux et payons nos additions dans les restaurants. La parution dans notre guide est gratuite et relève d'un travail journalistique indépendant renouvelé chaque année. Nous retirons tous les établissements dont l'exigence de qualité a baissé. Attention ! Des démarcheurs se font parfois passer pour nous. Ils réclament de l'argent contre une parution dans le guide. Ce sont des escrocs, ne tombez pas dans le piège !

MÉMO

Pour nous joindre : parispascher@yahoo.fr.
Ou encore, laissez-nous un petit mot sur le site du guide : www.parispascher.com ou www.guideparispascher.com.

SANTÉ

OPTIQUE **268**
MÉDECINE – DENTAIRE – PSYCHO **270**

- **270** . Aïe ma dent !
- **271** . Bilans de santé et dentaire gratuits
- **272** . Les Centres de santé de la ville de Paris

HANS ANDERS

82-84, avenue Jean-Jaurès (19ᵉ)
Mº Laumière
☎ 01 40 03 94 86
http://paris.hansanders.fr
Mardi-samedi : 10h-13h, 14h-19h

Entre 50 et 70 % moins cher qu'ailleurs
Tenu par des opticiens diplômés, Hans Anders (marque hollandaise) propose dans un charmant petit magasin, des montures sans marque, et des verres à prix ultra-raisonnables (de grands fabricants mais non signés) meulés et montés à Reims. Leurs montures ont des formes assez élégantes, celles pour les enfants (très colorées) sont carrément rigolotes. La qualité reste au rendez-vous, les prix diminués de moitié et même beaucoup plus, y compris sur des verres double foyer.
Monture à partir de 9 € (garantie casse : 1 an). Monture en titane à partir de 79 €. Monture enfant : 29 €. Lunette solaire : 30 €. Périodes de soldes.

OPTIQUE

Vous trouverez des tarifs légèrement négociés dans des centres mutualistes (voir avec votre mutuelle). Nous avons gardé pour vous un opticien particulier : l'Afflelou-Belgrand (20e) pour les connaissances en optique, mais surtout les dons très développés de visagiste de l'opticienne Mme Chemla.

15e ARRONDISSEMENT

INSTITUT SUPÉRIEUR D'OPTIQUE

Examens de vue gratuits, lunettes à moitié prix

45, rue de Lourmel
M° Charles Michels
☎ 01 53 95 29 29
www.iso.fr
Lundi-jeudi : 9h30-18h
Vendredi : 9h30-15h

Ce magasin est une annexe de l'Institut, crème des écoles d'optique. Sous la direction d'un professeur, les élèves réalisent sur les clients des examens de vue, des prises de mesures, conseillent dans le choix d'une monture et de verres, établissent des devis. Puis les lunettes sont réalisées sur des montures qui sont vendues ici à moitié prix. Ce magasin est agréé par la DDASS (Direction des affaires sanitaires et sociales).

16e ARRONDISSEMENT

LES OPTICIENS MUTUALISTES

Un bon petit verre entretient l'amitié

10, rue Leroux
M° Victor Hugo
☎ 01 45 00 38 15
www.lesopticiensmutualistes.fr
Mardi-samedi : 9h-13h, 14h-18h30

Les Opticiens mutualistes vendent aux assurés sociaux, qu'ils appartiennent à leur mutuelle ou non, des montures de 20 à 40 % moins cher qu'en magasin classique.

– 5% sur présentation du guide ou de la carte 2016.

AUTRES ADRESSES

- 32, boulevard Saint-Germain (5e), M° Maubert Mutualité, ☎ 01 40 46 11 37.
- 21 bis, rue Moulinet, M° Tolbiac (13e), ☎ 01 40 46 13 13.
- 18, avenue de Villiers (17e), M° Villiers, ☎ 01 46 22 71 31. Pas de réductions.

MÉMO

Des cadeaux et des réductions sont offerts dans certains établissements à nos lecteurs sur présentation du guide ou de la carte *Paris Pas Cher 2016*.

Santé

OPTIQUE

20e ARRONDISSEMENT

AFFLELOU-BELGRAND — *Plus belle. Et ça se voit !*

70, rue Belgrand
M° Porte de Bagnolet
☎ 01 43 61 34 08
www.alainafflelou.fr
Lundi : 14h-19h
Mardi-jeudi : 9h30-19h
Vendredi : 9h30-13h, 14h-19h
Samedi : 9h30-19h

Laurence Chemla est une physionomiste de premier ordre. De plus, elle travaille depuis toujours avec Essilor, BBGR et Zeiss, sommet des optiques, qu'elle intègre à des montures haute couture. Dans certaines conditions, elle peut effectuer un examen de vue, avec un appareil optométrique, et prescrire des verres remboursés par la Sécurité sociale.

91 ESSONNE

INSTITUT ET CENTRE D'OPTOMÉTRIE — *Visions de rêve*

134, route de Chartres
91440 Bures-sur-Yvette
Accès : 25 km de la porte d'Orléans (A6 + A10)
☎ 01 64 86 12 18
www.ico.asso.fr
Du 15 septembre au 15 mai sur rendez-vous uniquement

Ce magasin fait partie de l'École d'opticiens optométristes (optométrie signifie : mesure de l'œil). Vos yeux seront examinés par des élèves sérieux, sous le contrôle de leurs professeurs. Beaucoup d'avantages : examen optométrique offert, montures de marques proposées, adaptation de lentilles de contact, prise en charge de la basse vision (vision qui ne peut plus être corrigée, même avec les lunettes les plus puissantes). TVA décomptée.

WWW.EASYVERRES.COM

On achète verres et montures moins chers sur ce site, puis on fait faire le montage chez leurs opticiens partenaires.
Ceux qui ne supportent peuvent les commander sur le Net :
www.lentillesmoinscheres.com.

Et encore :

- **Latin Optique**. 31, boulevard Saint-Michel (5e), M° Cluny La Sorbonne, ☎ 01 43 29 31 79, www.latinoptique.com, lundi : 14h30-19h ; mardi-samedi : 10h-19h. Stop ! Ici forfait étudiant. Fabrique des montures, ce qui rend leur coût plus abordable. Pour les étudiants : forfait à partir de 49 € pour une monture et des verres. Solaires Ray-Ban à prix réduits. Monture maison à partir de 169 €. Règlement en plusieurs fois et tiers payant mutuelle accepté.
- **Centrale d'achats d'optique Pierre-Léman**. 6-8, rue Alexis-Lepère, 93100 Montreuil, M° Mairie de Montreuil, ☎ 01 43 63 51 34, www.optique-pierreleman.fr, mardi-samedi : 10h-13h, 14h-19h. Offert à nos lecteurs : pour une paire achetée, la deuxième offerte. 5 % de remise immédiate sur tous les produits et une extension de garantie de 2 ans sur leurs lunettes. Autres adresses : 102, rue Sadi-Carnot, 93170 Bagnolet, M° Gallieni, ☎ 01 43 63 51 34 et 68, avenue Gabriel-Péri, 93400 Saint-Ouen, M° Garibaldi, ☎ 01 40 11 72 52.

MÉDECINE – DENTAIRE – PSYCHO

CROIX-ROUGE
☎ 0 800 858 858
Écoute et soutien psychologique de tous ordres. L'anonymat et la gratuité sont la règle.

2e ARRONDISSEMENT

PLANNING FAMILIAL
10, rue Vivienne
M° Bourse
☎ 01 42 60 93 20
Écoute-sexualité-contraception :
0 800 803 803
Permanence IVG :
01 47 00 18 66
www.planning-familial.org
Lundi : 14h-19h
Mardi : 11h-13h
Jeudi : 12h-15h
Infos téléphoniques : lundi-vendredi : 12h-19h
Permanence Info-Jeunes :
mercredi : 13h30-16h30

Il faut se battre pour la survie du Planning familial qui œuvre tant pour informer et aider les femmes. C'est ici, dans l'anonymat, que les mineures et adultes sans Sécurité sociale et même sans papiers peuvent obtenir gratuitement la pilule du lendemain.
Consultation de sage-femme (au tiers payant) pour pose ou achat de diaphragme.

AUTRE ADRESSE
- Centre Masséna. 94, boulevard Masséna (13e), tour Mantoue, M° Pont Marie ou Saint-Paul, ☎ 01 45 84 28 25. On répond les mercredis (10h-17h) et vendredis (10h-18h) sur la sexualité.

AÏE MA DENT !

Vous pouvez faire soigner vos quenottes dans les Centres de santé de la Ville de Paris (voir ci-dessus), mais vous pouvez aussi aller dans les :
Facultés dentaires. Vous y serez soigné par des étudiants de 4e et 5e années sous la direction de leurs professeurs. Soins de bonne qualité. Temps d'attente parfois de plusieurs mois pour avoir un rendez-vous. Facture moins lourde que chez un praticien classique. À Paris, on soigne dans les services d'odontologie des hôpitaux de la **Pitié-Salpétrière** (13e), de **Bretonneau** (18e). En banlieues : dans les hôpitaux **Henri-Mondor** (94, Créteil), **Louis-Mourier** (92, Colombes), **Charles-Foix** (94, Ivry-sur-Seine).
Centre de soins *low cost* Addentis. Les prothèses y sont moitié moins chères.

4ᵉ ARRONDISSEMENT

CENTRE D'INFORMATION ET DE DÉPISTAGE

2, rue du Figuier
Mᵒ Pont Marie ou Saint-Paul
☎ 01 49 96 62 70
www.paris.fr
Lundi-vendredi : 9h-12h sur rendez-vous, 13h30-18h30 sans rendez-vous
Samedi : 9h30-12h sur rendez-vous

Avant de vous rendre sur place, il est préférable d'appeler le centre pour vérifier la disponibilité et les plages horaires.
Les résultats des tests de dépistage du sida, de l'hépatite B ou C ou de la syphilis sont remis personnellement par un médecin à l'intéressé(e) au bout de quatre ou cinq jours.
Permanences médico-sociales sur rendez-vous pour les adultes sans couverture maladie, à qui on prodigue un suivi médical (lundi-mercredi-jeudi-vendredi : 9h-12h ; mardi et jeudi 13h30-15h30).

AUTRES ADRESSES

- Dans les 6ᵉ, 12ᵉ, 13ᵉ, 14ᵉ, 18ᵉ, 20ᵉ arrondissements (voir sur le site).
- Certains **CDAG** sont aussi des centres d'information, de dépistage et de diagnostic des infections sexuellement transmissibles (CIDDIST) : on y dépiste des infections sexuellement transmissibles (IST) plus spécifiques (mairie de Paris).

13ᵉ ARRONDISSEMENT

CENTRE DE SANTÉ HAHNEMANN
Homéopathie, acupuncture, ostéopathie

1, rue Vergniaud
Mᵒ Glacière
☎ 01 45 80 15 03
Lundi-jeudi : 9h-12h30, 14h-18h
Vendredi : 9h-13h

Des médecins généralistes homéopathes, acupuncteurs, naturopathes, réflexologues, ostéopathes reçoivent les patients. L'homéopathie peut soigner certains terrains infectieux dès l'enfance.

BILANS DE SANTÉ ET DENTAIRE GRATUITS

Un bilan de santé gratuit est offert tous les 5 ans aux assurés sociaux. Il faut faire une demande sur **www.ameli.fr** qui renvoie une convocation.
Un bilan de santé dentaire est offert aux enfants et ados de 6, 9, 12, 15, 18 ans. Renseignements sur www.ameli.fr, **www.mtdents.info**, ☎ 3646.

LES CENTRES DE SANTÉ DE LA VILLE DE PARIS

D'après le site de la mairie de Paris, **www.paris.fr**, « les centres de santé signataires de la Charte Paris Santé appliquent les tarifs conventionnels du secteur 1, pratiquent le tiers payant et sont autorisés à pratiquer des actes dits "hors nomenclature". Vous pouvez vérifier le montant de la consultation au moment de prendre rendez-vous. Des professionnels médicaux, paramédicaux et sociaux vous accueillent et vous proposent des consultations de médecine générale et spécialisée, ou dentaires, des examens radiologiques et échographiques, des soins infirmiers et de pédicure, des informations et des conseils de prévention. » Adresses sur **www.paris.fr** (onglet « Paris pratique », puis « Santé »). Centres dans les 3e, 5e, 7e, 13e, 17e, 18e.

Voici encore d'autres centres qui acceptent le tiers payant ou sont carrément gratuits.

Centres d'examen de santé (CES). Adresses à demander au 3646, à votre centre d'assurance maladie, ou sur **www.ameli.fr**.

Centres de protection maternelle et infantile (PMI). Adresses à demander à votre mairie.

Centres de santé universitaires. Ouverts exclusivement aux étudiants. Certains de ces centres prodiguent des soins gratuits. Renseignez-vous auprès de votre fac.

Centres de vaccinations gratuites contre la polio, le tétanos, la diphtérie, etc. Adresses de ces 8 centres (dans les 4e, 12e, 13e, 15e, 17e, 18e, 20e) sur www.paris.fr/pratique/paris-pratique/sante/, rubrique « Où se faire vacciner ».

Fil Santé Jeunes. ☎ 3224.

Tabac Info Service. Suivi téléphonique au 3989. Une aide de 50 €/an (150 € pour les femmes enceintes) est offerte.

MÉMO

Pour obtenir gratuitement le prochain *Paris Pas Cher*, envoyez-nous les adresses que vous estimez dignes de figurer dans le guide à l'adresse parispascher@yahoo.fr. Nous les visiterons. Si une adresse est retenue et que vous êtes le premier à nous l'avoir donnée, vous gagnerez un guide *Paris Pas Cher 2016* (n'oubliez pas de nous laisser vos coordonnées complètes).

SPORTS GRATUITS – BIEN-ÊTRE

SPORTS GRATUITS **274**
GYM – RELAXATION – MASSAGES **276**

ÉCONOTRUCS
278 . . Mince ! Des conseils de diététique à l'œil

275 . . Activités sportives à l'œil pour les seniors
276 . . Gym suédoise : Friskies and Sweties

GYMNASTIQUE À LA TÉLÉVISION !

Sur la chaîne D8, de 7 heures à 8 heures du matin, l'émission « Gym Direct » offre à tout le monde un cours de renforcement musculaire suivi de yoga, ou cardio, ou cardio-pilates, etc. selon les jours.

GYMNASTIQUE SUR LE NET

www.doctissimo.tv offre des séances filmées de 15 minutes de gym baptisées « fitness training ».

SPORTS GRATUITS

Voici les disciplines dans lesquelles vous pourrez développer (gratuitement) votre allégresse et vos muscles (adresses et renseignements annexes sur **www.paris.fr, ☎ 3975**).

GYMNASTIQUE

Dans les **Points Sport Nature**, tous les dimanches matin de 9h à 12h. Cela se passe dans 14 parcs, jardins et salles de sport municipales de la capitale. Ce sont des cours d'entretien à base d'assouplissement, footing et autres festivités musculaires sous la direction de moniteurs diplômés d'État et de professeurs de la Ville de Paris. Pour s'inscrire, il faut apporter deux photos d'identité, une attestation médicale d'aptitude au sport, un justificatif de domicile. Adresses sur **www.paris.fr**.

- **Cours de gym « remise en forme »** au centre sportif Bertrand-Dauvin, 12, rue Binet (18e), M° Porte de Clignancourt.
- **Parcours dans le bois de Boulogne** : 2 500 mètres. Des agrès sur un parcours qui forme une boucle en 19 étapes. Départ au milieu de l'avenue de Saint-Cloud, au lieu-dit Carrefour des cinq-routes, ou encore en haut de l'avenue de Saint-Cloud, tout près de la pelouse de Saint-Cloud. M° Porte d'Auteuil.
- **Parcours dans le bois de Vincennes**. Deux alternatives : pour les débutants, une boucle courte de 1 400 mètres et 14 agrès. Pour les aguerris : 2 400 mètres et 18 agrès : espaliers, poutres, barres fixes et saute-mouton. Départ avenue Daumesnil, à 250 mètres de l'angle de l'avenue de Saint-Maurice en allant vers le château de Vincennes. M° Porte Dorée. Plus proches, les terminaux des bus 86 et 46.
- **www.doctissimo.fitness.fr**. Doctissimo diffuse des vidéos de remise en forme et de body-building très développées (et bien sous-titrées) qui feront saillir les muscles de votre personne. Adieu, cuisses molles, bras en ailes de chauve-souris et ventre recouvrant les rotules tel un tapis mou !
- **Gym suédoise** : cette gymnastique qui se pratique en famille est adorée des Parisiens. On en profite gratuitement dans certains gymnases de la capitale et parfois dans certains parcs lors des séances d'initiation à certaines époques de l'année. Voir adresses et dates sur le site : www.gymsuedoise.com.

AUTRES SPORTS

- **Athlétisme** sur les pistes gratuites des centres sportifs municipaux. Adresses sur www.paris.fr.
- **Basket, hand, volley** sur plus de 60 terrains dans tout Paris. Adresses sur www.paris.fr.
- **Canoë-kayak**. On rame, rame, rame sur le joli bassin de La Villette, sous la direction de moniteurs diplômés d'État. Base nautique de La Villette (19e), 41 bis, quai de la Loire, M° Riquet, ☎ 01 42 40 29 90. Les cours ont lieu,

pour les adultes, tous les samedis : 9h-12h, 14h-17h. Pour les 12-17 ans, les mercredis de l'année scolaire : 9h-12h, 14h-17h. Attention : fournir obligatoirement un brevet de natation de 25 mètres et deux photos d'identité pour l'obtention de la carte d'inscription. Plus un certificat médical et l'autorisation des parents pour les mineurs. C'est uniquement réservé aux Parisiens.

- **Danse**, voir p. 31.
- **Escalade** au centre sportif Léon-Biancotto, 6, avenue de la Porte-de-Clichy (17e), M° Porte de Clichy.
- **Patinage sur glace**. De mi-décembre à début mars devant l'Hôtel de Ville (lundi-vendredi : 12h-22h ; samedi, dimanche : 9h-22h). Deux pistes sont aménagées, dont l'une pour les petiots de moins de 6 ans. Les patinoires sont gratuites pour ceux qui viennent avec leurs patins. (Pour les autres, la location est de 5 €, pièce d'identité obligatoire.) Des moniteurs diplômés aident. Le samedi et dimanche de 10h à 12h, ils donnent des cours gratuitement. La nuit, la patinoire est magique. (N'oubliez pas de mettre des gants pour patiner.) La mairie de Paris songe à transformer la patinoire sur glace en patinoire synthétique, mais on pourra toujours glisser…
- **Pétanque**. Adresses d'une vingtaine de boulodromes pour les fervents de la boule lyonnaise et du cochonnet sur www.paris.fr.
- **Ping-pong**. Tables dans les squares. Adresses sur www.paris.fr.
- **Roller, skate et BMX** à l'Espace Glisse Paris, EGP, 18, impasse Charles-Hermite (18e), M° Porte de la Chapelle, ☎ 01 40 05 12 65. C'est le plus grand skate-park de France. L'entrée, l'initiation et le prêt de matériel y sont gratuits tous les mercredis, samedis et dimanches : 10h-12h, 13h-16h. Plus de 3 500 mètres carrés de glisse avec une zone bowls à forte déclinaison, une zone street reproduisant le mobilier urbain (rampes, escaliers, bordures…), une zone débutants, ainsi qu'une funbox pour le freestyle.
- **Autre lieu de glisse** : celui du stade de la Muette. 60, boulevard Lannes (16e), M° Rue de la Pompe ou RER C Avenue-Henri-Martin. Ouverture suivant les horaires du stade. 750 m2 dédiés aux fans du skateboard, de BMX, de rollers et de trottinette (mais oui !) afin qu'ils s'entraînent aux figures acrobatiques et à la vitesse.

ACTIVITÉS SPORTIVES À L'ŒIL POUR LES SENIORS

Avec la **carte Senior+** (offerte par la mairie de Paris), les Parisiens âgés de plus de 55 ans peuvent gratuitement pratiquer la gymnastique douce et d'entretien, le tennis, l'aquagym, le stretching, le taekwondo, la marche nordique. (Cette offre est totalement indépendante des sports proposés par les clubs du centre d'action sociale de la Ville de Paris.) Durée des cours : 45 min à 1h. 25 pratiquants par cours. Il faut s'inscrire dès début septembre car les places sont très convoitées. Renseignements sur www.paris.fr, onglets « Paris Loisirs/pratiquer un sport/activités gratuites/faire du sport gratuitement avec la carte Senior+ »

GYM – RELAXATION – MASSAGES

GYM SUÉDOISE

Friskies and Sweties – gym suédoise

En Suède, tout le monde suit ces cours de gym douce sur de la musique. Quel que soit le niveau, les échauffements, les exercices de cardio, de course, de relaxation et d'étirements se déroulent dans une franche bonne humeur. Contacter la fédération pour connaître les horaires et les adresses (plus de 40 lieux dans Paris). Forfait trimestriel à partir de 50 €. Forfait annuel à partir de 150 €. Cours à l'unité : 10 €.

Fédération de gym suédoise. 15, rue Le Sueur (16e), M° Argentine, ☎ 01 45 00 18 22, www.gymsuedoise.fr, lundi-vendredi : 9h-18h.

JE ME RELAXE ET JE MÉDITE

Tout gratuit

- **Méditation au centre Kalachakra**. 5, passage Delessert (10e), M° Château Landon, ☎ 01 40 05 02 22, www.centre-kalachakra.com, mercredi : 19h30-21h (calendrier sur le site). On vous invite à une méditation bouddhique guidée. Assis ou allongé sur un matelas, on suit la voix du maître qui transmet les enseignements sur la posture, les méditations analytiques ou sur le souffle, dans une atmosphère à la fois sérieuse et bon enfant. La séance est suivie d'un débat. (Vous pouvez laisser une participation si vous le souhaitez.) On peut également assister à une méditation sur le souffle un jeudi sur deux (participation : 8 €, 6 € pour les abonnés).
- **Qi gong dans le parc des Buttes-Chaumont**. Entrée rue Botzaris (19e), à côté du restaurant Rosa Bonheur, M° Botzaris, tous les matins : 9h-10h. Sur la piste de patinage, cours de qi gong (gymnastique des organes qui rééquilibre les énergies du corps), assurés par un maître vietnamien, M. Thoi Tin Cau.
- **Qi gong au 104**. 104, rue d'Aubervilliers et 5, rue Curial (19e), M° Riquet, ☎ 01 53 35 50 00, www.104.fr, samedi-dimanche : 11h et 12h15. L'association Les Temps du corps offre à tous les Parisiens tous les samedis deux séances de qi gong. Cette gymnastique traditionnelle chinoise faite de mouvements simples, souples et lents, peut être pratiquée à tout âge, même par les absolus néophytes.

- **Yoga, crossfit, elgo sur la terrasse du Wanderlust**. 32, quai d'Austerlitz (13e), M° Quai de la Gare ou Gare d'Austerlitz, samedi (crossfit) : 11h-12h ; samedi : 12h30-13h30, dimanche en hiver (yoga) : 12h30-13h30. Le crossfit est un « joyeux mélange de gymnastique, d'athlétisme et d'haltérophilie ce sport inventé dans les années quatre-vingt aux États-Unis est idéal pour les pressés qui veulent se dépasser ». L'elgo ? Voici une « nouvelle discipline qui s'inspire du fitness et de la danse sensuelle et féminine style go-go. On apporte ses talons ! » Le yoga permet de souffler, de se décontracter, de se reconnecter avec son corps. Les séances sont gratuites et sans inscription. Tapis non fournis. Possibilité d'en acheter sur place (20 €).

JE ME FAIS MASSER

3e ARRONDISSEMENT

ÉCOLE DES SPAS ET INSTITUTS
Massages pas chers du tout

24, rue de Montmorency
M° Arts et Métiers
☎ 01 42 88 78 68
www.esi-paris/le-spa-des-eleves.com
Lundi-samedi (sauf pendant les vacances scolaires) : 12h15-21h30 (dernière séance à 20h30)

Uniquement sur rendez-vous. Des massages minceur, californiens, ayurvédiques, ou réflexologie plantaire sont réalisés par les élèves de l'école dans 4 cabines agencées comme celles des spas ou des centres de bien-être. Un superviseur, ancien élève de l'école, accueille les clients(es), surveille et conseille les élèves. Apportez un maillot de bain (slip pour les hommes et maillot deux-pièces pour les femmes) et arrivez 20 minutes avant la séance. **Massage : 35 €/50 min. Abonnement de 10 séances : 280 €.**

J'APPRENDS À MASSER

8e ARRONDISSEMENT

ESPACE WELEDA
Ateliers d'automassage

10, avenue Franklin-Roosevelt
M° Franklin D. Roosevelt
☎ 01 53 96 06 15
www.espace-weleda.fr
Sur rendez-vous

Dans ses impeccables et luxueux locaux, cette marque sérieuse propose des cours collectifs (5 à 6 personnes) pour apprendre à se masser : automassage minceur, automassage du visage, des mains, des pieds et des jambes, de son bébé et initiation massage duo. Très professionnel.
**Automassage du visage : 41 €/45 min ; massage minceur ou massage pieds et jambes : 20 €/40 min : massage des mains. Massage en couple : 141 €. Massage du bébé : 53 €/1h.
Huile de massage ou crème offerte sur présentation du guide ou de la carte 2016.**

ÉCONOTRUC — MINCE ! DES CONSEILS DE DIÉTÉTIQUE À L'ŒIL

CONSEIL SANTÉ BEAUTÉ

19, 3, rue de Tocqueville (17e)
M° Villiers
☎ 01 47 63 40 02
Mardi-vendredi : 10h-19h
Samedi : 10h-13h

Pharmacienne et diététicienne, Mme Lé Thi Tô propose d'excellents produits, qu'elle vend à des prix stoïques. Elle vous conseillera dans votre alimentation, pour mincir tout en gardant une énergie impétueuse. On trouve aussi chez elle des produits de soins pour le corps et le visage ainsi que des fruits secs.
Pianto au citron qui nettoie l'organisme : 51,30 € pour un traitement de deux mois ; Hepatonic bio avec 10 plantes : 13,90 € ; Royal Shiseng bio : 20 ampoules buvables : 23,50 €.

MÉMO

Des cadeaux et des réductions sont offerts dans certains établissements à nos lecteurs sur présentation du guide ou de la carte *Paris Pas Cher 2016*.

MÉMO

À l'heure où nous mettons sous presse, les adresses, les horaires d'ouverture et les prix cités sont à jour. Mais les commerçants peuvent, bien sûr, les modifier en fonction de considérations personnelles dont nous ne pouvons être tenus pour responsables.

THÉÂTRE

THÉÂTRE GRATIS..................................**280**
PLACES DU JOUR À MOITIÉ PRIX !.............**280**
LES BONNES SALLES...........................**282**

PAYEZ VOS SPECTACLES À MOITIÉ PRIX, MÊME MOINS ET PARFOIS PAS DU TOUT !

Soyez les premiers aux premières des théâtres privés. En achetant vos places directement auprès du théâtre, vous bénéficiez d'une remise de 50 % lors des premières représentations d'un spectacle, pendant une à deux semaines. Vous trouverez tous les programmes des théâtres privés sur le site **www.theatresparisiensassocies.com**. Cliquez ensuite sur « Sortir malin », puis sur « 1er aux premières ».

CINÉMA : RÉDUCTIONS À LA CINÉMATHÈQUE

Le Libre Pass de la Cinémathèque. Cinémathèque, 51, rue de Bercy (12e), M° Bercy, ☎ 01 71 19 33 33, www.cinematheque.fr. Pour 11,90 € par mois pendant un an, le « Libre Pass » donne droit à l'entrée permanente à toutes les séances et toutes les activités, à la visite privée des expositions, à 5 % de réduction à la librairie, à des invitations à des avant-premières, à la réception du programme à domicile. À acheter sur place aux caisses ou sur Internet.
Forfait Atout Prix. Pour 30 €, réduction de 30 % sur toutes les projections (soit 4,50 € la séance en tarif plein), les expos, la bibliothèque et le musée. Réduction de 50 % pour les étudiants.

THÉÂTRE GRATIS

À Paris, les jeunes (âgés de moins de 28 ans, voire 30 pour quelques spectacles) sont franchement gâtés. Dans les trois kiosques qui leur sont dédiés, ils peuvent, sans inscription préalable, retirer chaque jour 2 invitations gratuites par personne pour 2 spectacles différents, plus 4 places à tarif réduit par personne pour 3 spectacles différents. Une contremarque à produire est délivrée pour chaque spectacle.

- **Kiosque Jeunes du Marais**. 14, rue François-Miron (4e), M° Hôtel de Ville, ☎ 01 42 71 38 76, lundi-vendredi : 10h-19h.
- **Kiosque Jeunes Champ-de-Mars**. 101, quai Branly (15e), M° Bir-Hakeim, ☎ 01 43 06 15 38, lundi-vendredi : 10h-18h (fermé le jeudi matin).
- **Kiosque Jeunes Goutte d'Or**. Hall du Centre musical Fleury-Goutte-d'Or-Barbara, 1, rue Fleury (18e), M° Barbès Rochechouart, ☎ 01 42 62 47 38, mardi-vendredi : 11h-19h.

Et les seniors aussi : Des billets de spectacles leur sont offerts dans les centres d'action sociale de la Ville de Paris : www.paris.fr/pratique/services-sociaux/centre-d-action-sociale-de-la-ville.

PLACES DU JOUR À MOITIÉ PRIX !

POUR TOUT LE MONDE

Dans les kiosques :

Les kiosques disposent quotidiennement d'un nombre variable de places. Prévoir du temps, la queue est souvent longue. Venez plutôt en semaine : l'offre est plus large et l'attente moins longue. Coût moyen du billet : 24 €, mais il y a aussi des places à 15 € pour pas mal de spectacles.

- **Kiosque de la Madeleine**. En face du 15, place de la Madeleine (8e), M° Madeleine, mardi-samedi : 12h30-20h, jours fériés compris ; dimanche : 12h30-15h45.
- **Kiosque de Montparnasse**. Esplanade de la gare Montparnasse (6e), M° Montparnasse Bienvenüe, mardi-samedi : 12h-19h45 ; dimanche : 12h30-15h45.
- **Kiosque des Ternes**. Terre-plein central de la place (17e), M° Ternes, mardi-samedi : 12h30-20h, jours fériés compris ; dimanche : 12h30-15h45.

Sur le Net :

- Les sites comme www.theatreonline.com et www.billetreduc.com proposent des places soldées sur des spectacles (théâtre, danse et concerts). Avec un peu de chance, on obtiendra des invitations gratuites ou des places à prix réduit dans quelques théâtres.
- www.trocdesplaces.com et www.zepass.com. Sur ces deux sites, des personnes victimes d'un empêchement de dernière minute revendent leurs places de spectacles et de concerts en les soldant.

- **La carte Réduc Senior** (www.reduc-seniors.com) propose, pour environ 49 € l'année pour un couple marié ou une personne seule, des réductions sur des sorties (ballet, cinéma, cirque, concerts, théâtre, etc.) pour des personnes âgées de 55 ans et plus.
- **Starter Plus**. 56, rue de Paradis (10e), M° Poissonnière, ☎ 01 43 72 17 00, www.tatouvu.com. Cette association est un club de spectateurs. En cheville avec les directeurs de 150 salles, elle négocie des places à prix réduit pour une grande variété de spectacles (du one-man-show aux pièces en passant par des comédies musicales, du cirque et des concerts). Elle informe et conseille ses abonnés. Adhésion pour un an : 111 € (moins de 28 ans : 70 €) ; pour une demi-saison : 61 € (moins de 28 ans : 36 €). Puis, prix des places de 30 à 50 % moins cher.
- **www.ticketac.com**. Sur ce site, des places vendues avec des réductions de 30 à 50 %.
- **www.ticket-theatre.com**. Cette association regroupe 20 théâtres parisiens et de proche banlieue qui proposent des places à 12 € quel que soit le spectacle (théâtre, théâtre pour enfants, théâtre d'objets, marionnettes, cirque, concerts, danse). Il est possible d'acheter 2 tickets une seule fois ou 20 par trimestre à utiliser quand bon vous semble. On s'abonne via le site ou par ☎ 01 49 58 17 12.
- Sur **www.venteprivee.com** ou sur **LapStore** pour les possesseurs d'iPhone, cherchez « ticket-minute » puis dans l'application « style de vie » vous trouverez des billets de dernière minute à prix réduit.

POUR LES JEUNES À NOUVEAU

- **Les places de dernière minute**. À l'**Opéra Bastille** et au **Palais Garnier**, 1 heure avant la représentation, et selon les disponibilités, des places de dernière minute sont proposées à des tarifs préférentiels aux jeunes de moins de 28 ans sur présentation d'un justificatif d'âge. 1h30 avant chaque représentation à l'Opéra Bastille, 32 places debout leur sont vendues au prix de 5 € environ (bornes d'achat dans le hall de l'Opéra).
- Sur le site **www.jeunes.paris.fr** (recherche « Kiosques jeunes »), ces jeunes veinards trouveront des places à prix réduit dans une trentaine de théâtres, mais aussi des concerts et même des soirées clubbing.
- **Les « places jeunes » des théâtres privés**. Les « Théâtres Parisiens Associés » proposent des places de première ou deuxième catégorie à 10 € aux jeunes de moins de 26 ans. Pour bénéficier de cette offre, il faut réserver les places jeunes soit par téléphone, soit directement au guichet du théâtre. Les « places jeunes » sont proposées, dans la limite des disponibilités, pour les représentations des mardis, mercredis et jeudis, mais certains théâtres peuvent également les proposer d'autres jours. N'hésitez pas à téléphoner pour vous renseigner ou passez par le site **www.theatresparisiensassocies.com**.
- Dans tous les théâtres, il existe des **réductions pour les moins de 18 ans, les demandeurs d'emploi, les étudiants et les intermittents**. Nous ne les avons pas notées, faute de place. Mais surtout, demandez-les.

LES BONNES SALLES

1er ARRONDISSEMENT

COMÉDIE-FRANÇAISE

Classiques, contemporains et lectures

Place Colette ou 2, rue de Richelieu
M° Palais Royal-Musée du Louvre
☎ 0 825 10 16 80
www.comedie-française.fr

Une heure avant chaque représentation, au petit bureau (guichet sous les arcades de la rue de Richelieu) : 65 places à visibilité réduite pour chaque représentation (sauf salles réservées) à 5 €. Gratuité des places du petit bureau pour les moins de 28 ans le 1er lundi de chaque mois, sur présentation d'une pièce d'identité, sans réservation et dans la limite des places disponibles (une place par personne).
Places à partir de 9 €.

THÉÂTRE DES DÉCHARGEURS

3, rue des Déchargeurs
M° Châtelet-Les Halles/RER Les Halles
☎ 0892 70 12 28
www.lesdechargeurs.fr

Pièces de découvertes.
Lectures gratuites.

4e ARRONDISSEMENT

THÉÂTRE DE LA VILLE

16, quai de Gesvres
M° Châtelet
☎ 01 42 74 22 77
www.theatredelaville-paris.com

Très grands spectacles.
Lectures : 5 €.

AUTRE ADRESSE

- **Théâtre des Abbesses**. 31, rue des Abbesses (18e), M° Abbesses, ☎ 01 48 87 54 42. Auteurs contemporains.

5e ARRONDISSEMENT

CENTRE CULTUREL IRLANDAIS

Théâtre, concerts, cinéma

5, rue des Irlandais
M° Place Monge
☎ 01 58 52 10 30
www.centreculturelirlandais.com

C'est savoureux de venir écouter une pièce en anglais *with the irish accent, of course.*
Place : 5 €, mais le plus souvent gratuite.

6e ARRONDISSEMENT

LE LUCERNAIRE

53, rue Notre-Dame-des-Champs
M° Vavin
☎ 01 45 44 57 34
www.lucernaire.fr
Lundi-samedi : 10h-23h
Dimanche : 15h

Souvent des lectures gratuites (voir l'agenda sur le site). Au restaurant, on se retrouve avant et après le spectacle devant d'énormes salades (voir p. 225). Au bar, les consommations sont à un coût dérisoire. Le samedi, le plein tarif est le tarif unique. **Places : 10-30 €. Réductions variées.**

MAISON DES PRATIQUES ARTISTIQUES AMATEURS SAINT-GERMAIN

4, rue Félibien
M° Mabillon
☎ 01 46 34 68 58
www.mpaa.fr/Informations-Pratiques-StGermain

Dans sa très belle salle, la Maison des pratiques artistiques amateurs permet à des amateurs et des élèves de cours d'art dramatique de monter sur scène et de présenter des spectacles le plus souvent gratuits.

AUTRE ADRESSE

- Maison des pratiques artistiques amateurs Saint-Blaise. 37-39, rue Saint-Blaise (20e), M° Porte de Bagnolet, ☎ 01 46 34 94 90.

UNIVERSITÉ DE LA SORBONNE

Elle organise des lectures gratuites de poèmes, de textes ou de pièces dites par des comédiens. Ambiance chaleureuse et pas chichiteuse, www.paris-sorbonne.fr/la-vie-etudiante, onglet « Vie culturelle ».

8e ARRONDISSEMENT

THÉÂTRE DU ROND-POINT

2 bis, avenue Franklin-D.-Roosevelt
M° Franklin D. Roosevelt
☎ 01 44 95 58 81
www.theatredurond-point.fr

Souvent à 12h30 sur les Champs-Élysées
Des lectures, des conférences et des spectacles gratuits sont proposés tous les mois. Voir sur le site, onglet « Événements ». Réservation obligatoire un mois avant la lecture.

9e ARRONDISSEMENT

CONSERVATOIRE NATIONAL SUPÉRIEUR D'ART DRAMATIQUE

2 bis, rue du Conservatoire
M° Grands Boulevards
☎ 01 42 46 12 91
www.cnsad.fr

Atelier de jeux masqués, jeux de clown, ateliers d'interprétation, spectacles de fin d'année, spectacles de fin d'études… Tout se prête aux représentations gratuites au Conservatoire d'art dramatique. Les élèves s'y mettent en scène devant leurs professeurs et un public dont vous ferez peut-être partie.

THÉÂTRE DU NORD-OUEST

Grands auteurs à l'honneur

13, rue du Faubourg-Montmartre
M° Grands Boulevards
☎ 01 47 70 32 75
http://theatredunordouest.com
Ouvert tous les jours

Cette nouvelle saison est consacrée à « l'Intégrale de Racine », dans cette petite salle en fond de cour près des Grands Boulevards. Son « Passeport de saison » qui permet de voir l'intégrale aussi souvent que vous le voulez, dans la journée, deux spectacles différents, est très intéressant.

Places : 13-23 €. Passeport de saison : 100 €, soit environ 3,50 € par pièce (trois fois moins cher qu'un ticket de cinéma).

12e ARRONDISSEMENT

LA CARTOUCHERIE

Route du Champ-de-Manœuvre
M° Château de Vincennes
☎ 01 43 28 36 36 (Théâtre de la Tempête)
☎ 01 48 08 39 74 (Épée de Bois)
www.cartoucherie.fr

Au milieu du bois de Vincennes, se trouvent cinq théâtres. Parmi eux : la Tempête que dirige Philippe Adrien, et l'Épée de Bois, d'Antonio Diaz-Florian.

- **La Tempête** est un lieu vivant de création et d'échanges (répertoire et textes contemporains). De temps en temps, on peut y assister à des lectures gratuites. On se restaurera avant ou après le spectacle au bar, lieu chaleureux, ou sur sa terrasse en plein bois. (Ouvert à 19h et jusqu'à 1h après chaque représentation.) **Tartes salées faites maison : 4,50 € environ ; assiette de fromages : 5,50 € ; tartines : 2,50 € ; boissons aux environs de 2,50 €. Places : 14-18 € ; 9-12 € avec des formules d'abonnement. 10 € pour certaines catégories le mercredi.**

- **L'Épée de Bois**. Esprit révolutionnaire, musique et théâtre sont souvent associés dans le plus beau lieu de la Cartoucherie. En plus des créations contemporaines, on y joue de jolies pièces pour enfants. Il possède un bar sympathique dans le foyer ouvert à 19h et jusqu'à 1h après chaque représentation avec de petites croques faites maison. (Boissons uniquement après 21h.) **Places : 12-18 € environ.**

Théâtre **285**

13e ARRONDISSEMENT

THÉÂTRE 13/SEINE

30 rue du Chevaleret
M° Bibliothèque
F. Mitterrand
☎ 01 45 88 16 30
http://www.theatre13.com

Gratuitement, sur réservation, une fois par mois, le mardi à 12h30 de septembre à mai inclus, un auteur vivant, écrivain de théâtre présente une de ses œuvres. Il est accompagné par des acteurs/metteurs en voix qui donnent à entendre tout ou partie du texte. Il existe aussi d'autres lectures en entrée libre sur réservation (consultez le site du théâtre). Et enfin, pour les pièces, profitez du tarif « 13 » : 13 €, le 13 de chaque mois.

14e ARRONDISSEMENT

COMÉDIE-ITALIENNE

Toujours épatant

17-19, rue de la Gaîté
M° Edgar Quinet,
Montparnasse ou Gaîté
☎ 01 43 21 22 22
www.comedie-italienne.fr
Lundi-samedi : 12h-19h30
Dimanche : 12h-15h (locations)

On n'y joue pratiquement que du Goldoni avec féerie vénitienne et moquerie satirique, masques, ors, costumes de la *commedia dell'arte*.

THÉÂTRE DE LA CITÉ UNIVERSITAIRE

17, boulevard Jourdan
M° Cité Universitaire
(RER B)
☎ 01 43 13 50 50
www.theatredelacite.com

Un public forcément jeune et toujours enthousiaste. Un théâtre aux frontières du geste et de la danse. Tarif en fonction des spectacles, mais toujours raisonnable.

15e ARRONDISSEMENT

ESPACE PARIS PLAINE

13, avenue du
Général-Guillaumat
M° Porte de Versailles
☎ 01 40 43 01 82
www.espaceparisplaine.com

Un beau et grand théâtre où se pressent des enfants enthousiastes, tirant leurs parents par la main, pour voir des spectacles de danse, de cirque, de musique, de marionnettes d'un très bon niveau. **Place adulte : 9 € environ. Tarif réduit : 7 €. Groupe : 6 €. Carte d'abonnement pour l'année théâtrale (8 €) qui donne droit à 2 places à 6 €. Avec 1 place adulte achetée (9 €), 1 place enfant à 6 € au lieu de 9 € avec le guide 2016.**

16e ARRONDISSEMENT

LE MASQUE ET LA PLUME
Maison de la Radio
116, avenue du Président-Kennedy
M° Passy/ RER C Kennedy
☎ 01 45 25 10 45
www.franceinter.fr/emission-le-masque-et-la-plume
Lundi-vendredi : 9h30-12h30 (renseignements)

Le rendez-vous des fous de théâtre, de cinéma et de littérature. Depuis plus de cinquante ans, la plus ancienne émission des radios françaises, mais pas la plus vieille, présente chaque semaine des polémiques très disputées entre critiques de théâtre, de cinéma et de livres. Jérôme Garcin, prince du tac au tac, mène les débats. À voir sur place, c'est du spectacle ! **Gratuit.**

18e ARRONDISSEMENT

THÉÂTRE DU GRAND PARQUET
Esplanade des Jardins d'Éole
35, rue d'Aubervilliers
M° Marx Dormoy
☎ 01 40 05 01 50
www.legrandparquet.net

C'est une des salles les plus intéressantes de Paris, très *melting pot*, où officie souvent Richard Demarcy, grand auteur et homme de théâtre.
Place : 15 € environ ; tarif réduit : 10 € environ. Pour enfants, étudiants et moins de 26 ans : 5 € environ. Pour les bénéficiaires du RSA : 3 € environ.

20e ARRONDISSEMENT

LE TARMAC
159, avenue Gambetta
M° Saint-Fargeau
☎ 01 43 64 80 80
www.letarmac.fr

Cette Babel des continents américain ou africain nous invite à découvrir l'infinie richesse de la création scénique contemporaine francophone. Auteurs, metteurs en scène, comédiens de théâtre, de musique, de marionnettes, de contes viennent du Liban, du Maroc, de Roumanie, du Laos, du Québec, d'Haïti, etc. Ils écrivent sur place et sont joués devant le public parisien.
Tarifs : 5 €-20 € environ. Les jeudis après-midi : spectacle à 5 €. Carnet de 5 spectacles : 50 €.

92 HAUTS-DE-SEINE

STUDIO-THÉÂTRE D'ASNIÈRES *Classiques et grands modernes*
3, rue Edmond-Fantin
92600 Asnières
M° Gabriel Péri
☎ 01 47 90 95 33
www.studio-asnieres.com

Des pièces du répertoire et des créations contemporaines (de Feydeau, Giraudoux et Molière à Jean-Luc Lagarce).
Places : 8-16 €.

94 VAL-DE-MARNE

MAISON DES ARTS ET DE LA CULTURE DE CRÉTEIL

Avant-garde technologique

Place Salvador-Allende
94000 Créteil
M° Créteil Préfecture
☎ 01 45 13 19 19
www.maccreteil.com

Un lieu éclectique qui réunit théâtre, danse, poésie, spectacles humoristiques. En mars chaque année : le festival « Exit », théâtre technologique avec de la vidéo et des lasers ponctuant des spectacles de danse, des expos, des concerts, est stupéfiant. À ne pas manquer non plus, tous les spectacles de danse hip-hop de la compagnie Mourad Merzouki (lequel dirige le centre chorégraphique national de Créteil) et de celles qu'il invite. Ces mêmes spectacles, de très haute tenue, sont joués un peu plus tard dans de grands théâtres comme le Théâtre de la Ville où les places coûtent trois fois plus cher. **Plein tarif théâtre : 20 € ; variétés : 25-35 €. Tarif réduit : 10 €. Carte 3 spectacles : 8-10 € la place.**

MÉMO

Pour obtenir gratuitement le prochain *Paris Pas Cher*, envoyez-nous les adresses que vous estimez dignes de figurer dans le guide à l'adresse parispascher@yahoo.fr. Nous les visiterons. Si une adresse est retenue et que vous êtes le premier à nous l'avoir donnée, vous gagnerez un guide *Paris Pas Cher 2016* (n'oubliez pas de nous laisser vos coordonnées complètes).

MÉMO

Pour nous joindre : parispascher@yahoo.fr.
Ou encore, laissez-nous un petit mot sur le site du guide : www.parispascher.com ou www.guideparispascher.com.

TISSUS – MERCERIES

TISSUS – RIDEAUX – STORES 290
MERCERIES 291

ÉCONOTRUC — **LES MERCERIES D'EMMAÜS**

Emmaüs dispose de deux incroyables merceries, l'une à Neuilly-sur-Marne, l'autre à Neuilly-Plaisance alimentées par des dons de particuliers ou des fonds de stock de certaines boutiques. On y trouve toutes sortes de fils, d'aiguilles, de tissus, de laines et aiguilles à tricoter, et à Neuilly-sur-Marne (la plus grande), il y a aussi des vêtements de prêt-à-porter et des accessoires de mode vintage.

Emmaüs de Neuilly-sur-Marne. 38, avenue Paul-Doumer, 93360 Neuilly-Plaisance, 1er et 3e samedis du mois.

Emmaüs de Neuilly-Plaisance. 15, boulevard Louis-Armand, 93330 Neuilly-sur-Marne, 2e et 4e mercredis et samedis du mois, www.emmausavenir.com.

TISSUS – RIDEAUX – STORES

8e ARRONDISSEMENT

TOTO — *Tissus, linge de maison et mercerie*

7, place de la Madeleine
M° Madeleine
☎ 01 42 66 67 69
www.toto.fr
Lundi-samedi : 10h-19h

Sur cette élégante place de la Madeleine, Toto a installé son plus beau magasin pour y vendre des articles sélectionnés. Mais si Toto reste le roi des beaux tissus africains : wax, java, basin (en plus grosse quantité dans les magasins du 18e et de Montreuil), on trouve aussi chez lui pas mal de choses : du linge de maison, des voilages et rideaux prêts à poser, des articles de mercerie, des toiles cirées ou des tissus (au poids ou au mètre).

Tissus à partir de 3 €/m ; tissus africains à partir de 12 €/m.

AUTRES ADRESSES
- Dans les 2e, 6e, 13e, 15e, 17e, 18e, Montreuil, Saint-Germain-en-Laye (voir site).

18e ARRONDISSEMENT

AUX SACRÉS COUPONS — *Tissus couture et ameublement, maille, cuirs, fourrures à prix très souples*

4, rue d'Orsel
M° Anvers
☎ 01 42 64 69 96
Lundi-samedi : 9h-19h

Les Sacrés Coupons ont de l'énergie ! Ils se déploient dans cette partie du 18e pour offrir aux couturières tout ce dont elles peuvent rêver en matière de matériaux. Dans cette boutique, vous trouverez des cuirs, mailles, peaux lainées et fourrures. Une bande de renard de couleur pour border col et capuche, voilà qui redonnerait du pep à votre manteau un peu fatigué.

Renard pour border une capuche : 15 € environ. Soies : 5-15 €/m en moyenne. Peau entière pour faire un sac (50 x 50 cm) : 40 € environ.
– 5 % sur présentation du guide ou de la carte 2016.

AUTRES ADRESSES
- **Aux Sacrés Coupons – Le Coin des Affaires**. 10, rue Seveste (18e), M° Anvers, même téléphone et heures d'ouverture identiques.
- **Au Gentleman des Tissus**. 4 bis, rue d'Orsel (18e), M° Anvers, même téléphone et heures d'ouverture identiques. Coupons de grands couturiers, les soies prédominent : mousseline, organza, bourrette de soie, ainsi que des tissus pour costumes et chemises d'hommes.
- **Aux Sacrés Coupons – Mercerie, fournitures, bazar**. 3, rue Pierre-Picard (18e), M° Anvers, même téléphone et heures d'ouverture identiques.

DREYFUS DÉBALLAGE DU MARCHÉ SAINT-PIERRE

Six étages de tissus. Un classique de la déco pas chère

2, rue Charles-Nodier
M° Barbès Rochechouart
☎ 01 46 06 92 25
www.marchesaintpierre.com
Lundi-vendredi : 10h-18h30
Samedi : 10h-19h

Le marché Dreyfus est aux tissus ce que le sous-sol du BHV est au bricolage. On y trouve tout – et pas cher – de la soie rebrodée à la toile à matelas ; des voilages aux tweeds ; de la toile à peindre aux nappes à couper. Ce déballage est à éviter le samedi, jour de foule intense. À fréquenter régulièrement malgré l'humeur versatile des vendeurs.

20e ARRONDISSEMENT

SARL COZEN STOP TISSUS

Tissus d'habillement à tout petits prix

62, boulevard de Belleville
M° Couronnes
☎ 01 46 36 23 01
Dimanche-vendredi : 10h-13h, 14h-18h30

L'essentiel des tissus est destiné à l'habillement, mais on déniche aussi parfois quelques tissus d'ameublement. Le tout à prix très bas. Arrivages hebdomadaires.
La majorité des coupons sont vendus entre 3 € (coton) et 5 € (lainages) le mètre.

Et encore :

- **Général Diff**. 44, rue de Cléry (2e), M° Sentier, ☎ 01 42 33 05 28, www.generaldiff.com, lundi-jeudi : 9h-16h (en hiver), 9h-18h (en été). Tissus de luxe à prix démocratiques. Toile à patron : 3 €.
- **Heytens**. 104-106, avenue du Maine (14e), M° Gaîté, ☎ 01 43 27 64 85, www.heytens.fr, lundi-samedi : 10h-19h30. Rideaux, voilages, papiers peints coordonnés.

MERCERIES

2e ARRONDISSEMENT

CAT'LAINE

Pelotes et repelotes

19, rue Saint-Marc
M° Richelieu Drouot
☎ 01 42 96 00 69
Lundi : 12h-14h, 14h30-18h
Mardi-vendredi : 10h-14h, 14h30-18h
Samedi : 12h-17h

Fins de séries de grandes marques à prix tout doux. Derrière la petite façade rose s'accumulent des centaines de cartons bourrés de pelotes dodues et colorées. À vous les mailles des professionnels et leurs bons conseils sur les quantités à acheter.
Pelotes à partir de 2 € pièce.

TISSUS - MERCERIE

MERCERIES

FIL 2000
La braderie de la broderie

65, rue Réaumur
M° Réaumur Sébastopol
☎ 01 42 36 48 80
Lundi-vendredi : 9h-18h30
Samedi : 9h-13h

Infatigable, vous voulez assembler, coudre et broder vos vêtements et linge de maison. Un grand choix de patrons pour les couturières de tous niveaux est en vente ici.

Galon : à partir de 0,45 €/m ; fermeture Éclair de toutes les tailles et de toutes les couleurs à partir de 0,33 € ; fils polyester (plus de 600 coloris) : 0,90 € la bobine de fil d'1 km de long !

ULTRAMOD
Mercerie à l'ancienne et fournitures pour chapeaux

3-4, rue de Choiseul
M° Quatre septembre
☎ 01 42 96 98 30
www.ultramod-paris.com/boutique/fr
Lundi-vendredi : 10h-18h

L'accueil aussi est à l'ancienne, c'est-à-dire, compétent, patient et charmant ! Le choix de boutons est astronomique, celui des rubans et passementeries, stratosphériques. À ceci s'ajoutent des fournitures pour chapeaux si rares à trouver aujourd'hui dans Paris. Le tout à prix plus que raisonnable. **Fabuleux !**

3e ARRONDISSEMENT

VÉNOT
Perles et matériel de broderie à prix de gros

140-145, rue du Temple
M° Arts et Métiers
☎ 01 42 78 12 88
www.venot.fr
Lundi-jeudi : 9h-13h, 14h-18h
Vendredi : jusqu'à 17h

Deux magasins dédiés à l'univers des bijoux et des broderies à confectionner soi-même. On y trouve principalement du fil, des perles et des accessoires du style fermoirs, crochets, etc.

Perles de rocaille à partir de 4,90 €/250 g et 6,60 €/500 g ; 10 bracelets brésiliens : 16 € ; 5 perles métal, pavées strass à partir de 7,50 € ; biais écossais et vichy : environ 9,50 €/5 m.

▶ *Voir Aux Sacrés Coupons (18e), p. 290.*

MÉMO

Les « éconotrucs » constituent une encyclopédie du pas cher. Vous y trouverez des conseils et des astuces pour dépenser moins et vivre mieux, ainsi qu'une sélection de boutiques et de services d'un rapport qualité-prix exceptionnel.

Tissus - mercerie **293**

| 91 | ESSONNE |

DESTOCK-LAINE

La laine fraîche

34, rue de la Prairie
91700 Vigneux-sur-Seine
RER D Vigneux-sur-Seine puis bus
☎ 01 69 42 05 39
www.destocklaine.fr
Horaires variables (téléphonez avant de vous déplacer)

Stupeur : dans ce hangar-dépôt de 400 m² en libre-service, des milliers de pelotes de tous styles s'entassent dans des cartons jusqu'au plafond. On dégote des cotons aux couleurs de l'arc-en-ciel, des laines naturelles (angora, alpaga, mohair), de la soie, de la layette, du fil de bambou, du coton à broder… Beaucoup de laines dégriffées de grandes marques : Bouton d'or, Bergère de France, Chabotté, Katia, Anny Blatt, Pingouin, Berger du Nord, Olivier d'Armentières, DMC, etc. Prenez une petite laine, les lieux ne sont pas chauffés en hiver. Pas de paiement par carte bleue.
Pelotes : 0,50 €-3, 50 € environ.
20 % de réduction sur présentation du guide ou de la carte 2016.

| 94 | VAL-DE-MARNE |

DEGRIFF'LAINES

De fil en aiguille

61 bis, rue du Général-de-Gaulle
94290 Villeneuve-le-Roi
RER C Villeneuve-le-Roi
☎ 01 45 97 41 57
www.degriff-laines.fr
Mardi-samedi : 9h45-12h30, 15h45-19h
Dimanche : 9h45-12h30

Peu de marques connues dans cette boutique de déstockage de laine et de nécessaire à tricoter, mais des produits de qualité néanmoins. Une des meilleures ventes de la maison, ce sont les lots de 10 pelotes en acrylique à 9,90 € (35 coloris différents). Accueil particulièrement délicieux.
Pelotes à partir de 1,90 € l'unité (coton, laine…) ; pelotes d'alpaga ou de cashmere : 3,90 € ; lot de 10 pelotes à partir de 9,90 €.

Et encore :

Les adresses qui suivent sont certes plus onéreuses, mais elles renferment des trésors pour les adeptes des loisirs créatifs, en particulier beaucoup de kits à broder et d'accessoires de mode pour transformer, recycler, customiser des vêtements.

- **Pappo Paulin**. 47, rue du Caire (2e), M° Sentier, ☎ 01 40 26 80 20, www.pappopaulin.com, lundi-vendredi : 9h-18h. Boutons, galons, rubans, motifs à coudre, perlerie pour transformer ou accessoiriser un vêtement.
- **Matière Première**. 12, rue de Sévigné (4e), M° Saint-Paul, ☎ 01 42 78 40 87, www.matierepremiere.fr, lundi-samedi : 11h-19h20 ; dimanche : 15h-18h50. Des perles, des plumes et de quoi faire collier, bracelet et boucles d'oreille. Les tarifs restent intéressants comparés à ceux des boutiques de loisirs créatifs.
- **Tout à Loisirs**. 50, rue des Archives (4e), M° Rambuteau, ☎ 01 48 87 08 87, www.toutaloisirs.com, mardi-samedi : 10h30-19h. Perles et strass.

- **Le Bonheur des Dames**. 8, passage Verdeau (9e), M° Grands Boulevards, ☎ 01 45 23 06 11, www.bonheurdesdames.com, lundi-samedi : 10h30-14h, 14h30-19h. Plus de 700 kits de broderie + fils, ciseaux, toiles… pour toutes les occasions. Autre adresse : 17, avenue Daumesnil (12e), M° Gare de Lyon, ☎ 01 43 42 06 27, lundi-samedi : 10h30-19h.
- **Le Comptoir**. 26, rue Cadet (9e), M° Cadet, ☎ 01 42 46 20 72, http://lecomptoir.canalblog.com, lundi : 14h30-19h ; mardi-samedi : 11h-14h, 14h30-19h. Nouveautés fréquentes conçues par de jeunes créateurs. Boutique en ligne et tutoriaux gratuits.

▶ *Cours de couture et tricot, voir p. 200.*

VÊTEMENTS

LINGERIE **296**
VÊTEMENTS NEUFS **300**
LA BELLE OCCASE **311**
ACHATS SUR LE NET **319**

ÉCONOTRUCS
- **303** . Ils vendent des vêtements dégriffés en ayant l'air de bazars
- **309** . Les marchés
- **311** . S'habiller vintage : mode d'emploi
- **312** . Conseils pour bien acheter des vêtements vintage
- **318** . Un joli mariage pas cher sans se priver

- **299** . Lingerie en ligne
- **299** . Lingerie : deux sites à visiter pendant les soldes
- **319** . Mode d'emploi : acheter dans les ventes privées sur Internet
- **321** . Quelques sites de ventes privées

LINGERIE

1er ARRONDISSEMENT

OYSHO
Féminin et pas cher

Forum des Halles
101, porte Berger
Niveau – 3, place Carrée
M°/RER Les Halles
☎ 01 53 00 94 43
www.oysho.com
Lundi-samedi : 10h-20h

Tous les styles de lingerie y sont représentés pour les jeunes femmes classiques comme pour les accros à la dentelle et aux falbalas.
Chemise de nuit à partir de 27,99 € ; soutien-gorge push up à partir de 19,99 € ; lot de 4 strings lanières : 9,99 € ; short moulant taille haute : 22,99 €.

AUTRES ADRESSES
- 74, rue de Rivoli (1er), M° Hôtel de Ville, ☎ 01 55 78 54 90, mêmes horaires.
- 180, rue du Temple (3e), M° Arts et Métiers, ☎ 01 53 01 83 91, mêmes horaires. Plus chic que les autres, Marais oblige.
- 146, rue de Rennes, M° Rennes (6e), ☎ 01 53 63 04 30, mêmes horaires.

4e ARRONDISSEMENT

INTIMISSIMI
Lingerie italienne allurée !

80, rue de Rivoli
M° Hôtel de Ville
☎ 01 42 78 01 29
http://fr.intimissimi.com
Lundi-samedi : 9h30-19h

Voici de très jolis dessous dignes d'un rendez-vous galant princier, vendus à des prix démocratiques.
Soutien-gorge push up échancré : 29,90 € ; slip en dentelle : 9 € ; slip brésilien : 15,90 €. Pour homme, slip à partir de 9,90 €.

6e ARRONDISSEMENT

WOMEN SECRET
Tous styles pour ados et jeunes femmes

87, boulevard
Saint-Germain
M° Odéon
☎ 01 40 51 09 00
www.womensecret.com
Lundi-samedi : 10h-20h

Un premier soutien-gorge, c'est une étape marquante dans la vie d'une femme. Women Secret en crée de très mignons, rembourrés, simples ou en dentelle. Pour adultes, des modèles aux bretelles modulables autorisent tous les décolletés. On trouve aussi des coussinets push up en gel, à glisser dans les soutiens-gorge, insoupçonnables à l'œil et au toucher. Ainsi que des lignes pour celles qui allaitent, et celles qui cherchent des sous-vêtements gainants.
Soutien-gorge à partir de 14,99 € environ ; slip à partir de 9 €. Soutien-gorge pour femmes ayant eu un cancer du sein : 22,99 € (sur le site seulement). Culotte sculptante : 24,95 € ; pyjama en coton avec short : 19,99 €.

ETAM

Forum des Halles
101, porte Berger
Niveau – 3, zone Rambuteau
M°/RER Les Halles
☎ 01 40 39 94 73
www.etam.com
Lundi-samedi : 10h-20h

Nous donnons cette adresse juste pour mémoire, car personne ne peut ignorer les affiches d'Etam apposées à longueur d'année sur tous les murs de la capitale. On retiendra cette marque pour ses dessous jeunes, souvent sexy et à prix toujours très abordables.

AUTRES ADRESSES
- Dans tous les arrondissements parisiens, voir la liste sur le site.

8e ARRONDISSEMENT

UNDIZ

Espace commercial Paris-Saint-Lazare
1, cour du Havre
M° Saint-Lazare
☎ 01 42 93 06 48
www.undiz.com
Lundi-vendredi : 7h30-20h
Samedi : 9h-20h

Deux sous de dessous pour jeunes poitrines
De la fantaisie, avant tout, et pas de prétention. Pas de matières nobles, un soutien un peu restreint pour les fortes poitrines, mais de tout petits prix. Collection renouvelée tous les 15 jours.
Soutien-gorge triangle à partir de 10,90 € ; balconnet à partir de 12,90 € ; culotte à partir de 5,90 €. Nuisette : 12,95 €. Boxer homme : 12,95 €.

AUTRES ADRESSES
- Dans le 1er (au Forum des Halles), dans les 10e, 13e, 14e, 15e, 17e et 18e arrondissements.
- Centre commercial international de Val d'Europe, 77711 Marne-la-Vallée, ☎ 01 60 43 32 60.
- Centre commercial Vélizy-Villacoublay, 78140 Vélizy, ☎ 01 39 46 02 93.

9e ARRONDISSEMENT

DARJEELING

1, passage du Havre
M° Saint-Lazare ou RER Haussmann Saint-Lazare
☎ 01 40 82 96 38
www.darjeeling.fr
Lundi-samedi : 10h-20h

La ligne bis de Chantelle
La lingerie Darjeeling – tout comme Chantelle – est extrêmement féminine et sexy sans être vulgaire. Ses prix sont moyens, ses finitions raffinées. (Grandes tailles jusqu'au 100E.) De jolies nuisettes.

AUTRES ADRESSES
- Voir sur le site.

11e ARRONDISSEMENT

CAPRICES

102, rue de Charonne
M° Charonne
☎ 01 43 73 80 88
www.boutique-caprices.com/fr
Lundi-samedi : 10h-19h30

Lingerie et collants vendus à moitié prix

Beaucoup de collants, de chaussettes, de jambières et de mitaines. En lingerie à prix sacrifiés, Chantelle, Aubade, Calvin Klein, Chantal Thomas, Lejaby tiennent le haut des cintres… La marque Empreinte habille les poitrines généreuses jusqu'au bonnet H. Intéressant rayon homme, alimenté par les marques Dim et Hom.
Ensemble Chantelle : 60 € environ (au lieu de 110 €) ; soutien-gorge seul Chantelle : 28 € environ ; soutien-gorge Empreinte : 39,90 € environ. Collants et chaussettes Dim à partir de 3 €.

15e ARRONDISSEMENT

LES DESSOUS D'ÈVE
371, rue de Vaugirard
M° Convention
☎ 01 45 32 93 66
Lundi : 13h-19h30
Mardi, mercredi, samedi : 10h30-19h30
Vendredi : 12h-19h30

Dessous de charme à prix chocs

L'accueil est aussi charmant que les dentelles belles. Les marques affichées sont les plus jolies : Lise Charmel, Lejaby, Aubade, Simone Pérèle, Anita, Chantelle, Passionata affichent un prix diminué de moitié et des tailles allant jusqu'au 125H. Nuisettes et maillots de bain Playtex, Rasurel, Alita, petits et grands bonnets (jusqu'au G) présents toute l'année.
Ensemble Chantelle ou Lise Charmel : 59 € ; nuisette : 15 € environ.

77 SEINE-ET-MARNE

BEAUVALLET-NATURANA
2, rue Paul-Cézanne
77000 La Rochette
Accès : RER D direction Melun
☎ 01 64 83 57 99
www.naturana-lingerie.fr
Mardi-samedi : 11h-18h

Stock Naturana

Cette société sérieuse, originaire des Pays-Bas, existe depuis près d'un siècle. Elle crée une lingerie classique, de bon maintien à prix très doux.
Fins de séries à partir de 2 € le slip ; soutien-gorge à partir de 12,90 €. Le soutien-gorge le plus cher coûte 15,90 € !
– 10 % sur présentation du guide ou de la carte 2016.

ET TOUJOURS :

- **Valège**. 4, rue de Tilsitt (8e), M° Charles de Gaulle Étoile, ☎ 01 56 88 06 26, www.valège.com, lundi-samedi : 10h30-19h30 ; dimanche : 11h-19h30. Dentelles, frous-frous, satin abondent dans ces collections aux prix minces. Voir les autres adresses sur le site.
- **Body One**. 183, rue du Faubourg-Saint-Antoine (12e), M° Faidherbe Chaligny, ☎ 01 44 87 35 22 ou 01 44 87 09 08, www.bodyone.fr, lundi-samedi : 11h-19h. Body One fabrique une lingerie sexy.

Mais ses prix sont tout doux. Voir les autres adresses sur le site.
- **Soleil Sucré Stock**. 7, rue d'Orsel (18ᵉ), M° Barbès Rochechouart, ☎ 01 42 23 53 67, lundi-samedi : 11h-19h. Dentelles à petits prix

LINGERIE EN LIGNE

Pensez à eBay ! Certains magasins de lingerie soldent leurs invendus de grandes marques sur le site **www.ebay.fr** à des prix parfois très doux. Il s'agit de collections d'années précédentes (jusqu'à 10 ans, mais les produits sont tout neufs). Les marques classiques assurent des coupes et des couleurs indémodables. En visitant plusieurs boutiques en ligne, on arrive parfois à reconstituer des ensembles ou à retrouver le bas ou le haut assorti à la lingerie qu'on possède déjà. Gardez en tête qu'il est rarement possible de renvoyer ou d'échanger un vêtement et que vous devrez ajouter au prix de chaque objet des frais de port. Les boutiques suivantes sont sérieuses :
Pur Plaisir (http://stores.ebay.fr/Pur-plaisir et www.lalingerieenfolie.com).
105 Avenue (http://stores.ebay.fr/105-avenue).
Lovattitude (http://stores.ebay.fr/lovattitude).
Paris de Mode (http://stores.ebay.fr/PARIS-DE-MODE).

LINGERIE : DEUX SITES À VISITER PENDANT LES SOLDES

Pour leurs marques qu'on ne trouve quasiment pas ailleurs (comme Gossard). Chers hors période de soldes, très avantageux pendant les soldes et les promos (s'inscrire aux newsletters pour en bénéficier). De plus, les frais de port sont compris et on peut facilement renvoyer des articles.
www.lemoncurve.com
www.bodyandco.fr

MÉMO

Pour obtenir gratuitement le prochain *Paris Pas Cher*, envoyez-nous les adresses que vous estimez dignes de figurer dans le guide à l'adresse parispascher@yahoo.fr. Nous les visiterons. Si une adresse est retenue et que vous êtes le premier à nous l'avoir donnée, vous gagnerez un guide *Paris Pas Cher 2016* (n'oubliez pas de nous laisser vos coordonnées complètes).

VÊTEMENTS NEUFS

Vous avez l'habitude d'acheter des vêtements neufs mais vous ne voulez pas y laisser une fortune, voici – triées sur le volet – des boutiques, solderies, stocks de marques et ventes privées qui étancheront votre soif de nouveautés sans affoler votre banquier.

1er ARRONDISSEMENT

FOREVER 21

144, rue de Rivoli
M° Louvre Rivoli
☎ 01 40 26 78 81
www.forever21.com
Lundi-samedi : 9h30-20h30

Il faut immédiatement céder à ses envies chez Forever 21 qui fabrique chaque modèle (tous de style classique, c'est-à-dire portables en toutes occasions) en petite quantité. Sinon, repassez dans 15 jours pour la nouvelle collection.

Jean et robe à partir de 22 € ; pantalon slim à partir de 32 € ; T-shirt à partir de 7 € ; trench à partir de 32 €.

SCOTCH & SODA   *Stock de la marque*

16, rue du Cygne
M° Étienne Marcel
☎ 09 53 04 63 94
http://www.scotch-soda.com/fr
Mardi-samedi : 11h-14h, 15h-19h30

Sur quatre étages, la boutique se développe, offrant des vêtements de bonne qualité, aux imprimés originaux. Ce sont des invendus en provenance d'Amsterdam et soldés ici à moitié prix. Amusant : la boutique recèle un coin « musique » avec des disques vinyles neufs et d'occasion à vendre.

Robe : 55 € environ ; jean : 45 € environ. Vêtement enfant à partir de 20 €.

LES ENVAHISSEURS   *Pour les ados et jeunes femmes*

57, rue de Rivoli
M° Châtelet
☎ 01 40 28 43 12
www.les-envahisseurs.net
Lundi-samedi : 10h-19h30

Une petite mode pleine de fantaisie, de fleurs, de carreaux, facile à porter. Qualité très variable.

Robe : 39 € environ ; parka : 59 € environ ; jean : 39 € environ.

AUTRES ADRESSES
- 19, rue des Rosiers (4e), M° Saint-Paul, ☎ 01 45 05 34 21.
- 92, avenue Victor-Hugo (16e), M° Victor Hugo, ☎ 01 47 04 11 17.

NEW LOOK

Forum des Halles
101, porte Berger
Niveau – 3, place Carrée
M°/RER Les Halles
☎ 01 44 88 97 00
www.newlook.com
Lundi-samedi : 10h-21h

Amusante mode british pour les 15-25 ans

New Look habille tous les styles : rock, classique… et toutes les anatomies : grands (et grandes à partir d'1,70 mètre), petits, rondes (du 44 au 54) et maigres, bébés et futures mamans. Les étudiants, avec la New Look Student Card, bénéficient d'une réduc de 10 %.

Robe à partir de 12,99 € ; veste à partir de 19,90 € ; pull hiver à partir de 22,99 € ; veste en simili cuir : 39,99 € ; baskets imprimées : 17,99 €.

AUTRE ADRESSE

- 84, rue du Faubourg-Saint-Antoine (12e), M° Ledru Rollin, ☎ 01 40 19 96 80, même site.

2e ARRONDISSEMENT

GEORGES HOGG

65, rue Montmartre
M° Sentier
☎ 01 40 13 94 22
Lundi-samedi : 11h-19h30

Benetton, mais oui !

Ils sont fabriqués par Benetton ces beaux pulls de jolies couleurs et de coupes harmonieuses (parfois le même modèle en 30 teintes différentes), ces robes, bérets, bonnets et gants.

Robe en maille à partir de 26,90 €-39,90 € ; gilet angora et laine à partir de 42 € ; pulls en shetland à partir de 29,90 €.

Et aussi :

- **Cheap Monday**. 121, rue Vieille-du-Temple (3e), M° Filles du Calvaire, ☎ 01 40 27 49 90, www.cheapmonday.com. Lundi-samedi : 10h-20h. Pour les ados branchés fans de ses fameux jeans slim.

4e ARRONDISSEMENT

AMMONIAQUE

6, rue de Sévigné
M° Saint-Paul
☎ 01 42 74 00 75
Lundi : 14h-19h
Mardi-samedi : 11h-19h

Pour dames, modèles originaux à moitié prix

Depuis 30 ans, cette maison très sérieuse va chercher des modèles classiques originaux en France et dans le reste de l'Europe. On y trouve un beau rayon de pulls et de pantalons, particulièrement bien coupés.

Jean (du 36 au 50) : 47 € ; twin-set d'hiver : 57 € ; jupe : 62 €.

DILEME

76, rue Saint-Antoine
M° Saint-Paul
☎ 01 44 78 05 28
Mardi-samedi : 10h-19h

Pour les filles et femmes femme

Bien féminines ces collections de robes et ces blouses qui mettent en valeur la silhouette…

Robe noire tube à fines bretelles mettant en valeur les seins : 35 € ; blouse blanche cache-cœur : 25 €.

VÊTEMENTS / VÊTEMENTS NEUFS

SUCRÉES
Très féminin

10, rue du Roi-de-Sicile
M° Saint-Paul
☎ 09 54 11 78 97
Mardi-samedi : 11h-19h30
Dimanche : 13h30-19h30

Dans une boutique qui ressemble à une chambre, voici de jolies tenues et accessoires pour faire d'une jeune femme une jolie silhouette.

Pantalon slim noir : 69 € environ ; robe à partir de 49 €.

UNIQLO (« UNIQUE CLOTHING »)
Uniqlassique dans un hôtel XVIIIe

35, rue des Francs-Bourgeois
M° Saint-Paul
☎ 01 58 18 30 55
www.uniqlo.com
Lundi-samedi : 10h-20h
(jeudi jusqu'à 21h)

Un hôtel particulier du Marais sert d'écrin à toutes les pièces de la marque ainsi qu'à une collection créée par Inès de la Fressange. Et toujours une mention « très bien » pour les jeans au tissage japonais très serré qui se maintiennent bien, les pantalons et les belles chemises à carreaux pour hommes.

Manteaux et vestes : 49,90-229 € ; pantalon et jean pour femmes : 19,90 € ; pull en laine mérinos : 29,90 € ; veste pour hommes : 59,90 € ; chemise à rayures : 29,90 €.

AUTRES ADRESSES
- 17, rue Scribe (9e), M° Opéra, ☎ 01 58 18 30 55, mêmes horaires.
- Centre commercial Les Quatre Temps, niveau 1, quartier Cassis, 15, parvis de La Défense, 92092 Puteaux, M°/RER La Défense, ☎ 01 49 67 01 90, lundi-samedi : 10h-20h.

6e ARRONDISSEMENT

STOCK CAROLL
Une jolie mode pour cadrettes

30 et 51, rue Saint-Placide
M° Saint-Placide
☎ 01 45 48 83 66 (30, rue Saint-Placide) ou 01 42 22 79 39 (51, rue Saint-Placide)
www.caroll.com
Lundi-samedi : 10h-19h

Les pantalons droits sont bien coupés, les pull-overs épousent bien le corps, les beaux trenchs sont élégants… Patronne et vendeuses, qui connaissent parfaitement leur métier, conseillent au mieux leurs clientes.

Réduction de 30 % sur les modèles classiques et les prototypes. Robes à partir de 70 € ; pantalons à partir de 55 € ; jupes droites à partir de 48 €.

AUTRES ADRESSES

- **Marques Avenue**. 93450 L'Île-Saint-Denis, ☎ 01 42 43 07 42, lundi-samedi : 10h-19h.
- **Quai des Marques**. 95130 Franconville, ☎ 01 34 15 43 44, lundi-vendredi : 11h20h ; samedi : 10h-20h.

Et toujours :

- **Stock Saint-Placide**. 31, rue Saint-Placide, M° Saint-Placide, ☎ 01 42 22 30 77.

ÉCONOTRUC — **ILS VENDENT DES VÊTEMENTS DÉGRIFFÉS EN AYANT L'AIR DE BAZARS**

Griffes de mode. 17, rue La Boétie (8e), M° Miromesnil, ☎ 01 49 24 08 81, www.griffesdemode.com, lundi-vendredi : 10h30-19h30 ; samedi : 12h-19h. Quartier oblige, Griffes reçoit parfois des lots de couturiers italiens. Vaut des visites fréquentes. Pour femmes-hommes en milieu d'âge et petits enfants. Autre adresse : 23, rue La Boétie (8e), M° Miromesnil, ☎ 01 42 65 76 71, mêmes horaires. Vêtements pour hommes.

Mondial Griffe. 172, avenue Daumesnil (12e), M° Daumesnil, ☎ 01 43 42 31 17, lundi-samedi : 11h-18h45. Cette année, des fins de séries de lingerie et de vêtements quotidiens, Ralph Lauren, Sinequanone, Naf Naf. À partir de 5 €. Autre adresse : 28, avenue des Gobelins (13e), M° Les Gobelins, ☎ 01 43 36 15 70, mêmes horaires. Pour les familles.

Mistigriff. 83-85, rue Saint-Charles (15e), M° Charles Michels, ☎ 01 53 95 32 40, lundi-samedi : 10h30-19h30. Une mode très quotidienne pour les familles.

Jabi. 15, avenue de Clichy (17e), M° Place de Clichy, ☎ 01 42 93 67 45, lundi-samedi : 10h-19h. Pas de griffes, mais des vêtements de tous les jours pour toute la famille.

MÉMO

Pour nous joindre : parispascher@yahoo.fr.

Ou encore, laissez-nous un petit mot sur le site du guide : www.parispascher.com ou www.guideparispascher.com.

9e ARRONDISSEMENT

LA HALLE
Lignes bis de bonnes griffes françaises

5, boulevard Montmartre
M° Grands Boulevards
☎ 01 40 13 91 89
www.lahalle.com
Lundi-samedi : 9h30-19h30

Chic, jeune, tendance, ce « concept store » est un joli lieu, tout neuf, en bois blond nordique. Sur trois étages, vêtements, sacs, chaussures, lingerie pour toute la famille sont soigneusement présentés. Originalité du lieu, on y trouve les deuxièmes lignes de Naf Naf (N by Naf Naf), Kookaï (K by Kookaï), André (A by André), L by Liberto, M by Mosquitos… Et surtout, les prix restent très raisonnables.

Prix moyen aux alentours de 12 €. En lignes bis : jupe plissée : 19 € ; robe Naf Naf à partir de 19,99 €. Sac chic : 25 €. Chaussures françaises à partir de 25 €.

AUTRE ADRESSE
- **La Halle boulevard Haussmann.** 21, boulevard Haussmann (9e), M° Richelieu Drouot, ☎ 01 42 46 34 53, même site, lundi-samedi : 10h-20h.
- **La Halle aux vêtements Paris Flandre.** 26, avenue de Flandre / 25, quai de la Seine (19e), M° Stalingrad, ☎ 01 53 35 04 25, même site, mêmes horaires.

MONKI
Une jolie mode suédoise pour ados

96, rue de Provence
Passage de Provence
M° Chaussée d'Antin
☎ 01 53 32 85 00
www.monki.com
Lundi-mercredi, vendredi et samedi : 10h-19h30
Jeudi : 10h-20h30

Développée sur 300 m², voici une mode très jeune et confortable (groupe H&M). Décor totalement surréaliste.

Sweat structuré : 35,14 € ; jean à partir de 35,14 € ; robe T-shirt à partir de 25,30 € ; blazer Asos : 63,25 €.

PULL & BEAR
Cousinette de Zara

50-56, rue Caumartin
M° Havre Caumartin
☎ 01 55 31 74 31
www.pullandbear.com
Lundi-samedi : 10h-19h

Les ados fans de Zara (c'est le même groupe), et dont le portemonnaie est léger, trouveront ici des vêtements vraiment pas chers, et adaptés à leur mode de vie. Deux collections intéressantes : une dite « basique » avec des prix ras du plancher ; une autre classique féminine et jolie. Les garçons ne sont pas oubliés.

T-shirt à partir de 6,99 € ; jupe à partir de 12,99 € ; blouson en jean à partir de 29,99 €.

STRADIVARIUS — *Sœur cadette de Zara*

58 bis, rue de la
Chaussée-d'Antin
M° Chaussée d'Antin
☎ 01 49 70 99 90
www.stradivarius.com
Lundi-samedi : 10h-20h

Zara a créé Stradivarius pour concurrencer H&M et habiller ados et jeunes femmes. Conclusion : on y trouve à peu près les mêmes choses tant en inspiration qu'en prix et en qualité.
Blouson en jean à partir de 29,95 € ; petites robes à partir de 39,95 € ; jean : 19,95 € ; escarpins : 29,95 € ; trench long : 29,95 €.

SUNSHINE — *Mode quotidienne – Styles éclectiques*

70, rue La Fayette
M° Cadet
☎ 01 47 70 81 92
https://www.sunshine.fr
Lundi-samedi : 10h-19h30

Vêtements modestes pour femmes classiques, rock'n'roll, décontractées, habillées, jeunes, quinquas et plus.
Pantalons à partir de 5 € ; manteaux courts et longs : 29 € ; robes à partir de 15 €. Au premier étage est installée une braderie permanente.

AUTRES ADRESSES
- Huit autres adresses à Paris (3e, 4e, 10e et 18e arrondissements).

10e ARRONDISSEMENT

AFWOSH

10, rue d'Hauteville
M° Bonne Nouvelle
☎ 09 52 91 44 80
www.afwosh.com
Lundi-samedi : 11h-20h

 On se dirigera tout de suite au fond du magasin où se tient en permanence un aimable coin braderie. Ce sera l'occasion de se fournir en sacs et vêtements originaux et pas chers.

Et encore :

- **Quai 71**. 71, quai de Valmy, M° République, ☎ 01 42 45 38 80, http://quai71.blogspot.fr, tous les jours : 11h-19h30. Marques jeunes. Karl Marc John et Crossby. Robes à partir de 30 €. Pour hommes, chemise : 20-25 € ; pantalon à partir de 30 €. ◆ Autres adresses : 31, rue de Maubeuge (9e), M° Cadet, ☎ 01 40 16 06 02. ◆ 15, rue Ferdinand-Duval (4e), M° Saint-Paul, ☎ 01 48 04 35 33.

12e ARRONDISSEMENT

BIG AND NICE
Beaux géants (du 54 au 110)

12, cours de Vincennes
M° Nation
☎ 01 40 01 05 46
www.big-and-nice.fr
Mardi-samedi : 10h-12h30, 13h30-19h

Accueil très aimable à tous les grands et les costauds, et conseils avertis prodigués par une équipe qui connaît bien son rayon.
T-shirt : 25 € ; veste en coton (4XL) : 160 € ; jean ou pantalon élastiqué (taille 52) : 60 € ; costumes super 140 (taille 62) à partir de 427 € ; chemise (taille 45-46) : 57 €.

JULES
Pour hommes classiques

16-18, rue du Faubourg-Saint-Antoine
M° Bastille
☎ 01 53 17 11 36
www.jules.fr
Lundi-samedi : 10h-19h30

Notre copain Jules (Camaïeu) fait fabriquer quelques modèles en coton bio, qu'il vend pas bien cher. L'ensemble de ses collections est classique et ses prix tout doux. Accueil et conseils charmants.
Vestes de costume à partir de 70 € ; pantalons de costume à partir de 49,95 € ; jean regular 5 poches : 34,95 € ; jean : 54,95 € ; chemise unie : 22,95 €.
Retouches offertes sur présentation du guide ou de la carte 2016.

Et toujours :

Rama. 7, rue Biscornet, 1er étage, M° Bastille, ☎ 01 43 07 37 66, lundi-samedi : 10h-19h. Stocks Max Mara et Missoni : luxe transalpin. Accueil adorable et conseils de qualité dans ce très joli magasin. Le groupe Max Mara englobe d'autres marques comme Week-End, Sportmax, Marina Rinaldi pour les grandes tailles et Smax ligne de sportswear quotidien.

13e ARRONDISSEMENT

BILATÉRAL
Jolie solderie

116, avenue d'Italie
M° Maison Blanche
☎ 01 53 62 01 57
Mardi-samedi : 10h-19h

Au fil des saisons se succèdent des lots de jolis vêtements pour toute la famille. Ils sont signés Petit Bateau, Kenzo, Guess, Catimini, Jean Bourget, Diesel, Chipie, Adidas. Pour les enfants, de solides vêtements quotidiens. Pour les mamans, des jeans et petites robes mignonnes. Pour les pères, des vêtements de bonne tenue. Pour tous, de petits prix.

VÊTEMENTS NEUFS

14e ARRONDISSEMENT

STOCK NAF NAF *Des aubaines*

143, rue d'Alésia
M° Alésia ou Plaisance
☎ 01 58 14 00 33
www.nafnaf.com
Lundi-samedi : 11h-19h

Les coupes Naf Naf sont ultra-féminines. En vous inscrivant sur le site, vous avez accès à des journées de promotions en boutiques (hors stock) organisées sous la forme de ventes privées. Visitez aussi le site, rubrique « Derniers articles de fins de collections » dont les articles sont souvent bradés à prix coûtant.

Et toujours :

- **Stock 88**. 88, rue d'Alésia, M° Alésia, ☎ 01 45 40 46 67, mardi-samedi : 11h-19h.
- **Stock 149**. 149, rue d'Alésia, M° Alésia, ☎ 01 45 43 52 26, www.stock149.com, lundi : 11h-19h ; mardi-samedi : 10h-19h.

15e ARRONDISSEMENT

CACHE CACHE *Jeune et chic*

63, rue Lecourbe
M° Sèvres Lecourbe
☎ 01 43 06 49 92
www.cache-cache.fr
Lundi : 11h-19h30
Mardi-vendredi :
10h-19h30
Samedi : 10h-19h

Classique et classe, cette marque habille les toutes jeunes femmes et leurs mères de vêtements aux teintes heureuses, avec un style très Grace Kelly. Sur le site, visitez l'onglet « Bonnes Affaires ».
Robes à partir de 19,99 € ; veste à partir de 29,99 € ; veste doudoune matelassée : 49,99 € environ.

TRAIT D'UNION *Pour nos belles pulpeuses du 46 au 64*

93, rue de la Convention
M° Boucicaut
☎ 01 40 60 16 68
www.modeXXL.com
Lundi-samedi : 10h-19h

Sûres d'être bien conseillées et de trouver des vêtements à la pointe de la mode, aux tissus fluides avec élasthanne, aux coupes qui les mettent en valeur, les belles pulpeuses viennent ici. Il y a même un « coin des affaires » de la saison précédente, avec une réduction de 10 %.
Pantalons, caleçons à partir de 15 € ; tuniques à partir de 25 € ; robe habillée de chez Samoun : 125 € ; pulls pure laine à partir de 79 € ; doudounes et manteaux à partir de 99 €.
– 10 % à nos lectrices sur présentation du guide ou de la carte 2016.

17e ARRONDISSEMENT

CHEZ ÉLÉGANCE
Jeune et mignon

77, avenue de Clichy
M° La Fourche
☎ 01 42 26 73 15
Tous les jours : 10h-20h

De petites fringues pas chères, avec en tête de gondole la marque Vero Moda mignonne et fraîche. Des vendeuses attentives qui prodiguent des sourires en plus.

18e ARRONDISSEMENT

STOCK DEBY DEBO
Pour jeunes femmes

95, rue des Martyrs
M° Abbesses
☎ 01 42 23 02 14
www.shop.debydebo.fr
Mardi-samedi : 11h-19h

Pour jeunes filles et jeunes femmes romantiques. Les créations sont riches en mousseline, volants, dentelles, coloris tendres.
Robes : à partir de 50 € ; sacs : 30 €.

SYMPA
Une solderie-pieuvre

72, boulevard de Rochechouart
M° Anvers
☎ 01 42 54 25 22
Lundi-samedi : 10h30-19h30

Sur des portants très serrés, on découvre des vêtements classiques de griffes tout à fait corrects : Camaïeu, Les Petites, Naf Naf, Petit Bateau, Sinéquanone, Sergent Major, etc. Pas de cabines d'essayage. Prix modestes.
Manteau : 45 € ; robe : 15 € ; pulls à partir de 5 € ; jean : 18 €.

AUTRES ADRESSES

- 32, rue Poulet (18e), M° Anvers, ☎ 01 44 92 04 40.
- 24, rue d'Orsel (18e), M° Anvers, ☎ 01 42 59 20 63.

TATI
Vêtements quotidiens et de mariage

4 et 38, boulevard de Rochechouart
M° Barbès Rochechouart
☎ 01 46 06 57 88
www.tati.fr
Lundi-samedi : 10h-19h

La mode Tati ne se démarque plus guère de celle de Jennyfer pour les ados ou H&M pour les adultes. Leurs prix sont à l'unisson.
Pour femmes : jean slim à partir de 17,99 € ; trench court ceinturé à partir de 29,90 €. Pour hommes : costumes à partir de 59,90 € ; pull à partir de 24,90 €. Pour enfants : ensemble jogging à partir de 22,90 € ; robe à partir de 12,90 €.

AUTRES ADRESSES

- 5, rue Belhomme (18e), M° Barbès Rochechouart, ☎ 01 55 29 50 00, www.tati.fr/mariage.html. Voici la maison du mariage. On y trouve toutes les formes de robes (de la plus simple aux robes de dentelles, des toutes blanches aux colorées, des jupes qu'on peut faire retailler, aux bustiers qu'on

peut porter par la suite). De la taille 36 au 60. De 99 à 999 €. Livraison sous 24 à 48 heures.
- Vous trouverez des magasins Tati dans les 3e, 12e, 13e, 14e, 17e, Charenton et Kremlin-Bicêtre (94).

▶ *Yvresse, voir p. 60.*

Et toujours :

- **Surplus APC**. Au 18 : vêtements pour femmes et au 20 : pour hommes, rue André-del-Sarte, M° Château Rouge, ☎ 01 42 62 10 88, www.apc.fr, lundi-samedi : 12h30-19h ; dimanche : 13h30-19h. APC, c'est l'ABC du classique : coupes graphiques, tissus de qualité, teintes sobres.

ÉCONOTRUC — LES MARCHÉS

Des cartons pleins de vêtements, surtout pour les enfants (Petit Bateau, Cyrillus…).
Marché Président-Wilson. Avenue du Président-Wilson entre rue Debrousse et place d'Iéna (16e), M° Alma Marceau ou Iéna, mercredi : 7h-14h30 ; samedi : 7h-15h.
Marché Bastille. Boulevard Richard-Lenoir entre les rues Amelot et Saint-Sabin (4e), M° Bastille, jeudi : 7h-14h30 ; dimanche : 7h-15h.

19e ARRONDISSEMENT

NEW YORKER

Mode vraiment pas chère pour les jeunes

Centre commercial Le Millénaire
19, rue Madeleine-Vionnet
93300 Aubervilliers
M° Front Populaire
Tramway T3 : station Porte d'Aubervilliers
☎ 01 49 92 18 81
www.newyorker.de

En dépit de son nom, New Yorker est une marque allemande. Elle propose une mode colorée, claire avec des coupes simples, des formes basiques, des recherches de style sympathique comme des dégradés de couleurs.

AUTRE ADRESSE
- **Centre commercial Okabe**. 63, avenue de Fontainebleau, 94270 Le Kremlin-Bicêtre, M° Kremlin Bicêtre, ☎ 01 43 90 43 00.

Et encore :

- **Damart stock**. 67, boulevard Haussmann (8e), M° Havre Caumartin, ☎ 0 892 690 237, lundi-samedi : 9h30-19h. Le stock Damart se tient au sous-sol du magasin. Des réductions de 30 à 70 %.

- **Weill stock**. 12, boulevard de Charonne (20e), M° Nation, www.weill.fr, lundi : 11h-19h ; mardi-samedi : 10h-19h. Du 36 au 52. Beau style classique, ici plutôt réservé aux plantes épanouies et matures. Vêtements vendus à moitié prix. Accueil compétent autant que chaleureux. Autres adresses sur le site.

92 HAUTS-DE-SEINE

CAFÉ COTON STOCK
Chemises et cravates pour homme élégant

79, rue de Paris
92100
Boulogne-Billancourt
M° Boulogne Jean Jaurès
☎ 01 48 25 68 08
www.cafecoton.com
Lundi-samedi : 10h30-14h15, 15h-19h30 (lundi à partir de 11h)

Chez Café Coton, on apprendra à choisir sa chemise, assortir sa cravate à la couleur de ses chaussettes, le tout une teinte plus sombre que sa chemise. **Chemises à partir de 49 € ; cravates à partir de 35 €.**

LA POIRE EN DEUX
Une solderie de qualité pour les familles

58, rue Kléber
92300 Levallois-Perret
M° Anatole France
☎ 01 47 57 25 00
http://lapoirendeux.blogspot.fr
Mardi-samedi : 10h-19h
Dimanche : 10h-13h

Cette bonne poire se fournit en fins de séries et retours de collections de stylistes et couturiers et les revend deux fois moins cher.

94 VAL-DE-MARNE

PRIMARK
Deux fois moins cher qu'H&M

101, avenue
Charles-de-Gaulle
Centre commercial
Créteil Soleil
Niveau 0
94000 Créteil
M° Créteil Préfecture
☎ 01 49 80 01 01
www.primark.fr
Lundi-samedi : 10h-20h

Deux fois moins chère qu'H&M ou Forever 21, cette chaîne irlandaise propose des habits neufs et des objets pour la maison, et affiche des prix défiant toute concurrence. La qualité…
Petite robe ou le pantalon à partir de 10 € ; jean : 10 € ; bottines à partir de 15 € ; blouson à partir de 13 € ; T-shirt à partir de 4 € ; chaussures entre 4 et 20 €.

AUTRES ADRESSES
- **Centre commercial O'Parinor**. Le Haut de Galy, 93600 Aulnay-sous-Bois, lundi-vendredi : 10h-20h30 ; samedi : 10h-21h.
- 20, rue de la Bongarde, 92390 Villeneuve-la-Garenne, lundi-samedi : 9h30-20h30.

Et encore :
- www.stokomani.fr. 53-55, rue Jacquard, 77400 Lagny, accès : RER A + bus 25 ou 29, lundi-samedi : 10h-19h ; dimanche : 10h-12h30, 14h30-19h. Autres adresses sur le site.
- www.nozarrivages.com. Autres adresses sur le site.

Ces solderies de grandes marques sont toutes situées en grandes banlieues. Elles annoncent le contenu de leurs arrivages sur leurs sites. Rabais de 50 à 70 % sur les collections des années précédentes.

▶ *Éconotruc : cours de couture et tricot gratuits, voir p. 200.*

LA BELLE OCCASE

ÉCONOTRUC — S'HABILLER VINTAGE : MODE D'EMPLOI

Les vêtements de seconde main sont souvent faits de tissus plus solides et mieux coupés que toute la petite confection actuelle, exécutée en Chine, en Inde ou dans des pays du Maghreb et vendue hors de prix pour sa qualité dans certaines boutiques d'habits neufs à la mode.

Pour acheter d'occase, il existe différents circuits économiques. Votre guide Paris Pas Cher les a explorés pour vous :

Les échanges (ou trocs) de vêtements : autour d'un verre, on troque ses petites fringues entre amies chez l'une ou l'autre ou même sur le Net.

Les vide-dressings : entre amies ou entre inconnues, peu importe : il s'agit d'acheter pas cher du tout le trop-plein du placard d'une folle de mode.

Les dépôts-ventes, qui, dans les beaux quartiers, proposent encore des vêtements de grands couturiers ou de stylistes loyaux qui privilégient les beaux tissus et savent faire couper.

Les friperies : dans ces boutiques, parfois très bien tenues (ce sont évidemment celles que nous avons retenues pour vous), le mot « vintage » est abondamment employé pour camoufler le mot « fripes », dévalué aujourd'hui. Cependant, il y a de jolies fripes, puisque sous ce terme, on inclut également des vêtements de grands couturiers ou des habits de bonne facture.

Il y a aussi les **fripes du cœur**, celles des magasins solidaires (Emmaüs, le Secours catholique, la Croix-Rouge française), tenus par des bénévoles ou des personnes en réinsertion sociale. Les fripes y sont triées, nettoyées, repassées. Il faut privilégier ces magasins pour continuer à faire vivre leurs associations.

ÉCONOTRUC — CONSEILS POUR BIEN ACHETER DES VÊTEMENTS VINTAGE

Fréquentez les bonnes adresses que nous vous donnons ci-dessous. Cependant, ces boutiques bougent beaucoup, victimes parfois de leurs sources d'approvisionnement. Aussi ne nous en veuillez pas si l'adresse que vous visitez ne correspond plus à vos attentes.

- Fréquentez aussi marchés aux puces et vide-greniers. Pour damer le pion aux professionnels, il faudra littéralement vous lever tôt. Vous trouverez le calendrier des manifestations sur les sites des municipalités et sur deux autres sites : www.antiquitesbrocante.fr et www.pointsdechine.com.
- N'achetez pas un vêtement qui sent le grenier. Cette odeur ne partira jamais.
- Examinez les points faibles : les dessous-de-bras, le bas des manches, la doublure des poches, les boutons, les zips sont-ils en bon état ?
- Fuyez les cuirs craquelés ou froissés. Jamais on ne peut les remettre en état.
- Évitez (dans la mesure du possible) de vous habiller totalement en fripes. Par exemple : resserrez une robe années cinquante à 30 € avec une très jolie ceinture neuve.
- Pour vous faire une tenue originale, adoptez des accessoires du temps passé : un sac des années soixante, un collier pop, un foulard soixante-dix dans les cheveux.

2e ARRONDISSEMENT

ÉPISODE CLOTHING
Vintage au bon rapport qualité-prix

16, rue Tiquetonne
M° Étienne Marcel
☎ 01 42 61 14 65
www.episode-online.eu
Lundi-samedi : 11h30-19h30

Intéressez-vous aux vêtements vintage. Jolis accessoires et chapeaux rigolos.

Femme, robe : 25 € ; veste en cuir à partir de 35 €. Homme, pull en laine ou chemise de bûcheron à partir de 22,50 €.

3e ARRONDISSEMENT

BIS – BOUTIQUE SOLIDAIRE
Les beaux vêtements d'occase du Secours catholique

7, boulevard du Temple
M° Filles du Calvaire
☎ 01 44 78 11 08
www.bisboutiquesolidaire.fr
Mardi-samedi : 10h-19h

Ce lieu lumineux, chic, avec de belles cabines d'essayage, accueille et revend des vêtements, souvent de très bonnes marques, soigneusement triés, lavés, repassés par des personnes en contrat d'insertion. Au sous-sol, les rayons hommes et enfants.

T-shirt : 5 € ; pull à partir de 12 € ; jean à partir de 15 € ; robe : 25 € environ.

4e ARRONDISSEMENT

FREE'P'STAR
20, rue de Rivoli
M° Saint-Paul
☎ 01 42 77 63 44
www.freepstar.com
Lundi-samedi : 10h-20h
Dimanche : 12h-21h

Une fripe sympa

Cette fripe-là est en bon état. Comme dans toutes les friperies, il faut passer souvent pour trouver petites robes à sa silhouette.

SISSI'S CORNER
20, rue des Tournelles
M° Chemin Vert ou Bastille
☎ 01 42 72 90 35
www.sissiscorner.com
Mardi-samedi : 12h-19h30
Dimanche : 14h-19h

Dépôt-vente branché et pas cher

On vous laisse tranquillement essayer et choisir parmi les griffes connues : Isabel Marant, Issey Miyake, Barbara Bui, Maje, Sandro, etc. Les vêtements sont classés par catégorie et par couleur, et si vous êtes perdue, on vous aide si gentiment !
Robes à partir de 35 € environ. Jolies jupes, jeans et pantalons à partir de 25 € environ ; impers classiques à partir de 70 € environ.
– 10 % supplémentaires à partir de 200 € d'achat sur présentation du guide ou de la carte 2016.

VERTIGES
83-85, rue Saint-Martin
M° Châtelet
☎ 01 48 84 34 64
Lundi-samedi : 10h-20h

Fripes de bonne qualité

Un peu plus fouillis et plus quotidien que son voisin Rag, Vertiges propose des fripes d'une bonne qualité.
Blouson en jean et jean à partir de 10 € ; bomber à partir de 15 € ; boots en cuir : 30 € environ.

VINTAGE DÉSIR
32, rue des Rosiers
M° Saint-Paul
☎ 01 40 27 04 98
Tous les jours : 10h-20h

Arrivage quasi quotidien

De jolies fripes, en bon état et pour les coiffer, une multitude de chapeaux.
De 5 à 20 €.

5e ARRONDISSEMENT

EILEEN
53, rue Monge
M° Place Monge
☎ 01 43 26 94 33
Mardi-samedi : 11h-19h

Le dépôt-vente préféré des étudiantes

Les rayons sont encombrés. C'est ce qui plaît aux étudiantes des facs proches qui viennent y fouiller entre deux cours.
Des vêtements à partir de 7 € ; jupe : 7 € ; manteau chaud : 55 € environ ; robe et pantalon à partir de 12 €.

FREEP'ONE VINTAGE
Vêtements des années soixante à quatre-vingt

6, rue de l'Arbalète
M° Censier Daubenton
☎ 01 47 07 93 93
Lundi-samedi : 11h-19h

Ce sont des vêtements de style quotidien à porter sans retenue.

Robe : 15 € environ ; jean Levi's : 30 € environ ; combinaison longue : 25 € environ.

KILOSHOP
Des vêtements vendus au poids

125, boulevard Saint-Germain
M° Odéon
☎ 01 43 26 00 36
http://kilo-shop.fr
Dimanche et lundi : 13h30-20h15
Mardi et mercredi : 11h30-20h15
Jeudi, vendredi, samedi : 11h30-20h45

Propre, classé par type d'article, vêtements au poids, pulls, vestes, Converses, etc., avec leur prix affiché, ce magasin n'a rien d'une friperie. On y chine agréablement puis on passe faire évaluer et peser l'ensemble de ses achats.

AUTRE ADRESSE
- 69-71, rue de la verrerie (4e), M° Hôtel de Ville, ☎ 09 67 13 79 54, même site, dimanche-lundi : 13h30-20h15 ; mardi-mercredi : 11h30-20h15 ; jeudi-samedi : 11h30-20h45.

▶ *Pour enfants, voir p. 103.*

MISENTROC
Un dépôt-vente privilégiant les couturiers en pointe

63, rue Notre-Dame-des-Champs
M° Vavin
☎ 01 46 33 03 67
Mardi-samedi : 11h-13h, 15h-19h

Bien qu'existant depuis 30 ans, ce dépôt-vente a gardé sa curiosité et son goût pour l'innovation. Les vêtements sont modernes, souvent chics, bien griffés (Versace, Jean-Paul Gaultier, Missoni, Max Mara, Yamamoto, Agnès B). On ne peut que céder à la misentroquie de ce pionnier du dépôt-vente dont les prix restent stables malgré la crise.

Manteaux sans marque à partir de 75 € ; robes à partir de 50 € ; jupes : 30 €.

MÉMO

À l'heure où nous mettons sous presse, les adresses, les horaires d'ouverture et les prix cités sont à jour. Mais les commerçants peuvent, bien sûr, les modifier en fonction de considérations personnelles dont nous ne pouvons être tenus pour responsables.

6e ARRONDISSEMENT

CHERCHEMINIPPES
Le plus grand dépôt-vente du 6e

102, rue du Cherche-Midi
M° Vaneau ou Saint-Placide
☎ 01 45 44 97 96
www.chercheminippes.fr
Lundi-samedi : 11h-19h

Au fil des années, la maison a étendu ses bras comme une pieuvre élégante. Il faut passer souvent. Les dépôts se font au 110, rue du Cherche-Midi (angle Saint-Jean-Baptiste-de-la-Salle) du lundi au samedi de 10h30 à 17h.

AUTRES ADRESSES

- **Espace décoration-univers de la maison**. 109, rue du Cherche-Midi, ☎ 01 42 22 45 23, même métro, même site Web et mêmes horaires.
- **Espace enfant**. 110, rue du Cherche-Midi, ☎ 01 42 22 33 89, même métro, même site Web et mêmes horaires.
- **Espace Homme**. 111, rue du Cherche-Midi, ☎ 01 42 22 53 76, même métro, même site Web et mêmes horaires.
- **Espace Femme-Couturiers et créateurs japonais**. 114, rue du Cherche-Midi, ☎ 01 42 84 37 26, même métro, même site Web et mêmes horaires.
- **Espace accessoires de mode**. 109, rue du Cherche-Midi, ☎ 01 45 49 20 22, même métro, même site Web et mêmes horaires.

9e ARRONDISSEMENT

ZACH & SAM
Dépôt-vente de luxe pour hommes

13, rue Clauzel
M° Saint-Georges
☎ 01 42 81 47 82
Mardi-samedi : 10h30-19h30

Ils sont si rares les dépôts-ventes pour hommes que nous avons cru bon de vous donner l'adresse de celui-ci. Sur les cintres, des vêtements Dries Van Noten, Paul Smith, Givenchy, etc.

10e ARRONDISSEMENT

CHEZ PAULETTE
Coquette friperie

32, rue Bichat
M° Goncourt
☎ 01 42 08 92 76
Mardi-samedi : 12h-19h30
Dimanche : 11h-14h

Comme dans un joli magasin, les vêtements (des années soixante à quatre-vingt) sont propres, repassés, ourlets bien nets, boutons bien accrochés, et présentés d'une façon très attirante : les gants sont enfilés sur des mains en plastique, les bottes luisent accrochées en quinconce aux murs et les vêtements pendent sur d'élégants présentoirs. **Robes à partir de 25 € ; tops à partir de 15 € ; vestes en laine à partir de 30 € ; sac : 25 €.**

MOMO FRINGUES
Momo l'ami des jeunes (friperie)

31, boulevard Magenta
M° Jacques Bonsergent
☎ 01 42 39 38 17
Tous les jours : 10h-19h

Momo, qui officie dans le quartier depuis 30 ans, est particulièrement apprécié des jeunes. Pour eux, il trouve des petites merveilles pas chères datées des années soixante-dix à aujourd'hui. Accueil charmant.

Robes à partir de 10 € ; jeans et pantalons : 7-30 € ; pulls à partir de 7 € ; veste en cuir : 25 €.

AUTRE ADRESSE
- 31, rue de Ménilmontant (20e), M° Ménilmontant, ☎ 01 43 49 28 16.

11e ARRONDISSEMENT

CITY-TROC
Dépôt-vente amusant

2, rue Jean-Pierre-Timbaud
M° Oberkampf
☎ 01 47 00 60 73
Mardi-samedi : 11h-19h

Fantaisie, joie de vivre, allégresse sont les adjectifs qui caractérisent la maîtresse des lieux. Ses choix de vêtements sont à l'unisson. Les marques représentées sont celles portées par les habitantes de ce coin devenu un poil bobo : Joseph, Maje, Sandro, Isabel Marant, etc.

EMMAÜS – LA FRIPERIE SOLIDAIRE
Les fripes du cœur

22, boulevard Beaumarchais
M° Bastille
☎ 01 47 00 70 44
www.lafriperiesolidaire.com
Lundi : 14h30-18h30
Mardi-samedi : 11h-14h, 14h30-18h30

C'est la friperie chic d'Emmaüs. Dans ce quartier bobo, elle est alimentée par les cadrettes du coin qui y laissent des pépites de temps en temps.

Chaussures à partir de 20 € ; manteau à partir de 30 € ; robe dès 25 €. Pour homme, imper : 20 € ; chemise : 3,50-11,90 €. Enfant (jusqu'à 16 ans) : vêtements : 1,50-10 €.

AUTRES ADRESSES
- 25-27, rue Oberkampf (11e), M° Oberkampf ou Filles du Calvaire, mardi-samedi : 11h-20h.
- 54, rue de Charonne (11e), M° Ledru Rollin ou Charonne, ☎ 01 46 28 83 57, lundi-samedi : 10h30-13h30, 15h-19h.
- 191, rue d'Alésia (14e), M° Alésia, ☎ 01 45 43 77 34. Plus haut de gamme, donc un peu plus cher.
- 105, boulevard Davout (20e), M° Porte de Vincennes, ☎ 01 46 59 13 06, lundi : 15h-19h ; mardi-samedi : 10h30-13h10, 15h-19h.
- 11, avenue Joffre, 94160 Saint-Mandé, M° Saint-Mandé Tourelle, ☎ 01 43 65 26 69, lundi : 14h30-18h30 ; mardi-samedi : 11h-14h, 14h30-19h.

Vêtements

VÊTEMENTS

LA TOUTE PETITE ROCKETTE — *Friperie solidaire*

25-27, rue de la
Folie-Méricourt
M° Parmentier
☎ 01 55 28 61 18
www.lapetiterockette.org
Mardi-vendredi :
14h-18h30
Samedi : 11h-19h

Des fripes revues, nettoyées, et parfois même, des modèles exclusifs créés à partir de morceaux de vêtements découpés.
Des robes à partir de 10 €.

LES BEAUX MECS — *Dépôt-vente pour hommes chics*

23, rue Richard-Lenoir
M° Charonne
☎ 09 82 50 93 35
http://lesbeauxmecs.canal-blog.com
Mardi-jeudi : 11h30-19h
Vendredi-samedi :
11h30-19h30

De beaux vêtements et de belles chaussures à moitié prix et même parfois moins.

LA BELLE OCCASE

14e ARRONDISSEMENT

PRISCILLA — *Dépôt-vente chic*

4, rue Mouton-Duvernet
M° Mouton Duvernet
☎ 01 45 39 30 03
Mardi-samedi : 11h30-13h,
16h-19h

Le quartier Mouton-Duvernet, près de l'Observatoire, est un fief de l'élégance. Priscilla fait dans le beau prêt-à-porter de chez Kenzo, Ventilo, Rykiel, Gérard Darel, Max Mara. On y trouve également des sacs griffés, dont Longchamp, Lancel.
Robe Penny Black : 45 € ; pull en cachemire double : 50 €.
– 5 % à nos lecteurs sur présentation du guide ou de la carte 2016.

16e ARRONDISSEMENT

FONDATION D'AUTEUIL — *Charité bien ordonnée*

40, rue La Fontaine
M° Jasmin
☎ 01 44 14 75 20
www.fondation-auteuil.org
Mardi-samedi : 11h-18h

La Fondation vend à prix raisonnables les dons précieux des bonnes âmes. Ce sont des vêtements de tous les jours, le plus souvent griffés Caroll, Cyrillus, Autre Ton (Monoprix), Zara. À côté, un important rayon de linge de maison.
Robes smockées pour petites filles : 12 €. Vestes : 12,50 € ; vestes griffées : 29 € ; jupes et pantalons : 8 € ; griffés : 26 € ; tailleurs griffés : 55 €.

VÊTEMENTS

20e ARRONDISSEMENT

DING FRING

340, rue des Pyrénées
M° Jourdain
☎ 01 40 33 69 07
Lundi : 15-19h
Mardi-vendredi : 10-13h, 15-19h
Samedi : 10-19h

Ces friperies dépendent d'Emmaüs

Ces friperies solidaires font partie du réseau Emmaüs. Les plus petits budgets y trouveront leur compte ! Parfois, un grand couturier comme Christian Lacroix conseille les couturières qui sont là en réinsertion pour créer des modèles à partir de découpes de fripes.
Vêtements à partir de 10 €.

AUTRE ADRESSE
- 31, rue du Faubourg-du-Temple (10e), M° Goncourt, ☎ 01 40 38 05 79.

LA BELLE OCCASE

Et toujours :

- **Violette et Léonie.** 27, rue de Poitou (3e), M° Filles du Calvaire, ☎ 01 44 59 87 35, www.violetteetleonie.com, lundi : 13h-19h30 ; mardi-samedi : 11h-19h30. Dépôt-vente trendy. Encore quelques petits effets pas trop chers pour toute la famille. Autre adresse : 1, rue de Saintonge (3e), M° Saint-Sébastien Froissart, ☎ 01 44 78 92 18, mêmes horaires, même site.
- **Troc en stock.** 6, rue Clauzel (9e), M° Saint-Georges, ☎ 01 48 78 20 80, mardi-samedi : 10h-19h30. Dépôt-vente chic.
- **Dépôt-vente Demours.** 25, rue Pierre-Demours (17e), M° Ternes, ☎ 01 45 74 61 21, mardi-samedi : 10h30-19h. Chicos pour femmes.
- **Guerrisol.** 17 bis, boulevard de Rochechouart (18e), M° Barbès Rochechouart, ☎ 01 45 26 13 12, www.guerrisol.fr, lundi-samedi : 10h-19h30. Le fripier le moins cher. À vous de voir. Autres adresses sur le site.

ÉCONOTRUC — UN JOLI MARIAGE PAS CHER SANS SE PRIVER

FORTUNÉE

11, rue Pache (11e)
☎ 01 43 72 05 59
www.fortunee.fr
Mardi-vendredi : 11h-14h, 15h-19h
Samedi sur rendez-vous

Dépôt-vente de robes de mariées. De collections récentes, parfois neuves, toutes en excellent état, et de bons créateurs, elles coûtent entre 40 % et 60 % de leur prix initial.

GRAINE DE COTON

18, rue de l'Abbé-Groult (15e)
M° Félix Faure
☎ 01 45 31 12 98
www.graine-de-coton.com
Sur rendez-vous

Dépôt-vente et location de vêtements de mariage

Des robes de mariée, neuves ou d'occasion, en excellent état, du moyen au haut de gamme. Elles portent les noms de Pronovias, Pronuptia, Cymbeline et autres créateurs. Tailles : du 36 au 46, avec une grande majorité de petites tailles.

Et encore :

Voici deux autres endroits à visiter. Il faut prendre un rendez-vous sur leur site ou les appeler.

- **www.rubansdesoie.fr**. 30, rue des Rondeaux (20e), M° Gambetta, ☎ 06 95 41 63 15, vendredi-samedi : 14h-20h. Robe neuve en promotion, ou en dépôt-vente à partir de 99 €.
- **www.cestmarobe.com**. 227, rue Saint-Martin (3e), M° Arts et Métiers, ☎ 06 28 42 03 89. Magnifiques robes du soir et de mariage souvent de grands couturiers louées à partir de 180 € pour trois jours.
- Robes à louer aussi sur les classiques **www.e-loue.com** ; **www.je-loue-tout.fr** ; **www.zilok.com**, mais de particulier à particulier. À vous d'établir un contrat en double exemplaire, signé par les deux parties stipulant vos coordonnées et celles de la loueuse, la description et l'état de la robe, le nombre de jours de location, les frais d'essayage, de nettoyage, d'assurance, de caution, le prix de la location, les pénalités en cas de retard de rendu de la robe, etc.
- Voir aussi **www.leboncoin.fr** pour y trouver des robes d'occasion à acheter.

▶ *Les vide-dressings sur Internet, voir p. 323.*

▶ *Les ventes vintage sur Internet, voir p. 311.*

- Accessoires à louer également sur **www.mademoisellechapeaux.fr** et **www.sacdunjour.com**.

ACHATS SUR LE NET

MODE D'EMPLOI : ACHETER DANS LES VENTES PRIVÉES SUR INTERNET

Les sites de ventes privées sont désormais très fréquentés. Aux heures de pointe (le week-end, notamment), il n'est pas rare que 700 000 personnes y fassent leurs courses en même temps. Soit une queue bien pire qu'au supermarché alors que les stocks sont faibles (ce sont les restes de la saison dernière). Les ventes commencent à 7h du matin en semaine et 9h le week-end sur le site **www.vente-privee.com**. Le week-end, les articles les plus attractifs sont épuisés en moins de 5 minutes. Une seule solution : être pile à l'heure devant son clavier et remplir son panier dès qu'on voit quelque chose qui plaît vaguement. **Vous avez 15 minutes (pas plus !) pour vous décider** avant que votre panier virtuel ne s'efface. Ce sentiment d'urgence pousse à l'achat, alors qu'en réalité, il faudrait prendre le temps de faire des recherches préalables. Selon une enquête de la Direction des fraudes – DGCCRF –, **les rabais n'étant pas alignés sur les prix les plus bas en magasin, ils peuvent être moins intéressants**. Enfin, il peut arriver que le prix « neuf » indiqué comme référence par les fournisseurs soit surévalué sur certains de ces sites.

Et les frais de port ?

On ne peut pas grouper les frais de port lorsqu'on achète des articles de marques différentes. Mieux vaut grouper ses achats, avec famille et amis, pour acheter des objets de la même marque. Faites des listes d'indispensables afin de ne pas craquer pour quelque chose d'excentrique que vous ne porterez pas. Autre tactique : attendre des ventes de marques que l'on connaît bien pour lesquelles on est à peu près sûr de la taille à commander.

Comment se passent l'achat, la livraison, le retour, la garantie ?

Il est impossible d'échanger. Si l'emballage est en parfait état, le site fera un avoir ou un remboursement. Consultez attentivement les conditions générales de vente (CGV), ordinairement accessibles par un lien en bas de page, pour connaître le délai de retour (le délai légal est de 7 jours, mais certains sites le prolongent). La facture n'est généralement pas dans le colis. Vous devez l'imprimer chez vous, depuis la rubrique « Votre compte » du site, et la garder pour la garantie. Les délais de livraison sont souvent très longs – entre 1 et 2 mois la plupart du temps. Si votre colis se perd en route, demandez à remplir un formulaire de réclamation au bureau de poste (pas spontanément proposé au guichet). Cette procédure permet, la plupart du temps, de retrouver le paquet en 2/3 jours. Vérifiez que le colis est en parfait état avant de l'accepter. En cas de panne, on vous propose de « retourner l'article dans l'emballage d'origine pour remboursement ». Il faut donc conserver ses emballages – y compris d'électroménager – pendant la période de garantie.

Comment éviter d'avoir une boîte mail polluée ?

Tous ces sites vous envoyant des invitations pour leurs ventes, si vous vous inscrivez à plusieurs d'entre eux, votre boîte mail est rapidement saturée. Il est possible de se désinscrire de la liste pour opter à la place pour un **flux RSS**. Plusieurs flux RSS sont disponibles sur les sites **www.lesventesprivees.net**, **www.mes-ventes-privees.com**, **www.touteslesventes.com** et **www.ventesprivates.com**. Ces sites donnent les calendriers des ventes privées, proposent des parrainages quand c'est nécessaire. Et lorsqu'une marque qui vous intéresse organise une vente, on vous prévient par courriel.

MÉMO

Des cadeaux et des réductions sont offerts dans certains établissements à nos lecteurs sur présentation du guide ou de la carte *Paris Pas Cher 2016*.

QUELQUES SITES DE VENTES PRIVÉES

www.privateoutlet.fr. Des petits prix (– 50 à – 70 %) et un site moins fréquenté que vente-privee.com.
www.dress-for-less.fr. Pour femmes, hommes et enfants.
www.showroomprive.com. Un peu de tout.
www.surinvitation.com. Mode, maison, multimédia.
www.beauteprivee.fr. Surtout des cosmétiques et des parfums.
www.outlet-avenue.fr. Mode femme haut de gamme (Marc Jacobs, Fendi…).
www.vente-privee.com. Un peu de tout, très bon service client
Certaines marques organisent de temps à autre leurs propres ventes privées qu'elles réservent à leurs clients fidèles. Mais il suffit de s'inscrire à leur newsletter pour recevoir des invitations (généralement avant les soldes). Le cas échéant, vous pouvez aussi acheter en boutique (on vous donne un code client).
www.zalando-prive.fr. Des chaussures et des vêtements originaux souvent pour femmes, hommes et enfants.
http://ventespriveesbylaredoute.fr. Beaucoup de sportwear : Nike, Levi's, Converse, Adidas, Puma, Reebok, Arena…
Et aussi : **www.brandalley.fr**, **www.nafnaf.com**, **www.galerieslafayette.com**, **www.darjeeling.fr**, **www.lemoncurve.com**, **www.spartoo.com**…

NOTRE SÉLECTION DE SITES DE VENTE PAS CHERS

WWW.EXCEDENCE.COM
Site de déstockage des anciennes collections femme, homme, enfants et maison des 3 Suisses, de Blanche Porte et de Quelle. Les réductions font de l'apnée : jusqu'à – 85 %. On y trouve des jupes à partir de 3,50 € ; des chemises pour hommes à partir de 5 €.

WWW.LESAUBAINES.FR
Les anciennes collections de la Redoute dont les prix ont subi les outrages du temps : 50 à 80 % de réduction en moyenne.

WWW.BONOBOPLANET.COM
Cette petite marque bretonne crée des vêtements simples, jolis et pas chers pour hommes, femmes et enfants. Jeans et robes à partir de 40 €. Ravissants accessoires. Une rubrique « Bonnes Affaires ».

WWW.BONPRIX.FR
De grandes tailles – et toutes les tailles au même prix – sur ce site allemand de vêtements et chaussures. Pour les femmes, des vêtements jusqu'aux 46-48 (et jusqu'au

110 pour les soutiens-gorge), chez les hommes jusqu'au 56. Une particularité sympathique : les prix restent tout petits. Lingerie vraiment pas chère.

WWW.BRANDALLEY.FR
Ce site propose d'un côté les collections en cours – à prix boutique, environ 200 marques de prêt-à-porter et de lingerie en moyenne et haute gamme – et de l'autre côté, brade toute l'année les restes des anciennes collections dans sa partie « Outlet » (entre – 30 et – 50 % du prix initial). Le site ayant un bon service après-vente (échange ou remboursement possible dans certaines conditions), on peut s'y risquer, mais uniquement pour les objets vendus par eux. Site également intéressant en période de soldes, à condition d'être rapide.

WWW.CAMAIEU.FR
Un site très bien fait qui permet d'associer entre eux les vêtements sur un mannequin virtuel. Des nouveautés toutes les semaines. Livraison, échange et remboursement en magasin possible.

WWW.DRESSFORLESS.FR
Ce site propose sa propre marque + des ventes privées + une partie déstockage sous l'onglet « outlet ». Pour les jeunes femmes et jeunes hommes, des marques à la mode et parfois de gros rabais (jusqu'à – 70 %) sur des vêtements signés Tommy Hilfiger, Miss Sixty, Dolce & Gabbana, Calvin Klein, Energie, DKNY, Helly Hansen, Ben Sherman… Beaucoup de choix.

WWW.DANITY.FR
Une mode pour jeune femme. Comptez en moyenne 49,90 € pour une robe.

WWW.ETAM.COM
Testez la rubrique « Bonnes Affaires ».

WWW.EBAY.FR
Du tout-venant, beaucoup de soldes et d'occasion. Deux parties : d'un côté, les « achats immédiats », de l'autre, « les enchères ». Les professionnels sont généralement plus sérieux dans leur approche, comme on peut s'en douter… ce qui n'empêche pas de tomber parfois sur des particuliers impeccables. Prenez le temps de discuter avec le vendeur de l'objet avant d'enchérir ou d'acheter. L'idéal est de voir l'objet et de l'acheter en mains propres.

WWW.FRUITROUGE.COM
Des petits prix toute l'année pour les jeunes filles et les jeunes femmes. Un style un peu baroque. Déstockage à – 50 %. Une rubrique « Ventes Privées ».

WWW.KIABI.COM
Tailles pour femme : du 34 au 60, pour homme jusqu'au 6XL. C'est la mode à petits prix et pour toutes les tailles. Promotions constantes. Livraison gratuite dans les points relais à partir de 15 € d'achat. 30 jours pour échanger (sauf pendant les soldes : délai réduit à une semaine).

WWW.LEBONCOIN.FR
Des petites annonces de ventes entre particuliers. Beaucoup de choix en ce qui concerne les vêtements. Attention, il n'y a pas de service clientèle.

WWW.MANGOOUTLET.COM
Grosses réductions – souvent – 60 % – sur les collections des années passées. Pas beaucoup de choix dans les tailles.

WWW.SHEINSIDE.COM
Site chinois riche en vêtements, plutôt réservé aux jeunes femmes. Attention, pour tout petits gabarits : 34, 36, 38. Les dimensions données sont fausses, les vêtements livrés sont beaucoup plus petits. Mais accessoires sympas et jolis petits bijoux.

HTTPS://SHOP.ORCHESTRA.FR
Contre une adhésion, chacun peut acheter sur ce site des vêtements pour enfants, femme ou homme à prix de gros, c'est-à-dire quasiment deux fois moins cher. On peut également voir et acheter la collection à Paris dans les boutiques Orchestra (voir p. 104). Deux tarifs : acheteur occasionnel ou prix de club pour les adhérents.

WWW.PIMKIE.FR
Une mode jeune à prix tout doux. Frais de port légers. Retrait gratuit en magasin, échange et retour gratuit. Pantalon slim à partir de 20 € ; robe à partir de 25 €.

WWW.VETAFFAIRES.FR
Voici un site de mode quotidienne où les prix frisent les pâquerettes : robe à partir de 9,99 € ; pantalon pour homme : 12,99 €.

FRIPES ET VIDE-DRESSINGS

▶ *Suivez nos conseils pour bien acheter des vêtements vintage et des fripes, voir p. 311.*

WWW.BEBOPETLULA.COM
Une foule de jolies choses abordables des années cinquante à quatre-vingt : tops à partir de 18 € ; robe à partir de 29 €.

WWW.PRELOVEDBYMONOPOLE.COM
Des vêtements « déjà aimés » sont mis en vente par leurs propriétaires, à prix doux.

WWW.LE-VIDE-DRESSING.FR
Voici un vide-dressing général où chacune et chacun peut vendre ce qui ne lui convient plus. Attention, aucun contrôle n'est exercé par le site. Soyez vigilant quand vous achetez à l'étranger ou quand des acheteurs étrangers vous contactent.

WWW.PRIOR-K.COM/VINTAGE/FR/SHOP
Classique, class souvent : robe à partir de 35 €.

WWW.THEDRESSINGNETWORK.COM
Ce site vous met en relation avec des personnes proches géographiquement, qui veulent vendre le même type de vêtements que vous recherchez (**femme, luxe, vintage, enfant, homme, future maman ou spécial rondes**) afin que vous coorganisiez vos échanges. Il vous alerte également sur des vide-dressings à venir près de chez vous.

WWW.VIDEDRESSING.COM
Un site communautaire de vide-dressing. On y vend le trop-plein de ses placards, on y achète celui des autres. Mais il semble que, désormais, beaucoup de magasins y présentent également leurs invendus à des prix peu rabotés.

WWW.VINTED.FR
Pour une mode quotidienne. Robe à partir de 10 €.

MÉMO

Pour obtenir gratuitement le prochain *Paris Pas Cher*, envoyez-nous les adresses que vous estimez dignes de figurer dans le guide à l'adresse parispascher@yahoo.fr. Nous les visiterons. Si une adresse est retenue et que vous êtes le premier à nous l'avoir donnée, vous gagnerez un guide *Paris Pas Cher 2016* (n'oubliez pas de nous laisser vos coordonnées complètes).

INDEX

2binparis.com 187
4 murs 69
104 276
105 Avenue 299
1001 Piles 172
//calybeauty.com 45
//macosmetoperso.type-pad.com 45

A

A12 Numérique 168
abde.fr 93
Abracadabar 37
Absolute PC 160
academie-en-ligne.fr 121
Académie internationale Franck Provost 55
Académie L'Oréal Professionnel 54
Académie rive droite 54
Accessorize 59, 263
Ace Bento 213
achetergagnant.com 153
Acial 70
Addentis 270
ADEPEM 96
ADIL (Agence départementale d'information sur le logement) 141
Adom Club 171
AES-Formation 49
afev.org 121
Afflelou-Belgrand 269
Afwosh 305
agorastore.fr 73
airbnb.com 154
airbnb.fr 188
AJ Léo-Lagrange 180
AJL Photos 169
À la Centrale des affaires 98
Alcôves & Agapes, Bed and Breakfast in Paris 188
ALDI 10
alif.org 118
Al Karam 248
amazon.fr 170
ameli.fr 271, 272
American Nails 50
Ammoniaque 301
Amour de burger 231
ampm.fr 78
Anaïs et Martin 105
Âne et Thon 264
anglaisfacile.com 134
Ani-Seniors-Services 153
Anoki 60
antiquites-brocante.fr 79
antiquitesbrocante.fr 312
appartager.com 193
apprendrefacile.com 63
Aquarius 246
Aracc 205
Arc international 28
Armée du Salut 73
Aroma Zone 45
Artirec 68
Artisans du Monde 83
assistancescolaire.com 121
Association d'Ici-d'Ailleurs 118
Association Philotechnique 206
association-tremplin.org 121
Atelier Hannah Laoust 205
Atelier international du maquillage 49
Ateliers beaux-arts de la mairie de Paris 204
Ateliers Rose Selavy 201
atoutcned.fr 121
À Toutes Vapeurs 229
Au Banquier 244
Au Bascou 218
Auberge de jeunesse Advéniat 175
Auberge de jeunesse Yves-Robert 177
Auberge Nicolas Flamel 218
Auberges de jeunesse FUAJE 179
Au Bon Plaisir 23
Au Bout du Champ 21
Au Château de ma mère 106
Au Dernier Métro 32
Au Gentleman des Tissus 290
Au Rouleau de Printemps 258
Auteuil Bon Restaurant 251
authenticite.fr 79
Aux Bons Amis 257
Aux Comptoirs de l'Inde 237
Aux Sacrés Coupons 290
Avec SA 169
avenuedesjeux.com 115
avis.fr 92
Aviv Discount 107
avril-beaute.fr 48
axtorage.com 158

B

Bagel and Brownies 226, 236
Bagstore 263
Bal popu au 104 41
Balt 215
Bambini Troc 107
Bambin Troc 110
Banh Mi Nomade 212
Barreau de Paris 147
Base nautique de La Villette 274
Bateau El Alamein 36
Batkor 70
Batteries Montgallet 159
bbc.co.uk 134
Beaubourg – Bibliothèque publique d'information 134
beauteprivee.fr 321
beaute-test.com 48
Beauty Bubble 55

Beauvallet-Naturana 298
bebopetlula.com 324
Be Boulangépicier 231
bed-and-breakfast-in-paris.fr 188
bedbreak.com 187
BHV 63, 124
Biblio-ludothèque Nature 118
Biblioteca Octavio Paz 140
Bibliothèque Château-d'Eau 136
Bibliothèque de la Maison du Jardinage 136
Bibliothèque des littératures policières 136
Bibliothèque du Breuil 136
Bibliothèque du cinéma François-Truffaut 135
Bibliothèque du tourisme et des voyages – Germaine-Tillion 136
Bibliothèque Forney 136
Bibliothèque François-Villon 136
Bibliothèque historique de la Ville de Paris 136
Bibliothèque Marguerite-Durand 136
Bibliothèque Rainer-Maria-Rilke 136
bibliotheques-specialisees.paris.fr 135, 136
Big and Nice 306
Big Shop 102
Bilatéral 109, 306
billetreduc.com 280
Bioburger 231
Bio Génération 14
BIOP – Chambre de commerce et d'industrie de Paris 149
Bis – Boutique solidaire 312
Bistrot de chez nous 259
Bistrot de Pékin 231
Bistrot des Augustins 224
Bistrot Victoires 213
BK Photo 168
blablacar.com 154
Blanc des Vosges 196
Bobines et Combines 202
Bob's Bake Shop 255
Bob's Kitchen 256
Boco 213
bodyandco.fr 299
Body'Minute 52
Body One 298
Boesner 207
Bois de Boulogne 274
Bois de Vincennes 274
Bollynan 217
bonoboplanet.com 321
Bon Pêcheur 131
bonprix.fr 321
Boucherie Robert et René 12
Boulangerie Maillard 249
Boutique atelier Julie Sion 58
Boutique Bourjois 44
Boutique Hostel Plug Inn 178
Bouygues Telecom 165
brandalley.fr 321, 322
Brasserie Gallopin 217
Breakfast in America 220
Brico-Dépôt 70
bricoleurdudimanche.com 63
bricoleurdudimanche.com/forums 63
Bricomac 156
Bricoman 70
bricorama.fr 63
Bricothèque de la régie de quartier d'Asnières 65
Bricothèque de la régie de quartier du 17e arrondissement 65
Bricothèque de la régie de quartier du 19e arrondissement 65
Bricothèque de la régie de quartier Fontaine-au-Roi 65
bricovideo.com 63
Brin de Cousette 200
brocabrac.com 73
brocabrac.fr 79
brocantelab.com 80
brocorama.com 73, 79
BVJ Louvre – Youth Hostel 175
BVJ Opéra (Bureau des voyages de la jeunesse) – Youth Hostel 175
BVJ Quartier latin – Youth Hostel 175

C

Cache Cache 307
cadeauxgratuits.net 153
Café Antoine 251
Café Constant 227
Café Coton stock 310
Café de la halle Saint-Pierre 256
Café des Phares 131
Café du Pont-Neuf 131
Café jeux Le Petit Ney 119
Café-restaurant du musée des Arts et Métiers 229
Café Suédois 220
Caf'e Tricot Studio 201
Café Universel 31
camaieu.fr 322
cameloteurope.com 191
Camion BOL 212
Camping de Paris Est-Champigny*** 192
Camping de Rambouillet**** 192
Camping de Versailles**** 192
Camping du bois de Boulogne**** 192
canal-u.tv 130, 135
Cantine California 211
Cantine de la Maison de l'Arménie 232
Cantoche Paname 215
Cappadoce 241
Caprices 298
Carillon du beffroi 144
carlogo.com 152
Carpe Diem 241
Carrefour des associations parisiennes 150
carrefour-numerique.cite-sciences.fr 133
Cartel Ocho 31
Cartonland 93
Cartooche 172
Cartridge World 171
Casa 27
Castorama 62
Cathay Palace 251

Cathédrale Sainte-Croix-des-Arméniens 145
Cat'Laine 291
ccbparis.fr 48
CDAG 271
cdiscount.fr 115
Centrale d'achats d'optique Pierre-Léman 269
Centre commercial La Vallée Village 196
Centre commercial Okabe 309
Centre commercial O'Parinor 310
Centre culturel chinois 138
Centre culturel coréen 140
Centre culturel irlandais 138, 282
Centre culturel suisse 137
Centre de beauté indienne 53
Centre de formation Body'Minute 53
Centre de formation Camille Albane 54
Centre de formation OPI 51
Centre de santé Hahnemann 271
Centre d'hébergement Louis-Lumière 180
Centre d'information et de dépistage 271
Centre international de séjour 177
Centre international de séjour Kellerman 246
Centre international de séjour Maurice-Ravel 241
Centre Kalachakra 276
Centre Marcel Lamy 50, 55
Centre Masséna 270
Centre Pompidou 103, 126, 143
Centres d'animation de la mairie de Paris 204
Centres d'animation de la Ville de Paris 121
Centres de protection maternelle et infantile (PMI) 272
Centres de santé de la Ville de Paris 270, 272
Centres de santé universitaires 272
Centres de vaccinations 272
Centres d'examen de santé (CES) 272
Centres d'information, de dépistage et de diagnostic des infections sexuellement transmissibles (CIDDIST) 271
Centre sportif Bertrand-Dauvin 274
Centre sportif Léon-Biancotto 275
Centre technique professionnel Revlon 54
Centre Wallonie-Bruxelles 138
ceriseclub.com 153
cestmarobe.com 319
CGL (Confédération générale du logement) 147
Château de Versailles 143
Chauss' Marques-France Marques 88
Cheap Absolute Paris 176
Cheap Monday 301
Chercheminippes 103, 196, 262, 315
Chéri Charlot 233
Chez Adel 33
Chez Adrien 211
CheZaline 237
Chez D 222
Chez Élégance 308
Chez Gladines Saint-Germain 222
Chez Irène et Bernard 253
Chez Mamane 246
Chez Paulette 315
chicokaz.com 115
Chocolaterie Georges Larnicol 11
Chocolatier de Paris 12
chronostock.fr 98
CIDJ (Centre d'information et de documentation jeunesse) 150
Ciné en plein air 127
Cinéma au Clair de Lune 127
Cinémathèque 279
CIRA (Centre interministériel de renseignements administratifs) 141
Cirque Photo Vidéo 168
CISP Kellerman 176
CISP Maurice-Ravel 176
Cité de l'architecture et du patrimoine 143
Cité des enfants 133
Cité des sciences et de l'industrie 131, 133, 143
Cité internationale des arts 144
Cité nationale de l'histoire de l'immigration 143
cite-sciences.fr 133
Cité U 40
City-Troc 316
Claire's 58
Clasico Argentino 219, 240
clubpromos.fr 153
CNAM (Conservatoire national des arts et métiers) 128
cnlrq.org 65
Cobra 167
Coco Bohême 84
Coffee Anjapper 233
Coiff and Co 56
colis-voiturage.fr 91
Collège de France 129
Collège international de philosophie 129
colocation.fr 193
ColorForever 51
Comédie-Française 282
Comédie-Italienne 285
commentreparer.com 63
comparecycle.com 165
Comptoir-emballage.com 208
Concurrence 166
Conectic + 159
Confo Déco 26, 198
Conseil Santé Beauté 278
Conservatoire national supérieur d'art dramatique 283
consoglobe.com 154
Cookie's 47

INDEX

Cook n' Go 204
Cop-Copine Stock 302
Copy House 171
Coquelicot 256
Corep 171
Cosi 224
Cosmos Hôtel 185
couchsurfing.com 190
Couleurs Daval 67
coupecouture.fr 201
cours3eme.blogspot.fr 122
coursera.org/ep 135
crazyphonic.com 158
Crédit municipal de Paris 57, 73
Croix-Rouge 270
Croix-Rouge française 105, 311
Cueillette de Cergy 20
Cueillette de Compans 17
Cueillette de Gally – ferme de Vauluceau 19
Cueillette de la Grange 17
Cueillette de Plessis Chanteloup 18
Cueillette de Rutel 19
Cueillette de Servigny 18
Cueillette de Torfou 19
Cueillette de Viltain 19
Cueillette du Plessis de Nesles 18
Culotte 58
culture.fr 135, 143
cyberbricoleur.com 63
cyberpapy.com 122

D

Dacty Copies 170
Damart stock 309
Dame Tartine 221
Dandeloo 107
Daniel Montesantos Académie 54
danity.fr 322
Danses sur Seine 31
Darjeeling 297
darjeeling.fr 321
Dary's 58
De Clercq 223
Décorasol 67
Défenseur des droits 147
Dégriff Blanc – Bello Blanc 197
Dégriff Jeans 113
Degriff'Laines 293
Dégriff'Mac 161
dell.fr 163
Delorme 47
demenagerseul.com 92
deposerlouer.com 65
Dépôt-vente Demours 318
Dernier bar avant la fin du monde 30
Des Bras en plus 93
Descamps Outlet Store 196
destockage-alimentaire.net 16
destockeurs-alimentaires.fr 16
Destock-laine 293
De Toutes les Couleurs 171
diffusion.ens.fr 135
digit-photo.com 170
digitroc.com 118
Dileme 301
Ding Fring 318
Diwali 264
Djoon Club 40
doctissimo.fitness.fr 274
doctissimo.tv 273
dofus.com/fr 118
Dôme de La Défense 41
donnons.org 72, 117
Draft 64
dress-for-less.fr 321
dressforless.fr 322
Dreyfus déballage du marché Saint-Pierre 291
drivy.com 154
drouotestimations.com 79
Drouot Nogent 74
Drouot Nord 74
ducotedechezvous.com 64
Dune 237
D'un môme à l'autre 111

E

East Side Burger 240
easyverres.com 269
ebay.fr 80, 117, 119, 121, 299, 322
eco-bebe.com 106
ecofone.fr 165
ecojouet.fr 119
École des spas et instituts 277
École du Louvre 128
École internationale d'esthétique, parfumerie et spa Régine Ferrère 49
École normale de musique 144
École spéciale d'architecture 130
e-consommables.fr 121
Église américaine 134, 144
Église de La Trinité 144
Église Saint-Eustache 145
Église Saint-Merry 144
Église Saint-Roch 144
Eileen 313
El Café Bar 32
El Carrito 211
Eldorado hôtel 186
Electro-dépôt 98
Electrolux 99
El Nopal Pigalle 233
e-loue.com 65, 154, 319
Emmaüs 115, 117, 120, 311
EMMAÜS 104 75
Emmaüs Clignancourt 75
Emmaüs Défi 75
Emmaüs de Neuilly-Plaisance 289
Emmaüs de Neuilly-sur-Marne 289
Emmaüs – La Friperie solidaire 316
Emmaüs Serpollet 75
enchères-paris.com 148
englishbyyourself.fr 134
ensam.fr 150
entraidescolaireamicale.org 122
Entrepôt régional de literie 78
En Vrac 22
Épisode Clothing 312
Espace culturel Louis-Vuitton 139
Espace Épilation 52
espaceetconfort.com 78
Espace Glisse Paris 275
Espace Paris Plaine 285

Espaces publics numériques 132
Espace Weleda 277
espritcabane.com 206
Esthétic Center 52
Etam 297
etam.com 322
Ets Lescouezec 68
Ets Noury 206
Eureka Kids 114
Europ-Photo-Ciné-Son 167
eveiletjeux.com 115
excedence.com 115, 321
expertisez.com 79
expertissim.com 79
eyeslipsface.fr 48

F
FacLab de l'université de Cergy-Pontoise 62
Facultés dentaires 270
Fagor-Brandt 99
Falstaff 131
fcu.fr 134
Fédération de gym suédoise 276
feelchic.fr 265
Festival Les Pestacles 146
Festival Parisciences 129
Festival Paris Classique au vert 146
Festival Villette Sonique 145
Fête de la Musique 145
ffcuisineamateur.org 203
Fil 2000 292
Filakia 215
Fil Santé Jeunes 272
Fine Lalla 216
Fip 145
Florence Kahn 221
Flor Rivoli** 185
Fondation Calouste-Gulbenkian – Centre culturel portugais 139
Fondation d'Auteuil 317
forcefemmes.com 152
Forever 21 300
Fortunée 318
Forum des Images 126, 128
forumdesimages.com 127

forum.lesarnaques.com 164
Foyer de la Madeleine 229
Foyer du Vietnam 222
Fragonard 84
Fragonard Louvre 84
Freep'one Vintage 314
Free'P'Star 313
Frenchie to go 216
Fretbay.com 94
friponet.fr 115
Friskies and Sweties 276
fruitrouge.com 322
Fung Shun 244

G
Galeries Lafayette 124
galerieslafayette.com 321
Gare de Lyon 124
Gare du Nord 124
Général Diff 291
Georges Hogg 301
Ginkgo 164
Gîte-relais Mosaïc 184
gites-de-france.com 188
Goa 12, 227
Goethe Institut 140
Goody's 211
goops.com 65
gourmet-nomade.com 211
Goutu Le Peletier 232
Goutu Saint-Honoré 214
graduateschool.paristech.fr 135
Graine de Coton 318
Grand Hôtel Lévêque** 182
Grand Palais 130
Green Pizz 250
grenier-vide.fr 79
Griffes de mode 303
Grolle 89
GrosBill 157
Groupement Excellence 169
Guerrisol 318
Gymnases et centres d'initiation sportive 120
gymsuedoise.com 274
Gyoza Bar 216

H
handicap-international.fr 121
Hans Anders 267
Hema 26, 45
hertz.fr 92
heureux-cyclage.org 63
Heytens 291
hfpplastiques.fr 93
Higuma Sainte-Anne 214
homesitting.fr 153
Hôpital Bretonneau 270
Hôpital Charles-Foix 270
Hôpital de la Pitié-Salpêtrière 270
Hôpital Henri-Mondor 270
Hôpital Louis-Mourier 270
hospitalityclub.org 190
Hôtel Bonséjour Montmartre* 183
Hôtel Caulaincourt Square 178
Hôtel de Soubise 144
Hôtel de Ville 142, 275
Hôtel du Commerce 181
Hôtel Henri-IV** 184
Hôtel Jeanne-d'Arc** 185
Hôtel Le Laumière** 186
Hôtel Rotary 183
Hôtels de jeunesse MIJE 174
Hôtel Tiquetonne* 181
Hôtel Tolbiac* 177
hotesqualiteparis.fr 187
HP Renew 163
Huabu 233
huttopia.com 192
Hypso 170

I
Icare 161
idbuffet.com 23
ifixit.com 63
Ikéa Cuisine 69
ikeahackers.net 61
ilemaths.net 122
Illel 168
IMA (Institut du monde arabe) 129
Impôts Services 142
Infomax 160
Inko'Lab 172

Institut culturel italien 139
Institut de France 130
Institut et centre d'optométrie 269
Institut finlandais 138
Institut national des jeunes aveugles 144
Instituto Cervantes 139
Institut suédois 137
Institut supérieur d'optique 268
intellego.fr 122
interencheres.com 79
Inter-logement 190
Interloque La Ressourcerie 74
Intimissimi 296
I-Star Computer 160
I-Ventive 164

J

Jabi 303
Jacadi Stock 115
Jazz à La Villette 146
Jeanne B 256
jedonnetout.com 72, 117
jelouetout.com 65
je-loue-tout.fr 319
jeremplace.com 97
jeudidelacolocation.org 193
jeujouethique.com 116
jeunes.paris.fr 281
jeu.orange.fr 118
Jonak Stock 86
jouetdiscount.com 116
Jules 306
Jules et Shim 234
Jumeaux et plus, l'association de Paris 107

K

Kannimaaraa 244
kiabi.com 322
Kickers 113
kidadoweb.com 117
kidimath.sesamath.net 122
Kiko 46
Kiloshop 314
Kilo Shop Saint-Germain 103

Kiosque de la Madeleine 280
Kiosque de Montparnasse 280
Kiosque des Ternes 280
Kiosque Jeunes Champ-de-Mars 280
Kiosque Jeunes du Marais 280
Kiosque Jeunes Goutte d'Or 280
Kiosques en musique 145
Kiosqu'orama 146
Kipling 262
Kit à Plaire 202
knitspirit.net/videos 203
Krishna Bhavan 234

L

la-bootique.com 163
labourseauxcouches.clicforum.fr 106
La Boutique des pièces ménager 96
La Boutique du déménagement 93
La Boutique Photo Nikon 168
La Brigade 211
La Cartoucherie 284
La Cave de Tolbiac 22
lacaverne.com 80
La Centrale de Chaussures 87
La Chaise et l'Écran 127
La Chaise Longue 82
La Chaumière Polonaise 253
La Clinique de la Poussette 117
La Cloche des Halles 214
La Compagnie des Petits Massy 109
La Compagnie des Petits – Stock 109
La compagnie G7 184
La Conciergerie 142
La Cour du Faubourg 238
La Fabrick des délices 235
La Fée Myrtille 109
La Feria 242

La Fondation Cartier-Bresson 146
La Grosse Caisse 30
La Halle 304
La Halle aux chaussures 86
La Halle aux vêtements Paris Flandre 304
La Halle boulevard Haussmann 304
La Java 40
L'Aller-Retour 219
lamachineduvoisin.com 154
lamachineduvoisin.fr 99
La Main à la pâte 225
La Maison de la Mezzanine 78
La Maison du Canal 62
La Maison du Convertible (stock) 78
La Maison européenne de la photographie 146
La Maison Issa 249
La Maison Thaï 256
La Mousson 214
Langex 105
La Nuit de la photo contemporaine 146
La Nuit de l'estampe contemporaine 146
La Péniche Cinéma 41, 127
La Poire en deux 113, 310
La Poudre d'Escampette 109
LapStore 281
L'Arc de triomphe 142
larentree.fr 121
La Réserve des Sioux 104
L'Artisan du Liban 81
laruchequiditoui.fr 20
La Sainte-Chapelle 142
La Salle des ventes du particulier 76
L'As du falafel 221
La Table de Bézout 247
La Table des Bernardins 222
La Taverne de Cluny 39
La Taverne de Zhao 235
L'Atelier d'Épicure 211
L'Atelier des chefs 203

L'Atelier des chefs de Paris Hôtel-de-Ville 204
L'Atelier des chefs de Paris-Péclet 204
L'Atelier des chefs de Paris Saint-Lazare 204
L'Atelier Haut Perché 59
La Tempête 284
Latin Optique 269
La Tourelle 225
La Toute Petite Rockette 317
La Trockette 66
L'Attirail café 31
L'Auberge du Clou 232
La Vaissellerie 27
L'Avant-Comptoir 224
L'Avant-Goût 245
LCDI 160
L de Liza 217
LDLC 161
Le 5e Disque 157
Le 51 243
Le Balbuzard Café 235
Le Baroc' 34
Le Batofar 36
L'Ébauchoir 242
Le Bélisaire 250
Le Bellerive 257
Le Bichat 238
Le Bistrot de l'Oulette 221
Le Bombardier 39
leboncoin.fr 77, 80, 116, 117, 119, 120, 121, 319, 322
Le Bonheur des Dames 294
Le Bon Marché 124
Le Bouillon Belge 33, 210
Le Bouillon Racine 225
Le Café Babel 34
Le Café Caché 257
Le Café d'avant 223
Le Cambodge 234
Le Camion à pizzas du 104 257
Le Camion qui fume 211
Le Clin's 20 37
Le Clou de fourchette 253
Le Club des poètes 228
Le Comptoir 294
Le comptoir de l'emballage – Glory 208
Le Cotonnier 198

Le Dellyss 34
Le Drapeau de la fidélité 249
lefabshop.fr 62
Le Forum arts et métiers Paris Tech 150
Le Géant des beaux-arts 208
Le Grand Blanc 197
Le Janissaire 243
Le Jardin de Varenne 228
Le Kibélé 34
Le Limonaire 32
Le Lucernaire 225, 283
Le Mansou 238
Le Marché de la Création-Hannah A. Laoust 83
Le Masque et la Plume 286
Le Mauri7 32
Le Médiateur de la Ville de Paris 148
Le Mesturet 217
Le MK2 Café 33
Le Mois de la photo 146
lemoncurve.com 299, 321
Le Motel 35
Le Moulin à café 36
lentillesmoinscheres.com 269
Le O'Paris 258
Le Pacifique 257
Le Pantalon 32
Le Panthéon 142
L'Épée de Bois 284
Le Petit Cambodge 234
Le Petit Dressing 111
Le Petit Fablab de Paris 62
Le Petit Ney 37
Le Petit Olivier 226
Le Petit Vendôme 217
L'Épicerie générale 228
L'Épi malin 226
Le Piston Pélican 38
Le Prohibido 33
Le Réfectoire 212
Le Restaurant du Rond-Point 230
Leroy Merlin 64
Les Abeilles 13
Les arènes de Lutèce 142
Les Ateliers pièces uniques 205

lesaubaines.com 116
lesaubaines.fr 321
Les Beaux Mecs 317
L'Escale de Marrakech 242
Les Caves Populaires 33
Les Dessous d'Ève 298
Les Diables au thym 233
Les Disquaires 35
Les Domaines 77
Les Domaines qui montent 22, 239, 243
Les Enfants de la balle 259
Les Envahisseurs 300
Le Siffleur de ballons 23
Les Jardins de Nana 51
Les Nouveautés Parisiennes 102
Les Nouveaux Robinson 14
Les Opticiens mutualistes 268
L'Espace B 37
Les Panaméens 124
Les Pères Populaires 38
Les Petits Bouchons 23
Les Quatre Frères 258
Les Recettes des copines 217
Les Saveurs de Pierre Émile 226
Les tours de Notre-Dame 142
Les Trois Arts 38
Les Trois Frères 210
Le Stube 252
Le Studio de l'Ermitage 41
lesventesprivees.net 320
L'Établisienne 67
Le Tarmac 286
L'Étoile européenne 131
letudiant.fr 122
le-vide-dressing.fr 324
Le Village Hostel 178
Le Vin en Tête 23
Levis Shoes 89
Le Wagon Bleu 254
lewebpedagogique.com 122
Librairie Atout-Livre 108
Librairie d'éditeurs Formulette 103
Ligue nationale contre le cancer 148

Lili Bricole 63
Lili Cabas 263
Lil Weasel 200
L'International 34
linternaute.com/junior 117
L'ISEC 55
littlefripon.fr 116
L'Oasis 227
location.consoglobe.com 65
Loft Hôtel Paris 180
L'OisiveThé 202
lokeo.fr 97
Loulou Addict 83
Lou Pascalou 39
Louvre 143
Lovattitude 299
love2recycle.fr 166
LPB 111
Ludothèque Chez Ludo 119
Ludothèque Denise-Garon 118
Ludothèque du centre social 119
Ludothèque « Joue-la comme JR » 118
Ludothèque La Maison des Jeux 119
Ludothèque Ludido 118
Ludothèque Nautilude 118
Ludothèque Planète Jeux 119
Lycée hôtelier Jean-Drouant 255

M

Ma Bicoque 235
macoloc.fr 193
macpiecedetachee.com 161
MacWay 158
macway-pro.com 158
mademoisellechapeaux.fr 319
Magasin Pegashoes 87
magazine-declic.com 122
Magenta Chaussures 87
magicrecycle.com 166
Magma 167
mairie11.paris.fr 127
maisonbrico.com 63
Maison de Balzac 142
Maison de la Radio 143
Maison des arts et de la culture de Créteil 287
Maison des pratiques artistiques amateurs Saint-Blaise 283
Maison des pratiques artistiques amateurs Saint-Germain 283
Maison de Victor Hugo 142
Maison du Danemark 140
Maison du sculpteur Zadkine 142
Maisons de la justice et du droit 148
Maisons des entreprises et de l'emploi 151
Makillage 46
malistedecourses.net 153
Ma Literie 78
Malles Bertault 262
maman-naturelle.com 106
Mama Shelter 258
Mam Dim Sum 254
mangooutlet.com 323
Marché Bastille 309
Marché Président-Wilson 309
Ma Ressourcerie 74
Marie 108
marie-baby.com 116
Marlusse et Lapin 33
Marques Avenue 303
Matière Première 293
Mavrommatis Cave 223
maxivanity.com 48
Médiathèque du musée du Louvre 135
Médiathèque du musée du Quai-Branly 136
Médiathèque du Muséum d'histoire naturelle 136
Médiathèque musicale de Paris 136
meetingthefrench.com 188
meilleurmobile.com 165
Mélomania 144
Mémorial de la Libération de Paris et celui du maréchal Leclerc de Hauteclocque 142
mesbocaux.fr 211
mes-ventes-privees.com 320
Mezze du Liban 239
Mezzo di Pasta 230
Microcase 158
MIJE Fourcy 174
MIJE Maubuisson 174
miniclip.com 118
Mini-Nippes 105
minutefacile.com 56
Mirers 92
Misentro 314
missechantillons.fr 48
missnumerique.com 170
misterdemenagement.com 92
Mistigriff 303
Miyako 228
Moa 261
Moa Forum 261
Moa Relay Gare-de-l'Est 261
mobilorama.com 165
Mod's Hair 54
Momo fringues 316
Mon Atelier en Ville 66
mondebarras.fr 80
Mondial Griffe 303
Mondol Kiri 245
monextel.com 166
Monki 304
mon.service-public.fr 141
monsieurparking.com 154
Monteleone 247
Montgolfière 60
Mozza & Co 211
mtdents.info 271
Mulin 69
Musée Carnavalet 142
Musée Cernuschi 142
Musée Cognacq-Jay 142
Musée d'Art moderne 142
Musée de la Chasse et de la Nature 143
Musée de l'Assistance publique – Hôpitaux de Paris 143
Musée de la Vie romantique 142
Musée des Arts Déco 143
Musée des Arts et Métiers 143

Musée d'Orsay 143
Musée du Moyen Âge 143
Musée du Parfum 84
Musée du Quai-Branly 126
Musée du sculpteur Bourdelle 142
Musée Eugène-Delacroix 143
Musée Guimet 143
Musée Gustave-Moreau 143
Musée Jean-Jacques-Henner 143
Musée Picasso 143
Musée Quai-Branly 143
Musée Rodin 143
Muséum d'histoire naturelle 129
mycrazystuff.com 81
mytoys.fr 116
Myung Ka 250

N
Naàn 236
Nadaud hôtel 187
nafnaf.com 321
Naniwa Ya 213
Neobento 219
netprof.fr 63
New Look 301
New Yorker 309
nierle.fr 162
nosquartiers-talents.com 152
nouveauvelib.fr 125
nozarrivages.com 311
Nuit européenne des musées 143
numipixel.com 170
nyxcosmetics.fr 48

O
Objectif Bastille 168
objectif-habitat.com 64
O'CD 156
Odéon Occasions Paris 167
oehling.fr 170
Office Dépôt 171
officedepot.fr 121
Office du tourisme de Paris 124
officiel-demenagement.com 92
offres-de-remboursement.com 153
Olive 223
Open Light 163
Opéra Bastille 144, 281
opignon-marketing.com 153
Orange 166
Orangerie 143
Orchestra 104
Orchestre de Paris 144
Orphelins Apprentis d'Auteuil 77
Oui FM 145
Our Kebab 230
Outillage Marcouty 68
outlet-avenue.fr 321
outlet.sony.fr 164
Oysho 296
Ozanam Services 93

P
P. Airiau 14
Palais Galliera-musée de la Mode et du Costume 142
Palais Garnier 281
Palm Box 94
panelconso.com 153
panelontheweb.com 153
Papouille 113
Pappo Paulin 293
Parc des Buttes-Chaumont 276
pari-roller.com 125
Paris Breizh 243
paris.catholique.fr/brocante 73
paris.chambresdhotes-fleursdesoleil.fr 187
Paris de Mode 299
paris.fr 17, 122, 124, 135, 141, 143, 204, 272, 274, 275
paris.fr/portail/economie 132
paris.fr/pratique/services-sociaux/centre-d-action-sociale-de-la-ville 200, 280
Paris Info Mairie 141
Paris Jazz Festival 145
Paris Notaires Info 148
Paris-Oasis 191
parisrandovelo.com 125
Paris Store 27
paroles-et-idees.com 152
Pascal Minault 190
Passage Clouté 207
Passion Paris 60
patrimap.fr 124
pavillon-arsenal.com 125
pavillon de l'Arsenal 142
PB Cosmetics 44
pc-look.com 163
peaudoucedirect.fr 106
Peco Peco 232
Péniche-bateau Johanna 189
Perlerie 22 206
Petit Palais 142, 144
Petit Poème 102
petitstock.com 116
peuplade.fr 120
Pharmacie de la gare 48
Pharmacie Monge 46
philagora.net 122
phoneandphone.com 166
Pho Tai 246
Photo Prony Canon 168
piece-electromenager.fr 97
Pierre Gassin 189
pimkie.fr 323
Pink Flamingo 236
Pink Flamingo Aligre 236
Pink Flamingo Marais 220, 236
Pink Flamingo Montmartre 236
pixmania.fr 160
Pizza Enzo 247
Planning familial 270
Playmobil Fun Park 114
Points d'accès au droit dans Paris 149
pointsdechine.com 79, 312
Points Sport Nature 274
Pop In 35
Pop Market 83
Porcelaines M. P. SAMIE 28
Port-Royal hôtel 181
Poublan 207
pourleskids.com 116

pratiks.com 63
Préfecture de police 142
prelovedbymonopole.com 324
Premiata Drogheria di Meglio 254
Pressing-Pressing 211
Presty women 47
Prêt à manger 231
Prêt à marcher – 20 euros 87
priceminister.com 80, 120
priceminister.fr 77, 117, 121
Primark 310
Printemps 124
prior-K.com/vintage/fr/shop 324
Priscilla 317
privateoutlet.fr 321
Promo' Carreau 68
Pull & Bear 304
Punjab 228
Pur Plaisir 299
Pylônes 82

Q
Quai 71 305
Quai des Marques 303
Quartier Montgallet 159

R
Radio Classique 145
Rama 306
rando-paris.org 124
ratp.fr 125
Raviolis du Nord Est Chinois 236
Rayon d'Or 262
recupe.net 72, 117
reduc-seniors.com 281
rentacar.fr 92
rentanddrop.com 92
rentreedesclasses.fr 121
rentreediscount.com 121
repaircafe.org 62
Réseau Entente des générations pour l'emploi et l'entreprise 151
Résidence Cardinal 183
Résidence Part'ners Services 153
Résidence-pension du Palais* 182
ressourcerie.fr 63
Restaurants du lycée Guillaume-Tirel 248
reunions-consommateurs.com 152
reussitebac.com 122
Rêve Blanc 197
Rex club 39
ricaud.com 48
Richelieu-Drouot 57, 74
Ripaille 255
rollers-coquillages.org 126
Rouffignac 93
Royal Shoes 88
RS location d'outillage 66
RTL 145
rubansdesoie.fr 319
rue-montgallet.com 159

S
Sacapuce 89
sacdunjour.com 265, 319
Sagone Stock 88
Saint Christopher's inn Youth Hostel 179
Saint-Germain Informatique Espace Micro 158
Saint-Germain photo 146
Salon d'application du CFA Ambroise-Croisat 53
Salon Social Joséphine 50
Samira 15
SARL Cozen Stop Tissus 291
Saveurs Végét'halles 214
Scènes d'été 146
Scènes d'été à La Villette 41
scoleo.fr 121
Scotch & Soda 300
Secours catholique 311
Secrets d'enfance 110
SEL de Paris 92
seldeparis.com 92
Self' Coiff 56
servicepublic.fr 141
sharevoisin.fr 65
sheinside.com 323
Shin Jung 231
shopmium.com 153
shop.orchestra.fr 323
Showroom Peggy Sage 51
showroomprive.com 321
shuttle.fr 184
Silvera Nouvelle 96
Sirvam 96
Sissi's Corner 313
site-de-dons.fr 72, 117
smoovup.com 193
Snax Kfé 131
Sobral 58
Société Camelot 191
Solar Hôtel 186
Soleil Sucré Stock 299
So Nails Academy 52
Sony 164
sosav.fr 63, 158
SOS Avocat 149
Sosh 165
Sovdam 97
spartoo.com 321
sport.paris.fr 120
Stade de la Muette 275
Stanz 221
Starter Plus 281
Starvin'Joe 240
Steeve Chaussures 88
Stock 88 307
Stock 149 307
Stock André 86
Stock Caroll 302
Stock Deby Debo 308
Stock Naf Naf 307
Stock Saint-Placide 303
stokomani.fr 311
store.apple.com/fr 162
store.canon-europe.com 162
Stradivarius 305
Studio-Théâtre d'Asnières 286
studyrama.com 122
Sucre Bleu 59
Sucrées 302
Sunshine 264, 305
Super Shuttle 184
surinvitation.com 321
Surplus APC 309
Sushi Gourmet 252
Swoon's 231
Sympa 112, 308

systemed.fr 63

T
Tabac Info Service 272
Taing Song Heng 220
Tang frères 13
Tant qu'il y aura des mômes 111
tarteskluger.com 211
Tati 28, 112, 308
tati.fr 112, 116
Tati Or 60
Tchip Coiffure 56
Télé France 169
telemdu.fr 211
Télé Pop Music 169
Télé Royal 169
testconso.com 152
testdeproduits.fr 48
teteamodeler.com 117
Texaffaires 196
Thaï Vien 245
Théâtre 13/Seine 285
Théâtre de la Cité universitaire 285
Théâtre de la Ville 282
Théâtre des Abbesses 282
Théâtre des Déchargeurs 282
Théâtre du Grand Parquet 286
Théâtre du Nord-Ouest 284
Théâtre du Rond-Point 283
theatreonline.com 280
theatresparisiensassocies.com 279, 281
thedressingnetwork.com 324
The Frog 252
Thien Hiang 236
ticketac.com 281
ticket-theatre.com 281
Toni & Guy 54
topachat.com 164
Totale Éclipse 59
Toto 290
Tous à l'Opéra ! 145
Tout à Loisirs 293
toutdonner.com 72, 117
tout-electromenager.fr 97
toutesleventes.com 320
Toy Store Mattel 114
Trait d'union 307
transilien.com/static/panier-fraicheur 20
Travail-Info-Service 150
Tribal Café 210
tricotin.com 203
triesofnewperfumes.com 152
trnd.fr 48
trocante.fr 80
troc.com 77, 117
Troc de l'île 76
trocdesplaces.com 280
Troc en stock 318
troczone.com 118
Trottinette 108
trucsetdeco.com 206
Truskel club 30

U
Ultramod 292
Undiz 297
Une mère une fille à Paris 110
Une pièce en plus 94
Uniqlo 302
Université de La Sorbonne 283
Université de tous les savoirs 130
Université permanente de Paris 128
Université populaire du Quai-Branly 130
Un zèbre au grenier 112
uptoten.com 117
Urfa Dürüm 236
Usine Center 196
Usine Mode et Maison 198
utls.fr 130

V
Valège 298
Van Hoos & Sons 11, 46, 103, 104, 189, 218, 238, 239, 241, 243, 245, 247, 248, 249, 251, 252, 255, 258, 261, 262, 267, 278, 318
velib.paris.fr 125
Vénot 292
vente-privee.com 99, 195, 319, 321
venteprivee.com 281
ventesprivates.com 320
ventespriveesbylaredoute.fr 321
Vertiges 313
vetaffaires.fr 323
vet-enfants.com 116
viafrance.com 73
videdressing.com 265, 324
vide-greniers.org 73, 79
video-tuto.com 63
Vintage Désir 313
Vintage Hostel 183
vinted.fr 324
Violette et Léonie 318
voisinssolidaires.fr 92, 120

W
Wagy Burger Bus 212
Wanderlust 277
wecab.com 184
Weill stock 310
West Country Girl 240
wifi.paris.fr 132
wikibooks.org/wiki/Monter_un_PC 164
wimdu.fr 188
Wine by One 21
Women Secret 296
Woodstock Hostel 176
World of Micro 160

X
Xinh Xinh 246

Y
yves-rocher.com 48
Yvresse 60

Z
Zach & Sam 315
zalando-prive.fr 321
zepass.com 280
zeroforfait.com 165
Zig et Puce 110
zilok.com 65, 154, 319

Des mêmes auteurs :

Paris Pas Cher, édition annuelle depuis 1974, Éditions Authier, Éditions du Seuil, puis Éditions First

Paris Pas Cher - Spécial Gratuit, Éditions First, 2013

Paris Pas Cher - Spécial Restos, Éditions First, 2013

Paris Pas Cher - Spécial Enfants, Éditions First, 2013

Obtenez le maximum du Canon EOS 5D Mark III, Jacques Matéos et Claire Riou, Éditions Dunod, 2012

Obtenez le maximum du Canon EOS 5D Mark II, Jacques Matéos et Claire Riou, Éditions Dunod, 2009

Obtenez le meilleur du Canon EOS 1000D, Jacques Matéos et Claire Riou, Éditions Dunod, 2008

Obtenez le meilleur du Pentax K20D, Jean-Marie Sépulchre et Claire Riou, Éditions Dunod, 2008

Obtenez le meilleur du Pentax Kx, Jean-Marie Sépulchre et Claire Riou, Éditions Dunod, 2010

La Bonne Cuisine pas chère, Éditions du Seuil, 2004

Livres d'Or en folie, Anne, Alain et Claire Riou, Éditions de Fallois, 2003

La Suite à l'écran, Anne et Alain Riou, Actes Sud - Institut Lumière, 1993

**Retrouvez l'actualité
de Paris Pas Cher sur le blog :
www.guideparispascher.com
Et sur la page Facebook
«Paris pas cher - le guide»**

«Paris Pas Cher» à détacher !

Envoyez vos bons plans à parispascher@yahoo.fr

Si une adresse est retenue et que vous êtes le premier à nous l'avoir communiquée avant le 1er mars 2016, **VOUS GAGNEZ VOTRE *PARIS PAS CHER 2017* !**

(N'oubliez pas d'indiquer vos coordonnées complètes afin que nous puissions effectuer cet envoi)